일간日干 중심의 명리학 근간이 된 저작

淵海子平

연해자평

正정 察찰

연해자평 정찰
淵海子平 正察

초판 1쇄 인쇄일 2018년 01월 01일
초판 1쇄 발행일 2018년 01월 01일

원 저 서　　승(徐升)
역　해　김 정 안(金正安)
펴낸이　김 민 철
펴낸곳　문 원 북
디자인　황 지 영

등록번호　제 4-197호
등록일자　1992년 12월 5일
주　　소　서울시 마포구 토정로 222 한국출판콘텐츠센터 422
대표전화　02-2634-9846　팩스 02-2365-9846
이 메 일　wellpine@hanmail.net
홈페이지　http://cafe.daum.net/samjai
ISBN 978-89-7461-401-0

이 책은 저작권법에 의해 보호를 받는 저작물이므로 저자와 출판사의 동의 없이 내용의 일부를 인용하거나 발췌하는 것을 금합니다.

이 도서의 국립중앙도서관 출판사도서목록(CIP)은 서지정보유통지원 시스템 홈페이지 (http://seoji.nl.go.kr)와 국가자료공동목록시스템(http://www.nl.go.kr/kolisnet) 에서 이용하실 수 있습니다. (CIP제어번호 : CIP2017029070)

*파손된 책은 구입처에서 교환해 드립니다.

문원북 역학(易學) 고전시리즈 ❷

일간日干 중심의 명리학 근간이 된 저작

淵海子平
연해자평
正정 察찰

원저 : 서 승 徐 升
역해 : 김정안 金正安

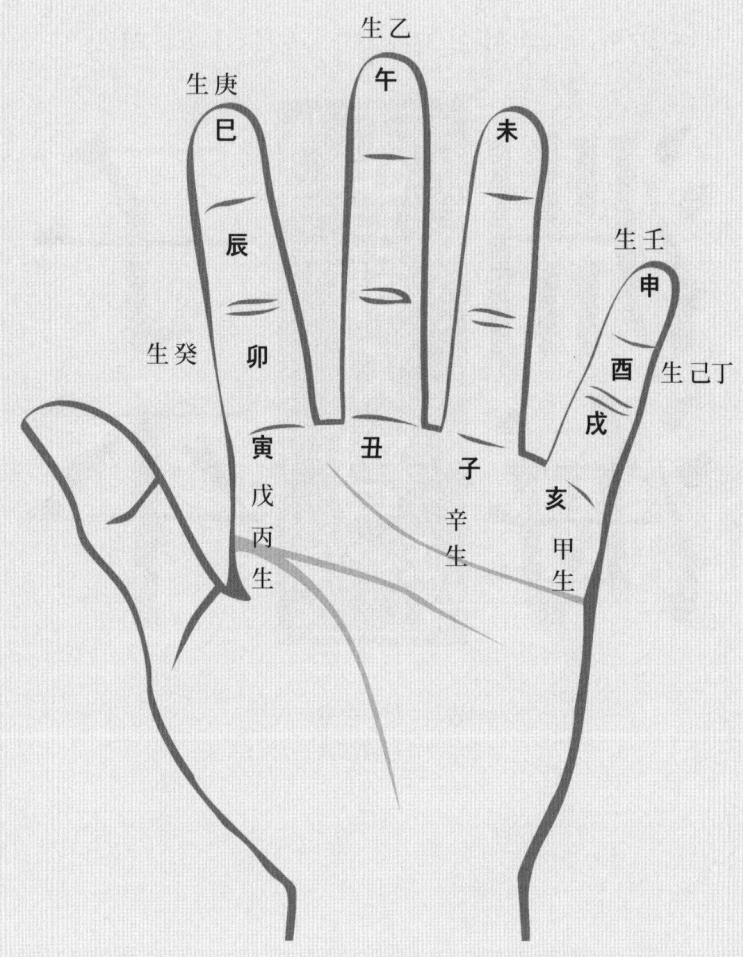

訣 掌

寅申巳亥는 오양五陽의 長生 局. 子午卯酉는 오음五陰의 長生 局이다.

 사색思索 ……

연해자평은 중국 당대唐代의 이허중 선생으로부터 시작된 이치를 송대宋代의 서승(서대승) 선생께서 엮었다. 송대 때 자평법이 대세를 장악하다보니 삼명법을 자평법으로 해독하려는 오류를 범해 견강부회牽强附會한 글들이 곳곳에 보인다. 서승 선생이 그렇게 한 것인가 아니면 후세에 어느 분이 주석을 달면서 삽입한 것인가는 모르겠지만 하여간에 그러하다. 송나라 선비들이 자평학을 너무 편애한 나머지 억지로 끼워 맞추지 않았나 하는 것과 아니면 풍수의 멸만경 같은 용도로 퍼트리지 않았을까 한다.
삼명통회에서 육오 선생께서도 몇 군데 송나라 선비들의 오류를 지적을 하였고, 풍수의 멸만경 같은 것들이 있을 수 있다고 하였는데, 연해자평을 해독해 나가면서 그 말씀이 가슴에 와 닿았다.

삼명통회 적요를 내면서 자평법에 관해서는 더 이상 언급 할 부분이 없을 정도로 이만하면 이론적 기반은 충분하다고 판단했지만 삼명법은 아직 이론적 기반이 충분하지 못하여 이론을 더 정리하여 세상에 공개하여야겠다고 했었는데, 다행히 연해자평을 해독해 나아가면서 삼명법을 억지로 자평법으로 왜곡시킨 것이 있어 이를 바로 잡고, 또 한편으로는 삼명법을 더 세밀하게 서술 할 수 있겠다 싶어 본서를 세상에 내 놓게 된 계기가 되었다.

또 연해자평에도 많은 이론의 시결과 구결이 실려 있는데, 자평 시결에 많은 평주가 달려 있고, 삼명법은 왜곡된 평주가 달려 있거나 또는 전혀 달지 않았다.
그래서 락록자의 소식부 장에는 삼명통회에서 육오 만민영 선생께서 삼명법의 진수를 평주하였는데 이를 빌려와 심혈을 기울려 해독하여 수록 하였다.

그리고 연해자평은 세간에 알려진 바와 같이 신살을 사용한 글이 아니다. 신살을 사용하는 삼명법을 축소 왜곡 시켜 자평명리의 당위성을 설명한 글이고, 삼명통회는 중국 송나라 선비들이 삭제하거나 왜곡 시킨 삼명법의 복원을 시도하였고, 또 그 필요성을 재론한 글이다.

그렇다고 육오 만민영 선생께서는 자평법을 무시하지 않고, 삼명통회의 몇 곳에 오행이 먼저고 다음 삼명법을 살피라고 기록하여 자평법이 더 위에 속한다는 것을 인정하였다. 그러니 자평법은 자평법으로 발전시키고, 삼명법은 삼명법으로 발전시켜 두 이론을 병행하여 추명하는 것이 올바르고 또한 명리를 윤택하게 할 것이다.

그리고 적천수는 원 시결과 동떨어진 평주로 중 후반 부터는 무조건 원 시결의 내용은 무시하고 억부로 몰아간 평주이니 학습에 유의하여야 하고, 특히 예시된 550 여개의 명조가 그러하다. 또 자평진전은 격을 논한 것은 매우 유용하다고 할 수 있는데, 다만 용신에 집착하지 않고 오직 오행의 생극제화를 있는 그대로 추리하는 방법을 선택하면 매우 많은 효과를 얻을 수 있을 것이다.

락록자 소식부의 만민영 선생의 평주는 서자평의 평주도 인용하여 자평법을 기본으로 하여 삼명법을 부수적으로 적용시켜 추리하는 방법들을 논하고 있어 그 어느 글보다 命을 추리하고 연구하는데 가장 모범이 되고 기본이 되는 글이 바로 이것이구나 하는 감동을 받아 빌려 기록한 계기가 되었다 .

역해譯解의 기본 서書는 대만의 무릉출판유한공사 2004년 12월에 발행한 책과 진원문화사업유한공사 2015년 5월에 출판한 두 권의 책을 사용하였다. 책에 보면 원 글이 있고 또 괄호로 주석註釋을 달은 글이 있고, 각 페이지 상부 빈 공간에도 누군가 주석을 달았는데, 전부 신분을 명기하지 않아 어떤 것이 어느 분의 글인가 구분 할 수 없다.
괄호가 없는 큰 인쇄 글자가 연원, 연해 두 책의 내용을 서승(서대승) 선생께서 편저한 글이라고 추정되고, 괄호의 글은 논사계대절결에 보면 가정嘉靖 19년이란 내용이 나온다. 가정嘉靖은 중국 명나라 12대 왕이니 아마 이후에 쓴 주석註釋으로 보여 당금지唐錦池의 글이라 할 수 있다.
서문 끝에 "명明 숭정崇禎 7(1634.명나라 마지막 왕)년 초겨울 길일에 판본을 거듭 내면서"의 글이 있는데, 이분은 당금지唐錦池라 기록되어 있다.
각 페이지 상부의 빈 공간에 단 주석은 어느 선생의 글인가 알 수 없다.

2017월 가을에 蟾彩 金正安 拜上

서문書文

자평연해子平淵海의 이치는 당대唐代 대부大夫 이허중李虛中으로부터 시작되었다.
사람의 태어난 연월일시를 가지고 생극제화生剋制化, 왕상휴수旺相休囚로서 인생의 화복禍福을 판단하는데, 그 증험이 신神과 같았다.
공公이 죽고 나서 창려한昌黎韓 공公이 쓴 묘지墓誌에 기록이 남 있고, 후에 경려대부經呂大夫로 그의 재능이 재정된 것으로 기록되어 있다.
이와 나란히 할 만하게 저술한 자者가 없었는데, 송대宋代이 이르러 서승徐升이 다시 인생을 日主 기준으로 하여 여섯 개의 일事로 나누어 정미精微하게 의논議論하여 연해淵海의 서書를 만들었는데, 선비들의 말도 같이 모아 그 뜻을 전포하였다.
지금에 이르러 모두 명리의 근본이 되었고, 후에 모든 군자들이 문집文集에 연원淵源의 이치와 뜻을 넣게 되었고, 그 책의 문장이 옳고 그름의 분별을 하지 않고 그대로 따랐다.
지금에 이르기까지 수백 년이 지났으니 판자에 적은 글들이 잘 못 간직되어 어긋나게 된 것이 많고, 학자들 중에 그 의미를 아는 자者도 적었다.

현금現今이 이르러 군자 당금지唐錦池가 예禮를 다하여 이 이치에 정통精通한 자들에 도움을 청하여 구결口訣은 얻어 이 두 권의 책에 더하고, 그릇된 것을 올바르게 잡았다.
아! 현호懸壺의 지팡이가 변하는 정도는 아니지만 누군가 경역更易하여 표본을 세상에 내놓으면 후학들이 소중히 익히게 되어 고인古人이 남긴 법法을 잃지 않을 것이다.
글을 완성한 당자唐子가 금쪽같은 서書를 내게 보여주어 내가 이렇게 추천하는 바다.

　　　　　　　　　* 명明 숭정崇禎 7(1634)년 초겨울 길일에 판본을 거듭 내면서

연해자평 1권

- 一. 論논 五行오행 所生之始소생지시 …… 18
- 一. 論논 天干천간 地支지지 所出소출 …… 19
- 一. 天干천간 相合상합 …… 20
- 一. 十干십간 所屬소속 方位방위 十二支십이지 所屬소속 論론 …… 21
- 一. 論논 十二支십이지 陰陽음양 所屬소속 …… 22
- 一. 論논 十二支십이지 六合육합 …… 23
- 一. 論논 十二支십이지 三合삼합 …… 23
- 一. 論논 十二支십이지 相沖상충 …… 23
- 一. 論논 十二支십이지 相穿상천 …… 24
- 一. 論논 十二支십이지 相刑상형 …… 24
- 一. 論논 干支 간지 字義자의 …… 24
- 一. 論논 十二支십이지 生肖생초 …… 26
- 一. 論논 六十花甲子육십화갑자 納音납음 幷註解 병주해 …… 28
- 一. 論논 天干천간 生旺생왕 死絶사절 …… 36
- 一. 五行오행 發用발용 定例정례 …… 39
- 一. 論논 年上년상 起기 月例월례 …… 42
- 一. 論논 日上일상 起기 時例시례 …… 42
- 一. 論논 起胎法기태법 …… 43
- 一. 論논 起息法기식법 …… 43
- 一. 論논 起變法기변법 …… 44
- 一. 論논 起通法기통법 …… 44
- 一. 論논 起기 玉堂옥당 天乙貴人천을귀인 …… 45
- 一. 起기 天官천관 貴人귀인 …… 45
- 一. 論논 太極貴人태극귀인 …… 46
- 一. 論논 三奇貴人삼기귀인 …… 46
- 一. 論논 月德貴人월덕귀인 …… 47
- 一. 論논 月德合월덕합 …… 47
- 一. 論논 天德貴人천덕귀인 …… 47
- 一. 論논 天廚貴人천주귀인 …… 48
- 一. 論논 福星貴人복성귀인 …… 48
- 一. 論논 三元 삼원 …… 49
- 一. 論논 十干祿십간록 …… 49
- 一. 論논 驛馬역마 …… 50
- 一. 論논 天赦천사 …… 50

- 一. 論논 華蓋화개 ··· 51
- 一. 論논 十干學堂십간학당 ··· 51
- 一. 論논 十干食祿십간식록 ··· 52
- 一. 論논 金輿祿금여록 ··· 52
- 一. 論논 拱祿공록 ··· 53
- 一. 論논 交祿 교록 ··· 53
- 一. 論논 暗祿암록 ··· 53
- 一. 論논 夾祿협록 ··· 54
- 一. 論논 垣城원성 ··· 54
- 一. 論논 帝座제좌 ··· 54
- 一. 論논 六甲육갑 空亡공망 (일명 천중살天中煞) ··············· 54
- 一. 論논 截路空亡절로공망 ··· 55
- 一. 論논 四大空亡사대공망 ··· 56
- 一. 論논 十惡大敗日십악대패일 ··· 56
- 一. 論논 四廢日사폐일 ··· 57
- 一. 論논 天地轉殺 천지전살 ··· 58
- 一. 論논 天羅地網천라지망 ··· 58
- 一. 論논 羊刃양인 ··· 59
- 一. 論논 起기 大運法대운법 ··· 60
- 一. 論논 行小運法행소운법 ··· 61
- 一. 論논 五行오행 相生상생 相剋상극 ···································· 62
- 一. 論논 節侯歌절후가 ··· 62
- 一. 論논 天地천지 干支간지 暗藏總訣암장총결 ···················· 63
- 一. 又우 論논 節氣歌절기 가 ·· 64
- 一. 又우 地支지지 藏遁歌장둔 가 ·· 64
- 一. 論논 四季사계 大節대절 訣결 ·· 65
- 一. 論논 未來月朔미래월삭 節氣절기 奧歌오가 ···················· 66
- 一. 論논 截절 流年류년 節氣절기 日時일시 刻각 數수 要訣요결 ··· 66
- 一. 論논 日일 爲主위주 ··· 67
- 一. 論논 月令월령 (出出 淵源연원) ··· 69
- 一. 論논 生旺생왕 ··· 69
- 一. 又우 論논 五行오행 生旺衰絶吉凶생왕쇠절길흉(淵源연원) ··· 69
- 一. 論논 五行오행 墓庫묘고 財印재인(淵源연원) ················· 70
- 一. 論논 官殺混雜관살혼잡 要制伏요제복(淵源연원) ·········· 70
- 一. 論논 五行오행 生剋制化생극제화 各各각각 喜좋은 所곳 害나쁜 所곳의 예예 ··· 71
- 一. 二至이지 陰陽음양 相生상생의 理이치 ···························· 72
- 一. 子平자평 擧要歌거요가 ··· 73
- 一. 詳상세히 解해석한 定眞論정진론(同淵源동연원) ·········· 75
- 一. 喜忌篇희기편 ··· 88

연해자평 2권

- 一. 繼善篇 계선편 ········· 110
- 一. 看命간명 入式입식 ········· 126
- 一. 正官정관 論론 ········· 126
- 一. 論논 官星관성 太過태과 ········· 128
- 一. 論논 偏官편관 ········· 128
- 一. 論논 七殺칠살 ········· 131
- 一. 論논 印綬 인수 ········· 133
- 一. 論논 正財정재 ········· 136
- 一. 論논 偏財편재 ········· 139
- 一. 論논 食神식신 ········· 140
- 一. 論논 倒食도식 ········· 141
- 一. 論논 傷官상관 ········· 142
- 一. 論논 劫財겁재 ········· 144
- 一. 論논 洋刃양인 ········· 145
- 一. 論논 刑合형합 ········· 147
- 一. 論논 福德복덕 秀氣수기 ········· 148
- 一. 論논 雜氣잡기 ········· 149
- 一. 論논 日貴일귀 ········· 150
- 一. 論논 日德일덕 ········· 150
- 一. 論논 日刃일인 ········· 151
- 一. 論논 魁罡괴강 ········· 152
- 一. 論논 金神금신 ········· 152
- 一. 論논 時墓시묘 ········· 153
- 一. 正官格정관격 ········· 154
- 一. 雜氣잡기 財官格 재관격 ········· 155
- 一. 月上월상 偏官格편관격 ········· 156
- 一. 時上시상 偏財格편재격 ········· 158
- 一. 時上시상 一位貴格일위귀격 ········· 159
- 一. 飛天祿馬格 비천록마격 ········· 160
- 一. 又格우격 ········· 160
- 一. 倒沖格 도충격 ········· 161
- 一. 又格우격〈 倒沖格도충격 〉 ········· 162
- 一. 乙巳을사 鼠貴格서귀격 ········· 162
- 一. 六乙육을 鼠貴格서귀격 ········· 163
- 一. 合祿格 합록격 ········· 163
- 一. 合祿格합록격 又格우격 ········· 164

一. 子遙巳格자요사격 ·· 164
一. 丑遙巳格축요사격 ·· 165
一. 壬騎龍背格임기룡배격 ··· 165
一. 井欄叉格정란차격 ·· 166
一. 歸祿格귀록격 ··· 167
一. 六陰륙음 朝陽格조양격 ··· 167
一. 刑合格형합격 ··· 168
一. 拱祿格공록격 ··· 169
一. 拱貴格공귀격 ··· 169
一. 印綬格 인수격 ··· 170
一. 雜氣잡기 印綬格인수격 ··· 170
一. 六壬육임 趨艮格추간격 ··· 171
一. 六甲육갑 趨乾格추건격 ··· 171
一. 勾陳得位格 구진득위격 ··· 172
一. 玄武當權格 현무당권격 ··· 172
一. 炎上格염상격 ··· 173
一. 潤下格윤하격 ··· 173
一. 從革格종혁격 ··· 174
一. 稼穡格가색격 ··· 174
一. 曲直格곡직격 ··· 175
一. 日德秀氣格 일덕수기격 ··· 175
一. 福德格 복덕격 ··· 175
一. 棄命기명 從財格종재격 ··· 176
一. 傷官상관 生財格생재격 ··· 176
一. 棄命기명 從殺格종살격 ··· 176
一. 傷官상관 帶殺格대살격 ··· 176
一. 歲德세덕 扶殺格부살격 ··· 177
一. 歲德세덕 扶財格부재격 ··· 177
一. 夾丘格 협구격 ··· 177
一. 兩干不雜格 양간 부잡격 ··· 178
一. 五行俱足格 오행 구족격 ··· 178
一. 支辰一子 지진일자 ·· 179
一. 天元一氣 천원일기 ·· 179
一. 鳳凰池 봉황지 ··· 179

연해자평 3권

- 一. 六親육친 總論총론 ·· 182
- 一. 六親륙친 捷要歌첩요가 ··· 183
- 一. 論논 父부 ··· 184
- 一. 論논 母모 ··· 184
- 一. 論논 妻妾처첩 ·· 185
- 一. 論논 兄弟형제 姉妹자매 ·· 185
- 一. 論논 子息자식 ··· 186
- 一. 論논 婦人부인 總訣총결 ·· 188
- 一. 陰命賦음명부 ··· 190
- 一. 女命여명 富貴부귀 貧賤빈천 篇편 ···························· 191
- 一. 女命여명 貴格귀격 ·· 192
- 一. 女命여명 賤格천격 ·· 192
- 一. 滾浪桃花곤랑도화 ·· 193
- 一. 女命여명 總斷歌총단가 ··· 194
- 一. 論논 小兒소아 ··· 195
- 一. 論논 小兒소아 關殺관살 例예 ·································· 196
- 一. 論논 性情성정 ··· 197
- 一. 論논 疾病질병 ··· 199
- 一. 論논 大運대운 ··· 202
- 一. 論논 太歲태세 吉凶길흉 ·· 204
- 一. 論논 運운 化氣화기 ··· 205
- 一. 化氣화기 十段錦십단금 ··· 206
- 一. 神趣신취 八法팔법 有類유류.屬속.從종.化화.返반.照조.鬼귀.伏복 ··· 208
- 一. 格局격국 生死생사 引用인용 ···································· 210
- 一. 論논 征정 太歲태세 ··· 211
- 一. 雜論잡론 口訣구결 ·· 211
- 一. 群興군흥 論론 ··· 215
- 一. 論논 興亡흥망 ··· 217
- 一. 寶法보법 第一제일 ·· 219
- 一. 寶法보법 第二제이 ·· 220
- 一. 寸金搜髓촌금수수 論론 (印淨禪師인정선사) ············· 221
- 一. 論命논명 細法세법 ·· 224
- 一. 傷官說 상관설 ··· 229
- 一. 心鏡歌 심경가 〈心鏡五七賦 심경오칠부〉 ················ 230
- 一. 妖祥賦 요상부 ··· 232
- 一. 絡繹賦 락역부 ··· 234

一. 相心賦 상심부 ………………………………………………………… 236
一. 玄機賦 현기부 ………………………………………………………… 238
一. 幽微賦 유미부 ………………………………………………………… 241
一. 五行오행 元理원리 消息賦소식부 ………………………………… 243

연해자평 4권

一. 金玉賦 금옥부 ………………………………………………………… 248
一. 碧淵賦벽연부 捷馳첩치 千裏馬천리마 …………………………… 254
一. 造微論 조미론 ………………………………………………………… 261
一. 人鑑論 인감론 ………………………………………………………… 264
一. 愛憎賦 애증부 ………………………………………………………… 267
一. 萬金賦 만금부 ………………………………………………………… 272
一. 挈要捷馳설요첩치 玄妙현묘 訣結 ………………………………… 274
一. 淵源연원 集說집설 …………………………………………………… 277
一. 子平자평 百章백장 論론 科甲歌과갑가 …………………………… 279
一. 四言獨步 사언독보 …………………………………………………… 280
一. 身弱論 신약론 ………………………………………………………… 285
一. 棄命기명 從殺論종살론 ……………………………………………… 286
一. 五言獨步 오언독보 …………………………………………………… 287
一. 正月정월 建寅건인 候후 詩訣시결 ………………………………… 289
一. 二月이월 建卯건묘 候후 詩訣시결 ………………………………… 289
一. 三月삼 建辰건진 候후 詩訣시결 …………………………………… 290
一. 四月사월 建巳건사 候후 詩訣시결 ………………………………… 290
一. 五月오월 建午건오 候후 詩訣시결 ………………………………… 291
一. 六月륙월 建未건미 候후 詩訣시결 ………………………………… 291
一. 七月칠월 建申건신 候후 詩訣시결 ………………………………… 291
一. 八月팔월 建酉건유 候후 詩訣시결 ………………………………… 292
一. 九月구월 建戌건술 候후 詩訣시결 ………………………………… 292
一. 十月십월 建亥건해 候후 詩訣시결 ………………………………… 293
一. 十一月십일월 建子건자 候후 詩訣시결 …………………………… 293
一. 十二月십이월 建丑건축 候후 詩訣시결 …………………………… 294
一. 十干體象 십간체상 …………………………………………………… 295
一. 十二支십이지 體象체상 ……………………………………………… 297

연해자평 5권

- 一. 正官정관 詩訣시결 …………………………………… 302
- 一. 偏官편관 詩訣 시결 …………………………………… 302
- 一. 印綬인수 詩訣시결 …………………………………… 303
- 一. 正財정재 詩訣시결 …………………………………… 305
- 一. 偏財편재 詩訣시결 …………………………………… 305
- 一. 食神詩訣 식신시결 …………………………………… 306
- 一. 傷官상관 詩訣시결 …………………………………… 306
- 一. 洋刃양인 詩訣시결 …………………………………… 307
- 一. 刑合형합 詩訣시결 …………………………………… 308
- 一. 日貴일귀 詩訣시결 …………………………………… 308
- 一. 金神금신 詩訣시결 …………………………………… 309
- 一. 日德일덕 詩訣시결 …………………………………… 310
- 一. 魁罡괴강 詩訣시결 …………………………………… 310
- 一. 時墓시묘 詩訣시결 …………………………………… 311
- 一. 雜氣잡기 財官재관 詩訣시결 ……………………… 312
- 一. 時上偏財시상편재 詩訣시결 ……………………… 313
- 一. 歸祿格귀록격 詩訣시결 …………………………… 313
- 一. 時上一位貴시상일위귀 詩訣시결 ………………… 314
- 一. 飛天祿馬비천마록 詩訣시결 ……………………… 315
- 一. 六乙鼠貴육을서귀 詩訣시결 ……………………… 316
- 一. 合祿합록 詩訣시결 ………………………………… 317
- 一. 子遙巳자요사 詩訣시결 …………………………… 318
- 一. 丑遙巳축요사 詩訣시결 …………………………… 318
- 一. 壬騎龍背임기용배 詩訣시결 ……………………… 319
- 一. 井欄叉詩訣 정란차시결 …………………………… 320
- 一. 歸祿格詩訣 귀록격시결 …………………………… 320
- 一. 六陰육음 朝陽조양 詩訣시결 ……………………… 321
- 一. 拱祿拱貴공록공귀 詩訣시결 ……………………… 322
- 一. 六甲육갑 趣乾추건 詩訣시결 ……………………… 323
- 一. 六壬육임 趣艮추간 詩訣시결 ……………………… 323
- 一. 勾陳구진 得位득위 詩訣시결 ……………………… 323
- 一. 玄武當權현무당권 詩訣시결 ……………………… 324
- 一. 潤下윤하 詩訣시결 ………………………………… 324
- 一. 從革종혁 詩訣시결 ………………………………… 324
- 一. 稼穡가색 詩訣시결 ………………………………… 325

- 一. 曲直곡직 詩訣시결 ··· 325
- 一. 炎上염상 詩訣시결 ··· 326
- 一. 福德格복덕격 詩訣시결 ··· 326
- 一. 棄命기명 從財格종재격 詩訣시결 ·· 327
- 一. 棄命기명 從殺格종살격 詩訣시결 ·· 328
- 一. 殺重살중 有救유구 詩訣시결 ··· 329
- 一. 天元천원 一氣일기 詩訣시결 ··· 329
- 一. 化氣화기 詩訣시결 ··· 331
- 一. 天元천원 一字일자 詩訣시결 ··· 333
- 一. 刑冲형충 詩訣시결 ··· 334
- 一. 剋妻극처 詩訣시결 ··· 334
- 一. 剋子극자 詩訣시결 ··· 334
- 一. 運晦운회 詩訣시결 ··· 335
- 一. 運通운통 詩訣시결 ··· 336
- 一. 帶疾대질 詩訣시결 ··· 336
- 一. 壽元수원 詩訣시결 ··· 337
- 一. 飄蕩표탕 詩訣시결 ··· 337
- 一. 女命여명 詩訣시결 ··· 338
- 一. 長生 장생 詩訣시결 ·· 339
- 一. 沐浴목욕 詩訣시결 ··· 339
- 一. 冠帶관대 詩訣시결 ··· 340
- 一. 臨官詩訣 임관시결 ··· 340
- 一. 帝旺詩訣 제왕시결 ··· 340
- 一. 衰病死쇠병사 詩訣시결 ··· 341
- 一. 墓庫묘고 詩訣시결 ··· 341
- 一. 絶胎절태 詩訣시결 ··· 341
- 一. 胎養태양 詩訣시결 ··· 342
- 一. 五行오행 生剋생극 賦부 ·· 342
- 一. 珞琭子락록자 消息賦소식부 ··· 344
- 一. 論논 八字팔자 撮要法촬요법 ··· 409
- 一. 格局격국 生死생사 引用인용 ··· 410
- 一. 會要회요 命書명서 說설 ·· 411

부록 ···412

一. 論논 五行오행 所生之始소생지시

무릇 아직 天地가 분별되어 있지 않았을 때는 그 이름이 혼돈混沌이고, 건곤乾坤이 나누어지지 않았을 때의 이름은 배혼胚渾이다.
일월성진日月星辰이 나타나지 않았을 때는 음양한서陰陽寒暑가 분별되어 있지 않아 위로 비와 이슬이 없고, 바람과 구름이 없고, 서리와 눈이 없고, 번개와 천둥이 없다. 아득하고, 명명冥冥*에 불과하였다. 아래로 초목이 없고, 산천이 없고, 금수禽獸가 없고, 인민人民이 없는 매매昧昧, 혼작昏作에 불과하였다.
이때 一氣가 서려 맺히게 되는데, 이에 태역太易에서 水가 生하고, [氣가 있지 않은 것을 태역太易이라 한다.], 태초太初에 火가 生하고, [氣는 있고 체體는 있지 않은 것을 태초라고 한다.] 태시太始에 木이 生하고, [형形은 있고 질質은 있지 않은 것을 태시라 한다.] 태소太素에 金이 生하고, [質질은 있고 體가 없는 것을 태소라 한다.] 태극太極에 土가 生하여 [형체가 이미 갖추어진 것을 태극이라 한다.] 이른바 水의 수數는 一, 火의 수는 二, 木의 수는 三, 金의 수는 四, 土의 수는 五가 되어 이루니 마침내 삼원三元에 미치게 된다.
혼돈混沌은 하나의 분별이고, 배혼胚渾은 나누어진 것으로 경청輕淸은 天이 되고, 중탁重濁은 地가 되어 이 두 기운이 서로 이루어져, 곧 양의兩儀(음양)가 기생旣生하여 化하니 天을 이루어 이렇게 되어 시작한다.
시작한 때는 사람의 형상에 조류의 부리, 간혹 머리는 사람, 몸은 뱀, 탐하고자 하는 것이 없고, 이름이 없고, 나라도 없고, 군신도 없고, 보금자리는 동굴이 되고, 바람과 비를 감내하고, 친소親疏가 동도同途하고, 애비와 자식이 알지 못하고, 오곡을 심지 않고, 피를 먹고 모피를 입고, 그 이름을 탕탕蕩蕩이라하고 즐거워 도도陶陶하였다.
성현이 일출하게 되어[복희伏羲, 신농神農, 황제黃帝], 지혜와 우둔으로 나누어지니 군신, 부자가 구별되어 예법과 음악에 의관을 제정하여 공표하였다. 사람이 마땅히 행해야 할 바른 길은 폐되고 간사한 것이 나타나고, 요괴도 나타났다.
[이 때 天은 子에서 열리고開, 地는 丑에서 열리고闢, 사람은 寅에서 生하여 비로소 天地의 의의가 세워지게 되니 만물이 生하게 된다. 간사奸詐가 아울러 나타나고, 요괴가 나타나게 되었다.].

　　　　　* 冥冥명명 : 드러나지 않고 으슥함. 아득하고 그윽함. 나타나지 않아 알 수 없는 모양.

┌ **註釋** 혼돈混沌은 미미한 시작이다. 마치 달걀과 같다고 할 수 있다. 청탁淸濁이 구분되어 있

지 않고 뒤 섞여 있다. 전반적으로 혼돈混沌은 구분되지 않은 상태이다. 일판一判은 구분이 있게 된 것으로 이미 天地의 생긴 의미다.
탁啄은 새의 부리이고, 보금자리는 구멍과 나뭇가지에 집을 지어 위 하늘에 있어 몸이 편안하고, 털도 뽑지 않고 피도 딱지 않고 먹고, 불도 없어 날 것을 먹는 요괴妖怪와 같아 오히려 神을 비웃는 때를 탁啄으로 일컫는다. 』

一. 論논 天干천간 地支지지 所出소출

절(竊:도둑질)에서 간사奸詐가 生하고, 요괴가 나타난다. 황제 때 치우신蚩尤神*이 요란擾亂을 일으켰을 때 황제는 백성을 고통을 우려하였다.
탁록涿鹿의 들에서 치우와 전쟁을 할 때 유혈이 백리에 이루었는데 다스릴 수가 없었다. [이때 황제가 비로소 건과도검(干戈刀劍)의 기구를 만들었다.] 그래서 황제가 몸과 마음을 깨끗이 하여 제단을 만들어 하늘에 제를 올리고, 방구方丘에서 地에 禮를 올리니, 하늘에서 이에 干과 [곧 甲,乙,丙,丁,戊,己,庚,辛,壬,癸], 12支 [곧 子,丑,寅,卯,辰,巳,午,未,申,酉,戌,亥]을 내렸다.
황제는 한편으로 곧 10干을 하늘의 형상形象으로 두루 전파하고, 12支를 땅의 형상으로 사방에 전파하여 비로소 干은 天에 연유가 되고, 支는 地가 된 연유가 되었다. 모두 이 빛에 의지하니 직문職門이 빛을 발하게 되었고, 연후에 다스리는 것이 가능하게 되었다. [이것이 10干, 12支가 나타난 바가 된다.]
이 후 대효씨大撓氏가 후인를 염려하여 탄식하여 말하기를 황제는 성인聖人이지만 그 악살惡煞을 다스리지 못했으니 만일 후세의 사람들이 재앙의 고통을 당하면 어찌 견디어 내겠는가 하여 마침내 10干, 12支를 분배하여 60甲子을 만들어 이르게 되었다.

『 註釋 제帝는 10干이 둥글게 두루 퍼진 것으로 그 상象은 天의 형상이 되었고, 12支가 정해진 곳에 분포되어 그 상象은 땅의 형상이 되었다. 천원天圓과 지방地方이 이렇게 비롯되었다 할 수 있다. 』

◉ 天降천강 干支간지 圖도

10干의 음양의 순서는 甲.乙.丙.丁.戊.己.庚.辛.壬.癸가 되고, 甲.丙.戊.庚.壬은 陽에 속하고, 乙.丁.己.辛.癸은 陰에 속한다.

** 蚩尤치우 : 중국의 전설 상의 인물, 신농씨(神農氏) 때 황제와 탁록의 들에서 싸울 때, 짙은 안개를 일으켜 괴롭혔는데, 지남차(指南車)를 만들어 방위를 알게 된 황제에게 잡혀 죽었다고 함. 후세에는 제(齊)나라의 군신으로서 병주(兵主)의 신(神)이라 불리어 팔대신의 하나로 숭배되었음.

一. 天干천간 相合상합

甲과 己가 合하고, [甲은 木, 己는 土에 속한다. 木에 土는 처재妻財가 되어 이른바 合을 이룬다.]
乙과 庚이 合하고, 丙과 辛이 合하고, 丁과 壬이 合하고, 戊와 癸가 合한다. [위의 상합相合의 의미와 같다.]

『 註釋 甲이 순수順數로 나아가면 6번째가 己로 곧 육음六陰을 얻어 合을 이룬다. 남은 것은 이 례에 준한다. 』

一. 十干십간 所屬소속 方位방위 十二支십이지

所屬소속 論론

甲乙은 木이 되고 동방에 속한다. [寅卯辰의 위치가 되고, 동방으로 청용靑龍의 상象이다.]
丙丁은 火가 되고, 남방에 속한다. [巳午未의 위치가 되고, 남방으로 주작朱雀의 상象이다.]
戊己는 土가 되고, 중앙이다. 辰.戌.丑.未의 위치이고, 구진句陳의 위치가 되고, 등사騰蛇의 상象이다.]
庚辛 金은 서방이 되고, [申酉戌의 위치이고, 서방이 되고, 백호白虎의 상象이다.]
壬癸는 水가 되고, 북방에 속한다. [亥子丑의 위치이고, 북방이다. 현무玄武의 상象이다.]

이 때 대요씨大撓氏는 비록 甲乙은 木이 속하고, 丙丁은 火에 속하고, 戊己는 土에 속하고, 庚辛은 金에 속하고, 壬癸는 水에 속하고, 또 支元의 寅卯는 木에 속하고, 巳午는 火에 속하고, 申酉는 金에 속하고, 亥子는 水에 속하고, 辰戌丑未는 土에 속한다 하였지만 그 이치는 어떠한 의義인가?
가로되 동방에 神 태호太昊(복희)가 있어 진震을 승승乘하여 규규規矩을 맡아 봄을 다스려 인仁, 풍風, 화기和氣로 만물을 발생하는데 이른바 木의 거처가 된다. 甲,乙,寅,卯 다 동일하다.
남방은 신농제神農帝가 있어 리離를 승승乘하여 형형衡을 맡아 여름을 다스려 염양炎陽의 혹기혹酷氣를 生하여 만물이 모두 가지런하게 이르게 되니 이른바 火의 거처가 된다. 丙,丁,巳,午 모두 동일하다. [여름의 주체는 만물이 자라는 것으로 초목이 무성하게 된다. 다 火의 공덕을 입는 것이다.]
서방은 신소호神小昊가 있어 태兌를 승승乘하여 거구矩을 맡아 가을을 다스려 숙살정기肅殺靜氣를 生하여 만물을 수렴收斂하게 하는데, 이른바 金의 거처가 된다. 庚.辛.申.酉 모두 동일하다. [가을의 기운 金을 일컬어 칼날 같다고 한다. 영기英氣가 숙살肅殺되고, 초목이 조령凋零하고, 성숙成熟, 수렴收斂의 시기이다.]
북방에는 신전제神顓帝가 있어 감坎이 승승乘하여 권력을 맡아 겨울을 다스린다. 응결凝結한 엄기嚴氣를 生하여 만물이 장복藏伏하게 된다. 이른바 水의 거처가 된다. 壬.癸.亥.子 도 모두 동일하다.
중앙에는 신황제神黃帝가 있어 곤坤을 승승乘하여 밧줄을 맡아 중앙의 土를 다스린다. 게다가 木.火.金.水 모두 土가 없으면 불가하고, 戊己의 거처는 중앙이 된다. 辰.戌.丑.未는 네 개의 밧줄로 흩어져 각 주된 곳을 얻는다. [사유四維는 봄의 3月(辰), 여름의 6月(未), 가을의 9月(戌), 겨울의 12月(丑)이 이에 속한다.]

하공何公이 논하기를 天에 만약 土가 없으면 上에 원개圓蓋가 불능不能하고, 地에 만약 土가 없으면 후재厚載가 불능不能하고, 오곡이 生하지 못하고, 사람에 土가 없으면 中에서 움직일 수 없고, 오행이 세워지지 못한다 하였다. [인仁,의義,예禮,지智,신信은 오상五常, 金.木.水.火.土는 오행이라 한다.]

이 삼재三才는 대궐과 국토라 할 수가 없다. [삼재三才는 천지인天地人이라 한다.]

木에 만약 土가 없으면 재배栽培되는 힘이 없고, 火에 土가 없으면 사방에 촛불을 비추지 못한다. 金에 만약 土가 없으면 봉예鋒銳의 氣를 드러내지 못하고, 水에 土가 없으면 범람하는 물결을 막지 못하고, 土에 水가 없으면 만물이 자라지 못한다. 이것은 이른바 오행은 모두 土가 없으면 안 된다.

소이 土는 중앙에 거주하여 가지가 사유四維로 흩어져 오행을 건립하여 이루게 된다.

『 註釋 甲乙木은 청색靑色 , 丙丁火는 적색赤色 , 戊己土는 황색黃色 , 庚辛金은 백색白色 , 壬癸水는 흑색黑色. 木은 인仁, 火는 례禮, 金의 의義 , 水는 지智, 土는 신信.
태호太昊, 복희씨伏羲氏. 전제顓帝, 고양씨高陽氏, 황제黃帝의 자손, 土는 황색黃色, 황제黃帝가 신信의 덕으로 천하를 통치하였다. 그래서 이름이 황제黃帝다. 이것이 10干의 소속所屬을 논한 것이다. 』

一. 論논 十二支십이지 陰陽음양 所屬소속

子.寅.辰.午.申.戌은 陽
丑.卯.巳.未.酉.亥는 陰

一. 論논 十二支십이지 六合육합

子와 丑이 合하여 **土**가 되고,
寅과 亥가 合하여 **木**이 되고,
卯과 戌이 合하여 **火**가 되고,
辰과 酉가 合하여 **金**이 되고,
巳와 申이 合하여 **水**가 되고,
午와 未가 合하여 **午**가 된다.
午는 태양, 未는 태음이다.

一. 論논 十二支십이지 三合삼합

『 註釋 합국合局 者는 貴가 된다. 다만 五行의 상순相順을 얻어야 한다. 』

申子辰은 水국局. 亥卯未는 木국局. 寅午戌는 火국局.
巳酉丑은 金국局. 辰.戌.丑.未는 土국局.
[간명看命 할 때 三合을 취용取用하여 이루어진 局을 입격入格한다.]

一. 論논 十二支십이지 相沖상충

『 註釋 상충相沖 者는 다만 合이 되면 沖이 되지 않는다. 』

子午. 寅申. 卯酉. 辰戌. 巳亥. 丑未가 서로 충沖(衝)한다.
[子궁에 癸水, 午궁에 丁火가 있는데, 水는 火를 剋 할 수 있기 때문이다.
寅궁에 甲木, 申에 庚金이 있어 金은 木을 剋 할 수 있기 때문이다. 支에서 암해暗害하여 沖이 된다. 남은 것은 이에 준한다.]

一. 論논 十二支십이지 相穿상천

『 註釋 상천相穿은 해害가 된다. 이 者를 범하면 육친이 손상된다. 곤궁하게 되어 절뚝거리지 않는 것으로 論한다. 』

子未.　丑午.　寅巳.　卯辰.　申亥.　酉戌이
상천相穿 또는 해害한다.
[蟾彩 : 未가 午와 合하여는데 子가 午를 衝하여 合하지 못하게 하여 천穿이 된다. 이하 이에 준한다.]

一. 論논 十二支십이지 相刑상형

寅巳.	巳申.	申寅.	寅申巳	[무은無恩의 刑].
丑戌.	戌未.	未丑.	丑戌未	[시세恃勢의 刑].
子卯.	卯子.			[무례無禮의 刑].
辰辰.	午午.	酉酉.	亥亥	[자형自刑]

서로 刑한다.

一. 論논 干支 간지 字義자의

甲. 군서고이群書攷異에 말하기를 甲은 탁(坼:열다)이라 했다. 만물의 껍질이 터져 甲이 나타난다는 말이다.
역에 말하기를 백과초목百果草木 모두 껍질이 터진다 하였다.
乙. 만물이 처음 태어나는 것으로 설명했다. 굽은 움이 펴지지 않았지만 만물 뚜렷이 나타난 것을 말한다.
丁. 만물이 장실壯實하여 가지가 형성된 것을 말한다.

방국도적邦國圖籍에 말하기를 장정이 된다 하였다.

戊. 戊는 무(茂:무성,풍성,뛰어남)이다.

물질이 무성한 것을 말한 것이다. 한지漢志에 말하기를 戊는 戌에서 재앙이 된다 하였다.

己. 己는 기(紀:터,근본)이다. 물질이 형상이 이루어져 터를 인식할 수 있는 것을 말한 것이다.

庚. 庚은 강경堅强한 모양이다. 물질이 수렴收斂되어 열매가 맺히는 것을 말한다.

辛. 만물이 왕성하게 된 후 억제 당하는 것이다. 그래서 辛은 고통이다.

壬. 壬은 임(妊:임신)이다. 음양이 교류하는 것이다. 물질이 회임懷妊하여 번식하는 움이 튼다는 말이다.

癸. 癸는 겨울엔 장소가 가지런하게 된다. 만물이 때度를 꾀揆하게 된다.

子. 子는 자(慈:낳다.) 陽氣가 비로소 움이 튼다. 자慈는 下에서 生한다.

丑. 丑은 축(紐:묶다.) 한기寒氣로 이리저리 굽고 꺾인다.

寅. 寅은 빈(髕:슬개골,종지뼈)이다. 陽氣가 나타나고자 한다. 陰은 오히려 강하다. 빈(髕) 下에서 펴진다.

卯. 卯는 모(冒:무릅써다.나아가다)다. 만물이 땅에서 무릅쓰고 나타나는 것이다.

辰. 辰은 신(伸:펴다)이다. 물질이 펴져 늘어나는 것이다.

巳. 巳는 이(已:이미,대단히)이다. 陽氣가 이미 펼쳐져 완성된 것이다.

午. 午는 오(仵:필적,짝)이다. 陰陽이 서로 교류하여 악(愕:놀라다)한다 그래서 오仵다.

未. 未는 매(昧:어둡다)다. 태양의 볕이 기울려 어둠으로 향한다.

申. 申은 펴진 곳을 동여 묶는다. 진지晉志에 말하기를 만물의 체體가 모두 이루어졌다 하였다.

酉. 酉는 취(就:마치다)다. 만물이 성숙하게 되었다.

戌. 戌은 멸(滅:없어지다)이다. 만물이 다하여 없어진다.

亥. 亥는 핵(核:씨)이다. 만물이 수장收藏하니 모두 씨로 건실하게 된다.

一. 論논 十二支십이지 生肖생초

『 註釋 五는 陽이 되고, 四는 陰이 되고, 원圓은 陽, 방方은 陰. 완전하지 않은 者로는, 쥐는 눈동자가 없고, 소는 어금니가 없고, 범은 목이 없고, 토끼는 시력이 없고, 용은 귀가 없고, 뱀은 발이 없고, 말은 담이 없고, 양은 눈동자가 없고, 원숭이는 볼이 없고, 닭은 신장이 없고, 개는 위가 없고, 돼지는 근육이 없다. 』

子	丑	寅	卯	辰	巳	午	未	申	酉	戌	亥
쥐	소	범	토끼	용	뱀	말	양	원숭이	닭	개	돼지
양	음	양	음	양	음	양	음	양	음	양	음

[칠수류찬七修類纂에 말하기를 인화랑한仁和郎漢에 이르기를 地支에 닮은 12종류는 사람들의 말에 완전하지 않는 者라 하였다.]

子는 12개 종류 중 어떤 것이 불완전 한 것이 되는가? 子는 쥐鼠로서 땅 밑에 존재하는데, 각 그 발톱을 취하여 음양 분별한다.
예를 들면 子는 비록 陽에 속하지만 上 사각四刻 時는 어제 밤으로 陰이 되고, 下 사각四刻 時는 금일로 陽이 된다. 쥐鼠의 앞발 발톱은 네 개로 陰의 象이 되고, 뒷발의 발톱은 5개로 陽의 象에 속하는 것이 이에 속한다.
丑은 陰에 속하고, 소의 발굽으로 구분한다.
寅은 陽에 속하고 범은 5개의 발톱이 있다.
卯는 陰에 속하고, 토끼는 입술에 결함이 있고 4개의 발톱이다
辰은 陽에 속하고, 용은 5개의 발톱이다.
巳는 陰에 속하고, 뱀은 혀가 갈라진다.
午는 陽에 속하고, 말은 굽이 둥글다.
未는 陰에 속하고, 양은 발굽이 분리되어 있다.
申은 陽에 속하고, 원숭이는 5개의 발톱이 있다.
酉는 陰에 속하고, 닭은 4개 발톱이 있다.
戌은 陽에 속하고, 개는 5개의 발톱이다.
亥는 陰에 속하고, 돼지는 발굽이 분리되어 있다.

[또 **子**는 陰의 극극으로 그윽하게 깊고 자취를 감추는 곳이 되니 쥐에 걸맞아 숨어 자취를 감춘다. **午**는 陽의 극극으로 현명顯明 강건剛健하여 말에 걸맞다. 말은 빨리 달린다. **丑**은 陰이다. 잠복하고 자애를 만든다. 소에 걸맞다. 소는 지독舐犢*하다. **未**는 陰이다. 앙모하고 채례采禮를 행한다. 양에 걸맞다. 양은 굻어 앉아 젖을 먹는다. **寅**은 3陽이다. 陽이 지나치면 사나워 범에 걸맞다. 범의 성질은 사납다. **申**은 3陰이다. 陰이 지나치면 간교하다. 원숭이에 걸맞다. 원숭이는 성性이 강강剛하다. 태양은 동쪽에서 나타난다. **酉**는 닭이다. 달은 서쪽에서 나타나고 동쪽에 있는 것은 토끼이다. 무릇 이 음양은 모두 교류하는 의미가 있다. 그래서 말하기를 卯酉는 해와 달의 사문(私門:개인의 가문)이다 하였다. 무릇 토끼는 수컷의 털을 핥고 나서 잉태를 한다. 닭은 발로 장단을 맞추고 짝하고 형체가 없다. 모두 다 불교不交하는 者다. 그래서 卯酉는 닭과 토끼에 속한다. **辰巳**는 陽이 일어나 동작動作하고, 용은 세차고 뱀의 모양이다. 그래서 용과 뱀이 짝하지 않겠는가! 용과 뱀은 변화하는 물건이다. **戌亥**는 음렴陰斂하고 잠적潛寂하다. 개는 밤을 맡는다. 돼지는 진정鎭靜하다. 그래서 개와 돼지가 배정되었다. 개와 돼지는 때를 지키는 물건이다. 이 또한 선비들이 만든 이론이다. 그래서 상세히 기록하였다.]

* **舐犢**지독 : 어미소가 송아지를 사랑하여 혀로 핥는 일. 뜻이 바뀌어, 어버이가 자식을 사랑하는 일

一. 論논 六十花甲子 육십화갑자 納音납음 幷註解 병주해

무릇 甲子는 대효씨大撓氏가 처음 만들었고, 납음은 귀곡자가 만들었다. (납음오행)상象은 동방 만천자 때 이루었다. 만천자는 이미 그 象을 이루었는데 화갑자라고 하였다. 그러하여 甲子는 子에서 亥에 이르는 12宮이며 각 金.木.水.火.土에 소속되어 있다.

처음으로 子에서 一陽이 일어나고 끝으로 亥에서 六陰이 되고, 그 오행 소속이 사람의 세상일이 된다.

어찌하여 그것이 세상일이 되는가? 대체로 오행인 金.木.水.火.土는 天에서는 오성五星이 되고 땅에서는 오악五嶽이 되고 덕德에서는 오상五常이 되고, 사람에게는 오장五臟이 되고, 命이 되고, 오행이 된다.

그러니 甲子에 속해 있는 것들이 곧 命에 응하게 되고, 命은 일세一世의 일들이므로 甲子 납음상納音象이 일생의 한 시기가 되는 것을 성인이 깨우쳐 놓았는데, 또한 사람의 한 세상 사건의 상징과 같다. 일세一世의 일들을 성인聖이 밝힌 것은 이른바 30세는 뜻을 세우고(立), 40세는 미혹하지 않고 불혹(不惑), 50세는 천명天命을 알고, 60세는 무슨 말을 들어도 귀에 거슬리지 않고 이순(耳順), 70세는 마음이 하고자하는 바를 따라가도 어긋남이 없는 것을 말한다.

그 甲子의 象은 子로부터 亥에 이르는 것인데, 그 이치가 명확하다는 것을 알 수 있다.

子丑 두 위치는 음양이 비로소 잉태하는 것이다. 사람에게는 포태胞胎가 있고, 물건에는 근핵根核이 있는 것으로 아직은 끝이 있는 것이 아니다.

寅卯 두 위치는 음양이 점차 열리는 것으로, 사람은 성장하는 것이다. 물건이 껍질을 깨고 꽃의 무리가 피어나기 시작한다. 가령 사람이 장차 입신立身하는 것이다.

辰巳 두 위치는 음양의 氣가 왕성하게 되는 것이다. 만물이 화려하고 빼어나게 되는 것이고, 사람은 30, 40세에 이르러 입신立身의 위치에 이른 것으로 점차 나아가는 象이 된다.

午未 두 위치는 음양이 뚜렷이 나타나는 것이다. 만물의 색색이 가지런하게 이루어지고, 사람이 50, 60세에 이르면 부귀빈천을 알 수 있는 시기와 같은 것이다. 무릇 여러 가지 흥망성쇠를 알 수 있는 시기가 아니겠는가?

申酉 두 위치는 음양이 숙살肅殺되는 시기다. 만물은 이미 거두어지고, 사람은 이미 오그라든다. 각 쉬는 시기가 아니겠는가?

戌亥 두 위치는 음양이 폐색閉塞되고, 만물이 뿌리로 되돌아가고歸根, 사람은 휴식休息하는 시기다. 각 귀착歸着이 있게 되는 위치다.

오직 이 12위치를 상세히 살피면 선후가 명확 뚜렷한 것을 60甲子 象에서 알 수 있다.

甲子. 乙丑 해중금海中金

[子는 水에 속한다. 호수가 되고, 水가 旺한 地가 되고, 金은 子에서 死하고 丑은 묘墓가 되고, 水는 旺하고, 金은 死, 墓가 된다. 그래서 바다 속海中의 金이라 한다. 또 氣는 포장包藏되어 있고, 만약 극極하게 되면 침잠沈潛한다.]

『 註釋 金의 형형이 水의 길로 행하여 성성이 약체弱體고 차갑다. 형형이 陽地로 행하여 점차 증가한다. 』

丙寅. 丁卯 노중화爐中火

[寅은 3陽, 卯는 4陽으로 火가 이미 위치를 얻었다. 또 寅卯는 木으로서 生하게 된다. 이 때 天地에 화로가 열려 만물이 비로소 나타나게生 되어 노중화爐中火라 한다. 天地가 화로가 되고 음양은 숯불炭이 된다.]

戊辰. 己巳 대림목大林木.

[辰은 벌판이 되고, 巳는 6陽이 된다. 木이 6陽에 이르면 가지와 잎이 무성하다. 무성한 것이 대림목이고, 벌판에서 生하니 대림목大林木이라 한다. 명성이 구천九天에 퍼지고 그늘이 만경萬頃을 生한다.]

『 註釋 형형은 질질로 물물이 있고 형형이 있게 된다. 성질은 견강堅剛하고, 生은 마땅하지 않고, 旺하면 공공이 있다. 』

庚午. 辛未 노방토路旁土

[未中의 木으로 말미암아 木이 午를 生하여 火가 旺하게 된다. 火가 旺하면 이 土는 刑을 당한다. 土가 生하는 곳이 되면 未는 만물을 기를 수 있어 마치 도로 곁의 土와 같다. 견고한데 아울러 때가 되어 두텁게 되면 木을 실을 수 있는데, 많으면 木은 기쁘지 않다.]

壬申. 癸酉 검봉금劍鋒金

[申酉金은 정위正位로 申은 임관臨官, 酉는 제왕帝旺, 金이 이미 生旺하니 참으로 강강하지 않겠는가. 강강한 것은 검봉劍鋒을 뛰어넘지 못하니 검봉금劍鋒金이다. 홍광紅光이 두우斗牛를 쏘고, 서슬이 번쩍이는 칼이 상설霜雪을 얼게 한다.]

『 註釋 물러가지 않으면 화기和氣가 상상한다.』

甲戌. 乙亥 산두화山頭火

[戌亥는 천문天門이 된다. 火가 천문天門을 비추는 것으로 그 빛이 높게 이른다. 그래서 산두화山頭火라 한다. 해가 질 때 하늘 끝을 비스듬하게 비추어 광채가 동쪽으로 아름답게 흩어지는데, 펴진 노을은 원래 남은 빛에서 나는 광채다.]

『 註釋 화염의 氣가 감추어져 빛이 없고, 보훈報勳으로 왕이 귀환하여 휴식休息 중이다.』

丙子. 丁丑 윤하수澗下水

[水는 子가 旺이 되고, 쇠衰는 丑, 旺이 도리어 衰가 된다. 곧 강하江河가 될 수 없다. 그래서 간하수澗下水라 한다. 미미한 물결이 산을 돌아 선회하고, 눈이 녹아 떨어져 경사진 삼협三峽에서 근원이 되고, 물 흐르는 골짜기로 천 길을 이동한다.]

戊寅. 己卯 성두토城頭土

[天干 戊己는 土에 속한다. 寅은 간산艮山, 土가 쌓여 산이 된다. 그래서 성두토城頭土라 한다.
천제는 구슬을 쌓아 수도를 만들고, 황제는 금성金城을 쌓아 마을을 만들고, 용은 세력이 천리에 미치고, 범은 사유四維의 세력에 걸터앉는다.]

庚辰. 辛巳 백랍금白蠟金

[金은 辰이 양양이다. 巳에서 生하여 형질形質이 처음 이루어진다. 未에서 단단하고 날카롭게 된다. 그래서 말하기를 백랍금白蠟金이라 한다. 氣가 점차 발생하고, 金은 약한데 광석에 있는 것이다. 해와 달의 빛이 깃들어 오가고, 음양의 氣가 엉겨 붙는다.]

『 註釋 金이 비로소 북북을 버리고, 자모子母의 부귀가 당연當然히 구분되고. 日主가 火를 빌려 형형을 이루고 , 양기傷氣가 왕성하지 않아야하고, 水가 구제하여야 공공을 이룬다. 』

壬午. 癸未 양류목楊柳木.

[木은 午에서 사사死되고 묘묘墓는 未이니 木은 이미 사묘死墓되었다. 비록 天干에 壬癸 水의 生을 얻어도 종내 연약한 木이 된다. 그래서 양류목楊柳木이라 한다. 온 갖 실도 누에의 실만 못하고, 수많은 끈도 침침針(바늘)의 실 만 못하다.]

『 註釋 편안하면 원정圓靜하고 청청하고, 요란하면 동동하여 탁탁하다. 』

甲申. 乙酉 천중수泉中水

[옛날에는 본시 정천수井泉水라 했다.]
[金의 임관臨官은 申이다. 제왕帝旺은 酉이니 金이 生旺하다. 곧 水를 生한다. 그러나 生하는 곳이 가장자리 이므로 역량이 큰 것은 아니다. 그래서 정천수井泉水라 한다. 氣가 쉬어 고요하고, 만나면 메마르지 않고, 나타나면 궁窮하지 않는다.]

丙戌. 丁亥 옥상토屋上土

[丙丁은 火에 속하고, 戌亥는 천문天門이다. 火는 이미 염상炎上이 되었다. 곧 土가 下에 있지 않아야 生을 받게 된다. 그래서 옥상토屋上土라한다 火木이 生旺하여 세력이 더해지게 되어 死絶에 이르도록 기쁘고 편안하다.]
『 註釋 장마와 풍우風雨의 공功이 있다. 』

戊子. 己丑 벽력화霹靂火

[丑은 土에 속하고, 子는 水에 속한다. 水는 정위正位가 되고, 납음은 火니 水中의 火가 된다. 그러니 용신龍神이 아닐 수 없다. 그래서 벽력화霹靂火다.
번갯불의 기세, 철갑 입은 기병이 구름을 희롱하는 변화의 象이다.]

庚寅. 辛卯 송백목松柏木

[木의 임관은 寅이다. 제왕帝旺은 卯로 木은 이미 生旺하다. 곧 유약하지는 않다. 그래서 송백목松柏木이다. 눈 속에서도 휘날리고. 서리도 업신여기고, 하늘에 솟아오르고 땅을 덮고, 바람이 불면 생황笙簧 소리와 같고, 비가 온 후도 깃발이 휘날리듯 하다.]
『 註釋 火가 旺하고, 木이 장藏하여 水가 적시면 좋다. 』

壬辰. 癸巳 장류수長流水

[辰은 수고水庫, 巳는 金의 장생지長生地, 金은 水를 生한다. 수성水性은 이미 발생했다. 고庫의 水가 金의 生을 만났다. 샘의 근원이 끝까지 마르지 않는다. 그래서 장류수長流水이다. 세력이 동남에 거주하면 貴가 안정安靜된다.]

甲午. 乙未 사중금沙中金

[午는 火旺한 地다. 火가 旺하면 金은 패敗한다. 未는 火의 쇠지衰地다. 火가 쇠衰이면 金은 관대冠帶, 패敗가 관대冠帶가 된다. 未를 갈고 찌를 수 있어 사중금沙中金이다.]

丙申. 丁酉 산하누山下火

[申은 땅의 출입문, 酉는 태양이 들어가는 문이다. 태양이 이 시간에 이르면 빛이 숨어들어간다. 그래서 산하화山下火이다. 酉는 태위兌位가 좋지 않고 되돌아오는 동남이 좋다. 진震은 나타나고, 리離는 밝아져 빛 더욱 빛난다. 어둠은 火에 좋지 않고, 밝음은 유익하여 기쁘다.]

『 註釋 귀숙歸宿하는 땅으로, 힘이 미소하고 체력도 약하다. 』

戊戌. 己亥 평지목平地木

[戌은 들판이고, 亥는 木이 生하는 地이다. 무릇 木은 들판에서 生한다. 곧 한 뿌리, 한 그루(숲)에 비교하지 말아야 한다. 그래서 평지목平地木이라 한다. 오직 비와 이슬의 도움이 있어야하고, 눈과 서리가 쌓이는 것은 싫어한다.]

庚子. 辛丑 벽상토壁上土

[丑은 토가土家의 정위正位, 子는 水旺한 地이다. 土가 많은 水를 보면 진흙이 된다. 그래서 벽상토壁上土라 한다. 氣가 폐색閉塞되어 있고, 물물은 아직 포장包藏되어 있다. 형체가 가려져 있고, 내외內外로 아직 미치지 못했다.]

『 註釋 세력을 사용하지 못하고, 土가 生하지 못하고, 木이 많으면 손상되고, 힘들어 하고, 金이 도우면 강직하고 과감하다. 』

壬寅. 癸卯 금박금金箔金

[寅卯는 木旺한 地가 된다. 木이 旺하면 金은 연약하다. 또 金은 寅에서 絶한다. 卯는 태태가 된다. 그러니 金이 무력하다. 그래서 금박금金箔金이라 한다. 木氣는 寅이 있고, 金은 절지絶地가 된다. 비단 명주와 같이 얇다. 이에 금박금이라 한다.]

甲辰, 乙巳 복등화覆燈火

[辰은 식사 시간이다. 巳는 태양이 중천에 떠 있어 장차 午이 이르게 되고, 염양艷陽의 세력이다. 빛이 천하는 내려 비춘다. 그래서 복등화覆燈火라 한다. 금 술잔에 빛이 요원하고, 옥대玉臺에 빛이 요염하게 토해져 나오고, 해와 달이 비추지만 곳곳을 비추지 못하는 못한다. 천지가 밝지만 미명未明의 때이다.]

『 註釋 기형氣形과 지세地勢가 세워진다. 』

丙午. 丁未 천하수天河水

[丙丁은 火에 속한다. 午는 火의 旺地다. 납음은 水다. 水로부터 火가 나타나오니 은하수가 아니고는 있을 수가 없다. 그래서 천하수天河水라 한다.
氣는 마땅히 승강하는데, 비가 세차게 쏟아져 장마가 되는데 生旺은 물질을 구제하는 공이 있다.]
『 註釋 金이 내에서 도우면 반드시 두텁게 되고, 木火를 물리쳐야 하고, 火의 세력을 감당하기 어렵다. 남남이 줄어들면 퇴직하여 한가하고, 수명은 좋지 않다. 』

戊申, 己酉 대역토大驛土

[申은 곤坤이다. 坤은 地다. 酉는 태兌이고, 兌는 택澤이다. 戊己 土에 곤택坤澤이 더해진 것이다. 기타 부박浮薄한 土는 아니다. 그래서 대역토大驛土다. 氣가 되돌아가 휴식하니 물건은 마땅히 수렴收斂하게 된다. 그래서 대역토大驛土라한다.]

庚戌. 辛亥 채천금釵釧金

[金은 戌이 쇠衰가 되고, 亥는 병病이 된다. 金은 이미 병으로 쇠약하게 되어 곧 유약하게 되었다. 그래서 채천금釵釧金이라 한다. 모양은 이미 그릇을 이루었고, 그래서 화려한 장식이 발광한다. 生旺하면 가려지고, 체體가 감추어지면 貴하고, 火가 왕성하면 형형에 손상되고, 종내 좋지 않다.]
『 註釋 氣가 장복藏伏하고, 형체形體가 이미 없다. 달구어 단련하여 모든 장식이 이미 모양으로 이루어졌다.』

壬子. 癸丑 상자목桑柘木

[子는 水에 속한다. 丑은 金에 속한다. 火를 生하는 것은 木이고, 金은 木을 벌伐한다. 마치 상자桑柘가 生하는 것과 같다. 사람이 베어 손상하는 것과 같다. 그래서 상자목桑柘木이라 한다. 氣가 반굴盤屈하여 있고, 水地에 있는 것이 되고, 토끼의 노고로 베푸는 것은 아니다.]
『 註釋 水가 좋아 길러진다. 金을 보면 공功이 없다.』

甲寅. 乙卯 대계수大溪水

[寅은 동쪽에서 旺하고, 卯가 정동正東이 되는데 水가 정동正東으로 흐른다. 그 성性은 순순하고, 내, 골짜기, 소, 못으로 되돌아가 모인다. 그래서 대계수大溪水라 한다. 氣는 밝

은 陽에서 나타난다. 水의 세력은 근원에 의지하고, 東으로 흘러넘친다. 그래서 대계수大溪水라한다.]

丙辰. 丁巳 사중토沙中土

[土의 고庫는 辰이다. 절絶은 巳에 있다. 天下에 丙丁의 火가 있는데, 辰은 관대冠帶, 임관臨官은 巳이다. 土는 이미 고庫에 들고, 절絶이 되었다. 火가 旺하여 거듭 生한다. 그래서 사중토沙中土라 한다. 土에 氣가 트이는 것은 마땅하지 않다.]

[蟾彩 : 삼명법에서는 土의 12운성이 水와 같다.]

戊午. 己未 천상화天上火

[옛날에는 염상화炎上火라 했는데 요즘에 천상화天上火라 지었다.]

[土가 火旺한 地에 있다. 未中에 木이 있어 또한 복생復生한다. 火의 性은 염상炎上인데 곧 生地를 만난 것이다. 그래서 천상화天上火라 한다. 양궁陽宮으로 氣가 지나면 다시 서로 만나 밝은 빛이 교광交光하여 불꽃이 나타나 염상炎上이 된다. 그래서 천상화라한다.]

『 註釋 순순은 吉하고, 역역은 재앙이 있다. 』

庚申. 辛酉 석류목石榴木

[申은 7月이다. 酉는 8月이다. 이 시기는 木이 絶하는 시기이다. 그런데 오직 석류목石榴木만 다시 실實하다. 그래서 석류목石榴木이다. 氣가 되돌아가 정숙하다. 물질의 열매는 점차 익어지고, 木이 金(가을)의 거처에 있으면 그 맛이 생기게 된다. 그래서 석류목石榴木이다.]

『 註釋 金이 많으면 손상되고, 水가 젖시면 영화가 있다. 』

壬戌. 癸亥 대해수大海水

[水의 관대冠帶는 戌, 임관臨官은 亥다. 水의 힘은 두텁다. 아울러 亥는 강으로 다른 水에 비교 할 바가 아니다. 그래서 대해수大海水라 한다. 그 세력이 대문大門을 따라 행하여 그 역사를 이미 마쳤으니 生旺하여도 범람하지 않고, 사절死絶에도 마르지 않는다.]

『 註釋 모든 하천은 바다로 들어간다. 넓은 바다가 기울려진다. 戌은 천문天門이 된다. 亥子는 넓은 바다다. 』

● 六十甲子 納音表 60갑자 납음표

壬癸 子丑 상桑 자柘 **木**	庚辛 寅卯 송松 백柏 **木**	戊己 辰巳 대大 림林 **木**	壬癸 午未 양楊 류柳 **木**	庚辛 申酉 석石 류榴 **木**	戊己 戌亥 평平 지地 **木**
戊己 子丑 벽霹 력靂 **火**	丙丁 寅卯 노爐 중中 **火**	甲乙 辰巳 복覆 등燈 **火**	戊己 午未 천天 상上 **火**	丙丁 申酉 산山 하下 **火**	甲乙 戌亥 산山 두頭 **火**
庚辛 子丑 벽壁 상上 **土**	戊己 寅卯 성城 두頭 **土**	丙丁 辰巳 사沙 중中 **土**	庚辛 午未 노路 방傍 **土**	戊己 申酉 대大 역驛 **土**	丙丁 戌亥 옥屋 상上 **土**
甲乙 子丑 해海 중中 **金**	壬癸 寅卯 금金 박箔 **金**	庚辛 辰巳 백白 랍鑞 **金**	甲乙 午未 사沙 중中 **金**	壬癸 申酉 검劍 봉鋒 **金**	庚辛 戌亥 채釵 천釧 **金**
丙丁 子丑 간澗 하下 **水**	甲乙 寅卯 대大 계溪 **水**	壬癸 辰巳 장長 류流 **水**	丙丁 午未 천天 하河 **水**	甲乙 申酉 정井 천泉 **水**	壬癸 戌亥 대大 해海 **水**

一. 論논 天干천간 生旺생왕 死絶사절

甲木
生은 亥, 목욕沐浴은 子, 관대冠帶는 丑, 건록建祿은 寅, 제왕帝旺은 卯, 쇠衰는 辰, 병病은 巳 사死는 午, 묘墓는 未, 절絶은 申, 태胎는 酉, 양養은 戌.

乙木
生은 午, 목욕沐浴은 巳, 관대冠帶는 辰, 건록建祿은 卯, 제왕帝旺은 寅, 쇠衰는 丑, 병病은 子, 死는 亥, 묘墓는 戌, 절絶은 酉. 태胎는 申, 양養은 未.

丙火 戊土
生은 寅, 목욕沐浴은 卯, 관대冠帶는 辰, 건록建祿은 巳, 제왕帝旺은 午, 쇠衰는 未, 병病은 申, 사死는 酉, 묘墓는 戌, 절絶은 亥, 태胎는 子, 병양病養은 丑.

丁火 己土
生은 酉, 목욕沐浴은 申, 관대冠帶는 未, 건록建祿은 午, 제왕帝旺은 巳, 쇠衰는 辰, 병病은 卯, 사死는 寅, 묘墓는 丑, 절絶은 子, 태胎는 亥, 양養은 戌.

庚金
生은 巳, 목욕沐浴은 午, 관대冠帶는 未, 건록建祿은 申, 제왕帝旺은 酉, 쇠衰는 戌, 병病은 亥, 사死는 子. 묘墓는 丑, 절絶은 寅, 태胎는 卯, 양養은 辰.

辛金
生은 子, 목욕沐浴은 亥. 관대冠帶는 戌, 건록建祿은 酉, 제왕帝旺은 申, 쇠衰는 未, 병病은 午, 사死는 巳, 묘墓는 辰, 절絶은 卯, 태胎는 寅, 양養은 丑.

壬水
生은 신申, 목욕沐浴은 유酉, 관대冠帶는 戌, 건록建祿은 亥, 제왕帝旺은 子, 쇠衰는 丑, 병病은 寅, 사死는 卯, 묘墓는 辰, 절絶은 巳, 태胎는 午, 양養은 未.

癸水

生은 卯, 목욕沐浴은 寅, 관대冠帶는 丑, 건록建祿은 子, 제왕帝旺은 亥, 쇠衰는 戌, 병병은 酉, 사死는 申, 묘墓는 未, 절絶은 午, 태胎는 巳, 양養은 辰.

◉ 十二運星 圖表 십이운성 도표

干 五行	甲	乙	丙	丁	戊	己	庚	辛	壬	癸
	木		火		土		金		水	
節 절	申	酉	亥	子	亥	子	寅	卯	巳	午
胎 태	酉	申	子	亥	子	亥	卯	寅	午	巳
養 양	戌	未	丑	戌	丑	戌	辰	丑	未	辰
長生 장생	亥	午	寅	酉	寅	酉	巳	子	申	卯
沐浴 목욕	子	巳	卯	申	卯	申	午	亥	酉	寅
冠帶 관대	丑	辰	辰	未	辰	未	未	戌	戌	丑
臨官 임관	寅	卯	巳	午	巳	午	申	酉	亥	子
帝旺 제왕	卯	寅	午	巳	午	巳	酉	申	子	亥
衰 쇠	辰	丑	未	辰	未	辰	戌	未	丑	戌
病 병	巳	子	申	卯	申	卯	亥	午	寅	酉
死 사	午	亥	酉	寅	酉	寅	子	巳	卯	申
墓 묘	未	戌	戌	丑	戌	丑	丑	辰	辰	未

『 註釋

- 장생長生은 물질에겐 발생하여 나타나는 것이고, 사람에겐 부모에게 정혈精血을 받은 것이다. 10月에 품어 生한다.
- 목욕沐浴은 막 태어나 땅에 올바르게 존재하는 것으로 약하다. 가령 사람이 막 태어나 목욕하는 것으로 吉한 것은 아니다.
- 관대冠帶는 물질에겐 자라는 작용으로 운용運用하게 되고, 사람에겐 관冠을 쓰고 띠를 매는 것으로 곧 임용이 된다.
- 임관臨官은 물질이 왕성한 것이다. 가령 사람이 지략을 사용하여 탁립卓立한 것이다.
- 제왕帝旺은 물질에는 조지操持 가립可立하고, 가령 사람이 군주의 祿을 받고, 권형權衡을 다스리고, 천하를 세우 맡고, 정신이 강태강태康泰하여 그러한 까닭에서 얻는 바가 있다.
- 쇠衰는 물질이 무릇 늙은 것이다. 사람의 정혈精血이 약해지고 신체가 쇠약해진다.
- 병病은 물질에겐 좋은 것이 있고, 사람은 병病이 있다.
- 태胎는 물질로 말하면 내內가 미명未明한 것이고, 사람에겐 모복母腹이 있는 것으로 즉 氣를 받은 것이다.
- 양養은 만물萬物이 생장生長하는 것이고, 사람에는 부인의 배에서 비로소 태어나 사람이 된 것이다.

다만 金.木.水.火.土를 지칭하여 설명한 것인데, 사람에 그 의미를 동등하게 적용했을 뿐이다. 장생長生, 관대冠帶, 임관臨官, 제왕帝旺은 吉하고, 목욕沐浴, 쇠衰 병病은 불길하고, 사死, 절絶은 구조가 없는 者는 정말로 흉하다. 포태胞胎는 氣를 받은 것으로 반길半吉하다. 량養은 반길한데 복시復始의 주기가 있다. 그 이치는 월령月令 中에 소장所藏된 干支로 추리하는 것이 옳다.

자평子平은 日을 위주로 한다. 月令의 金.木.水.火.土가 용신用神이 되고, 用神의 왕쇠旺衰를 취하여 판단한다.
子月은 癸水를 취하고, 다시 어떤 日生이 되는 가를 보는데. 만약 초 1일에서 초 10日 生은 壬水를 취하여야 하고, 10日에서 30日 生은 癸水를 취한다.
월령 神으로 용사用事하는데, 한 예를 취하는 것은 불가하다. 곧 모든 추리는 한 예를 가지고 본보기로 삼을 수 없다. 여러 가지를 같이 추리하여야 한다.』

一. 五行오행 發用발용 定例정례

長生 沐浴 冠帶 臨冠 帝旺 衰 病 死 墓庫 絶 胞胎 養
장생 목욕 관대 임관 제왕 쇠 병 사 묘고 절 포태 양

壬庚丙戊甲 絶生祿祿病 **巳** 癸辛丁己乙 敗死旺旺敗	壬庚丙戊甲 胎敗旺旺死 **午** 癸辛丁己乙 絶病祿祿生	壬庚丙戊甲 養冠衰衰墓 **未** 癸辛丁己乙 墓衰冠冠養	壬庚丙戊甲 生祿病病絶 **申** 癸辛丁己乙 死旺敗敗胎
壬庚丙戊甲 墓養冠冠衰 **辰** 癸辛丁己乙 養卯衰衰冠	旺왕 陰음 死사 陽양 絶절 順순 之지 逆역 圖도 生생		壬庚丙戊甲 敗旺死死胎 **酉** 癸辛丁己乙 病祿生生絶
壬庚丙戊甲 死胎敗敗旺 **卯** 癸辛丁己乙 生絶病病祿			壬庚丙戊甲 冠衰墓墓養 **戌** 癸辛丁己乙 衰冠冠養墓
壬庚丙戊甲 病絶生生祿 **寅** 癸辛丁己乙 敗胎死死旺	壬庚丙戊甲 衰養墓墓冠 **丑** 癸辛丁己乙 冠養墓墓衰	壬庚丙戊甲 旺死胎胎敗 **子** 癸辛丁己乙 祿生絶絶病	壬庚丙戊甲 祿病絶絶生 **亥** 癸辛丁己乙 旺敗胎胎死

◉ 월령분야도月令分野圖

	子	丑	寅	卯	辰	巳	午	未	申	酉	戌	亥
	11월 黃鐘 황종	12월 大呂 대려	1월 太簇 태주	2월 夾鐘 협종	3월 姑洗 고세	4월 仲呂 중려	5월 蕤賓 유빈	6월 林鐘 임종	7월 夷則 이칙	8월 南呂 남려	9월 無射 무사	10월 應鐘 응종
餘氣 여기	壬 10日 5分	癸 9日 3分	戊 7日 2分	甲 10日 5分	乙 9日 3分	戊 5日 1分	丙 10日 3分	丁 9日 3分	己戊 7,3日 1,2分	庚 10日 5分	辛 9日 3分	戊 7日 2分
中氣 중기		辛 3日 1分	丙 7日 2分		癸 3日 1分	庚 9日 3分	己 10日 3分	乙 3日 2分	壬 3日 1分		丁 3日 2分	甲 5日 0.5分
正氣 정기	癸 20日 7分	己 18日 6分	甲 16日 3分	乙 20日 6分	戊 18日 6分	丙 16日 5分	丁 10日 3分	己 18日 6分	庚 17日 6分	辛 20日 7分	戊 18日 6分	壬 18日 6分

⊙ 十星　天干　오양五陽　통변通變

十星\日干	正印 정인	偏印 편인	比肩 비견	劫財 겁재	食神 식신	傷官 상관	正財 정재	偏財 편재	正官 정관	偏官 편관
甲	癸	壬	甲	乙	丙	丁	己	戊	辛	庚
乙	壬	癸	乙	甲	丁	丙	戊	己	庚	辛
丙	乙	甲	丙	丁	戊	己	辛	庚	癸	壬
丁	甲	乙	丁	丙	己	戊	庚	辛	壬	癸
戊	丁	丙	戊	己	庚	辛	癸	壬	乙	甲
己	丙	丁	己	戊	辛	庚	壬	癸	甲	乙
庚	己	戊	庚	辛	壬	癸	乙	甲	丁	丙
辛	戊	己	辛	庚	癸	壬	甲	乙	丙	丁
壬	辛	庚	壬	癸	甲	乙	丁	丙	己	戊
癸	庚	辛	癸	壬	乙	甲	丙	丁	戊	己
干의 陰陽	다름	같음	같음	다름	같음	다름	다름	같음	다름	같음
상호관계	日干이 生을 받음	日干이 生을 받음	日干과 같은 五行	日干과 같은 五行	日干이 生을 함	日干이 生을 함	日干이 剋함	日干이 剋함	日干이 剋을 받음	日干이 剋을 받음
육친 여	모친 손자	편모 손녀	형제 자매	시아버지 형제자매	딸	아들	편부 偏父	부친 시어머니	남편 시누이	시형제 편부偏夫
육친 남	모친 장인	편모	형제 자매	형제 자매	장모 손자	손녀	처	부친 첩	딸	아들

나를 剋하는 者는 정관正官, 편관偏官.
나를 生하는 者는 정인正印, 편인偏印.
내가 剋하는 者는 정재正財, 편재偏財.
내가 生하는 者는 상관傷官, 식신食神.
나와 견주는 者는 겁재劫財, 패재敗財.

一. 論논 年上년상 起기 月例월례

甲己年은 丙이 처음이 되고, 乙庚年는 戊가 처음이 되고, 丙.辛 年은 庚이 처음이 되고, 丁.壬 年은 壬이 처음이 되어 위치가 순행하여 나아간다. 戊.癸는 어떻게 나타나게 되는가 하면 甲寅으로 추정하여 구한다.

그 법을 예를 들면 甲己年 生의 1월은 寅 위에 丙이 되어 丙寅월이고 2월은 丁卯가 되고, 3월은 戊辰이 되어 순차적으로 12개월이 되어 일순一順한다.

[蟾彩 : 곧 甲年 혹 己年에 태어나면 甲己가 합하여 土가 되니 土를 생하는 것은 火다. 火의 陽干 丙을 天干에 취하고 地支는 1월 寅을 취하여 甲寅이 甲年 혹 己年의 1월이 된다.
乙庚은 합하여 金이 되니 戊寅이 1월이 되고, 丙辛은 합하여 水가 되니 水를 생하는 庚이 天干이 되고 1월은 寅월이니 戊寅이 丙年, 辛年의 1월이 된다. 이하 이에 준한다.]

一. 論논 日上일상 起기 時例시례

甲日, 己日은 甲이 붙어 甲子 時가 되고, 乙日, 庚日은 丙이 붙어 丙子 時가 되고, 丙日, 辛日은 戊子 時가 되고, 丁日, 壬日은 庚子 時가 거처하고, 戊日, 癸日은 壬子 時가 子 時가 된다.
그 법은 甲,己日의 子時는 甲子 時가 되는 것인데 甲己합하여 土가 되니 土를 剋하는 甲木이 子時의 天干이 되어 甲子時가 된다. 남은 것도 이에 준한다.

[蟾彩 : 時를 세울 때는 日干이 甲일 경우 甲己 합화 土에서 土를 剋 하는 甲木이 天干이 되고, 子時의 天干이 되어 甲子時가 첫인 子時가 된다. 즉 甲日, 혹은 己日의 01:00시~02:00은 甲子時가 되어 甲己에 둔遁한 차례로 곧 甲子, 乙丑, 丙寅, 丁卯... 이렇게 亥시 까지 나아가면 된다.]

一. 論논 起胎法기태법

이 법은 오직 태워난 달에서 앞 4위가 이것이다. 그 법은 가령 己巳月이 태워난 달이라면 앞(巳午未申)의 申上이 태胎가 된다. 申에서 뒤의 1위는 未가 되고 생월 天干이 己이니 未上도 己가 되어 己未가 된다. 그래서 己未 다음은 庚申이니 庚申이 수태受胎한 月이다. 남은 것도 이에 준한다.

[蟾彩 : 만약 丁巳월에 태어났다면 巳월부터 헤아리면 4번째는 申이 되고, 다시 天干은 丁 다음은 戊이다. 이 둘을 天支에 세우면 戊申이다. 곧 戊申이 태원胎元이다.]

[태원胎元은 수태受胎한 달月이다. 子平이 말한 것이 있는데, 먼저 태식胎息으로서 추리하고 다음 변통變通을 추리하는 것이 이치라 하였다. 정밀한 命은 이 예를 사용하지 않으면 안 된다.]

『 註釋 귀貴한 命을 추리 할 때는 태식胎息의 길일吉日을 따른다. 서로 생부生扶하는 者는 貴하고, 상극相剋하는 者는 가난하다.』

一. 論논 起息法기식법

日主의 天干이 合하는 곳, 地支가 合하는 곳이 이것이다.
[가령 甲子日 生 사람이 年.月.時의 天干에 己가 있어 甲과 合하는 것, 地支의 年.月.時에 丑이 있어 己丑이 되는 것을 말한다. 곧 甲己 合과 子丑 合이 되어 천합지합天合地合이 되는 것을 말한다. 남은 것은 이 례에 준하여 추리한다. 이것이 기식법起息法이다.]

一. 論논 起變法 기변법

時의 天干이 合하는 것을 취하고, 時의 地支가 合하는 것을 취한다.
[예를 들면 丙寅 時의 天干 丙이 辛과 合, 地支의 寅이 亥와 合하는 것인데, 즉 辛亥가 이것이다. 柱中의 天干에 辛 字가 없고, 地支에 亥 자字가 없는 빈 것이 변법이 된다는 의심에 구애받을 필요 없다.]

一. 論논 起通法 기통법

가령 甲子月, 寅 時에 生하면 卯는 안명安命이다.
甲己 年은 丙이 첫 天干이 되어 丙寅 月이 되는데, 즉 丁卯가 이것에 통통한다.
[이 법은 寅卯가 서로 통하고, 辰巳가 서로 통 하고 午未가 서로 통하고, 申酉가 서로 통하고, 戌亥가 서로 통하고, 子丑이 서로 통하는 것이 이것이다.]
『 註釋 통通은 月中의 氣가 서로 관통하는 것으로 즉 寅卯未의 氣가 서로 통한다.』

一. 論논 起기 玉堂옥당 天乙貴人천을귀인

十干	甲,戊,庚	乙,己	丙,丁	壬癸	辛
천을귀인	丑,未	子,申	亥,酉	卯,巳	午,寅

이것이 귀인貴人의 방方이다. 命中에 이것을 만나면 궁궐의 사람이 된다.
[十干에 十支가 임하면 모두 貴人이 임하는 곳인데, 그런데 오직 辰戌 2궁은 貴人이 임하지 않는다. 왜 그런가? 辰戌은 괴강魁罡 악살惡殺의 地가 되어 天乙이 임하지 않아 이른바 貴가 되는 것이 아니라는 것을 알아야 한다.]
『 **註釋** 主에 天神이 있는 것으로 곧 천을天乙이라 하고, 천을이 임하면 악살惡煞이 멍청하게 된다. 공망空亡이 되면 貴하지 않다.』

一. 起기 天官천관 貴人귀인

年干	甲	乙	丙	丁	戊	己	庚	辛	壬	癸
천관	未	辰	巳	酉	戌	卯	亥	申	寅	午

조정에서 뛰어난 사람이 된다.
[이 법은 生年으로써 추리하는 것인데 가령 甲生이 支에서 未를 본 것을 말한다. 時上에 보면 매우 좋다.]
『 **註釋** 천관天官은 천원天元이 빼어나기를 요한다. 납음의 화애로운 氣가 손상되지 않으면 복에 도움되고, 吉하다. 희복喜福 神은 財.官.印이다. 악살惡殺은 불길하다. 』

一. 論논 太極貴人태극귀인

甲.乙生 사람 子.午, 丙.丁은 酉.卯가 있으면 형통하고, 戊.己 두 干에 사계四季가 임하고, 庚.辛에 寅,卯가 있으면 祿이 영풍盈豊하고, 壬.癸는 巳,申가 있으면 아름답다. 이 값은 응당 복기가 모인다. 다시 귀격貴格과 서로 도우면 수많은 집을 얻고 지위는 삼공에 오른다.
[이 법은 生年이 주가 된다. 다른 干를 취하는 것은 해당되지 않는다.]

『 註釋 태극太極은 처음初이 비롯되는 것이다. 처음 물질이 만들어 지는 초초가 무릇 극극極이다. 곧 거두어 이루어지고 나서 되돌아가는 것도 극극이다. 시종始終에서 귀귀하고 상보相保한다.』

一. 論논 三奇貴人삼기귀인

天上 삼기三奇는 甲.戊.庚. 지하地下 삼기는 乙.丙.丁이다. 人中의 삼기는 壬.癸.辛.이다.

[甲.戊.庚은 甲은 태양(日)이 되고, 戊는 달(月)이 되고, 庚은 별星이 된다. 이미 있는 해와 달, 별은 뛰어나다.
地支에 戌亥를 얻으면 천문天門이 되고, 얻으면 뛰어나다.
만약 戌亥가 없으면 해.달.별이 있어도 천문天門이 없는 것이니 뛰어나지 않다. 천天門이 있는데, 丑,卯,酉,巳가 있으면 또한 뛰어나지 않다.
寅中에 기성箕星과 좋은 풍風이 있고, 酉中에는 필숙畢과 주우主雨가 있고, 丑卯는 풍뢰風雷가 되어 곧 삼광三光이 빛을 잃게 되어 때를 얻지 않으면 뛰어나지 않다.
地下 삼기의 乙은 陰木의 우두머리가 되고, 丙은 陽火의 임금이 되고, 丁은 陰火의 상상相(모양)이 된다. 地에 이것이 있으면 뛰어나다. 모름지기 乙을 사용하여야 하는데, 乙은 곤토坤土에 속하여 없으면 길하지 않다.]

一. 論논 月德貴人월덕귀인

寅.午.戌 月에 丙. 申.子.辰 月에 壬, 亥.卯.未 月에 甲, 巳.酉.丑 月에 庚이 월덕귀인月德貴人이다.

[이 법은 寅을 쫓아 일으킨다. 丙.甲.壬.庚이 순수순수順數로 日을 따라 주기를 복시復始한다. 또 日上에 나타나 있어야 하고, 다시 복신福神이 도우면 吉하다.]

一. 論논 月德合월덕합

月	寅午戌	申子辰	亥卯未	巳酉丑
월덕합	辛	丁	己	乙

寅.午.戌 月은 辛. 申.子.辰 月은 丁. 亥.卯.未 月은 己,   巳.酉.丑 月은 乙이 월덕합月德合이다.
[이 법은 寅上에서 일어나 辛.己.丁.乙의 순수순수順數 위치를 따른다.]

一. 論논 天德貴人천덕귀인

月	1 寅	2 卯	3 辰	4 巳	5 午	6 未	7 申	8 酉	9 戌	10 亥	11 子	12 丑
천덕	丁	申	壬	辛	亥	甲	癸	寅	丙	乙	巳	庚

1월은 丁, 2월은 곤坤(申), 3월은 壬, 4월은 辛, 5월은 건乾(亥), 6월은 甲, 7월은 癸, 8월은 酉, 9월은 丙, 10월은 乙, 11(子)월은 손巽(巳), 12월(丑)은 庚.
[이 법은 生月로 분별하여 취한다. 1月 生 사람이 丁을 보고, 2月이 申을 본 것이 이것이다.]

一. 論논 天廚貴人천주귀인

[이것의 주된 것은 사람의 食祿 貴가 된다. 곧 벼슬에 오르고, 녹봉이 많아지고, 큰 이익을 만난다.]

天干	甲	乙	丙	丁	戊	己	庚	辛	壬	癸
천주	巳	午	巳	午	午	酉	亥	子	壬	卯

甲丙는 쌍어雙女(巳), 乙丁은 사자獅子(午), 己는 금우金牛(酉), 戊는 陰陽(申), 庚은 어복魚腹(亥), 2천석의 祿을 좌하고 궁궐에 든다.
癸는 천갈天蝎(卯), 壬은 인마人馬(寅), 辛은 보병寶瓶(子) 祿이 자유롭다. 寅은 천주天廚, 천록天祿이 된다. 영인슈人은 복과 지혜가 있고 우유優游하다.

『 註釋 丙火 生의 食은 巳, 丙의 祿도 巳, 그래서 巳가 祿이 된다. 가령 부父의 食이 자식子의 祿이다. 』

一. 論논 福星貴人복성귀인

天干	甲,丙	乙,癸	戊	己	丁	庚	辛	壬
복성	寅,子	卯,丑	申,戌	未	酉,亥	午	巳	辰

甲丙이 호향虎鄕(寅)에 요입邀入하여 다시 서혈鼠穴(子)을 만나면 가장 고강高强하다.
戊는 후猴(申), 己는 未, (乙).丁은 亥, 丙人은 오직 戌中에 감추어지는 것이 좋다.
庚은 마두馬頭(午)를 뒤쫓고, 辛은 巳에 미치고, 임기용배壬騎龍背(壬,辰)는 예사롭지 않고 특별하여 좋다. 다시 丁人은 酉를 찾으면 좋고, 癸,乙은 우牛(丑)가 마땅하고 祿(卯)이 스스로 창성하다.

『 註釋 이 법은 甲의 食은 丙, 甲이 둔목遁木한 丙寅을 얻으면 곧 복성귀福星貴가 된다. 主는 크게 이롭다. 남은 것은 이를 모방한다.』

一. 論논 三元 삼원

가령 甲子에서 甲木은 천원天元이 되고, 子는 지원地元이 되고, 子中에 소장所藏된 癸水는 인원人元이 된다.

地支	子	丑	寅	卯	辰	巳	午	未	申	酉	戌	亥
인원	癸	己癸辛	甲丙戊	乙	戊乙癸	丙庚戊	丁己	己丁乙	庚壬	辛	戊辛丁	壬甲

一. 論논 十干祿십간록

十干	甲	乙	丙戊	丁己	庚	辛	壬	癸
祿	寅	卯	巳	午	申	酉	亥	子

甲의 祿은 寅, 乙의 祿은 卯, 丙.戊의 祿은 巳, 丁.己의 祿은 午, 庚의 祿은 申, 辛의 祿은 酉, 壬의 祿은 亥, 癸의 祿은 子.

[무릇 祿은 天干 地支의 旺한 곳의 장소다. 가령 甲의 祿인 寅이고 동방 甲乙의 地支는 辰.寅.卯들이다. 남은 것은 이에 준한다.
辰.戌.丑.未는 괴강魁罡인 악살惡殺로 祿神이 임하지 않는다.
무릇 人命을 祿은 길흉하거나 혹 흉하고, 貴하거나 혹 천賤한데 어떻게 논하는가?
천을묘지에 이르기를 녹마祿馬, 貴人은 기대는 기준이 없다 하였다.
五行의 선악을 연구해보면 天元이 허약하다고 재앙이 되는 것이 아니고, 地氣가 단단하면 환락 懽樂이 충분히 있다. 원수가에 이르기를 녹마祿馬는 자쇠自衰, 자사自死, 패敗, 절絶 등 많은 설說이 있다 하였다.]
『 註釋 작록爵祿을 얻을 수 있다. 官의 세력을 얻어 형통하게 되어 祿이라 한다. 生旺이 가장 좋고. 휴수休囚를 가장 꺼리고, 가령 祿이 있는 者는 반드시 양인羊刃을 얻어 보위되어야 福이 있다.』

一. 論논 驛馬역마

年支	寅,午,戌	申,子,辰	亥,卯,未	巳,酉,丑
역마	申	寅	巳	亥

申子辰의 마馬는 寅, 寅午戌 馬는 申, 巳酉丑의 馬는 亥, 亥卯未 馬는 巳.
[이 법은 水에 申은 生, 寅이 병病이 된다. 水의 역마驛馬 寅木를 보면 水가 木을 生하니 木은 水의 자식인데, 이것은 곧 병처病處의 자식이 접근해 온 것이다. 가령 사람이 병病이 들면 힘쓰지 못하여 자식이 오기를 기다리게 되는 것과 같이 역마驛馬가 접근해 오기를 기다린다.]
[蟾彩 : 삼합의 첫 글자와 충衝 하는 것이 역마]

『 註釋 마馬가 있으면 반드시 안장鞍이 있어야 하고, 난간欄이 있어야 한다. 안장鞍이 없으면 탈 수 없고, 난간이 없으면 머무르지 못하여 쓸모가 없다. 馬 앞이 난欄이 되고, 馬 후가 안鞍이 된다.』

一. 論논 天赦천사

봄은 戊寅, 여름은 甲午, 가을은 戊申, 겨울은 甲子.
[무릇 人生의 日干에 만나면 득용得用한다.]

계절	봄	여름	가을	겨울
日主	戊寅	甲午	戊申	甲子

『 註釋 이 성星은 사람의 재화災禍를 푼다.』

一. 論논 華蓋화개

年支	寅,午,戌	申,子,辰	亥,卯,未	巳,酉,丑
화개	戌	辰	未	丑

寅午戌은 戌, 巳酉丑은 丑, 申子辰은 辰, 亥卯未는 未.

[화개華蓋는 본래 吉하다. 무릇 人命 中에 얻으면 많이 고독하다. 설령 貴하다고 하더라도 또한 고독을 면하기 어렵다. 만나면 승도僧道, 술術로 논한다. 호중자가 이르기를 화개는 예술星이 되고 주는 고독하다 하였다.]
[蟾彩 : 삼합의 마지막 글자]
『 註釋 이 성星은 덮어 가리는 것으로 대제大帝를 보좌하는 것과 같다.』

一. 論논 十干學堂십간학당

년의 납음	地支	柱
金 生人	巳	辛巳가 정학당
木 生人	亥	己亥가 정학당
水 生人	申	甲申이 정학당
土 生人	申	戊申이 정학당
火 生人	寅	丙寅이 정학당

『 註釋 이 자는 주인이 총명聰明하고, 통달通達하고, 과거에 급제하고, 공망을 범하면 교수教授 직이다.』

一. 論논 十干食祿십간식록

天干	甲	乙	丙	丁	戊	己	庚	辛	壬	癸
식록	丙	丁	戊	己	庚	辛	壬	癸	甲	乙

甲의 食은 丙, 乙의 食은 丁, 丙의 食은 戊, 丁의 食은 己, 戊의 食은 庚, 己의 食은 辛, 庚의 食은 壬, 辛의 食은 癸, 壬의 食은 甲, 癸의 食은 乙이다.

가歌에 이르기를 사람이 식사를 하고자 때의 이름이 食神의 이름으로, 甲人의 食은 丙, 乙人은 丁, 丙의 食은 戊, 丁의 食은 己, 己의 食은 辛, 戊의 食은 庚이다. 庚壬, 辛癸는 한쪽 만 좋고, 壬甲, 癸乙은 모두 영광이 된다 하였다.

만약 食神을 만났는데 祿馬가 걸터앉으면 반드시 세력 있는 부자가 되고 공명을 이룬다.

공망空亡, 양인羊刃, 살煞, 휴休, 수囚, 사절死絶이 되면 食이 아니다.

식생食生, 식왕食旺, 식귀신食貴神, 식인食印, 식재食財의 우열을 분별하여야 한다.

녹祿 식食 천주天廚의 참된 논리를 끊임없이 연구하여야 한다.

『 註釋 食神은 내가 생한 자식이다. 가령 甲木이 丙火를 생하니 食神이란 말이다. 旺한 者는 主人이 체격이 비만하고 음식에 능하다.』

一. 論논 金輿祿금여록

10干祿의 앞 제2위가 이것이다. 가령 甲은 祿은 寅인데 辰이 이것이다. 다른 것은 이에 준하여 추리한다.

年干	甲	乙	丙	丁	戊	己	庚	辛	壬	癸
금여	辰	巳	未	申	未	申	戌	亥	丑	寅

『 註釋 이 성星을 만나면 主는 처실妻室을 얻고 재물도 얻는다.』

一. 論논 拱祿공록

가령 戊辰 生 사람이 丙午를 보고, 丙午 生 사람이 戊辰을 보고, 丁巳 生 사람이 己未를 보고, 己未 生 사람이 丁巳를 보면 전후가 서로 공공된다. 오직 이 4位만 공협이 되고 남은 것은 옳지 않다.

『 註釋 戊丙의 祿은 巳가 辰午에 巳祿이 허공虛拱한다. 전실塡實은 꺼리고, 비어있으면 貴하다.』

[蟾彩 :

月年	月年	月年	月年
戊 丙	己 丁	丙 戊	丁 己
辰 午	未 巳	午 辰	巳 未
巳 공협	午 공협	巳 공협	午 공협]

一. 論논 交祿 교록

가령 甲申生 人이 甲寅, 庚寅生 人이 甲申을 보면 甲의 祿은 寅, 庚의 祿은 申으로 서로 호환 왕래한다.

『 註釋 이 사주는 祿이 없어야 도리어 貴命이 되고, 祿馬가 암장暗藏되어 인간이 볼 수 없어야 대귀大貴하다.』

一. 論논 暗祿암록

가령 甲 生 人이 亥를 만나면 甲 祿은 寅인데, 寅과 亥가 합한다. 乙 生 人이 戌을 만나면 乙의 祿은 卯인데 卯와 戌이 합한다 이것이 암록이다. 남은 것은 이에 준한다.

53

一. 論논 夾祿협록

가령 甲生 人이 丑卯를 만나면 甲의 祿은 寅에 있는데 앞에 卯 뒤에 丑이 있다. 乙生 人이 寅辰을 만나면 乙의 祿은 卯가 되는데, 앞에 辰 뒤에 寅이 있어 협록이 된다. 남은 것은 이에 준한다.

一. 論논 垣城원성

이 법은 日上 天干의 長生이 이것이다. 가령 甲日生의 長生은 亥이다. 즉 亥上이다.
[원성垣城은 主의 처궁妻宮과 마馬가 합하는 者인데 主는 음란하다]

一. 論논 帝座제좌

이 법은 時上의 납음이 旺한 것이다. 가령 甲子時의 납음이 金인데, 金의 旺은 酉다. 곧 酉上이 이것이다. 남은 것은 이에 준한다.
[제좌帝座는 主의 여궁女宮을 보는 것이다.]

一. 論논 六甲육갑 空亡공망 (일명 천중살天中煞)

甲子 순 中에 戌亥가 없고, 甲戌 순 中에 申酉가 없고, 甲申 순 中에 午未가 없고, 甲午 순 中에 辰巳가 없고, 甲辰 순 中에 寅卯가 없고, 甲寅 순 中에는 子丑이 없다.

[甲子는 金에 속한다. 酉에 이르면 十干이 충족足하게 되어 오직 戌亥에는 干이 없어 空亡이 된다.

陽宮은 空이 되고, 陰宮은 亡이 된다. 즉 戌은 空, 亥는 亡이 된다. 대궁對宮인 辰巳는 고허
孤虛가 된다. 남은 것은 이에 준한다.]

『 註釋 공망은 대궁對宮이 고허孤虛하다. 화공火空은 발하고發 , 水空은 벗어버리고脫 , 金空
은 울리고響 , 木空은 꺾이고折 , 土空은 빠진다陷.』

一. 論논 截路空亡 절로공망

日干	甲己	乙庚	丙辛	丁壬	戊癸
절로공망(時支)	申酉	午未	辰巳	寅卯	子丑

甲己는 申酉가 가장 근심되고, 乙庚은 午未가 모름지기 구원하지 못한다. 丙辛이 辰巳를
만나면 어찌 위문할 수 있겠는가? 丁壬이 寅卯를 만나면 일이 헛된다. 戊癸가 子丑을 만나
면 그대는 기억하여야 한다. 人生에 이 값을 만나면 근심이 많다. 홀연히 다시 胎中에서
만나면 백발에 비녀를 채울 때까지 고통이 쉬지 않는다.

[日로서 時를 보는 것이 이것이다. 年으로 日時를 보고 추리하는 것은 아니다.
甲己日에 감추어진 12時 中(甲子,乙丑,丙寅,丁卯,戊辰,己巳,庚午,辛未,壬申,癸酉)에 申酉 두개의 時
위에 壬水와 癸水(壬申,癸酉)가 있는 것을 두고 甲己가 申酉을 본 것이라 한 것이다. 남은 것
은 이에 준한다.
가령 甲子日이 申酉(壬申,癸酉)時를 보면 곧 올바른 절로공망이다. 다른 者를 본 것은 아니
다. 이 공망은 오직 命中에 좋지 않은 것이 있다. 모든 일이 불미스럽게 된다. 재물, 벼슬
모두 불리하다.]

『 註釋 절로截路는 가령 사람이 여행 중에 비를 만나서 더 앞으로 더 나아갈 수 없어 이루기
불가하다. 그래서 절로공망이라고 한다.』

一. 論논 四大空亡사대공망

순旬	甲子 순, 甲午 旬	甲寅 순, 甲申 순
사대공망	水	金

甲子, 甲午 순旬 中에서는 水가 절류絶流되었고, 甲寅과 甲申 순에는 金氣를 구하기가 막연하다.

[6甲中에 甲辰, 甲戌 두 순旬은 납음오행 金.木.水.火.土가 다 갖추어져 있는데, 甲子, 甲午 旬中에는 납음오행 水가 없고, 甲寅, 甲申 旬에는 납음오행 金이 없다. 곧 이 네 개 순旬은 납음오행이 완전하게 갖추어져 있지 않다. 이것을 사대공망四大空亡이라한다.
가령 甲子, 甲午 旬의 主의 사람이 水을 보면 올바른 사대공망이다. 당생當生 命中에 없고 행운行運에서 水를 만나게 되면 또한 사대공망이 된다. 甲寅,甲申 旬도 마찬가지다.]

『 註釋 主가 요절한다. 호중자가 말하기를 안회顔回는 요절夭折한 것은 사대공망四大空亡 때문이라 하였다.』

一. 論논 十惡大敗日십악대패일

십악대패일十惡大敗日									
甲辰	乙巳	壬申	丙申	丁亥	庚辰	戊戌	癸亥	辛巳	己丑

나라의 병사가 되는 것을 크게 꺼리고, 용사(龍蛇:辰巳)가 동굴에서 나와 펼치기가 어렵다. 인명人命에 이 日을 만나면 창고의 금과 은이 먼지가 된다.

[십악十惡은 흉凶하다. 대패大敗는 대적敵을 겁낸다.
6甲 순중旬中 10개 日이 있다. 祿이 空亡에 든 것이다.

이 10일을 대패大敗라고 한다. 그래서 십악대패十惡大敗라고 한다.

命中에 日主에 있는 것이 이것이다. 日主 외 다른 곳에 있는 것은 10악十惡으로 논하지 않는다. 만약 吉神과 상부하면 다소 吉하다.

무엇을 일컬어 祿이 空亡에 든 것이라 하는가 하면 가령 甲辰, 乙巳는 甲의 祿은 寅이고, 卯의 祿은 卯로, 곧 甲辰 旬에 있는 甲辰, 乙巳는 祿인 寅卯가 空이 된다. 그래서 祿이 空亡에 든 것이고, 또 이것이 敗이다.

甲子 旬은 戌亥가 空亡이다. 그래서 甲子 旬에 있은 壬申은 亥가 空亡이 되고, 壬申의 壬의 祿은 亥가 되니 壬申은 亥 祿 空亡이 된다. 이 또한 敗가 된다. 남은 것은 이에 준한다.

[甲辰, 乙巳, 丁亥, 戊戌, 己丑, 庚辰, 辛巳, 壬申, 癸亥. 이상 10日은 祿이 空亡이 되어 십악대패일이 된다.]

『 註釋 日干 上을 보는데 사주에 길신吉神이 많고, 身旺하면 십악十惡으로 논하지 않는다.』

一. 論논 四廢日 사폐일

봄의 庚申[金의 수사囚死], 여름의 壬子[水의 囚死], 가을의 甲寅[木의 囚死], 겨울의 丙午[火의 수사囚死]

[사수사囚로 인하여 사용 할 수가 없어 폐廢라한다. 봄은 木神이 용사用事하는데 金의 수囚가 되어 사용하지 못한다. 그래서 庚金은 폐廢가 된다. 여름 火를 사용하면 水는 폐廢가 되고, 가을에 金을 사용하면 甲木은 폐廢가 된다. 겨울에 水을 사용하면 丙火는 폐廢가 된다. 무릇 命中에 이것이 있어 만난 者는 일를 만들지만 이루지 못한다. 춘하추동春夏秋冬 사계四季도 구분하여 보아야한다. 방方이 기준이다.]

一. 論논 天地轉殺 천지전살

月	寅卯辰 月	巳午未 月	申酉戌 月	亥子丑 月
천지전살	卯	午	酉	子
천전살	乙卯 日	丙午 日	辛酉 日	壬子 日
지전살	辛卯木 日	戊午火 日	癸酉金 日	丙子水 日

봄은 卯, 여름의 午는 天地가 전환하게 된다. 가을의 酉, 겨울의 子는 재앙이 된다. 사람이 길을 갈 때 도로에서 사망 할 수 있다. 집을 지을 때 완성하기 전에 먼저 시렁이 손상 된다.

[물물이 극극하게 되면 뒤집어 되풀이 된다. 일컬어 전(轉:회전하다)한다. 干이 旺地를 좌坐하면 천전天轉이라한다. 이어서 납음이 旺을 좌하면 지전地轉이라한다. 이 둘이 겹친 것이 천지전天地轉이다. 가령 춘목春木이 旺한 時에 乙卯를 보면, 곧 天에 天이 이어진 것을 일컬어 천전天轉이라 한다. 辛卯木를 보면 곧 납음과도 서로 이어지게 된다. 일컬어 지전地轉이라 한다.
여름은 火旺하다. 丙午水를 보면 천전天轉이라 하고, 戊午火는 지전地轉이다.
가을은 金이 旺하다. 辛酉木를 보면 천전天轉이 되고, 癸酉金를 보면 지전地轉이다.
겨울은 水旺하다. 壬子木를 보면 천전天轉, 丙子水를 보면 지전地轉이다. 납음을 취하여 본다.
이 日은 가장 꺼린다. 상관上官, 직출職出, 행상行商賈 가취嫁娶 반드시 主는 凶하다. 命에 이 日을 만나면 主는 요절한다.]

『 註釋 經에 이르기를 한신韓信이 피상된 것은 천지전살天地轉殺 때문이라 하였다. 』

一. 論논 天羅地網 천라지망

천라天羅	지망地網
戌 亥	辰 巳
年 납음 火에 戌 亥	年 납음 水土에 辰 巳

辰은 지망地網, 戌은 천라天羅가 된다. 또 괴강魁剛이다. 天乙이 임하지 못하는 地이다.

[戌,亥는 천라天羅, 辰,巳는 지망地網이다. 무릇 火 命의 사람이 戌亥를 만나면 천라天羅가 되고, 水土 命의 사람이 辰巳를 만나면 지망地網이 된다. 五行(납음오행)의 묘절墓絶 處가 된다. 곧 암매暗昧하여 밝지 않고 분별 하지 못하는 곳이기 때문이다.

만약 金木에 生한 사람의 천라지망天羅地網 설설은 男子는 천라天羅를 꺼리고, 女人은 지망地網을 꺼린다. 主는 건체蹇滯가 많고, 악살惡殺이 더해지면 사망한다.]

一. 論논 羊刃양인

[陰地가 비인飛刃, 양인羊刃 宮의 반대쪽은 비인飛刃]

『 註釋 호중자가 말하기를 범인에 祿이 있으면 반드시 병기를 하사하여 호위하게 한다 하였다. 』

十干	甲	乙	丙	丁	戊	己	庚	辛	壬	癸
양인	卯	辰	午	未	午	未	酉	戌	子	丑
비인	酉	戌	子	丑	子	丑	卯	辰	午	未

[羊은 딱딱하다는 것이고 刃은 主가 형벌을 당한다는 것이다. 祿이 지나고 나면 刃이 나타나게 된다. 공이 이루어지면 물러나는 것이 마땅하고 물러나지 않으면 사납게 나아가게 進 된다. 사납게 나아가면 官을 손상 시키게 된다.
羊刃은 祿 앞의 一辰으로 吉이 너무 과하게 되면 좋지 않다.]

『 註釋 호중자가 이르기를 범인에 祿이 있으면 반드시 刃에 힘입어 호위된다 하였다. 일행선사가 말하기는 羊刃이 重重한데 祿을 보면 富貴하여 금옥金玉이 가득 찬다 하였다. 』

一. 論논 起기 大運法대운법

무릇 대운大運을 일으키는 방법은 소생한 日을 쫓아 구하게 된다.
양남음녀陽男陰女 [年柱의 天干이 陽干(甲丙戊庚壬)인 남자와 年柱의 天干이 陰干(乙丁己辛癸)인 여자] 는 순행順行(甲子, 乙丑, 이렇게 앞으로 나아가는 것)으로 수數가 미래절未來節까지가 되고, 양녀음남陽女陰男 [年柱의 天干이 陰干(乙丁己辛癸)인 남자와 年柱의 天干이 陽干(甲丙戊庚壬)인 여자] 은 역행逆行하여 數가 이미 지난 과거절過去節까지다.
절제折除하여 3日이 1년이다.

양남음녀陽男陰女는 순운順運인데,
가령 **甲子**年은 甲.己의 年에 해당하니 곧 丙이 처음이고, 정월正月은 **丙寅**월이다.
태어난 날이 초일일初一日에 태어나서 입춘立春이 지난 **남자아이**라면 陽男에 해당하여 입춘일 1일부터 2月 경칩절驚蟄節까지 數를 헤아리면 30을 얻는다. 즉 순행으로 헤아려 얻은 數다. 그러면 1년은 3일이니 3으로 나누면 즉 30일/3=10으로, 곧 10세에 대운이 일어난다. 丙寅에서 시작하여 10세는 丙寅, 20세에는 丁卯, 30세에는 戊辰... 이렇게 대운을 세운다.

또 **乙丑**年은 乙庚에 속하니 戊가 처음으로, 1月은 곧 **戊寅**월이다.
만약 초 1일이 입춘立春이고 입춘을 지나 18일에 태어난 **여자아이**라면 곧 양남음녀로 순행하니 18일부터 2月 경칩절驚蟄節까지 앞으로 헤아리면 기간이 12가 된다. 3으로 나누면 곧 12일÷3=4다. 그래서 4세에 대운이 일어난다. 순행順行한다. 戊寅월에 태어났으니 戊寅다음은 己卯로 즉 己卯가 4세, 庚辰은 14세, 辛巳는 24세, ...으로 각 10년씩 나아가 대운이 세워진다.

음남양녀는 역운逆運이 된다.
가령 乙丑年은 乙庚에 해당하여 合하여 金으로 化하니 金을 生하는 戊가 처음이 되어 곧 1월은 **戊寅**월이다.
초일일初一日이 입춘이 된다고 가정하고, 1月 15일에 태어난 **남자아이**는 뒤로 數를 헤아리는데, 초일일初一日 입춘까지 헤아리면 15일이 되니 3으로 나누면 5가 된다. 그래서 5세부터, 즉 戊寅월에서 역으로 丁丑은 5세부터 14세까지, 丙子는 15세부터 24세, 乙亥은 25세부터 34세 ... 이렇게 나아가 대운이 설정된다.

甲子年은 甲己 合化 土에 해당하니 丙이 처음이 되어 1月은 **丙寅**月이다.
초일일이 입춘이 된다면, 입춘이 지나 10日에 태어난 **여자아이**는 10일에서 뒤로 數를 헤아리려 즉 10일부터 초일일初一日인 입춘까지는 9일이 되니 3으로 나누면 3이 되어 3세부터 運이 일어난다. 그래서 丙寅月에서 역행하면 乙丑이 되니 3세인 乙丑이 첫 대운이 되고 다음 甲子는 13세 이렇게 된다.

만약 3으로 나누어 1일이 남으면 감하고, 2가 남으면 더한다. 즉 헤아린 수가 25가 되면 3으로 나누면 8하고 1일 남으니 8세에 첫 대운이 일어나고, 헤아린 수가 26이 되어 3으로 나누면 8하고 2가 남으니 1세 더하여 9세에 첫 운이 일어난다.

『 註釋 만약 입춘일 卯時는 1(寅)月이 되고, 만약 寅時에 生이라면 절기가 바뀌지 않았기 때문에 12月 生으로 추명한다.
1月 1日 子時의 상上 사각四刻에 태어났으면 상년上年(전년) 12月에 해당한다.
야자시夜子時의 하下 사각四刻에 때어났다면 1月 1日 子時로 추명하는 것이 맞다.
말하는데, 신선神仙도 야자시夜子時를 판단하기 어렵다.』

[蟾彩 : 필자의 졸저 삼명통회 적요에 상세히 기록하였으니 참조하면 된다.]

一. 論논 行小運法행소운법

무릇 소운小運은 음양 二命을 불문不問한다.
男은 1세 丙寅에서 일어나서 2세 丁卯... 로 순행順行한다. (절법截法)11세 丙子, 21세 丙戌로 주기가 복시復始한다.
女는 1세 壬申에서 일어나, 2세 辛未... 로 역행逆行한다. (절법截法) 1세 壬申, 11세 壬戌, 21세 壬子로 주기가 다시 시작한다.
오행의 相生을 논하면 金은 水를 生하고, 水는 木을 生하고, 木은 火를 生하고, 火는 土를 生하고, 土는 金을 生한다.
오행의 상극相剋을 논하면 金은 木을 剋하고, 木는 土을 剋하고, 土는 水를 剋하고, 水는 火를 剋하고, 火는 剋을 金한다.

『 註釋 소운小運의 법은 , 남자는 丙寅부터 나아가는데 삼양三陽의 쫓는 의미가 있고, 여자는 壬申부터 나아가는데 삼음三陰의 기쁨을 따르는 의미가 있다. 1년 1세이고 남는 순행, 여자는 역행한다. 남자의 경우乙亥에 이르면 丙子로 계속이어 나아가면 된다.』

一. 論논 五行오행 相生상생 相剋상극

나를 生하는 者는 부모가 되고, 내가 生한 者는 자손이 된다. 나를 훼하는 者는 관귀官鬼가 되고, 내가 훼하는 者는 처재妻財가 된다.
비등하게 화和하는 者는 형제가 된다.

[五陽, 五陰의 변통通變 그림을 상세히 살펴라.(십성조견표)]

一. 論논 節侯歌절후가

正(寅)月은 입춘立春, 우수雨水 절節.
2(卯)月은 경칩驚蟄, 춘분春分.
3(辰)月은 청명淸明, 곡우穀雨.
4(巳)月은 입하立夏, 소만小滿.
5(午)月은 망종芒種, 하지夏至.
6(未)月은 소서小暑, 대서大暑.
7(申)月은 입추立秋, 처서處暑.
8(酉)月은 백로白露, 추분秋分.
9(戌)月은 한로寒露, 상강霜降.
10(亥)月은 입동立冬, 소설小雪.
11(子)月은 대설大雪, 동지冬至,
12월(丑)月은 소한小寒, 대한大寒.

一. 論논 天地천지 干支간지 暗藏總訣암장총결

입춘은 잠깐 3日은 丙火가 사용되고, 남은 日은 甲木이 旺하여 중심을 이끈다.
경칩은 乙木이 용사用事하지 않고, 춘분은 乙未가 올바르게 해당한다.
청명은 乙木이 10日 관리하고, 후에 8日은 癸水가 넘친다.
곡우 앞 3일은 戊土가 왕성하다. 그 中 旺한 土가 다 사라지기를 요한다.
입하는 또한 잠복 된 戊土를 취하고, 소만이 지나면 午丙火가 빛을 낸다.
망종은 己土가 상당히 좋다. 가운데 머물러 7日 土는 높게 성한다.
하지는 陰이 生하고 陽이 극極되어 유익하다. 丙丁火가 旺하고 土는 기세가 오른다.
소서는 10日 丁火가 旺하고, 후에 3日 乙木이 빛난다. 己土는 3日 위풍이 왕성하다.
대서는 己土가 10日 황제가 된다.
입추는 10日 壬水가 가득차고, 처서는 15日 庚金이 아름답다.
백로는 7日 庚金이 旺하고, 8日 辛이 홀로 보답한다.
한로는 7일 辛金이 관리하고, 8日 丁火가 되고 다시 水에 항복한다.
상강은 己土 15日, 이 중에 잡기雜氣를 취하여도 해롭지 않다.
입동은 7日 癸水가 旺하다. 壬水 8日로 다시 바쁘게 흐른다.
소설은 7日 壬水가 긴요하고, 8日 甲木이 다시 향내를 풍긴다.
대설은 7日 壬水가 관리하고, 동지는 癸水가 다시 연못으로 흐른다.
소한은 7日 癸水가 기르고, 8日 辛金이 丑에 저장된다.
대한은 10日 己土가 뛰어나다.
술자術者는 정밀 자세하게 연구하여야 한다.

一. 又우 論논 節氣歌절기 가

命을 볼 때 먼저 日主를 보고나서 비로소 팔자의 오묘한 이치를 궁구하여야한다.
子는 10日은 壬, 중순中旬, 하순下旬는 癸가 된다.
丑은 9日 癸가 남아 있고, 辛 3日을 제외하고 모두 己에 속한다.
寅은 戊,丙이 각 7일, 16日은 甲木이 맡는다.
卯은 陽木 초순初旬을 맡고, 中下의 양순兩旬은 陰木이 맡는다.
辰은 9일 乙이 맡고, 3日 癸 남은 고庫는 戊가 뛰어나다.
巳(初夏:초여름)는 9日은 庚金이 生하고, 16日은 丙火, 5일은 戊의 때가 된다.
午는 陽火(丙)가 상순上旬에 속하고, , 丁火는 10日, 9일은 己가 맡는다.
未는 9日은 丁火가 밝히고, 3日은 乙, 남은 日은 己가 맡는다.
申은 己가 7일, 戊가 3日, 3日 壬, 17日 庚金이 갖추어진다.
酉는 10日 庚, 20日은 辛金의 旺地에 속한다.
戌은 9日 辛金, 3日은 丁, 18日은 戊土가 맡는다.
亥는 7日 戊, 5일 甲, 남은 日은 모두 壬이 맡는다.
현자는 반드시 기억하여 한 개의 근거로서 3개를 분별하여야 한다. 이 비결은 선현先賢이 비밀을 증험하여 기록을 남겼다.

[※ 월령분야도 참고]

一. 又우 地支지지 藏遁歌장둔 가

子 宮에는 癸가 그 中에 존재한다.
丑 宮에는 癸, 金, 己 함께 있다.
寅 宮에는 甲과 丙, 戊이 겸한다.
卯 宮에는 乙이 홀로 상봉相逢한다.
辰 宮에는 乙, 戊, 癸가 있다.
巳 宮에는 庚, 丙, 戊가 모여 있다.
午 宮에는 丁와 己가 있다.

未 宮에는 乙, 己, 丁이 한 가족이다.
申 宮에는 庚, 壬, 戊가 있다.
酉 宮에는 辛이 홀로 풍륭豊隆하다.
戌 宮에는 辛, 丁, 戊가 있다.
亥 宮에는 壬, 甲, (戊)이 저장되어 있다.
이것은 참된 자취이다.
[人元인원, 지장간地藏干이라고도 한다.]

一. 論논 四季사계 大節대절 訣결

금년에 내년의 봄을 알기를 요하면 단지 5日 3時辰을 더하면 된다.
입춘 3日은 곧 가을을 만나고, 격안隔岸 퇴위退位하면 여름이 다시 임하고, 재차 3일을 지나면 겨울에 이른다. 육랑六郞은 거듭 춘우春牛에서 덜고 더한다.

[이 법은 가정嘉靖 19년은 戊申년 섣달 12月17日, 甲子日 午時가 입춘인데, 가정嘉靖 20년의 입춘을 알고자 하면 5日 3時辰을 더하면 된다. 가령 甲子日 입춘에서 5日을 앞으로 나아가면 己巳日이 되고, 午時에서 3時辰 앞으로 나아가면 酉時이니 본년 12月 28日 己巳日, 酉時가 다음 해 가정嘉靖 20년의 입춘이 된다.
입춘에서 3日은 곧 가을을 만난다는 것은 甲子日에서 3日이 지난 丁卯日, 午時에서 6개가 지나면 丑時로 6月24日 丁卯일 丑時가 입추가 된다.
격안隔岸 퇴위退位는 여름이 된다는 것은 丁卯日에 상대가 되는 것은 丁酉로 이것이 곧 격안隔岸인데, 天干은 움직이지 않고 地支가 沖한다. 丙申에서 1위 물러난 곳인 乙未日 酉時, 3月 24日이 입하이다.
다시 3일이 지나면 입동이 된다. 2日인 乙未日이 입하고, 3일 지난 戊戌日 巳時가 입동으로 9月26日이 입동이 된다.
매년 입춘을 상대자로 삼아 이와 같이 모방하면 된다.]

一. 論논 未來月朔미래월삭 節氣절기 奧歌오가

월삭月朔은 원래 옛날부터 있었다.
전전 9년과 장차 오는 후後의 9년과 대조하는데, 큰 달은 5干과 9支가 연이어지고, 적은 달은 4干과 8支로 이어진다.
[예: 壬申年 1월은 적은 달인데 1일이 乙亥일이면 9년후 庚辰년의 1월 1일을 壬申年 1월 1일로 추산하면 된다. 그러니 乙亥일의 干 乙에서 네 번째는 戊가 되고, 乙亥일의 地 亥에서 여덟 번째는 午가 되니 戊午가 庚辰년의 1월 1일의 日辰 干支가 된다.]
또 6×6의 年은 세밀히 고려하여야 한다. 군君이 맡아 풍한로風寒路를 힘을 다하여 달린다.
[6×6은 36개월을 말한 것으로 36개월 마다 윤년이 되니 3년마다 초윤이 있고 5년마다 재윤이 오는 것을 말한 것이다. 곧 선천수와 후천수의 일왕일래(一 往-來)하는 주년週年에 해당한다.]

하여서 금년의 입춘 數로서 계산하면 착오가 없다.
47년전에 윤달이 있으면 금년 윤달이 앞 2월에 있게 된다.
조금도 차이가 없는 참된 것이고, 모든 가르침의 존재는 장결掌訣 중에 있다.
다만 중기中氣의 소재를 살펴야하는데 윤달 앞의 月은 中氣가 그믐에 있고, 윤달 후의 月은 中氣가 초하루가 되고, 中氣가 없으면 윤월閏月이라 한다.

一. 論논 截절 流年류년 節氣절기 日時일시 刻각 數수 要訣요결

입춘일을 깊이 살펴야 하고, 다른 곳에서 구하지 않아야 한다. 時의 정각正刻은 진절眞節로 스스로 이루어지게 된다.
5時 2刻은 경칩, 10時 4刻은 청명, 입하 1日 3時 6刻, 망종은 1日 9時에 거두어지고, 2日 2時 2刻은 소서, 2日 7時 4刻은 입추, 백로는 3조朝 단單 6刻, 한로는 3朝 6時가 주週하고, 입동은 3朝 11時 2刻, 대설은 4일 4時로 비가 쌍류雙流하고, 소한은 4日 9時 6刻, 5日3時는 춘우春牛를 친다.
절기가 子時를 만나면 1日을 더하게 된다. 이렇게 되는 법을 심두心頭에 잘 기억하여야 한다.

** 春牛춘우 : 옛날, 입춘 전날 두드리며 봄을 맞이하는 흙 또는 갈대·종이로 만든 소.

一. 論논 日일 爲主위주

내가 당서唐書에 실려 있는 것을 보니 이허중李虛中은 사람이 소생한 年.月.日.時의 干支 生尅으로 命의 귀천수요貴賤壽夭의 학설學說을 논하였는데, 이미 상세히 설명하였다.
송나라 시대에 이르러 자평 학설이 널리 퍼지게 되었는데, 日干을 주로 하였다.
年은 근根, 月은 묘苗, 日은 화花, 時는 과果로 하여 생.왕.사.절.휴.수.제.화生旺死絶休囚制化로 사람의 화복禍福을 결정하였다. 그 이치가 반드시 그러하니 어찌 다른 의심이 있을 수 있겠는가?

1. 官을 음양으로 나누어 官.殺이 되는데 甲.乙이 庚辛을 본 것이 이것이다. [甲에 庚은 殺, 陽이 陽을 본 것이고, 辛은 官으로 陽이 陰을 본 것이다. 乙木에 庚은 官, 辛은 殺이 된다.]
2. 財도 陰陽으로 구분하여 정재正財, 편재偏財가 된다. 甲乙이 戊己를 본 것이다. [陽이 陰을 본 것은 正財, 陰이 陰을 본 것은 偏財가 된다.
3. 生氣도 음양으로 나누는데 인수印綬, 도식倒食이라 한다. 甲乙이 壬癸를 본 것이다. [甲의 癸본 것, 乙이 壬을 본 것이 印綬(正印)다. 甲이 壬을 본 것, 乙이 癸를 본 것은 偏印(도식倒食)이다.]
4. 절기竊氣도 음양 구분을 하여야 하고, 食神, 傷官이라 한다. 甲乙이 丙丁을 본 것이 이것이다. [甲이 丙을 보면 食神, 乙이 보면 傷官. 乙이 丁을 보면 食神, 丙은 傷官이 된다.]
5. 같은 종류도 음양으로 구분하여 겁재劫財, 양인羊刃이라한다. 甲乙의 甲乙을 본 것이 이것이다. [陽이 陽은 본 것은 羊刃, 陰이 陽을 본 것은 劫財]라 한다.

대개 귀.천.수.요.생.사貴賤壽夭生死가 모두 이 五者에서 나타나는 것만은 아니다.
또 망령된 格局들을 세워 그 이름을 추종하는데 실용實用의 가치는 없다. 그것은 비천녹마飛天祿馬, 도충정란차倒冲井欄叉인데, 즉 傷官으로 해석하여 사용할 수 있다. 이는 일부분의 례를 들었으니 남은 것은 짐작 할 수 있을 것이다.

日이 主가 되고, 年은 本, 月은 제강提綱, 時은 보좌輔佐가 되는데 日을 주체로 세워 간명看命한다.
대체적으로 日이 身旺한가 신약身弱한가 등을 심도 있게 살펴야 하고, 또 地支에 어떤 격국이 있는 가 살펴야 하고, 金.木.水.火.土을 헤아려야 한다.
살핀 후 월령月令에 있는 金.木.水.火.土를 살펴 어떤 者가 旺하고, 또 세歲와 운運에서 어떤 것이 旺한가 보고, 또 日과 어떤 관계가 되는가를 더 소상히 살펴야 한다.
이것에 또한 집착하면 안 된다. 이것은 단편만 설명 한 것이다.

가령 甲子日 生의 사주 中에 한 개의 申 七煞이 있지만 子辰 합하여 水局으로 사용된다.
다음 남은 辰들을 보아 어떤 손익損益이 있는 가 살펴야 하는데, 四柱 中에 어떤 손해되는 글자가 있어 甲子日主의 빼어나게 하는 氣를 깨면, 곧 용신用神을 붕괴시키면, 별도의 제압이 필요하지 도와주는 것은 필요하지 않다.
命을 논하는 者는 절대 한 가지에 집착하지 말아야 하고, 월령月令을 소상히 보고, 이를 밝혀 나타내어야 한다.

『 註釋 殺을 보면 신왕身旺하여야 하고, 用에 殺이 있으면 主는 형강亨强한데 日主가 넉넉하여야 아름답다.
財는 命(생명)을 기르는 근원이고, 印은 나를 생하는 어미가 되고, 傷官, 食神은 내가 生하는 자식이 되고, 어미의 氣를 도둑질 해가고, 甲이 己를 보면 財가 되고, 乙이 甲을 보면 겁재劫財가 되고, 강강은 弱을 능멸하고, 日이 主가 되어 즉 사람 자기 자신이 된다.
年干은 할아버지, 年支는 조모祖母 , 月干은 부父, 月支는 모母, 및 형제가 된다. 日干은 자기, 日支는 처, 時干은 아들, 時支는 딸로 논한다. 命을 논하고, 사람의 귀천貴賤논하는 것은 곧 극제 剋制로 논한다.』

一. 論논 月令월령 (出出 淵源연원)

가령 年은 本으로 官星, 印綬를 차면 일찍 벼슬을 하는데, 조상으로부터 받게 된다.
月은 제강提綱으로 官星, 印綬를 차면 강개총명慷慨聰明하고, 높은 직식에 임하고, 時는 보좌輔佐로 평생 품행이 반듯하다.
만약 年,月,日에 길신吉神이 있으면, 時는 生旺한 곳이 되어야 하고 吉神에 의탁하여야 한다.
만약 흉신凶神이면 時는 제복制伏하는 곳이 되어야한다.
時上의 吉, 凶神에 대해서는 年,月,日에서 吉者는 生하여야 하고, 凶者는 제복하여야한다.
가령 월령月令에 용신用神이 있으면 부모가 힘이 있고, 年에 用神이 있으면 조상에 힘이 있고, 時에 用神이 있으면 자손에 힘이 있다. 반대가 되면 힘을 얻지 못한다.

一. 論논 生旺생왕

통상적인 법은, 金은 巳에서 生, 木은 亥에서 生, 水는 申에서 生, 火는 寅에서 生, 土는 중앙에 거주한다.
어미에 붙어 生하는 것은, 가령 戊는 巳에서 己는 午에서 生한다. 또 土는 사계四季가 되는데 각 18日이 旺하다. 공히 72日이다.
아울러 金.木.水.火.土는 각 72日이다. 그래서 모두 360日이 되어 한 해의 공을 이룬다. 이것이 양법良法이다.

一. 又우 論논 五行오행 生旺衰絶吉凶생왕쇠절길흉(淵源연원)

음양가陰陽家의 글을 보면 말한 것이 있는데, 生旺은 陰이 死하면 陽이 生하고, 陽이 死하면 陰이 生하는 것이 있다하여 가령 甲木은 亥에서 生하고 午에서 死한다. 乙木은 午에서 生하고 亥에서 死한다. 남은 것은 이 례와 동일하다.
그러나 10중에 9는 잘못 된 것으로 참된 법은 아니다.

命을 논 할 때 어찌 生旺 설說에만 구애되겠는가? 또 丙寅는 火에 속하여 亥에서 절절絶하여 원래 좋지 않다 하는데 亥中에 木 印綬가 있어 丙火를 生한다는 것을 알지 못한 것이다. 丙日 亥時의 命이 귀격貴格도 많다. 또 戊는 土에 속하는데 巳에서 旺하고 또 건록建祿이 되어 근본이 귀격이라 하는데, 巳는 도리어 金이 生하는 地로 傷官星이 되어 戊日, 巳時 生은 종내 벼슬을 하지 못한다. 두 례를 들었는데 命을 논 할 때 生旺하면 길하고, 쇠衰, 패敗는 흉한 것으로 논하는 것은 절대 불가하다. 활법活法으로 추리하는 것이 마땅하다.

『 註釋 일사一死, 일생一生은 오행의 정해진 논리다. 用을 말하면 모母가 자식을 사랑으로 돌보고, 형이 아우를 정으로 돕고, 자식이 어머니를 은혜로 돌보고, 감화하여 무궁한 이치다. 상세히 살펴 命을 논하여야 한다.』

一. 論논 五行오행 墓庫묘고 財印재인 (淵源연원)

丙丁生 人은 辰이 庫官, 水土의 庫는 辰이 된다.
年,月,時 中에 木이 있고, 亥卯未가 있고 또 寅이 있으면 청청淸하다. 木이 없으면 土가 丙丁의 官을 박탈하게 되어 탁비濁卑하고, 불청不淸하고, 불현不顯하다.

『 註釋 木은 火를 生하여 丙을 도와 힘이 있게 한다. 木이 없으면 火가 土를 生하여 氣를 빼앗기고, 木이 있으면 火를 돕는다. 印과 財는 이러한 관계가 있다.』

一. 論논 官殺混雜관살혼잡 要制伏요제복 (淵源연원)

官星은 순수하여야 하고 혼잡하지 않아야 한다.
가령 甲木에 辛金은 官이 되는데, 만약 年이 辛, 月에 酉, 時上에 또 이것이 死官이면 비록 많을 뿐 해롭지 않다. 무릇 순수한 하나일 뿐이면 좋고, 만약 金이 있고 혹 庚申이면 혼잡으로 殺이 되어 身을 손상시키는데, 火가 제복하면 곧 발복한다. 남은 것은 이것을 모방한다.

一. 論논 五行오행 生剋制化생극제화
各각 喜좋은 所곳 害나쁜 所곳의 例예

- 金이 旺한데 火를 얻으면 그릇을 이룬다.
- 火가 旺한데 水를 얻으면 서로 구제한다.
- 水가 旺하여 土를 얻으면 지소池沼를 이룬다.
- 土가 旺하여 木을 얻으면 소통된다.
- 木이 旺한데 金을 얻으면 동량棟梁을 이룬다.
- 金이 土의 生을 힘입는데 土가 많으면 金이 매몰된다.
- 土가 火의 生을 힘입는데 火가 많으면 土가 그을린다.
- 火가 木의 生에 힘입는데 木이 많으면 火는 꺼진다.
- 木이 水의 生에 힘입는데 水가 많으면 木은 표류한다.
- 水가 金의 生에 힘입는데 金이 많으면 水가 탁해진다.
- 金이 水의 生에 힘입는데 水가 많으면 金은 잠긴다.
- 水는 木을 生하는데 木이 왕성하면 水는 줄어든다.
- 木은 火를 生하는데 火가 많으면 木은 분소된다.
- 火는 土를 生하는데 土가 많으면 火는 어둡게 된다.
- 土는 金을 生하는데 金이 많으면 土가 어그러진다.
- 金은 木을 剋하는데 木이 견고하면 金은 이지러진다.
- 木은 土를 剋하는데 土가 重하면 木은 꺾인다.
- 土는 水를 剋하는데 水가 많으면 土는 유실된다.
- 水는 火를 剋하는데 火가 많으면 水는 끓는다.
- 火는 金을 剋하는데 金이 많으면 火는 식어버린다.
- 金이 쇠약한데 火를 만나면 반드시 녹게 된다.
- 火가 약한데 水를 만나면 반드시 꺼져 없어진다.
- 水가 약한데 土를 만나면 반드시 진흙에 막혀버린다.
- 土가 약한데 木을 만나면 반드시 함몰된다.
- 木이 약한데 金을 만나면 반드시 베여 꺾인다.
- 강한 金이 水를 얻으면 날카로움이 꺾인다.
- 강한 水가 木을 얻으면 그 세력이 줄어든다.

- 강한 木이 火를 얻으면 완고함이 없어진다.
- 강한 火가 土를 얻으면 불꽃이 멈춘다.
- 강한 土가 金을 얻으면 그 방해가 제어된다.

[이것은 곧 신약身弱한데 귀鬼를 만난 것으로, 물물을 얻어 변화하면 吉하다. 가령 甲日이 金에 殺을 당하면 손상되는데, 만약 時上에 一位의 壬,癸水가 있거나 혹 申子辰이 있어 풀어주게 되면 화化하여 凶이 吉이 된다. 남은 것은 이에 준한다.]

一. 二至이지 陰陽음양 相生상생의 理이치

1년 내에는 오행이 세분되어 있고, 12개월 중에 기후로 나누어져 있는데, 각 그 오행이 왕상旺相하면 용신用神으로 정해진다.
그 1년 오행 또한 음양으로 구분하면 1년 내에 두 가지로 구분된다.
각 主(해당 오행)는 生旺한 氣가 있게 되는데, 가령 동지에 一陽이 生하면 木이 먼저 生旺하게 되는 것이 자연의 이치다.
어떤 이치인가 예를 들면 甲乙 日干 生 人이 동지 전에 존재한다면 陽氣가 아직 미동未動하여 木은 사절死絶된 시기로 그 木은 길흉하고 이로움이 깊고 두텁지 않다.
만약 甲乙日 生 사람이 동지 후에 존재하면 陽氣가 이미 生하여 木이 따뜻한 氣를 타 命에 수명과 복록이 모두 완전하게 된다. 다만 用神이 격격에 들어야 한다.
또 가령 丙丁 日干 生 사람이 동지 전전에 때어나서 水를 만나면 꺼지게 되지만, 동지 후後가 되면 水를 심하게 꺼리지 않아 丙丁이 木을 타서 生할 수 있다.
하지夏至는 一陰이 生하므로 金이 水를 生하는 이치가 사용된다.
관청의 달력에 하지 후後 庚을 만나면 삼복三伏이 된다. 무릇 일음一陰이 生한 후後로 金은 生하고 火는 수囚가 된다. 이것은 명확한 것으로 곧 庚辛이 하지 후後에 生하면 金이 다스릴 수 있는 氣가 있어 火를 크게 꺼리지 않는다. 그 이치는 더욱 확실한 것으로 학자들은 알지 않으면 안 된다.

『 註釋 동지冬至 후後는 陽이 生하고, 하지夏至 후後는 陰이 生한다. 五行은 각 그 氣를 얻어 身弱하지 않아 증화中和되는 것으로 논한다.』

一. 子平자평 擧要歌거요가

◉ 조화는 먼저 日主를 소상히 살피고, 좌관坐官, 좌인坐印의 쇠왕衰旺을 취한다.
[만약 甲子日이 申에서 生했고 癸水를 사용하면 水는 木을 生한다. 곧 이 인수印綬를 좌인坐印이라고 한다.]

◉ 계절天時인 원령月令을 제강提綱이라 한다. 근원에 있고, 근원에 없고, 旺하고, 重한 것을 들추어낸다.
[제강提綱은 月支에 소장된 물건으로 金 혹은 木인데 왕상旺相한 者를 취한다.]

◉ 대개 官星은 순수하여야 하고, 정편正偏이 잡란雜亂한 것은 정情이 없다.
[이미 官星을 사용하면 충파冲破가 좋지 않은데 이것이 정情이 없는 것이다.]

◉ 官은 노출되고, 殺은 감추어져 있으면 복이 되고, 殺은 노출되어 있고, 官은 감추어져 있으면 재앙을 잉태한다.
[官은 노출되어 있어야 맑고 높아 사람이 현달顯達하고, 殺은 노출되어 있으면 흉랑兇狼하여 사람이 급폭急暴하다.]

◉ 殺과 官이 같이 노출되면 장차 무엇에 비교하겠는가? 財官이 혼잡混雜하면 財로 분간하여야 한다.
[殺도 노출, 官도 노출되었으면 殺은 제복하고 官은 손상되지 않아야한다. 혹 財가 생하게 되면 도리어 재앙이 있다. 비유하면 소인小人에 굴복하면 군자君子의 도道를 행할 수 없다.]

◉ 官이 旺하면 官이 두렵고, 刑沖도 꺼린다. 官이 경輕하면 財를 보아야 복이 있다.
[官이 旺하면 官이 두려운 것은 官 두 개가 만난 것, 運에서 다신 만난 것이다. 刑沖은 불리하다. 官이 경輕한데 財를 보면 財로 말미암아 祿이 되고 길하다.]

◉ 年上의 傷官이 가장 좋지 않다. 매우 두려운 傷官은 덜어내기가 불가하다.
[年上 傷官는 主의 조상祖이 剋되고, 혹 조업祖業이 손상되고, 月,時에 중중하게 보면, 재화災禍를 면하기 어렵다.]

◉ **傷官**이 **財**를 사용하면 복이 되고, **財**가 절절絶, **官**이 쇠쇠衰하면 복이 적다.
[傷官은 주가 재물을 좋아하는 사람이 된다. 官이 旺한데 만약 財가 없으면 主에 화禍가 있다.]

◉ 合을 탐하여 **官**을 잊으면 영화가 부족하고, 合을 탐하여 **殺**을 잊으면 자기 복이 된다.
[官은 선인善人 군자君子인데 이미 합했으면 크게 사용되지 못한다. 殺은 흉악兇惡한 소인小人으로 합하여 가게 되면 殺이 임무를 망각하여 득이 된다.]

◉ 신약身弱하면 난감한데, **財**가 많은 것을 두려워하고, 다시 **官**이 있으면 재앙이 따른다.
[甲申, 甲戌 사주가 戊己를 보면 재다신약財多身弱으로 이득은 얻지 못한다. 만약 運이 관향官鄕으로 나아가면 두 개의 官이 서로 싸워 반드시 禍가 있다.]

◉ **財**가 많아 **身弱**한데 **食神**이 오거나, **食神**이 **殺**을 만나면 반드시 재앙이 있다.
[食神은 내가 生한 자식이다. 食神은 氣를 훔쳐가는 神이다.]

◉ **天**이 合하고 **地**가 合하면 **刑剋**이 있다.
선비가 되고자 하는 者는 상세히 살펴야 마땅하다.

一. 詳상세히 解해석한 定眞論정진론(同淵源동연원)

◉ 무릇 生日이 主가 되어 군君의 령을 행한다.
이 법은 四時가 운행함으로서 음양 강유剛柔의 정情과 내외가 막히거나 통하는 도道가 있다.
"生日이 主가 되어 군君의 령을 행한다"는 것은 사주의 日은 존尊으로 主가 되기 때문이다.
그 법법은 "四時가 운행"하는 것이란 것은 춘하추동春夏秋冬을 말한 것이다.
가령 맹춘孟春은 木이 旺하고 火를 生한다.
맹하孟夏는 火가 旺하고 土를 生한다.
맹추孟秋는 金이 旺하고 水를 生한다.
맹동孟冬은 水가 旺하고 木을 生한다.
土는 사계四季에 旺하고 辰.戌.丑.未 月이다. 그래서 법법은 四時의 운행이라 하였다.

"강유剛柔의 정情"은 陰도 강함과 부드러움이 있고, 陽도 강함과 부드러움이 있는데, 月令에 氣가 있으면 강강剛하고, 氣가 없으면 부드럽다.

"내외內外 부태否泰의 도道"라 하는 것은 年.月.日.時로 삼원三元의 배합配合과 天干, 地支가 있는데, 무릇 天干, 地支에서 日主 외에 투출 된 것과 日主 內에 암장된 것이 서로 막히고 통하는 것을 말 한다. 부否는 막히다. 태泰는 통하다. 란 뜻이 사용된다.

1년이 있고, 1년은 12개월, 日은 12時가 있다. 무릇 時가 쌓여 한 해를 이룬다. 歲와 日은 음양이 주체가 되어 행한다.
한해는 정월 초하루에 하루에는 아침에 신하는 조정에 모여 명령을 따른다.
신하는 임금에게 명命을 내려 받아 몸소 행하여 추진한다. 신하가 임금의 명령을 받는 이러한 신하들에게 귀천貴賤의 분별, 길흉吉凶의 고저가 있게 된다.

무릇 日은 기한이 있는데, 月은 기한이 없고, 日로 한해의 기한을 정할 수 있지만 月로서는 한해의 기한을 정할 수 없다. 그래서 日은 主가 되고, 日이 主者로 法은 四時를 운행하는 것이고, 이 法을 항상 따르게 된다.

[蟾彩 : 하루의 경계는 낮밤으로 뚜렷하고, 1년도 하지 동지 등으로 뚜렷하지만 한 달은 뚜렷하지 않다. 3월이라면 3월이 4월로 넘어가는 것이 낮 밤이 있는 하루 같은 확실한 경계가 없다.]

무릇 天地의 氣는 사계절이 있어 당연히 오행의 氣가 사용된다. 봄, 여름, 가을, 겨울로 봄은 온기氣溫로 木이 旺하고 72日, 여름의 氣는 불꽃으로 火가 旺하고 72日, 가을의 氣는 서늘하고 金이 旺한 72日, 겨울의 氣는 차고, 水가 旺하고 72日로 사계절이 된다. 土는 각 18日이 旺하다. 공히 360日이 되어 세공歲功을 이룬다. 부에 이르기를 한 해 시절이 차례로 퍼진 것이 사계절로 年을 이룬다 하였다.

음양은 甲.丙.戊.庚.壬은 陽干, 乙.丁.己.辛.癸는 陰干이 된다. 무릇 오행 음양이 짝하는 배치가 상하가 서로 한쪽으로 치우치지 않아야 귀명貴命이 된다.
만약 柱中에 陰으로만 치우치거나 陽으로만 치우치게 된 者를 강하다고 하거나 부드럽다 한다.
日.月에 木를 사용하면 金은 官이 되는데, 이 金이 가을에 생하고 水, 火를 차면 곧 金은 강강剛하게 된다. 만약 金이 춘하春夏에 生하고 丙丁을 차면 木은 강강하고 金은 유유柔하게 된다.

무릇 음양이 편고偏枯한 것은 짝을 이루지 못한 것이다. 金木은 관귀官鬼를 본 것인데 처재妻財의 조짐이 되지 않고, 인의仁義도 갖추어지지 않은 것이 된다. 강유剛柔가 가지런하지 않은 것은 陰으로 치우치거나 陽으로 치우친 것인데 질병이라 한다. 이것을 일컬어 유정有情, 무정無情이라 한 것이다. 무릇 술자術者는 강유剛柔의 정정을 명확히 알아야한다. 부부賦에 이르기를 건곤乾坤은 암컷(陰)과 수컷(陽)이란 것을 알아야하고, 金木의 정착定着은 강유剛柔라 하였다.

무릇 간명看命 者는 오로지 日上의 天元을 주로 하여, 화복禍福 영고榮枯의 이치를 정한다. 日上의 天元은 外가 되고, 支中 소장所藏 者는 內가 되고, 天干과 地支 中에 소장所藏 者는 인원人元이 되는데, 이것으로 벼슬이 되고, 복이 되고, 화禍가 되는 길흉의 이치를 정하게 된다. 또 甲日生에 甲子는 인수印綬, 甲寅은 건록建祿, 甲辰은 재고財庫, 甲午는 처재妻財, 甲申은 관귀官鬼, 甲戌는 재관財官이 된다.

만약 사람이 月에 正官星의 氣를 갖고 태어나면 대귀大貴한 命이다. 甲에 辛酉金은 官星이고, 만약 丁火가 있으면 辛金 官이 손상된다. 柱中에 癸水가 있으면 丁火를 制하여 좋다. 그리고 癸水는 甲의 印綬가 된다. 다시 사주를 상세히 추리하여야 한다. 내외 길흉을 설명하면 원원(四柱)에 財官이 있고, 運에 財官이 임하면 영광에 이르는 命이 되고, 원원에 財官이 없으면 財官의 地가 복행復行하여도 불발不發한다.]

◉ 진퇴進退로 인하여 기울어진다.
[가령 辛金은 丙火가 官星이 된다. 구하(九夏:여름의 90일) 生은 곧 官을 향하게 되는 것으로 主의 벼슬은 천진遷進한다. 8月 生은 氣가 물러간 것이 되어 벼슬이 천진遷進되지 못한다. 柱의 支神을 사용하는데 왕상왕상하면 영화가 있고, 사.절.휴.수死絶休囚는 영화가 없다. 부賦에 이르기를 장래將來 者는 진진하고, 성공成功 者는 퇴퇴한다 하였다.]

◉ 동정動靜의 상벌相伐(싸움)
[무릇 干은 하늘로 움직여 고요하지 않고, 支는 땅으로 고요하여 움직이지 않는다.
甲은 天의 첫이 되고, 子는 地의 첫이 된다. 끝은 亥가 되고 子가 따라붙어 주류周流하여 그치지 않으니 12支를 순환하다. 일동一動 일정一靜, 일음一陰 일양一陽이 서로 대신하여 작용되어 癸亥에 이르러 끝나게 되고, 五神이 相剋을 만나지 않는다. 三生(天元,地元,人元)이 命에 정해진다.
60화갑花甲을 나누어 설명 하였으니 후세 학자는 동정動靜를 잘 알게 되면 요결을 깨달은 것이라 할 수 있다.]

◉ 日主의 견고와 財官의 형통을 취하고, 출입의 느리고 급한 것을 취한다.
["고固"는 군건한 것이고, "형형亨"은 통하는 것이다.
귀.천.길.흉貴賤吉凶을 알고자 한다면 먼저 生日을 살펴 身의 뿌리가 "견고"한가 보고, 다시 사주의 財官을 보고, 파해파해의 유무를 보는데 뿌리가 견고하고 재관이 있고 파해가 없으면 자연히 "형통"하다.

"출입出入" 者는 행운行運의 출입을 말한다.
양남음녀陽男陰女는 순행順行으로 戌이 나가면 亥가 들어오는 류類가 된다.
가령 남명男命 壬癸日 生의 運이 戌에 있으면 火土가 모인 地로 곧 이것은 財官이 되어 吉

하다. 戌 運이 나가면 亥 運이 들어오는데 財官이 死絶된 地가 되어 비록 신왕身旺한 곳이 되어도 종내 흉운凶運이 된다.
내가 타他를 剋하는 것은 처재妻財가 되고, 生旺한 곳이 되면 복이 많다.
모든 오행, 체용體用, 음양陰陽 모두 동일하게 적용한다.
운지運支가 身을 剋하면 官鬼가 되고, 日干이 運을 剋하면 재물이 모이는 地가 되고, 모두 生月로부터 運이 일어나게 된다.
사주에서 財官의 류類가 있고 휴패休敗의 地에 해당하지 않고 運이 財官이 되는 곳에 도달하면 진출하는 모든 것이 영달榮達하고 급속急速하다.
당면한 生에 財官이 없고, 日干이 무기無氣한데 財가 旺한 곳으로 나아가면 무릇 財가 되는 곳이라도 모두 퇴산退散하고 이루지 못한다. 運이 吉한 곳이 된다고 하더라도 福으로 인하여 도리어 재앙이 생긴다. 재앙은 급속急速히 오고, 비록 영화가 나타난다 하여도 더디다.
부賦에 가고 오는 출입이 배척하면 凶하다 하였다.]

● 제부濟復(공명의 진퇴進退), 산감散斂(재물의 취산聚散)의 많고 적음을 구하여야 한다.

["제濟"는 진進이고, "복復"은 퇴退로 이것은 공명의 진퇴를 말한다.
"산散"은 흩어지는 것이고, "염斂"은 모이는 것으로 이것은 재물이 흩어지고 모이는 것을 말 한다.

"거巨"는 많은 것이고, "미微"는 적은 것이다.
이것은 오행의 당생當生과 命은 運에서 내려받은 령숑으로 귀천화복貴賤禍福의 조짐인데, 많고 적음에서 귀천화복貴賤禍福이 나타나는 것을 말한다.

재물이 모이고 흩어지는 것을 논하면, 만약 사주에 재물의 기운이 있고, 日干이 旺하고, 패재敗財, 양인羊刃이 있고, 運에서 財가 임하여 국중局中에 거처하고, 財가 많으면 크게 발한다.
만약 원元에 재백財帛이 있으나 도리어 귀鬼에 빼앗기고, 日主가 쇠약하고, 運에서 財旺한 地가 들어오면 발복이 되지 않는다. 이는 財가 덜어지고 처妻가 손상된다. 그리고 근원根源이 천박淺薄하면 복이 적다.
부賦에 이르기를 복성福星이 임했는데도 재앙이 나타나는 것은 흉한 사람의 표본이라 하였다.]

◉ **日을 택하여 쓰는 법법은 중요한 3개(三元)가 있다.**

干은 天, 支는 地가 되고, 支中에 소장所藏한 者는 인원人元이다.

사주의 구분은 年은 근(根:뿌리), 月은 묘(苗:싹), 日은 화(花:꽃), 時는(果:과실). 또 年은 조상으로 곧 세대世代 종파宗派의 성쇠盛衰 이치를 알 수 있고, 月은 부모의 음덕, 명리의 유무를 알 수 있고, 日로서는 자기의 몸을 알 수 있다.

마땅히 干으로 추리하고, 팔자를 사용하여 찾게 된다. 내외의 生剋을 취하고 버리는 근원으로 삼아 干이 약하면 바탕이 旺한 氣를 구하여야 한다. 또 남으면 덜어내야 한다.

[日이 主가 된다. 年月時 中에 官이 있나 없나를 보고, 財가 있나 없나를 보고, 印이 있나 없나를 보아 귀천을 판단한다.

그리고 年은 근묘根苗가 되는데, 年,月 中에 먼저 財.官.印綬가 있나 본다. 이 근묘根苗는 먼저 유기有氣하여야 한다. 연후 用神의 상象이 있어야 하고, 꽃이 피고 과실이 맺어져야 한다. 경에 이르기를 근根에 묘苗가 먼저 있고 과실은 꽃이 핀 후에 있다 하였다.

日은 자기 몸이 되고, 八字에서 길신吉神 흉신凶神 격국格局의 종류를 찾아 사용하고, 좋은 者는 취하고, 꺼리는 者는 버린다. 부에 이르기를 좋은 者는 존재하고, 증오스러운 者는 버려야 한다 하였다.

日干이 허약하면 氣가 旺한 깔개를 구하여하 하고, 日干이 旺하면 도리어 氣가 旺한 깔개는 좋지 않다. 태과太過는 두려운데 도리어 부족한 命이 되어 재물이 깨어지고 처가 손상된다. 天元, 地支가 근본이 되고, 그리고 근根, 묘苗, 화花, 과果의 설명을 보고, 상세히 추리한다.

사주의 年.月.日.時의 귀천貴賤 고저高低는 근根, 묘苗, 화花, 실實의 종류類에 있다. 가령 인명人命의 사주에 財官이 있고, 運에서 財官이 임하면 곧 복이 된다. 당생當生에 財官이 없는데 運에서 財官이 임하면 복이 되지 않는다. 먼저 뿌리根가 生한 후에 싹苗이 있고, 꽃花이 핀 후에 과실實이 있고, 앞의 조짐을 관찰하여 근원을 살피고, 뿌리根가 있고, 싹苗이 먼저 있고, 꽃이 피고 난후 열매가 맺힌다.

또 사주 中에서 택하는 것이 있는데, 년은 조상으로 근기根基, 전택田宅이 되고, 세대世代, 종파宗派의 궁宮이 된다.

年과 月日이 적합하면 부귀하고, 生한 月時에 형해형해가 끼어 있지 않고, 年을 生하면 조종宗祖의 근기根基가 화려하고, 쇠약하지 않다. 다시 조상의 명예, 재물 음덕이 뛰어나고, 선조에 전택田宅을 받는 복과 영화가 있고, 영원히 약하게 되지 않는다. 만약 이와 반대가 되면 그렇지 않다.

生月은 부모의 궁宮이 된다. 만약 月에 財.官星이 있고, 왕성旺盛하고, 충파沖破가 없고, 다시 生日 天元을 생생生養하는 地가 되면 부모의 복을 잇게 된다. 日干의 쇠지衰地가 되면 부모의 복이 있다고 하더라도 음덕이 오래가지 못한다.
生日의 天元은 곧 사람 자신이 된다. 자기의 궁이 되어 生日을 상세히 추리한다. 天元이 어떤 宮에 임하여 있는 가 잘 분별하여 살펴야 한다.

다시 年.月.時를 보아 어떤 격국인가 본다. 만약 귀인貴人, 녹마祿馬 종류가 있고, 모두 파해破害되지 않으면 좋은 命이 된다. 이 값이 生旺하고, 형해형해가 없으면 좋아 복이 된다. 만약 당생當生의 神이 사절휴패死絶休敗를 만나고, 형해충파刑害沖破가 되면 좋지 않아 회화禍가 된다.

日干이 쇠약하면 氣가 旺한 깔개가 있어야 하고, 또 가령 壬.癸의 巳.午는 生日 天元이 사절死絶의 地에 임한 것으로 신약身弱하다.
壬.癸는 丙子가 財星이 되고, 戊己는 官星이다. 己가 午火에 生하면 官이 生旺한 地에 임한 것이다. 90일 여름, 사계四季 生은 官星과 녹마祿馬가 있어, 福氣로 마땅히 여락餘樂이 있다.

壬.癸 生人이 동월冬月에 生하면 비록 日干의 氣가 매우 旺하지만 종신 부유하기 어렵다. 만약 財官의 氣가 갖추어져 있다하여도 水는 旺하고, 火는 사死, 土는 수囚가 되어 사람이 만난다 해도 평생 둔건분치屯蹇하게 되어 복을 누리기는 어렵다. 비록 旺하지만 성패成敗가 많다. 벼슬도 하지 못하고, 재물도 얻지 못한다.
[蟾彩 : 자평명리의 명답이 이렇게 서술되어 있는데, 간혹 生을 사용하여 엉뚱하게 서술한 곳도 많이 있으니 학우님의 분별이 필요하다.]

庚寅日은 天干의 氣가 쇠약하다. 삼명에 이르기를 命이 매우 약한데, 귀鬼(寅중의 丙)를 만나면 官이 旺하게 되어 財官이 있는 것이니 貴하다 하였다. 가령 庚金에 乙木은 財가 되고, 丁

火는 官이 된다. 寅은 甲木의 임관臨官이 되고, 丙火의 장생長生으로 官의 旺한 地가 된다. 전체를 분간하여 보아야 하는데, 춘하春夏는 복이 되고, 추동秋冬에 생한 사람은 財官의 氣가 건왕建旺하여야 하고, 사.절.휴.수死絶休囚의 地를 만나면 퇴산退散하게 되어 사람은 항상 경영이 부족하고, 가도家道가 적막하여 다스리기 어렵고, 처가 훼되고 자식에 해롭다. 日干이 쇠약하면 곧 旺한 氣가 바탕이 되어야 하고, 氣가 남으면 부족하게 되어야한다.]

◉ 干과 같은 성성은 형제가 된다. 가령 乙에게 甲은 형이고, 庚이 중중한 것은 꺼리고, 甲에게 乙은 아우인데 辛이 많은 것을 꺼린다.

[곧 손상을 논한 것이다. 가령 辛이 많으면 乙木은 손상되고, 庚이 많으면 甲木이 손상된다. 이것은 형제가 훼되는 것과 같다. 사주에서 사용되는 것은 官貴가 되기 때문에 한 이치에 집착하여서는 안 된다.

干이 같은 것은 형제인데, 生日의 天元과 같은 종류로, 甲日 生에 乙은 아우가 되고, 柱中에 辛金이 많으면 乙木을 훼하여 곧 자매의 힘이 없게 된다.
乙日 生 사람에 甲은 형이 되고, 만약 사주 中에 庚金이 重하면 甲木을 훼하여, 곧 일생 형제에 힘이 생기지 않는다. 무릇 형제의 유무有無와 힘을 이것으로 추리한다.]

◉ 日干이 훼하는 것은 처재妻財가 된다. 財가 많고 干이 旺하면 뜻한 바가 이루어지고, 干이 쇠약하면 도리어 화禍가 된다.

[財가 많고 日干이 旺한 者는 財를 맡을 수 있어 福이 된다. 日干이 쇠약하면 임무를 맡을 수 없어 禍가 있다. 부에 이르기를 財가 많고 신약하면 부유한 집에 가난한 사람이라 하였다.]

◉ 干과 支가 같으면 재물 덜어지고 처가 상상한다.

[干과 支가 같은 者는 甲寅, 乙卯의 종류다. 또 만약 地支가 같은 국국인 命도 재물이 줄고, 처가 상상한다.
다시 月令의 氣가 旺하고, 年,時에 財官을 보지 않고, 또 격국이 없으면 매우 곤궁하게 된다. 무릇 干이 旺하여야 처와 재물을 다스릴 수 있다는 것은 곧 生日 干이 타를 훼하는 것이 財星이기 때문이다.
만약 柱中에 財가 많고 日도 旺한 者는 무릇 거동擧動의 뜻한 바를 이룬다. 경에 이르기를 처세處世가 편안하고 태평한 것은 財運에 氣가 있기 때문이다 하였다. 만약 도리어 財가 많고 日干이 약한 者는 처와 재물로 인하여 禍가 있게 된다. 부에 이르기를 힘이 쇠약하면 두터운 복을 맡기 어렵다 하였다.
財가 많고 身이 旺한 者는

    가령 一命

    時 日 月 年

    癸 甲 戊 己

    酉 寅 辰 未

甲에 戊己는 財가 된다. 年.月.日 월령에 財庫가 있고, 年에도 己未가 있어 土가 重하고, 또 未는 천원귀인天元貴人이 되고, 命에 財을 차고, 日支에 祿이 있고, 時에 官祿이 있고. 財가 많고 官도 旺하여 곧 뜻하는 바를 이루게 된다.

    가령 一命

    時 日 月 年

    癸 壬 壬 乙

    卯 午 午 酉

壬癸에 丙丁은 財가 된다. 午月로 財가 旺하고, 丁火의 건록建祿이 되고, 日干 壬과 胎干 癸(胎元:癸酉)의 절지絶地가 된다.
신약하여 중임重任을 맡기 어렵다. 財가 壬癸를 보면 比肩으로 財를 나누어가게 된다. 그래서 처로 인해서 禍에 이르게 되어 감옥에서 사망하였다.
술경에 이르기를 六壬이 午位에 生하면 록마동향祿馬同鄉 이라 하였는데 이 말은 맞지 않다. 年.月.日.時에 卯가 있으면 午中의 己 官이 剋되어 六壬日의 록마동향祿馬同鄉은 헛된 것이 된다. 부에 이르기를 복성福星이 임하여도 禍가 나타난다 하였다. 그래서 도리어 흉하게 된다.
[蟾彩 : 태원胎元은 癸酉. 胎를 언급하면서도 삼명법을 자평과 겸해서 설명은 하지 않고 애써 외면하였다. 또 財가 旺하고 身(日干)도 旺하면 좋아 많은 재물을 얻는다 하였지만 실제 임상하면 거의 그렇지 않다 身이 旺하기 보다는 旺한 食神이 있을 때 발복하게 되는 것이 임상한 결과다.]

干과 支가 같은 것은 甲寅 등의 종류다. 비록 강건强健하여 다른 잔질殘疾은 없지만 主는 財가 손상되고, 처가 상상傷한다.

만약 年.月.日이 달라 타격他格이 성립되고, 혹 四柱 中에 財.官.印 星이 있으면 貴하고 권력이 있는 命이다.
三元에 다른 格이 없고 사주에 또 財.官.印이 없고, 도리어 生氣가 旺한 月日, 또 배록축마背祿逐馬가 있는, 이러한 命의 主는 궁핍이 뼈골을 뚫고 처가 훼되는 것이 다수多數고, 종신 아름답지 않고, 보통사람 이하로 산다.
부에 이르기를 차영는 것은 적고 이지러지는 것이 많은 것은 劫財의 地라 하였다.]

◉ **남자는 日干은 훼하는 것이 상속자가 되고, 여자는 日干이 生하는 것이 자식이 된다. 존실存失의 모든 예는 時의 분야分野로서 빈천貧賤 부귀富貴의 영역을 추리한다.**
[甲乙 生 人에 庚辛은 자식이 되고, 甲乙 生 여명은 丙丁이 자식이다. 다시 時辰을 봐 어떤 분야인가 살핀다. 경중輕重, 생왕生旺, 다소多少의 거처가 정해진 것을 사주에서 살핀다. 혹 자식 星을 훼하면 자식이 없는 것으로 논한다. 자식은 오행진가五行眞假(납음오행)로 논한다.

귀곡자가 이르기를 남男은 干을 훼하는 것을 취하여 상속자가 된다 하였다. 가령 六庚日 午時 生은 곧 자식이 많다. 庚에 乙은 財가 되고, 乙木은 火를 生한다. 火는 庚金을 훼하니 자식 星이 되고, 午時는 곧 火의 분야로 丁火의 건록建祿이 된다. 마땅히 자식이 많고 貴가 나타나는 命이다. 만약 戌.亥.子時에 生하면 곧 金水의 분야로 火의 절지絶地가 되어 主의 자식은 적고, 主는 고독 빈천貧賤한 자식을 둔다. 그렇지 않으면 승도僧道 과방過紡 명령螟蛉의 종류이다. 여자는 干이 生하는 것인데 또한 그러하다.

자식의 다소를 논하자면 生時를 상세히 참고하면 만 가지에 하나도 실수가 없다. 生時가 어떤 宮인 가 보아 자식 星의 생락生落을 추리하고, 시궁時宮을 분별하여 만약 장생長生, 목욕沐浴, 관대冠, 임관臨官, 제왕帝旺이 되면 자식이 많은 것으로 논하고, 미려美麗, 부귀富貴한 자식이다.
만약 쇠衰.병病.사死.묘墓.절絶로 무기無氣하고, 태양胎養, 충극沖刑의 곳은 자식이 적고, 당주當主는 고독하고 괴롭고 빈천貧賤한 자식이다. 삼명에 이르기를 庚이 감위坎位(水)에 임하면 時가 쇠약하여 후예가 보잘 것 없고, 甲이 리궁離宮(火)에 임하였지만 가을(金)에 태어나면 자손이 많다 하였다. 이것도 더불어 봐야한다.]

◉ 리우가에 이르기를 오행진가五行眞假를 아는 사람이 적은데, 時을 알면 모름지기 천기天機를 누설하게 된다 하였다. 흔히 甲子는 해중금海中金이라 하는데, 루경婁景 선생의 이전에는 金이 해증海中에 있는 논리를 알지 못하였다.

【譯解】

[리우가에 소위 五行의 진가眞假를 아는 사람이 적고, 時를 알면 천기天機를 누설한다 하였는데, 五行의 진가眞假 者는 납음納音이다. 곧 天地 대연大衍의 數다.

먼저 대연大衍은 49數가 地에 존재하고, 甲己,子午는 9, 乙庚, 丑未는 8, 丙辛,寅申은 7, 丁壬, 卯酉는 6, 戊癸, 辰戌은 5, 巳亥는 4에 속한다. 등의 數를 합하여 대연의 수에서 제거하고 남은 數에서 五行의 數를 다시 제거한다. 제하고, 남은 水는 1, 火는 2, 木은 3, 金은 4, 土는 5를 사용하게 된다. 이 數를 다시 사용하는데 이 數가 生한 오행이 곧 납음이다. 生한 者는 곧 1(水)은 木, 2(火)은 土, 3(木)은 火, 4(金)는 水, 5(土)는 金을 生한다. 이것이 납음오행이다.

가령 甲9,子9, 乙8,丑8의 干支 네 글자의 수數를 계산하면 34數가 되고, 대연의 수 49數에서 제하고 나면 15數가 남는다. 5數 두개는 10으로 다시 10數을 제하고 나면 5數가 되어 土에 속한다. 土는 金을 生하니 甲子, 乙丑은 金이다.

가령 丙寅, 丁卯 干支의 네 글자 즉 丙7, 寅7, 丁6, 卯6을 계산하면 총 26數, 49數에서 제하면 23數가 남는다. 네 개의 5는 20이니 다시 20을 제하면 3數가 남는다. 3數는 木으로 火를 生하니 丙寅, 丁卯는 火가 된다. 남은 것은 이에 준하여 추리하면 된다.

어찌 바다 중에서 金을 얻을 수 있고, 火가 노중爐中이라 설명하는가? 세상에 있는 것과 닮지 않았다는 말인데, 훌륭한 선생을 만나지 않고 주어들은 이야기로 옛날 도의와는 어긋난 것이다. 그러니 후대 사람 미혹되어 헷갈릴 수 있다. 어찌 정확한 이론이 되는가 하면 甲子,乙丑金의 子丑은 북방의 근처로 金이 旺한 地가 되어 해중금海中金이 되고, 丙寅, 丁卯火는 寅卯가 동방의 근처로, 火가 생하는 地로 노중爐中이란 말이다.

한漢나라의 루경婁景 선생 이전에는 해중금海中金, 노중화爐中火의 존재가 없었다. 자평은 태원胎元, 소운小運, 납음을 사용하지 않고, 오로지 生日 天元을 주로 하여 팔자 干支를 배합하여 支中에 소장所藏 된 人元을 아울러 사용하여 당생當生이 재물이 되고, 벼슬이 되고, 화禍가 되고, 福이 되는 가를 견주어 상세히 살펴서 人命의 귀천, 영고榮枯, 현우賢愚을 알 수 있게 되는 것이 자평법이다.

부에 이르기를 그 통함을 알면 설명은 서툴게 하지만, 마치 神과 같아 오묘, 현묘한 재능이 나타나게 된다 하였다. 가에 이르기를 오행의 진가眞假를 아는 사람은 적다 하였다.

대연大衍은 먼저 배열이 49가지가 된다. 甲己,子午는 9, 丑未,乙庚은 8, 丙辛,寅申은 7, 卯酉, 丁壬은 6, 辰戌,戊癸는 5, 巳亥는 4로 다스린다. 5數로 추리하여 제외시키고 남은 者가 相生하는 것으로 헛갈리지 않아야 한다. 水一, 火二, 木三, 金四, 土五가 이것으로 가장 정묘하다. 이것이 하늘乾과 땅坤의 진정한 甲子로, 이것을 알았을 때 천기天機를 누설하는 것이다.

가歌에 이르기를 육순六旬 甲子는 매우 현묘하다. 49를 地와 天에서 제하여 뽑는데 5로 감減하여 0을 구하여 生數로 뽑는 이치라 하였다. 납음을 얻어 이것을 몇 사람이 전하였다. 天地 진살眞殺이다.

무릇 만물은 땅과 하늘에서 자라는데, 사계절의 운용으로, 봄에 만물이 자라 번성하여 다시 되돌아간다. 대개 생발生發하고 귀장歸藏은 土를 떠날 수 없다. 土가 곤坤과 간艮이 되는 것이 이것이다.

역에 이르기를 간艮은 곧 만물이 시작되는 곳이고, 坤은 곧 만물이 끝나는 곳으로, 甲은 天의 처음이 되고, 子는 地의 처음이 되어 이 이의二儀가 순환循環하고, 一陽이 래복來復한다 하였다.

甲子가 壬申에 이르면 9數, 甲己 相合, 子午 相沖, 그래서 甲己, 子午는 9가 된다.
乙丑이 壬申에 이르면 8數, 乙庚 相合, 丑未 대충對沖, 그래서 乙庚, 丑未는 8이 된다.
丙寅, 壬申은 7數, 丙辛 相合, 寅申 對沖, 그래서 丙辛, 寅申은 7이다.
丁卯가 壬申에 이르면 6數, 丁壬 相合, 卯酉 對沖, 그래서 丁壬, 卯酉는 6이 된다.
辰戌이 壬申에 이르면 5數, 戊癸 相合, 辰戌 相沖, 그래서 戊癸, 辰戌은 5이다.
己巳가 壬申에 이르면 4數, 巳亥 相沖, 그래서 巳亥는 단독으로 4數가 된다.
부에 이르기를 간략하게 일단一端을 정하게 되는데, 연구하여 종류를 깨우치면 만사의 실마리를 알게 된다 하였다.]

◉ 혹 年으로써 主者로 한다면 부귀한 자가 매우 많게 되고, 甲子年 生은 곧 본명本命이 되어 日을 꺼려 경계한다.

[세간에 말하는 三命은 다 고법古法이다. 왕왕 年이 主가 되는데 수많은 같은 者 나타날

수가 있다고 한다. 소운小運, 납음納音을 논하게 되면 물이 흩어지면 되돌아 갈 곳이 없는 것과 같아 부귀가 서로 같은 者가 있게 되니 사리에 맞지 않게 된다. 그러나 자평 법은 오로지 生日 天元이 主가 되고 日下의 支는 처가 되고 生年는 근본本根이 되고 지지枝 또한 조상, 전택田宅의 宮이 된다.

가령 甲子 生은 곧 本命 태세太歲는 존엄한 神이 되어 生日 支干과 태세太歲가 충冲, 아울러 전투戰鬪, 극해剋害를 꺼린다. 主와 本이 불화不和하면 人生이 기댈 조업祖業, 전택田宅이 없고, 종친宗親과 서로 떨어지고, 무너지고, 기대 의지하기 어렵다.

만약 生月, 生時와 本命 干支가 회합會合하여 局이 되고, 財官, 貴氣를 만나면 평생 조종祖宗의 전택田宅을 받고, 자기鎡基가 풍후하고 성예聲譽가 아름답다.]

◉ 月은 형제가 된다. 火命이 酉.戌.亥.子月에 生하면 형제가 힘을 얻지 못한 것으로 단정한다.

[月은 형제 궁宮이다. 남자는 비등한, 같은 류類를 취한 것이 곧 형제 성星이 된다.
六丙日 生 人에 丁火는 제매弟妹고, 六丁日 生人에 丙火는 형매兄妹다. 酉.戌.亥.子月이 임하면 형제에 힘이 없는 것으로 논한다. 酉火는 死, 戌月의 火는 입묘入墓, 亥는 火가 절기絕氣, 子月는 火가 회태懷胎되기 때문이다. 그래서 형제가 힘을 얻지 못한 것이라 한 것이다. 남은 것은 이에 준한다.]

◉ 日은 처가 된다. 가령 충冲, 형刑, 극剋, 살殺의 地가 되면 처첩妻妾이 剋되는 것으로 단정한다.

[처첩妻妾을 논하면 生日의 地支가 처첩 星이다. 剋하는 물物이 없으면 上이 된다. 만약 공空.형刑.극剋.해害의 地가 있으면 처첩은 剋된다. 그렇지 않으면 거듭 혼인하고 또는 장가간다. 剋이 가벼운 者는 主에 질병이 있다.]

◉ 時는 자식이다. 사절死絶되면 자식이 적은 것으로 단정한다.

[자식의 많고 적음을 논하면 生時가 자식 宮이 된다. 남자는 日干을 剋하는 것이 자식 星이 되고, 여자는 日干이 生하는 것이 자식 星이 된다.
사死.묘墓.태胎.절絶.쇠衰는 약한 地로 자식이 매우 적다. 남명男命 六乙日 申時 生은 자식이 많다. 乙木은 庚金이 자식이고 申時는 金의 분야分野가 되고, 庚金의 건록建祿이 되어 자식이 많다.

만약 子.丑.寅.卯.巳.午.時에 生하면 자식이 적은데 극헨.묘墓.절絶.태胎.극헨.수受.제制가 되기 때문이다.
사주 中에 형刑.파破.극헨.해害가 있어 時를 손상시키면 만년에 상속자가 적다. 설령 있다 하더라도 승도僧道, 양아들이 되고 빈천貧賤, 요절夭折하고, 조상을 떠난다.]

◉ 대개 이와 같이 논한다. 모두 사람의 행위가 아니고 만물을 창조하는 음양의 소치所致 이다. 세상을 기울게 하는 술사가 이 이치를 알지 못하여 속세에서 어지럽히고 있다. 말로 다 전하기 불가하니 마땅히 현묘한 이치를 매우 깊게 연구하여야 한다.

[전편에 生年은 조상의 궁으로 부모 세대, 종파의 성쇠를 논했는데, 사주 中에서 형刑.충沖.파破.해害의 물건은 절대 꺼린다. 生年을 손상시키면 主는 조종祖宗과 근기根基가 흩어져 떨어지고, 비록 음덕이 있다고 하더라도 의지하기 힘 든다.
生月은 형제 궁인데 견주는 者는 형제로 만약 사死.절絶.묘墓.태胎의 月이 되면 형제가 힘을 얻지 못한다. 日辰은 처첩 궁宮으로 空.刑.헨.害의 地가 임하면 처첩이 헨된다.
時는 자식 궁이다. 자식 궁에 死.墓.絶의 곳이 되면 자식이 적은 것으로 단정한다.
부에 이르기를 권속을 논 할 때는 死絶을 살펴야 한다 하였다. 삼명에 이르기를 사주 내에서 구족九族을 볼 때는 삼원三元 中에서 육친을 분별하여야 한다 하였다.
무릇 부모 조종祖宗에게는 의지하고, 형제는 수족手足과 같고, 처자는 심복心腹과 같다. 누구나 권속은 친하고 사랑하지 않겠는가?
대개 육친의 많고, 적고, 존실存失, 귀천貴賤, 영고榮枯, 쇠왕衰旺은 모두 세인世人의 행위로 어떻게 할 수 있는 것이 아니다. 이는 실實로 天地의 조화에 있다. 음양의 소치所致로 귀신도 어떻게 할 수가 없다.
옛날부터 현달賢達한 선비는 경전經典에 해박하고, 탐구하는 마음이 많아, 조물의 발단을 깊이 밝히니 오행의 이치를 환하게 깨닫지 않을 수 없었을 것이다.
공자가 말하기를 天命을 알지 않고는 군자라고 할 수 없다 하였다.]

◉ 금세의 불초不肖한 술사들은 음양 조화의 심오한 이치에 밝지 않아 통변通變하지 못하여 매우 적은 오차에도 천리와 같은 오차가 있게 되는 것을 알지 못한다. 그래서 이것을 더불어 말하였다.

[오행 변통의 길을 사용하는 문門이 많이 있어 다 말로 전하기 어려우니 마땅히 오묘한 이치를 깊이 연구하여야 한다.]

一. 喜忌篇 희기편

喜者, 吉神也. 忌者, 惡神也 : 기쁜 자는 길신이고 꺼리는 자는 악신이다.

◉ 四柱를 배정하고 다음 삼재三才를 구분하고, 오직 日의 天元으로서 팔자 干支의 배합을 살핀다.

[무릇 간명은 먼저 사주의 年.月.日.時를 살피고 다음 天.地.人 삼원三元을 분별한다.
干은 天元, 支는 地元이 되고, 支中에 소장所藏된 金.木.水.火.土는 人元이 된다.
年은 기본基本, 月은 제강提綱, 日은 명주命主, 時는 분야分野다.
이것을 말미암아 日上의 天元과 배합되는 것을 취하는데 그것은 財.官.印綬가 되고, 패敗, 상傷, 쟁투爭鬪의 유무로 팔자를 논하다.]

『 註釋 甲寅, 甲子는 유기有氣하고, 춘생春生은 아름답고, 甲午, 甲申은 무기無氣한데, 이는 목신木神의 사절死絶이 申이기 때문이다. 』

◉ 형형이 보이는 것도 있고 보이지 않는 것이 있는데 때가 아니어 있지 않은 것이다.

[벽옥가에 이르기를 甲의 官은 辛이다. 柱에 있고 없고는, 마땅히 支 內를 상세히 연구하여 살펴야한다.
卯와의 冲하고, 酉가 合하고, 巳酉丑 合은 좋고, 또는 절絶,쇠衰, 왕旺,휴休는 기쁘지 않다.
三合, 六合, 貴地, 녹마祿馬, 처재妻財, 자손, 부모, 형제 일지라도, 다들 形이 보이는 것이 있고 보이지 않는 것이 있다. 때가 아니어 있지 않은 것이다.]

◉ 신살神煞이 함께 있으면, 경중을 헤아려 비교하여야 한다.

[神은 貴人이고, 煞은 七殺을 말한 것인데 만약 神과 殺이 혼잡 되면 절기의 심천을 살펴야 한다. 혹 官은 제거 되고 殺은 머물고, 혹 殺은 제거되고 官은 머물면, 사주와 歲,運을 가지고 경중을 비교하여 헤아려야 한다.]

『 註釋 甲에 庚은 殺 , 춘春에 木이 旺한 때는 庚은 수囚가 된다. 六甲이 辰午를 만나면 기쁘지 않다. 』

[蟾彩 : 삼명통회에서 육오育吾 선생은 이 신살상반神煞相伴 , 경중교량輕重較量을 귀인貴人은 천을귀인, 학당, 천월덕 등이고, 흉살凶殺은 겁살, 망신, 양인 등으로, 이것을 납음을 사용하여 경중교량 하여야 한다고 하였다.]

◉ 時에 七殺을 만났다고 반드시 凶이 되는 것은 아닌데, 月에서 제制하고, 日干이 강하면 그 殺은 도리어 권력이 된다.

[이것은 시상일귀격時上一位貴格을 논한 것인데 오직 一位만 있어야 貴하게 되고, 다른 위치에서 다시 보지 않아야 비로소 청귀淸貴하다. 만약 年,月 上에서 다시 보면 도리어 신고간난辛苦艱難한 命이 된다.

日干이 生旺하여야 하고, 형해刑害, 양인陽刃이 두렵지 않는데, 성중性重하고, 강집剛執하여 굽히지 않는 사람이다.

만약 사주 中 근원에 제복制伏이 있으면 도리어 官이 旺한 運으로 행한 연후然後에 발복發福이 있다.

또 오직 제복制伏하는 것은 불가不可하다고 말 할 수 있다. 貴는 그 중 얻은 者에 있게 되고, 도리어 진법무민盡法無民한 命이 될 수도 있다.

　　가령 사미원史彌遠의 命
　　辛　乙　丙　甲
　　巳　卯　寅　申

이 명조命造는 日干이 旺한데 시상편관時上偏官이 사용된 命으로, 月上에서 제복制伏하여 중화中和를 얻어 貴하게 되었다.]

◉ 財, 官, 印綬가 완전하게 갖추어져 사계四季 中에 장축藏蓄되어 있다.

[이것은 잡기재관인수격雜氣財官印綬格을 논한 것이다.

사계四季는 辰.戌.丑.未로 곧 天地의 올바르지 않는 氣인 잡기雜氣가 된다.

무릇 辰中에는 乙木 여기餘氣가 있고, 壬癸의 고묘庫墓이고, 戊己 土가 있다.

辰.戌.丑.未는 각 소장所藏된 氣가 있는 곳이다. 이것이 암축暗蓄된 잡기雜氣로 나의 官星, 財氣, 祿馬, 印綬가 된다.

모름지기 사주에서 보고 天元에 투출透出하여 있는 어떤 字가 복이 된다.

다음은 절기節氣 심천淺深으로 나누는데, 만약 殺이 旺하고 官은 소少하면 제복制伏하여야 하고, 財는 기쁘다.

만약 主가 旺하다면, 상충相沖하고, 財運, 고왕庫旺으로 행하기를 요要한다. 대개 복의 모인 地는 깨어지는 것은 불가不可하고, 또한 꺼리는 곳이 없으면 크게 발재發財한다.

가령 사태사史太師의 命

己 甲 戊 丙
巳 午 戌 戌

잡기재관격격雜氣財官格이다. 이 命은 辛官을 사용하는데 己는 財가 된다. 戌中에 辛金 여기餘氣가 있고, "戊己土 財가 旺하여 官을 生한다". 소이 부귀가 양전兩全하다. 다만 묘고墓庫 中의 물물로 폐장閉藏되어 있어 스스로 자물쇠가 열려야 하므로 형충파해刑衝破害되어 계약啟鑰의 물물이 열려야 財官이 나타나 귀貴하게 된다.
만약 사주 원原에 형刑.충衝.파破.해害의 物이 있으면 다시 運氣에서 刑.衝.破.害를 만나지 말아야 한다. 도리어 貴가 천賤하게 된다.
원原에 만약 財가 없으면 財 運으로 나아가는 것이 기쁘다.
학자學者는 상세히 추리하여야 한다.]

[蟾彩 : "戊己土 財가 旺하여 官을 生한다" 하였는데 심각한 오류다. 본서 여러 곳에 土가 많으면 金이 묻힌다 했는데, 저렇게 많은 土가 金 官을 生한다고 하니 지나친 언사로 보일 뿐이다. 서승 선생의 글들은 財가 官을 生하여 어떻게 되었다 하는 추리는 거의 보이지 않는데 평주를 단 당금지의 글엔 유독히 이를 강조한다. 자평을 편애하여 자평이론의 당위성을 강조하기 위해서 이론을 끼워 맞추기 한 것이니 학우들께서는 가려 학습함이 마땅하다.]

⦿ 官星, 財氣, 長生은 寅.申.巳.亥에 진거鎭居한다.

[財官은 사맹四孟에서 生旺하게 된다. 寅.申.巳.亥는 곧 오행의 장생지長生地다.

가령
丙 己 辛 壬
寅 巳 亥 申
己 戊 丁 丙 乙 甲 癸 壬
未 午 巳 辰 卯 寅 丑 子

이 命은 먼저 영화가 있고 후에 욕辱되었다.
己에 甲이 官이 되고 亥는 甲木의 장생長生이 되고, 己에 壬은 財가 되고, 申은 壬水의 長生이 되고, 己에 丙은 印綬가 되고, 寅은 丙火의 長生이 되는데 이는 사맹四孟의 흥한 국국이 된다.]

◉ **戊日이 庚申 時를 만나면 이름이 식신전왕食神專旺의 곳으로 歲.月에 甲.丙.卯.寅이 범犯하면 이는 곧 만났지만 만나지 않은 것과 같다.**

[이것은 전왕식신격專旺食神格을 논한 것으로 戊에게 庚은 食神이 되고, 庚金의 건록建祿이 되고, 戊土에게 水은 財가 되고, 申은 水의 長生이 되어 財가 旺하다.

戊에게 乙은 官星으로 庚이 卯中의 乙木과 合되는데 戊土의 官으로 貴氣이다.

만약 사주에 甲.丙.卯.寅 네 글자가 투출하면 申中의 庚金이 貴氣를 파괴한다.

이것이 곧 만났지만 만나지 않은 것이다.

    가령

    庚 戊 壬 己

    申 子 申 未

이 命은 사승상謝丞相의 命이다.]

◉ **月이 日干은 生하는데 天財가 없으면 印綬의 명名이다.**

[이것은 인수격印綬格을 논한 것이다. 十干 중에 나를 생하는 者인데 부모가 되고, 생기生氣가 된다.

또 나의 官星을 보호하여 印綬가 있으면 傷官의 근심이 없다. 대개 生旺하여야 하고 사절死絶은 꺼린다.

만약 사주 中의 元에 官星이 있으면 더욱 좋고 財氣를 보는 것은 꺼린다. 이 格은 官運으로 행하면 발發發한다.

만약 財旺한 곳이 되면 財(재물)을 탐하여 印(도장)을 깨어 온 갖 재앙이 발생하게 된다. 사절운死絶運으로 나아가면 반드시 손상된다.

    가령

    丁 己 甲 丙

    卯 未 午 辰

이 命은 日干이 生한 月인 印綬로 고화상高和尙의 命이다.

丁酉 運, 壬午年 당년當年 30세, 원元 19年 3月 24日에 극형을 당하였다. 印 生이 死絶 運(酉)을 만났기 때문이라 설명할 수 있고, 또 壬을 보아 印을 깼다.

이것이 당년當年은 天元(壬)을 사용하고 大運은 地支(酉)를 사용하는 것이다.]

◉ 日祿이 時에 있고 官星은 없으면 청운득로靑雲得路라 부른다.

[이것은 귀록격歸祿格을 논한 것이다.
사주 中에 한 점의 官星이 없어야 곧 이 격격이 된다. 日干이 生旺한 것이 가장 중요하고 겸해서 食神, 傷官의 장소로 행하면 발복發福한다. 다만 귀록歸祿은 여섯 개의 꺼리는 것이 있는데, 첫째 刑沖은 꺼리고, 둘째 合을 꺼리고, 셋째 도식倒食, 넷째 官이 나타나는 것을 꺼리고, 다섯째 日, 月, 天元이 같은 것을 꺼리고, 여섯째 歲, 月의 天元이 같은 것을 꺼린다. 이것이 六者를 犯한 것으로 貴가 되는 한 례에 불가不可하다.

  가령
  壬 癸 丙 甲
  子 丑 子 子
  癸 壬 辛 庚 己 戊 丁
  未 午 巳 辰 卯 寅 丑

이것은 장도통張都統의 命으로 子가 많아 복이 모여 귀록歸祿이 된다.]

◉ 陽水가 辰을 중첩되어 만나면 임기룡배壬騎龍背의 곳이 된다.

[가령 壬辰 日生이 辰을 많이 만나면 貴하고 寅字가 많은 者는 부富하다. 무릇 壬은 己土가 官星이 되고 丁火가 財星이 된다. 辰日이 戌中의 관고官庫와 암충暗沖하면 이른바 貴하게 되고 寅이 午中의 財와 합하면 이른바 富하다.

詩에 이르기를 陽水가 辰을 많이 만나면 임기룡배壬騎龍背에 좋아 비상非常하다 하였다. 柱中에 壬辰이 갖추어져 있으면 부귀가 쌍전雙全하여 조당廟堂에 거주한다.]

◉ 乙木이 오직 子時를 만나면 육을서귀六乙鼠貴의 地가 된다.

[이것은 午와 沖하는 것은 크게 두렵다. 丙子 時는 더욱 뛰어나 일컬어 貴가 모인다.
혹 사주 中에 庚.辛.申.酉.丑이 있고, 內에 庚辛金이 있으면 수數가 감분減分된다. 세군歲君, 大運 또한 그러하다.
가령 月內에 官星이 있으면 이 格이 되지 못하고, 만약 사주 中 元에 官星이 없으면 이 格에 해당한다.]

◉ **庚金이 완전한 윤하潤下을 만나면, 壬, 癸, 巳, 午의 곳은 꺼리고, 時에 子가 있으면 그 복이 감반減半된다.**

[이것은 정란차격井欄叉格을 논한 것이다. 오직 庚子, 庚申, 庚辰이 水局으로 합하면 貴하다.
대개 庚에 丁은 官이 되는데 子가 午를 충沖하고, 庚에 木은 財인데 寅을 申이 沖하고, 戌中 戊土는 庚의 印인데 辰이 沖하고, 또 辰戌은 財,印이 되니 申子辰 세글자에 寅午戌이 와서 沖하면 財.官.印綬가 沖된다.
만약 사주 中 모름지기 申子辰이 완전하게 사용되면 貴하고, 세 개의 庚金을 얻은 者는 더욱 뛰어나고, 혹 戊子, 丙辰도 해롭지는 않다.
동東으로 나가면 財地로 좋고, 傷官과 남방南方 火는 格이 貴하지 않다.
그래서 壬癸巳午의 곳은 꺼린다.

　　가령
　　丁 庚 庚 庚
　　丑 申 辰 子

　　丁 丙 乙 甲 癸 壬 辛
　　亥 戌 酉 申 未 午 巳

이 命은 왕도통제王都統制의 命으로, 丁卯년(27세)에 변경에 군사로 나가고 14(辛巳년)에 벼슬을 받았다.]

◉ **만약 傷官을 월건月建에서 만나면, 凶한 곳이지만 반드시 凶하게 되는 것은 아니다.**

[傷官의 법법法法은 상진傷盡 되면 화禍가 되지 않는다.
사주에 만약 원原原에 官星이 있으면 손상이 더욱 重하고, 원原原에 官星이 없으면 손상이 경輕하다.
만약 삼합이 된 傷官이 다시 運行이 傷官의 地가 되면 그 화禍가 말 할 수가 없으니 傷官이 官을 보면 온갖 재앙이 있다고 하였다.
만약 당 생년生年에 傷官, 七殺이 있으면 禍가 가장 重하고, 복기福基가 손상을 받은 것으로 종신終身 제거하기가 불가不可하다.
만약 月,時에 傷官의 地가 되면 발복發福한다.
만약 女人 命에 傷官이 있으면 主의 지아비를 剋하고, 만약 합이 많으면 비천卑賤하고, 혹 음란하다.
만약 制하는 者가 없으면 비구니가 되고, 합하면 어진 부인이 아니다.
만약 貴人을 만나 日을 도우면 또한 작명作命하는 부인으로 추리한다.]

⊙ 내內에 정도록비正倒祿飛는 官星을 꺼리고 또 기반羈絆이 싫다.
[庚子, 壬子, 辛亥. 癸亥 4일]
["내유정도록비內有正倒祿飛"는 곧 丁巳가 巳를 많이 얻은 것으로 亥와 沖하여 亥中의 壬水 官星나타나는 것으로, 곧 올바른 비천록마격飛天祿馬格이다.
만약 辛日이 많은 亥字를 얻어 巳와 沖하여 이 中에 丙火가 나타나 辛의 官星이 되는데 곧 도비천록마倒飛天祿馬이다.
柱中의 壬,癸,辰,巳는 모두 官星을 기반羈絆시켜 곧 數가 감분減分된다. 歲.運도 마찬가지다.
시詩에 이르기를 록마비천식祿馬飛天을 아는 者는 드문데 庚,壬 二日은 貴를 의심하지 않아도 되고, 柱에 있는 官星이 기반羈絆되지 않으면 청운靑雲 봉지鳳池를 평섭平步한다 하였다.
또 비천록마飛天祿馬는 젊어서 드러나고, 辛亥가 亥를 많이 만나고, 官殺을 보지 않고, 기반羈絆되지 않으면 소년에 부귀하고 단지丹墀에 절한다.]

⊙ 癸日이 時에 寅을 만나면 歲.月의 戊己 두 곳은 두려워한다.
[형합격刑合格을 논한 것이다.
六癸日이 주성主星이 되고 , 戊土는 올바른 기운의 官星으로 사용되고, 官星은 印綬를 만나면 좋다.
寅時가 巳를 刑하여 巳중의 戊土 官星을 쓰는데, 戊土는 癸日의 官星이 된다.
庚寅 時는 刑을 이루지 못하고, 오직 甲寅 時가 되어야 한다. 行運은 비천록마飛天祿馬와 같다. 만약 사주 중에 戊나 己가 있으면 두렵고, 庚은 甲를 손상시키고, 申은 寅을 상하게 하여 刑이 깨니 두렵다.

    가령
    甲　癸　辛　癸
    寅　卯　酉　酉
루참정婁參政의 命이다.]

⊙ 甲子日이 다시 子時를 만나면 庚.辛.申.酉.丑.午를 두려워한다.
[이것은 자요사격子遙巳格이다.
甲子 日이 甲子 時를 만난 것인데 甲에 辛은 官이 되고, 두 개의 子中의 癸水가 巳中의 戊土와 요합遙合하여 곧 戊가 癸와 합하여 들어와야 하는데 子上의 甲木이 戊를 극제剋制하여

구태여 合하여 들어오지 않으려 한다. 巳 중에는 戊와 丙이 동거하는데 丙戊은 父子의 관계로 戊가 움직이면 丙도 움직인다. 丙이 酉 中의 辛과 相合하여 들어와 甲木을 剋하면 곧 甲日이 官星을 얻는다. 그래서 戊는 甲의 剋을 두려워하지 않아 癸와 合을 할 수 있다. 이것을 巳酉丑 三合이 모여 官星 局을 일으킨 것을 일컬은 것이다. 年月에 午가 있으면 子와 충衝하는 것을 두려워하고, 丑이 子와 매이는 것도 두렵다. 요遙하지 못하기 때문이다.

가령

甲 甲 甲 甲
子 子 戊 申

이는 라어사羅御史의 命이다. 요사遙巳이지만 다만 年上에 申이 있어 申中 庚金이 甲을 충극沖剋한다. 運行이 戊寅일 때 寅巳 형刑되어 禍가 많았고, 유년流年 乙丑에 파관罷官되었다.]

◉ 辛.癸日이 丑地를 만나면 官星이 기쁘지 않고, 歲, 時에 子.巳 二宮은 허명虛名 허리虛利하다.

[이것은 축요사격丑遙巳格이다. 다만 辛丑, 癸丑 2日이 사용된다. 사주 中 한점一點의 官星이 없어야 이 格이 된다.

무릇 辛에게 丙은 官이 되고. 癸에게 戊는 官이 되는데 丙.戊의 祿은 巳에 있어, 오직 丑은 巳를 破하니 柱中에 丑地를 많이 만나면 丙戊 祿이 出하여 辛,癸가 官星과 合하여 맞이하니 얻게 된다. 巳가 전실塡實되지 않아야 하고, 子.午는 기반羈絆되어 요遙하지 않고, 申.酉 한 글자는 좋다.

가령

癸 癸 己 乙
丑 丑 丑 丑

壬 癸 甲 乙 丙 丁 戊
午 未 申 酉 戌 亥 子

이것은 엽시랑葉侍郎의 命이다.

또

己 辛 癸 丁
丑 丑 丑 丑

丙 丁 戊 己 庚 辛 壬
午 未 申 酉 戌 亥 子

곧 왕통판王通判의 命이다.]

● 공록공귀拱祿拱貴가 전실塡實 되면 凶하다.

[이는 공록拱祿 공귀拱貴 두 格을 논한 것이다.

곧 양위兩位의 허공虛拱된 귀록貴祿의 地에 사주 貴祿의 宮을 차지하는 것은 불가不可한 것으로, 곧 전실塡實은 物을 더 이상 용납하지 않기 때문이다.

단지 길성吉星이 영현榮顯하자면 록귀祿貴 者가 공공拱하여 物의 기혈기명器皿이 왕성하게 되어야한다.

만약 공空하다면 물물을 받아들일 수 있어 貴祿이 영현榮顯하게 된다.

경에 이르기를 官의 영예와 祿의 지위는 협록夾祿의 곳에서 정해진다 하였다. 또 日時가 손상되는 것은 꺼리는데, 모두 공공拱이 머무르지 못한다.

　　가령
　　甲 甲 丙 丁
　　子 寅 午 巳
　　己 庚 辛 壬 癸 甲 乙
　　亥 子 丑 寅 卯 辰 巳

이 命은 왕랑중王郞中의 命이다.

이는 時,日에 협협夾한 丑中에 癸水의 여기餘氣가 있고, 辛金의 고묘庫墓가 된다.

巳가 승왕乘旺하고, 또 甲木의 財, 官의 長生이 되는데, 인명人命에 만나면 어찌 貴하게 되지 않겠는가?

뒤에 運이 辛丑으로 나아갈 때 통판通判을 버렸고, 庚子 運에 들 때 庚金이 甲木을 극할 때, 또 年月이 甲子와 충파衝破하고, 또 천중살天中殺(空亡)이 되어 협귀夾貴가 머무르지 않고, 貴人이 달아나 일단一旦 잠깐 붕괴된다.

공록拱祿는 진록眞祿로 보는 것이 마땅하지 않고, 공귀拱貴는 진귀眞貴를 보는 것이 마땅하지 않아, 오직 암중暗中에 허공虛拱되어야 한다.

만약 진록眞祿을 보면 곧 이것은 다른 格이 되어 이 格으로 논하는 것은 옳지 않다.

　　壬 壬 戊 庚
　　寅 辰 子 戌
　　乙 甲 癸 壬 辛 庚 己
　　未 午 巳 辰 卯 寅 丑

이 命은 대대보대大寶의 命이다.

11세 庚寅에 흥기興起되고, 19세 戊辰年에 급제되고 辛卯 運에 전실塡實되어 사망하였다.]

◉ **시상편재時上偏財는 다른 궁宮에 보는 것을 꺼린다.**

[이것은 시상편재격時上偏財格을 논한 것이다.

또 이름이 시마격時馬格으로 더불어 시상편관時上偏官과 동등하다. 時上의 天元 및 支內의 人元을 사용하고, 오직 時上에 일위一位만 있어야 비로소 貴하다.

만약 다른 위치에 있고, 또 많으면 偏財로 논하지 못한다.

身旺하여야 하고, 극파剋破되지 않아야하고, 財運을 요하고 旺하면 발發發한다.

  가령
  壬 戊 己 丁
  子 子 酉 酉
  壬 癸 甲 乙 丙 丁 戊
  寅 卯 辰 巳 午 未 申

도통제都統制의 命이다.]

◉ **辛日이 戊子를 만나면 午未의 위치는 싫어하고, 運은 서방西方을 기뻐한다.**

[이것은 륙음조양격六陰朝陽格을 논한 것이다. 辛金이 亥에 이르면 六陰의 地가 되고 子時를 얻으면, 그래서 말하기를 六陰의 다한 곳에서는 一陽이 생生한다 하였고, 육음조양六陰朝陽 格은 陰이 다하여 陽으로 되돌려진다 하였다.

辛日에게 丙은 官이고 癸는 수명 星이다. 다만 子가 일위一位가 되어야하고, 만약 많으면 적중하지 않는다.

戊土는 기쁜데 戊가 癸와 합하고, 巳中의 丙이 동動動하고, 丙은 辛의 官星이다. 사주 中에서 午가 子祿과 충파衝破하는 것은 꺼리고, 서방西方 金旺의 地는 그래서 기쁘고, 동방東方의 財氣와 土는 다음이다. 木은 남방南方 화향火鄕으로 나아가기를 요要하고, 북방北方 水는 傷官이다.

  가령
  戊 辛 庚 戊
  子 卯 申 辰

이 命은 필보우畢甫遇의 命이다.]

◉ 五行이 月支에서 偏官을 만나면 歲.月.時 中에서 제복제복制伏을 하여야 마땅하다. 거관류살去官留殺의 종류가 있고, 또 거살류관去殺留官이 있다. 사주가 순잡純雜하면 制하면 일품一品의 존尊에 거처하게 되고, 一位의 正官은 다스릴 수 있고, 관살혼잡官殺混雜은 도리어 천천賤하다.

[이것은 偏官格을 논한 것이다.
만약 사주 中에 한 점一點의 官星이 없으면 七殺이 偏官이 되고 만약 正官이 있으면 七殺은 귀귀鬼가 되어 곧 天干을 훤한다. 그래서 일컬어 나타나있지만 형형은 나타나있지 않다(有見不見之形) 하였다.
日干이 生旺하기를 要하여 身旺이 기쁘고, 충동衝動, 羊刃은 두려워 제복制伏하여야 한다. 사주에 正官은 보지 말아야 하고, 형이 나타나 있지 않으면 그 아우로 설명하고, 혹 歲.運 中, 혹 사주 中에 있는 거관류살去官留殺이 어떤 것이냐? 곧 이것은 제복制伏을 말하는 것이다.
만약 관살혼잡官殺混雜되면 복이 청청하지 못하다. 偏官, 七殺 者는 소인의 무리에 속하고 흉폭兇暴, 기탄忌憚한데 노력하면 어진 군자君子가 되고, 징계할 수 없어 두렵고, 기술이 없어 공제控制*하는데 사용할 수 없지만 길들여 복종 시키면 사용할 수 있다.
만약 사주 근원에 제복制伏이 없으면 運에서 제복制伏하여야 하고, 사주 근원에 제복制伏이 있으면 身旺한 곳으로 나아가야 한다. 만약 제복制伏이 있는데 또 제복制伏의 運으로 나아가면 무릇 진법무민盡法無民을 깨우치게 된다.

가령
辛 丙 乙 己
卯 寅 亥 未

戊 己 庚 辛 壬 癸 甲
辰 巳 午 未 申 酉 戌

왕장명王章明 상공相公의 命이다. 月의 偏官을 年上에서 제복制伏하고, 겸해서 일좌日坐에 火 長生이 있고, 木局으로 三合하고, 丙日이 貴를 만났으니 이른바 발록發祿하였고, 후에 형벌을 당하여 죽어 관곽棺槨도 없었다. 초행初行 壬申運에 복이 일어났다.]

** 控制 : 마술(馬術)에서 고삐를 잡아당기어 앞으로 나아가는 것을 막는 일.

◉ **戊日 午月을 刃으로 보지 말라 時,歲에 火가 많으면 도리어 印綬가 된다.**
[이것은 양인격羊刃格을 논한 것이다. 견양犬羊의 羊을 말한 것이 아니다. 곧 음양에서 陽이 녹전祿前의 일위一位가 羊刃으로 陽位에는 刃이 있는데 陰位에는 刃이 없다.
가령 丙.戊의 祿은 巳가 되고 午는 羊刃이 된다. 戊日이 午月을 얻으면 午는 刃되지 않아 刃이라 하지 않는다. 무슨 까닭인가? 陰火가 陽土에 生하여 日干이 月生에 된 것을 올바른 양인격羊刃格이고 만약 歲干, 時干에 또 火를 보면 이것은 인수印綬格이 된다.]

◉ **月令에 비록 건록建祿을 만나더라도 煞이 모여 있으면 凶하다.**
[무릇 命中에서 財官이 貴가 된다. 만약 사주 中에 하나의 합이 있으면 탐합망관貪合忘官이 되고, 또 겸해서 七殺이 있으면 도리어 흉조凶兆가 된다. 또 甲日은 酉月이 官星의 정기正氣인데 만약 年, 時에 子辰 또 申中의 庚金 七殺과 회기會起하면 곧 甲의 귀적鬼賊이 되어 凶하다.]

◉ **官星 七殺이 교차交差하더라도 합살合殺하면 도리어 貴하다.**
[官星은 貴氣의 神으로 순수하고 잡잡雜하지 않아야 청복淸福하다. 잡잡하여 순수하지 않으면 곧 조화造化가 깨어지고, 支中에서 七殺이 합하여 가면 길조吉兆가 된다.
경에 이르기를 官星이 합하면 貴하지않고, 七殺이 합하면 흉하지 않다 하였다. 이것은 오행이 힘입어 구조救助된 것이다. 또 가령 甲日 生人이 卯時를 얻으면 卯中의 乙이 庚과 합하는데 甲의 偏官으로 이것이 합살이다.
만약 남자男子가 화기和氣를 얻으면 사람들과 투합投合하여 貴한 者가 되고, 여자가 얻으면 마음과 뜻이 일어나기 부족하고, 비록 미려美麗하지만 성품이 사사로운 정情을 즐기고 지아비를 훼하고 자식을 해害한다.
가령 庚日生이 사주에 丙을 보면 殺이 되는데 申이 있어 子와 辰이 합하면 水局이 되면 구조 된다. 곧 丙이 화化하여 곧 官이 된다.]

◉ **柱中에 官星이 태왕太旺하면 天元은 이약贏弱한 이름이 된다.**

[대저 人生에서 財, 官, 祿馬가 貴가 되는데, 그 중화中和의 氣를 취하면 복이 두텁고, 치우친 무리는 복이 박薄하다.

만약 官星이 태왕太旺하면 天元(日干)이 身弱한데 또 官旺한 곳으로 행하면 도리어 禍가 있다.

또 가령 甲乙日에 天元의 庚.辛.申.酉.巳.丑은 官貴가 되는데, 사주에 官星이 이미 많으면 元에서 제복制伏하는 것이 있으면 더욱 뛰어나다.

본신本身이 약弱하면 모름지기 제복制伏의 運에서 곧 발복發福한다.

만약 官이 旺한 곳으로 나아가면 곧 조화造化가 태과太過하여 그 화해禍害로 재물이 깨어진다. 運.歲도 또한 그렇다.]

◉ **日干이 심히 旺하면 의지할 곳이 없어 승승僧이 되지 않으면 도도가 된다.**

[이것은 시時가 매우 旺한 것을 논한 것이다. 主本이 득지得地하고, 이에 時가 旺한 곳이 되면 그 사람은 질병에 옮지 않고, 예순이 넘어도 치아가 고르고 머리카락도 검고 천수를 누린다.

이러한 格은 속세를 피하여 승려가 되는 것으로 많이 나타난다. 또한 道를 좋아하는데 뜻이 있어 참된 수양을 한다. 곧 日干이 매우 旺한 것이다.

또 庚日 生人이 月.時에 申있는데 運에서 또 酉가 든 경우이다. 庚은 火가 官星인데 火는 酉에 이르면 死하고, 庚은 木이 財가 되는데, 木도 西에 이르면 절절絶하니 이미 財.官.祿.馬가 없어 관직에 나아가고자 하나 어찌 시사施捨가 있겠는가? 그래서 의의依倚가 없는 것이다.

身旺의 地를 가지면, 무릇 순수한 身旺은 해害가 깊은 命이다.

  가령

  癸 丙 丙 乙
  巳 午 子 卯

  己 庚 辛 壬 癸 甲 乙
  巳 午 未 申 酉 戌 亥

이 命은 기진祁眞 人 命이다. 日干이 동남방의 運에서 旺하다. 日干이 크게 旺하여 의지 할 곳이 없다. 기쁜 것은 時에 食을 만났고, 運에서도 만나면 기쁘고, 行運에서 財를 보아 발복發福하였다.]

◉ 印綬가 月.歲.時에 生하면 財星을 보는 것을 꺼리고, 運에서 財가 들어오면 도리어 관직이 박탈된다.

[이것은 月이 印綬인 것을 논한 것이다. 印綬는 官星이 좋고 財氣는 두렵다.
만약 天干에 財가 있으면 印이 깨어진다. 印綬는 내 氣의 근원으로 비록 뿌리가 견고하다고 하더라도 財로 나아가면 마땅히 퇴신피위退身避位하게 된다. 그렇지 않으면 반드시 귀양간다.

 가령
 丁 癸 甲 庚
 巳 丑 申 戌

 辛 庚 己 戊 丁 丙 乙
 卯 寅 丑 子 亥 戌 酉

이 命은 庚金 印綬가 月에서 올바른 기운이 되었다. 主本은 잡기雜氣로 합당하지 않고, 巳中 丙火는 癸의 財로 水가 財를 본 것으로 탐재괴인貪財壞印되어 일생 권세를 잃고 어정거렸다.
그래서 이르면 印綬에 형극刑剋의 地가 있으면 심란하고 신망身亡한 연고가 된다.
후 大運 丙戌로 행할 때 丙寅 年, 4月에 사망했다.
원原에 印이 손상되고, 歲.運 또한 財運으로 나아가고, 庚이 입묘入墓하였기 때문이다.]

◉ 劫財, 羊刃을 時에서 만나는 것은 절대 꺼리고, 歲,運에서 아울러 임하면 재앙에 이른다.

[劫財는 곧 日上 天元의 財祿을 분쟁分爭하는 比肩이 되고, 양인羊刃은 녹전祿前의 일위一位이다.
또 祿.馬는 즉 甲의 祿은 寅에 있고, 甲에 己土는 財가 되고, 卯는 刃이 되어 己土를 침탈侵奪한다.
戊午日이 아울러 月,時에 서로 같은 者 곧 2~3개의 戊가 서로 癸水 財를 침탈侵奪하니 재물을 겁탈한다 한다.
戊의 祿은 巳에 있고, 앞에 一辰은 午인데 午에는 己土가 있어 癸水를 剋한다. 이것을 일컬어 劫財, 羊刃이라한다.
그리고 主의 재물을 깨고 업업을 흩어지게 하고, 집을 떠나 조상을 잃고, 베푼 은혜에 도리어 원망한다.
심성心性이 졸폭卒暴하고, 진퇴進退가 있고, 의심이 많고, 이 主는 많은 편처偏妻와 정처

正妻가 있고, 질병이 있고, 성품이 탐욕스럽고, 포부가 매우 높고, 상해傷害가 부족不足하고, 만약 運, 유년流年에서 만나면 재물로 인해서 쟁경爭競이 있고, 그렇지 않으면 질병이 있고, 처자妻子에도 연이어 미치게 된다.

　가령
　己 甲 乙 癸
　巳 子 卯 未
　戊 己 庚 辛 壬 癸 甲
　申 酉 戌 亥 子 丑 寅

이것은 악비장군岳飛將軍의 命이다. 이 命은 劫財 羊刃으로 甲에게 己는 財가 되고, 乙은 刃이 되고, 卯 羊刃을 보면 겁탈되어 손상된다. 乙卯는 올바른 劫財 陽刃이다. 運行이 辛亥, 유년流年이 辛酉인 39歲에 옥중에서 사망했다.]

◉ 十干 배록배록背祿은 歲.時에 財星을 보는 것을 기뻐하고, 運이 比肩으로 흐르면 배록축마背祿逐馬라 한다.

[祿은 향向이면 순順이 되고, 배背가 되면 역逆이 된다. 辛이 酉를 얻으면 祿이 되고, 만약 巳.丙을 만나면 배록배록背祿이 된다.
경에 이르기를 배록배록背祿은 主에 재물이 없는 것으로 논한다 하였다. 主는 초初에는 밝고 후後는 어둡게 된다. 財星 戊.己土는 그 身을 도와 기쁘고, 火는 剋되어 氣가 없고, 比肩 甲을 보면 財를 나누어 간다.
경에 이르기를 마마馬는 財에 존재하는 것이라 하였다. 곧 甲이 寅을 보면 身旺하게 되고 甲은 土를 財로 사용하고, 土는 寅에 이르면 병病이 되고, 金은 祿이 되고, 金은 寅에 이르면 絶하고, 곧 녹마록마祿馬가 모두 身을 돕지 못한다.
부부賦에 이르기를 마마馬가 열등하면 재물이 적고, 퇴신피위退身避位하게 되니 어찌 곤궁하고, 처황처황悽惶하다고 하지 않겠는가! 하였다.]

『 註釋 甲日에 辛은 正官, 柱에 甲木이 있고 旺한 運을 만나고 다시 旺한 寅을 만나면 배록축마背祿逐馬로 主가 처자와 이별한다.』

[蟾彩 : 자평에서 마마馬는 財星, 祿은 正官을 지칭하는 것이고, 삼명법에서는 馬는 역마, 祿은 건록建祿을 지칭한다. 부부賦는 락록자의 소식부를 말한 것인데 소식부는 삼명법으로

논하고 있으니 착오 없어야 겠다.]

◉ 오행 정귀正貴는 刑.沖.剋.破의 궁宮을 꺼린다.
[정기正氣는 官星이다. 제강提綱에 있기를 요要하고, 時上에 財氣는 곧 貴人이다. 刑.沖.剋.破의 神이 메우는 것은 꺼린다.]

◉ 日干이 무기無氣하면 時에 羊刃을 만나도 凶하지 않다.
[또 가령 甲申日이 時에 卯 羊刃을 만나면 申中의 庚金이 卯 中의 乙木을 合剋하여 財.馬.처가 비록 羊刃을 만나도 凶하지 않다.]

◉ 四柱 干支의 三合, 六合의 地는 기쁘다.
[무릇 干地에 三合, 六合이 있는 者. 곧 天地 음양 만물萬物은 모두 서로 감응感應이 있어 상합相合 한다. 만약 강유剛柔로 상대가 되어 서로 制를 한다면, 소이 권속眷屬(부부)의 성정性情이 되어 처의 貴함이 대인大人의 신분에 속하게 된다.
사람엔 祿이 좋고, 財와 합하면 官祿과 상종相從하고, 刑과 합하면 刑殺에 억눌린다.]

『 註釋 결에 이르기를 남아에 合이 많으면 총명하고 싹이 뛰어나게 이루어지고, 여인에 合이 많으면 성性이 거칠고 황음荒淫하고 가난하다 하였다.』

◉ 官殺이 같이 머물러 있으면 기쁜 者는 존재하여야 하고, 증오憎 者는 버려야 한다.
[甲에게 辛酉는 官星이고, 또 庚申을 보면 어찌하여 옳겠는가? 또 三合을 보면 혼잡混雜 하다.
甲乙이 庚辛의 쓰임은 官貴이고, 巳.丑이 있으면 이것도 관살혼잡官殺混雜이다. 제복制伏 하는 運, 혹 거살용관去殺用官, 혹 용살거관用殺去官이 되면 발복發福한다.
만약 혼잡混雜한 命이 歲.運에서 다시 官殺이 섞여 旺한 곳이 되면 그 禍를 피하기 어렵다.]

◉ 地支, 天干에 合이 많으면 合을 탐하여 官을 잊는다.
[甲은 辛이 官인데 丙이 있고, 庚을 보면 殺인데 乙이 있고, 乙에 庚이 官이고 辛은 殺이다. 丙이 있고 또 支干에 合이 많고, 陽은 陰殺이 마땅하고 혹 陰은 陽殺이 마땅한데 곧 이것이 조화造化로 반드시 그러하다.

만약 사주에 合이 있으면 이것은 탐합망관貪合忘官이 된다.
경에 이르기를 官星이 합하면 貴하지 않고, 七殺이 合하면 凶하지 않다 하였다. 오행에 구조救助가 있다는 말이다.]

◉ 사주에 殺이 旺한데 運은 순純하고 身旺하면 官이 청귀淸貴하다.
[이것은 七殺로 곧 偏官이다. 제복制伏이 마땅하여 사주 內에 殺을 제복制伏하면 官이 된다. 또 가령 甲이 庚을 보면 殺인데 甲이 寅地에 생하면 곧 身旺하다.
寅은 암暗에 丙의 長生이 있어 곧 金殺을 두려워하지 않아, 殺이 변하여 官이 된다. 곧 甲庚은 각자 旺한 세력이 되고, 순운純運으로 行하면 극품極品의 貴에 이른다.]

◉ 무릇 천원天元이 태약太弱이면 내內에 약한 곳이 있는 것인데 生을 만나야 한다.
[이것은 日主 자좌自坐의 官殺을 논한 것으로, 곧 人元이 약한 것이지만 거듭 生이 있게 된다는 것인데, 곧 胎가 元命을 生한 것이다.
또 가령 甲의 태胎는 申이라면, 申中에 庚金은 偏官이 되고, 六合(巳)에서 氣를 받아 감응되어 氣가 태원胎元에서 生한다.
壬水는 장생長生을 얻고, 酉는 壬의 목욕沐浴이 되고, 戌은 관대冠帶, 亥는 임관臨官이 된다. 日을 헤아려 하고 木에 生이 있게 된다.
이 格은 오직 官星이 旺한 運에서 발복發福하고, 충극衝剋이 없어야 한다.]

[蟾彩 : 여기서는 삼명법에서 사용되는 태원胎元을 언급하고 있다. 日柱가 甲申이면 人元이 庚, 壬이니 살인상생煞人相生이 되어 약한 곳에 생이 있는 것이 된다. 적천수에서 甲申, 戊寅은 참된 살인상생이라 했다.
자평법이 최고라 하면서 이렇게 군데 군데 삼명법으로 설명하고 있다. 왜 그랬을 까? 자평은 자평대로 장점을 열거하고, 삼명법은 삼명법대로 장점을 열거 서술 했으면 후대 학자들이 가려서 학습하여 혼돈되지 않았을 것인데, 이 때문에 현대 명리가 중구난방 되어 버렸다. 그러나 삼명통회에서 육오 선생께서 편애하지 않고 자평은 자평대로, 삼명법은 삼명법대로 서술하였다.
그러나 자평법을 편애한 후대 학자들이 삼명법을 자평법으로 해독하려하여 삼명통회를 알지 못한 것이다. 이제 필자가 이를 구분하여 삼명통회 적요를 내 놓았으니 곧 구분 정리되어 질 것을 희망하는 바다.

⊙ 柱中에 七殺이 선명하여도 身旺하면 극히 가난하다.
[傷官은 본록本祿(官星)의 七殺이 되고, 패재敗財는 본마本馬(財星)의 七殺이 되고, 偏官은 身의 七殺이다. 사주에 있으면 身旺하고 건록建祿이 있어도 부유하지 않다.]

⊙ 女人의 命에 殺이 없고, 하나의 貴가 어진 사람을 만든다.
[대저 간명看命은 남명男命과 여명女命이 같지 않다.
女命은 官星을 취하지 않고, 재백財帛을 취하지 않고, 貴人을 취하지 않고, 三合, 六合을 취하지 않고, 재마財馬 생왕生旺 폭패暴敗가 요하지 않고, 干支가 강강剛强 양인羊刃도 요하지 않고, 比肩도 요하지 않고, 곧 이렇게 필요치 않게 되면 어찌 귀천貴賤을 알 수 있겠는가!
답을 말하면 여인은 일동一同 이렇게 논한다. 천원天元이 運의 도움을 빌려, 어찌 사시四時의 한서寒暑, 팔절八節의 상로우설霜露雨雪로 어떻게 陰이 맑다는 것을 분별 할 수 있겠는가?
陰人은 오로지 지아비에 기대는데, 지아비가 貴하면 처 또한 貴하고, 남편이 빈貧하면 처 또한 빈貧하다. 곧 이것이 天地 음양의 이치다. 무릇 여인의 命은 안정安靜 청귀淸貴하면 크게 기쁘고, 남편이 旺하고 자식도 旺하면 뛰어나다.
만약 절기絶氣되고, 아울러 형충파해刑衝破害되면 아름답지 않다.
만약 命에 협귀夾貴가 있는 者는 반드시 貴人의 처가 된다.]

『 註釋 여인의 命에 오직 한 개의 官이 있으면 貴하고, 많은 것을 좋지 않다. 偏財, 祿馬, 傷官과 合, 혹은 있으면 어진 부인이 되지 않는다. 』

⊙ 貴가 무리가 되고, 合이 많으면 반드시 비구니 혹은 창비娼婢가 된다.
[貴는 官殺이다. 官은 정부正夫 , 殺은 편부偏夫다.
合은 地支 암합暗合, 三合, 六合으로 의지가 많이 부족하다. 비록 미인이지만 성품이 사정私情을 즐기는 어진 부인이 되지 못한다.]

⊙ 偏官이 時에 있는데, 제복制伏이 태과太過하면 가난한 선비에 지나지 않는다.
[偏官의 主는 성성性이 총명聰明 , 강강剛强 사물에 오만하다.
만약 사주 中 제복制伏이 많으면 곧 진법무민盡法無民하다.

중화中和의 氣는 복이 두텁고 편중되면 복이 엷다.

　　가령
　　乙　癸　甲　丙
　　卯　亥　午　午
　　辛　庚　己　戊　丁　丙　乙
　　丑　子　亥　戌　酉　申　未

이 命은 전응빈錢應賓 수재秀才의 命이다. 月上 偏官으로 소이 상잔傷殘하여 맹인이고 절름발이 인데 문장이 빼어났지만 종신 빈궁貧窮하였다.
원주原註에는 月令이 없고 일설一說은 甲午月이고, 일설一說은 己卯月이고, 一說은 庚辰日이라 하니 참고 바란다.]

『 註釋 무릇 命에 七殺이 많으면 어려서 구박 당한다. 』

◉ 사주에 傷官이 있는데 運에서 官이 들어오면 반드시 깨어진다.
[이것은 傷官格을 論한 것이다.
사주에 官星이 있는데 運에서 官이 들어오면 깨어짐이 경輕한데 모름지기 경중輕重을 명확히 살펴야 한다.

　　가령
　　癸　辛　癸　癸
　　巳　未　亥　未

일도승一都丞의 命이다. 辛에 丙은 官이 되고, 時中에 丙이 있고, 癸水를 보아 官星이 깨어졌다.]

◉ 오행이 절絶한 곳이 곧 태원胎元인데 日에서 生을 만나면 氣를 받았다 한다.
[태원胎元이 生을 만난 것을 명왈名日 수기受氣라 한다.
시詩에 이르기를 오행 절처絶處가 태원胎元인데, 日에서 生을 만나면 부귀가 완전하다 하였다.
다시 支元에 도움이 있으면 부귀하고, 일찍 벼슬을 하게 된다.
이치를 헤아리면 유미幽微의 묘妙을 알 수 있고, 성성을 헤아리면 생사生死의 이치를 알 수 있다.

木은 申에서 絶하는데 수기受氣되고, 胎는 酉 , 양양은 戌 , 亥는 死中에 다시 生이 있다. 氣가 장복藏伏하였다 다시 만나면 主는 재물이 따른다. 이러한 까닭에 음양은 그물같이 헤아리고 일례一例로 추정하는 것은 옳지 않다.

또 중화中和의 氣가 되었는가를 헤아리는 것이 중요한데 神은 귀천貴賤을 나누었기 때문이다.

고대 성인의 유서遺書를 약부略敷하고 또 금현今賢의 책을 많이 읽고, 이 法도 통달하고 참고하여 命의 거울로 삼으면 착오差誤가 없다.]

一. 繼善篇 계선편

◉ 사람은 天地에서 내려 받는데, 命은 음양의 살붙이로 복재覆載*의 내內에 생활하고 모두 오행 中에 존재한다.

[사람은 二,五(陰陽,五行)의 수數로 가히 天地의 물물이 생한 연유로 형형을 이루게 되고 만물萬物의 영靈을 얻게 되니 곧 天地의 정기正氣가 사람이 되어 음양오행에 속屬하는 바 金.木.水.火.土를 떠날 수 없다.]

** 복재覆載 : 하늘은 만물을 덮고, 땅은 만물을 받쳐 실음.

『 註釋 심장心은 火, 폐肺는 金, 간肝은 木, 비脾는 土, 신腎은 水. 사람의 질병을 볼 때는 오행의 相剋으로 단정한다.』

◉ 귀천貴賤을 알고자 하면 먼저 月令 제강提綱을 관찰하여야 한다.

[月令은 팔자의 강령綱領이 되고, 또 절기節氣의 심천深淺을 알아야 하고 이에서 재화災禍를 알 수 있다.
가령 寅中에는 간토艮土 여기餘氣가 7日 반半이 있고, 丙火은 7日 半을 기생寄生하고, 甲木은 정령正令으로 공히 15日이 있다.
이 三者가 어떻게 禍가 되고 복이 되는 것을 어떻게 사용하는지는 알지 않으면 안 된다. 正官, 正印, 食神을 보면 길하고 傷官, 偏印은 곧 흉하다.]

『 註釋 월령月令은 가령 신하가 군君의 명령을 행하는 것이고, 一月의 綱紀*를 주관하고, 生殺 모두 이것에 말미암는다. 그래서 제강提綱이라고 한다.』

** 綱紀강기 : ①법강(法綱)과 풍기(風氣) ②삼강 오상(三綱五常)과 기율(紀律)

◉ 다음은 길흉을 판단하는데, 오로지 日干을 주본主本으로 사용하고, 삼원三元이 격국格局을 이루기를 요要하고, 사주에 財官을 보면 기쁘다.

[天干은 천원天元 , 地支는 지원地元이 되고, 支中에 소장所藏된 者는 인원人元이 된다. 年.月.日.時는 사주가 되고, 오직 生日의 干이 주본主本이 되고 사주 三元이 배합되어 격국을 이루고 오직 財, 官이 기쁘다.]

◉ 用神은 손상損傷되지 않아야하고, 日主는 건왕建旺이 가장 마땅하다.
[가령 月令에 官이 있으면 손상되는 것은 불가不可하고, 財는 겁탈이 불가不可하고, 印은 깨어지는 것이 不可하고, 무릇 柱中에 용신用神이 있으면 손해損害가 不可하다. 거듭 日干이 강건强健하여야 財.官을 맡을 수 있다.]
『 註釋 官은 정인군자다. 그래서 손상되는 것을 두려워한다. 가령 甲에 辛이 官으로 丁火 상관을 두려워한다.』

◉ 年이 日干을 손상시키면 本.主가 불화不和하다.
[가령 日干이 甲乙이고, 年에 庚辛을 보아 剋당하면 日主와 本이 화합하지 않는다. 즉 부자父子가 서로 화합하지 않는 것이다.
年에 七煞을 만나 日을 剋하면 조종祖宗이 무력無力하여 양아들이 된다. 또 日, 月 및 時中에 祿이 있는데 財를 만나면 요상夭喪한다.
煞이 旺한 運을 만나면 禍가 되고, 印이 生하면 복이 많고 상서스럽다. 比肩이 旺한 運을 꺼리지 말고, 다만 이는 한 채의 이불에 지장紙帳을 치는 것이다.]
『 註釋 日干은 主가 되고, 年은 조상의 터基 , 月은 부모, 형제 , 日支는 처 , 時는 자식.』

◉ 歲.月.時 中의 관살혼잡官殺混雜을 크게 꺼린다.
[歲.月.時에 官星이 있는데, 또 七殺을 보면 불길不吉하다. 반드시 배합配合을 요要하는데 배합配合을 취하여 단정하고 이에 화복禍福이 기댄다.]
『 註釋 殺을 制하면 官이 되어 좋다. 制하지 못하면 七殺로 잡雜하고 官이 있는 것이 마땅하다.』

◉ 취용取用은 生月에 기대어 심천深淺을 추구推究하는 것이 마땅하고, 日時에 발각發覺이 존재하니 강약强弱을 상세히 살펴야 한다.
[사용하는 者는 月令 中에 소장所藏된 者다. 가령 甲木이 11月에 생했으면 子月인데 子 中에 소장所藏된 癸水가 用神이 된다. 癸는 甲의 모母이고, 己土는 剋하니 꺼리고, 日.時와 왕상휴수旺相休囚로 서로 도와야 한다. 남은 것도 이에 준하여 추리한다.]

◉ 정기正氣의 官星은 형충刑沖을 꺼린다.
[벽옥가碧玉歌에 이르기를 官星의 정기正氣는 섞이지 않아야 하고, 중重한 財와 傷食을 만나지 말아야 한다 하였다. 가령 乙卯가 庚辰을 보아 時.月에 戌을 만나면 충손沖損되고,

甲이 巳酉丑 月에 生했으면 午未 화국火局 휴휴를 만나지 않아야 한다. 만약 旺한 官이 충형충형沖刑을 만났다면 印이 있어야 길吉하다.]
『 註釋 가령 乙人이 7月에 生하면 庚金은 正官인데, 寅이 申과 형충형충刑沖하는 것을 말한다. 정기正氣 관성官星은 殺.傷이 섞이지 않아야한다. 』

◉ 時上의 偏財는 형제를 만나는 것이 두렵다.
[甲人이 戊辰 時를 보면 偏財가 되고, 乙 比劫이 오직 地에 있으면 불길不吉한 命이다.]

◉ 印綬 格은 官運은 이롭고 財를 보는 것은 꺼린다.
[甲乙 生人이 亥子月은 印綬 格이 되는데 庚,辛,申,酉 運을 보면 발발發發하여 기쁘고, 戊,己,巳, 午 運으로 行하면 불길不吉하다.]

◉ 七殺, 偏官은 제복제복制伏이 좋고, 제복제복制伏이 태과태과太過하지 않아야 한다.
[壬日이 戊를 보면 七殺로 甲木을 보아 制하기를 要하는데, 곧 吉하여 貴하게 된다.
甲乙 木이 많은 것도 마땅하지 않고, 만약 많으면 곧 태과태과太過하다. 가령 소인이 군자에 제어를 당하고, 태과태과太過하면 반드시 반역한다.]

◉ 傷官에 官運이 복행복행複行하면, 들어 온 재앙을 측정하기 어렵고, 양인羊刃이 세군세군歲君과 충합충합沖合하면 재앙이 크다.
[이것은 甲日 生人이 卯를 보면 곧 羊刃이 되고, 酉金을 만나 沖한다. 또 戌을 보아 合하면 禍에 이른다.
만약 당생當生 사주 中 원원元에 羊刃이 있는데, 유년유년流年, 태세태세太歲에서 홀연히 와 상대상對를 극파剋破하거나, 혹 三合하고, 세군세군歲君을 극해剋害하면 발연발연勃然한 재앙이 있다.
만약 甲日 生에 歲가 乙巳이면 사주에 巳亥 沖이 있고, 혹 巳酉丑이 있으면 禍가 발생한다.]

◉ 富와 貴는 財旺하고, 官이 生함으로 말미암아 정해진다.
[경경經에 이르기를 財가 많고 官은 生하면 모름지기 신강身强하여야 한다 하였다. 財가 많으면 日干의 氣를 도둑질하여 本身이 약하게 된다. 또 가령 甲乙에 庚辛은 官이 되고, 戊己는 財가 되는데, 天干에 生旺을 얻으면, 곧 土가 金을 生하면 金은 곧 木의 官되니, 主는 먼저 가난하지만 뒤에 부유하게 된다. 무릇 이것이 재왕생관재왕생관財旺生官이다.]

[蟾彩 : 또 옆길로 빠졌다. "財旺生官"을 土生金으로 보지 말고 官이 장생지를 만나야 한다로 보는 것이 타당하다.]

◉ 요절하거나 빈貧한 것은 반드시 身이 쇠약한데 귀鬼를 만난 것이다.
[경經에 이르기를 身이 旺하면 殺이 권력으로 변하고, 쇠약하면 官이 변하여 鬼가 된다 하였다. 또 가령 甲乙 生人이 巳午未는 身에 재앙이 되고, 日干이 천시天時를 잃었는데, 庚.辛.申.酉가 와서 剋하면 요절하지 않으면 가난하고 천賤하다.]

◉ 六壬이 오위午位에 생림生臨하면 祿馬가 동향同鄉한 것이라 한다.
[壬에게 丁은 재마財馬가 되고, 巳는 녹관祿官이 되고, 丁, 己의 祿은 午가 된다. 그래서 녹마동향祿馬同鄉이라고 한다.
이 格은 가을에 生하면 좋고, 庚辛金이 甲乙을 制하니 해롭지 않고, 만약 寅卯가 旺하면 글이 빼어나지 않다.
겨울 生은 현무玄武가 권력을 장악하여 財를 보면 분쟁分爭이 발생하고, 봄에 生하여 甲乙이 旺한데 寅卯 時가 되면 곧 흉살凶殺이 모인 것이다.]

◉ 癸日이 사궁巳宮에 생향生向하면 이것은 곧 財官이 쌍미雙美하다.
[癸日에 戊는 官이 되고, 丙은 財가 되고 丙.戊의 祿은 巳가 되니 재관쌍미財官雙美라고 한다. 또 사주 中에서 水局을 보는 것은 요하지 않고, 時에 癸丑을 만나면 凶하지 않은데, 巳中에 戊土가 있어 丑中의 癸水 水의 여기餘氣를 剋하기 때문이다. 곧 이것이 財.馬가 된다.]

◉ 재다신약財多身弱은 어찌 부富한 가옥에 가난한 사람이 아니겠는가?
[가령
辛 丙 壬 甲
卯 申 申 申
申中에 庚金이 있고, 財가 뛰어나다. 또 壬水 七殺이 있어 日主를 制하니 심하게 身弱하다. 부자 집 집사에 불과하였다.]

◉ 殺이 권력으로 化하면 차가운 집안에 貴한 객客이 된다.
[대저 七殺이 화化하여 官星이 된다. 가령 丙은 壬이 殺로 꺼리는데, 巳午 財가 土의 세력

을 의지하니 壬水가 해롭게 하지 못한다. 殺이 변하여 官이 되어 초라한 초가집에서 發發한다.
만약 사주 中에 土가 있고, 丙이 壬時를 만나면 극품극품의 貴가 된다.]

◉ 갑제甲第에 등과登科는 官星이 깨어지지 않은 궁宮에 임臨함이다.
[정기正氣 官星이 사주 中에 傷官을 만나지 않고, 殺과 혼잡混雜하지 않고, 旺運으로 행하면 유년幼年에 반드시 급제及第 등과登科한다.]

◉ 곡물을 받쳐 이름을 아뢰는 것은 재고財庫가 生旺의 地에 거주하기 때문이다.
[이것은 묘고격墓庫格이다.
財, 官星이 고묘庫墓에 임하면 일물一物이 열려야 하니 그 사람은 소년에 發發하기 어렵다.
경에 이르기를 고중庫中의 사람은 소년에 發發하기 어렵다 하였다.
또 물물이 압압壓壓되는 것이 두렵고, 만약 旺한 運으로 行하고, 혹 개고開庫하면 납율주명納粟奏名한다.]

『 註釋 氣가 있는 것은 고庫가 되고 열리면 사용할 수 있다. 氣가 없는 것은 묘墓가 되고, 비록 열린다 하여도 쓸 수 없다. 』

[蟾彩 : "물물이 압압壓壓" 된 것은 戊戌, 戊辰, 己未, 己丑 등으로 土가 두터워 沖한다 하여도 庫가 열리지 못한다.]

◉ 官貴가 태심太甚한데 다시 왕처旺處로 임하면 반드시 기운다.
[또 가령 甲乙에 庚.辛.申.酉는 官星이다. 또 巳酉丑의 무리가 있으면 官星이 많다. 만약 사주 中에 제복制伏이 없고, 다시 官旺 運으로 행하면 조물造物이 태과太過로 그 화환禍患은 말로 다할 수 없다.]

** 不勝 : 어떤 감정이나 느낌을 참거나 억누르지 못함.

◉ 印綬가 피상被傷되면 빼어난 영화가 오래가지 못한다.
[印綬는 바탕 生氣의 근원으로 손상이 불가不可한데, 財에 피상被傷되면 복이 손상된다. 설령 祿位에 응應하더라도 오래가지 않아 패敗한다. 소위 탐재괴인貪財壞印이 된다. 財을 겹쳐서 보면 재능을 자랑하기 어렵다.]

『 註釋 印은 조정朝廷의 부신符信이다. 印이 財를 보면 탐하여 직職을 지키기 어렵다. 』

⊙ 官이 있고 印이 있는데, 깨어지지 않으면 랑묘廊廟*의 재목이다.

[官이 있고 印이 있는 것은 곧 잡기雜氣로 官印이 소장所藏된 것이다.
귀곡자鬼谷子가 이르기를 강罡(=辰) 中에 乙이 있고 괴魁(=戌) 中에 辛이 있다 하였다.
이것이 잡기雜氣에 印綬.財.官이 있는 것이다. 곧 고庫 中의 사람은 소년에 불발不發한다.

　　가령
　　丙 甲 辛 丙
　　寅 辰 丑 寅

이는 연생준延生俊의 命이다.
甲은 辛이 官이고 己土는 財, 癸水는 印, 제강提綱 中에 癸水 여기餘氣가 있다. 辛金은 묘고墓庫, 己土가 旺하여 시봉諡封의 貴를 얻었다.]

　　　　　　　　　　* 廊廟 : ①조정(朝廷)의 대정(大政)을 보살피는 전사(殿舍) ②의정부(議政府).

⊙ 官이 없고 印이 없어도 格이 있으면 조정朝廷에 사용된다.

[정기正氣의 잡기雜氣는 財.官.印綬에 기대면 귀격貴格이 되어 부귀한 命이다.
만약 성격成格 時는 한 점의 財官도 없어야 하고 없으면 부귀한 命이다.

　　가령
　　庚 戊 壬 己
　　申 子 申 未

이 命은 사좌승상謝左丞相의 命이다.
이 命은 전식합록격專食合祿格이다. 사주 中에 일점一點의 財.官.印綬가 없다. 戊에 乙은 官, 癸는 財, 丁은 印인데 사주 中에 전무全無하다. 戊의 食은 庚인데 申은 건록建祿이고, 戊의 祿은 巳인데 申과 합한다. 그래서 이름이 전식합록격專食合祿格이다.
[蟾彩 : 子중에 癸 正財가 있다. 착오나 오타인 듯 싶다.]

⊙ 명표금방名標金榜은 身旺한데 官을 만난 것이고, 성군聖君을 보좌하는 것은 충관冲官이 合을 만난 것으로 貴가 旺하게 된다.

[身旺하고 官星의 올바른 氣를 만나고, 다시 旺運으로 행하면 반드시 등과급제登科及第한다. 만약 사주 中에 비천록마飛天祿馬인데, 충관冲官 합록合祿하면 극히 귀한 신하가 된다. 沖官 者는 오직 庚子, 壬子, 辛亥, 癸亥 4日은 沖이 두렵다. (비천록마飛天祿馬일은 庚子일, 壬子일, 辛亥일, 癸亥일)]

◉ 格도 아니고, 局도 아닌데 나타나면 어떻게 얻어 뛰어나겠는가? 신약身弱한데 官을 만나면 벼슬은 이루지만 공연히 힘만 소모 시킨다.

[사주 中에 用神 財官이 손상되는 것은 꺼린다. 격국을 이루지 못하고, 財官이 있는 이러한 命은 기묘奇妙하게 되지 못한다. 또 자신의 天元이 영약贏弱하여 官星을 종從하는 命은 영화가 오래지 못하다.]

◉ 小人의 命 內에도 또한 정기正氣 官星이 있다.

[印綬 者는 財氣를 만나면 괴인壞印되어 두렵고, 官星 者는 傷官을 보면 반드시 패배되어 두렵다. 만약 사주 中에 비록 財.官.印綬가 있다고 하더라도 손상되면 참된 이름을 이룰 수 없어 반드시 흉악兇惡하게 되니 小人이 되지 않겠는가?]

◉ 군자君子 격중格中에도 七殺, 羊刃이 범범犯한 것이 있다.

[七殺을 제화制化하면 官이 되고, 羊刃에 沖尅이 없으면 貴가 된다. 偏官은 백옥(白屋:초라한 초가집)에서 발발發發하고, 羊刃은 서북변西北邊에서 일어나 장수, 재상이 되니 어찌 군자君子이지 않겠는가? 刃과 殺의 主는 주륙誅戮의 권력이 있다.]

** 誅戮주륙①죄에 따르는 형벌(刑罰)로 마구 죽임 ②법으로 다스려 죽임.

◉ 죽이는 것을 좋아하는 사람은 羊刃에 偏官이 범범犯한 命이다.

[羊刃은 天에서 자암성紫暗星이 되는데 오로지 주륙誅戮*을 行하고 地에서는 羊刃殺이 되고, 偏官은 七殺의 암귀暗鬼로 羊刃이 또 七殺을 犯하면 사람에 凶이 많다. 만약 貴人을 만나면 吉하여 크게 꺼리지 않는다.]

** 誅戮주륙①죄에 따르는 형벌(刑罰)로 마구 죽임 ②법으로 다스려 죽임.

◉ 고기반찬이 없는 간소한 밥에도 자애로운 마음이 있는 것은, 印綬가 천덕天德을 만났기 때문이다.

[命中 元에 흉신凶神 악살惡殺을 범범犯했는데, 만약 天月 이덕신二德神이 구원하면 흉이 어정거리지 않고, 印綬는 원래 자선慈善의 神인데 천월덕天月德이 상조相助하면 主人의 마음이 자애로와 食이 가지런하다.]

◉ **평생 병병이 적은 것은 日主가 고강高強하기 때문이다.**
[日主가 자왕自旺하면 왕살旺殺에 대해서도 자부심自負心이 있다. 곧 本主가 득지得地하면 자연히 旺한 곳을 믿게 되어 그 사람은 병병에 잠기어 오염되지 않는다. 노년에도 치아가 가지런하고, 흑발黑髮이고, 체골體骨이 강건하다. 天元이 旺을 만나면 身이 안락하고 해害가 없고, 흔연欣然하고 근심이 없고, 낙천적인 命이다.]

　　　　　　　　　　　** 欣然 : 기쁘거나 반가워 기분(氣分)이 좋은 모양.

◉ **일세一世동안 편안한 것은 財와 命에 氣가 있기 때문이다.**
[이것은 財者를 논한 것으로 처재妻財, 마마가 이에 속한다.
財旺하고 유기有氣하고 도움이 있고, 나의 身이 승왕乘旺하면 반드시 財를 누리는데 사용된다. 이것을 얻으면 편안하고 즐겁다. 가령 甲이 辰.戌.丑.未에 生하면 모두 財가 유기有氣하다.]

◉ **관청의 형벌을 범하지 않는 것은 印綬와 천덕天德이 동궁同宮했기 때문이다.**
[이것은 五行이 天時를 스스로 얻었기 때문으로 이름이 시왕時旺이다.
만약 印綬가 부신扶身하고 또 天月 이덕二德이 있으면 一生 官刑을 범하지 않는 것으로 논한다.]

◉ **즐거움은 적고 근심이 많은 것은 日主가 약하기 때문이다.**
[이것은 日主가 무기無氣하다는 말로 쇠약한 곳에 떨어진 것이다. 또 天元의 氣를 잃어 특히 귀패鬼敗의 곳이 그렇다. 主는 노비奴婢가 많고, 고과孤寡가 오묘五墓에 임臨하면 一生 우민憂悶하고, 부족不足한 命이다.]

◉ **신강身强하고 殺은 천淺하면 이를테면 殺이 권력이 된다.**
[가령 丙戌日이 壬辰時를 본 곳이 이것이다. 4,5월에 生하면 이것에 의거하여 단정한다.
벽옥가碧玉歌에 이르기를 殺이 化하여 권력이 되는 것은 어떻게 취하는가? 甲이 寅卯에 生하고 다시 亥卯未를 이루어 행하면 어찌 庚金이 무리를 지어도 두렵겠는가? 乙이 巳酉丑月에 生했으면 木局의 상당相當을 만나면 기쁘고, 만약 亥卯未月에 生했으면 재앙이 되고, 처세處世가 간난艱難, 빈한貧寒하다.]

◉ 殺이 중重한데 身은 경輕하면 종신終身 손상이 있다.
　[가령
　　己 壬 壬 戊
　　酉 戌 戌 寅
이것인데 月 암暗에 戊土 七殺이 있어 身이 손상된다.]

◉ 日主가 쇠약하면 官이 변하여 鬼가 되고, 旺하면 鬼가 化하여 官이 된다.
[만약 日主가 쇠약하면 설령 官星이 있다고 하더라도, 日主가 다른 마땅한 곳에서 힘을 얻지 못하면 官이 변하여 鬼가 된다. 만약 日主가 왕성旺盛하면 설령 七殺이 있어도 그 殺은 스스로 항복降伏하여 鬼가 변화여 官이 되어 主는 대부大富 대귀大貴한 명이 된다.]

◉ 月에 日干의 生이 있으면 運行에서 財를 보는 것은 좋지 않다.
[月이 日干을 생하는 것은 곧 印綬이다. 印은 곧 모母이니 財가 깨는 것을 꺼린다. 運行에서 財가 들어오면 탐재괴인貪財壞印이 된다. 비유하면 관자官者 장인掌印이 되는데, 백성의 재물을 탐하면 불미不美스럽다.]

◉ 日主가 의지할 곳이 없으면 도리어 運行이 財地가 되면 기쁘다.
[甲乙이 춘월春月에 生하고, 柱 中에 財官이 없으면 일컬어 의지할 곳이 없다 하는데, 만약 運行이 辰.戌.丑.未 運이 되면 土 財로 발복發福한다. 여자餘者도 이에 준하여 추리하면 되고, 등진 運은 복이 없다.]

◉ 時에 日祿이 있으면 평생 官星이 기쁘지 않다.
[命中 日祿이 時에 있는 者는 官星을 두려워하지 않는다. 소이 官이 강하여 祿을 깨면 도리어 貴가 천賤하다.
벽옥가碧玉歌에 이르기를　日祿이 時에 있으면 가장 뛰어나고 年, 제강提綱의 煞,官星을 두려워하지 않는데, 만약 官星을 보면 祿이 깨어진다 하였다.]

◉ 陰 조양朝陽은 丙丁 이위離位는 절대 꺼린다.
[이것은 六辛日이 戊子 時를 본 것으로 歲.月에 만약 丙丁 두 글자가 있으면 남방 火에 辛이 손상이 되어 이른바 조양朝陽을 얻지 못한다. 진眞 격국格局을 이루고 丙丁을 보지 않

으면 主는 부귀가 큰 命이고, 관직은 일품一品에 오른다.
희기편喜忌篇에 六辛 日時가 戊子를 만나면 午位를 싫어하고 運은 서방이 좋다 하였다.
丙 官星이 노출되어 있고 함께 丁을 보면 七殺이 辛金을 훼하여 좋지 않다.]

◉ 태세太歲의 중살衆煞이 主에 미치면, 人命의 재앙을 막아야 하고, 만약 형전刑戰의 곳을 만나면 반드시 主는 本命에 형벌刑이 있다.

[태세太歲는 一年의 주主의 군君이 된다. 煞의 무리가 주主의 군君에 미친다고 흉을 일으킨다고 하는 것은 옳지 않다.
만약 命中에 羊刃등 모든 殺, 혹은 日主가 세군歲君을 刑훼하면 곧 신臣이 군君을 범犯한 것으로 반드시 전투戰鬪의 화禍를 부른다.]

◉ 歲가 日干을 傷하게 하면 禍가 반드시 경輕하고, 日이 歲君을 犯하면 재앙災殃이 반드시 중重하다.

[태세太歲가 日干을 훼하면 부父가 자식에게 분노하는 것인데, 정情으로 분노하는 것이니 용서가 되지만 日이 세군歲君을 훼하는 것은 자식이 부모에게 화내는 것으로 죄罪가 용서될 수 없어 중하다. 가령 太歲에 庚辛이 있는데, 日干이 甲乙이면 재災가 경輕하고, 日干이 庚辛인데 太歲가 甲乙이고 구원이 없으면 재앙이 중하다.]

◉ 오행에 구원이 있으면 그 해년는 도리어 재물이 있게 되고, 사주가 무정無情한 것은 歲를 훼했기 때문이다.

[이 말은 日이 세군歲君을 犯한 것을 두고 한 말이다.
만약 당생當生에서 구원이 있으면 반半은 재앙이 없어져 그 해는 도리어 재물을 얻는다.
만약 食神의 구원이 없으면 뜻을 이루는 것이 좋지 않고, 主가 歲君을 해害하면 도리어 日主가 손상된다. 가령 甲日이 戊 歲를 훼하는데 만약 己가 있으면 곧 부부가 合을 탐하여 유정有情하게 된다.
乙日이 己를 훼하는데 세군歲君의 간두干頭에 庚이 있으면 또한 이것도 부부夫婦가 合을 탐하여 유정有情하게 된다. 만약 극제훼制하는데 배합配合이 없으면 곧 무정無情하여 그 재앙을 면하기 어렵다.]

◉ 庚辛에 甲乙이 상상傷하는데, 丙丁을 먼저 보게 되면 위태롭지 않다.
[庚辛金이 甲乙木을 훼하는데, 柱中에 丙.丁.巳.午火가 있으면 구원이 된다. 남은 것은 이에 준한다.]

◉ 丙,丁이 도리어 庚辛을 훼하지만 壬癸를 만나면 두렵지 않고, 戊己가 甲乙를 만나 근심되면 간두干頭에 庚辛을 사용하고, 壬癸가 戊己를 만나 근심인데 甲乙이 구원하고, 壬이 丙을 훼하면 戊를 사용하여 당두當頭를 제거하고, 癸가 丁을 손상시키면 도리어 己가 와 상제相制하면 기쁘다.

◉ 庚이 壬을 얻어 지아비 丙을 制하면 요절할 命이 오래살고, 甲의 乙 매妹는 庚의 처妻로 흉이 변하여 길하게 된다.
[庚金이 가장 두려워하는 것은 丙火인데 壬水가 있어 제복制伏하면 도리어 길하다. 甲乙이 庚金을 보는 것은 꺼리고, 乙 매妹의 짝은 庚으로 庚의 처妻인데 甲의 처형妻兄이 되니 흉이 변하여 길하게 된다.]

◉ 天元이 비록 旺하더라도 의지할 곳이 없으면 평상인이고, 日主가 유약柔弱하면 설령 財官을 만나더라도 가난한 선비에 불과하다.
[벽옥가碧玉歌에 이르기를 日主 天元이 태왕太旺한데 歲.時.月에 印.財.官인 삼재三才가 나타나지 않으면 主는 빈한貧寒하고, 승도僧道, 고형孤刑한 者가 된다. 日이 약한데 生旺하지 않고 財官이 많으면 도리어 재앙이 발생하고, 차가운 굴뚝에 머무르는데 불과하고, 또 지키기 어려워 주머니가 사라진 모양새다.]

◉ 女人에 殺이 없는데 이덕二德을 차면 양대兩代에 봉封해 진다.
[무릇 陰人의 命은 偏官을 보는데 마땅하지 않다. 만약 天月 이덕二德이 온전히 있는 者는 반드시 主가 봉封을 받는다.
天月 이덕二德이 命中에 있는 者는 主人이 자혜온량慈惠溫良하고, 모든 殺을 진압鎭壓하여 감히 犯하지 못한다.]

◉ 男命이 신강身强하고 삼기三奇를 만나면 일품一品의 貴가 된다.
[결왈訣日, 日主가 고강高强한데, 부귀한 것은 財.官.印綬를 완전하게 갖춘 것이다 하였다.

甲이 辛巳을 만나면 癸와 인연이 되어야 하고, 乙은 戊.庚.壬를 보는 것이 옳고, 丙日은 癸.辛.乙의 위치가 좋고, 丁은 庚.甲에 의해 높게 오르고, 戊는 癸卯.乙卯.丁卯가 기쁘고, 己는 壬.甲.丙이 삼원三元으로 좋고, 庚.辛.壬.癸의 예례는 앞에 의거하여 추리하면 되고, 깨어지지 않으면 이름이 금전金殿에 오른다.]

『 註釋 삼기三奇는 오직 財.官.印 세 者로 뛰어나다. 만약 刑.衝.破가 없으면 극히 높은 관직에 임한다.』

◉ 甲이 己를 만나고 生이 있어 旺하면 중정中正의 마음이 품어진다.

[결왈訣曰, 甲이 己土를 만나 합하여 生旺하면 부귀영화가 가득 차고, 항상 중정中正을 품어 사람의 마음을 얻고, 貴人을 만나면 희망이 이루어진다.

甲은 동방東方에 속하여 生旺의 氣가 되고, 主는 인仁이고, 土는 중앙에 속하여 후중厚重한 氣가 되고, 主는 신信이다. 甲己 합하여 土로 변하고, 사주 中에 다시 生旺을 차면 충후忠厚 정직正直한 사람이다.]

◉ 丁이 壬을 만나 태과太過하면 그릇된 음란을 범犯하여 어지럽힌다.

[결왈訣曰, 丁이 壬을 만나 태과太過하면 陰이 오로지 陽으로 主는 음와淫訛하다. 男은 주색酒色으로 인하여 요절하고, 女는 사통私通하고 내內로 음란하다. 丁과 壬이 합하는데, 만약 丁日이 壬水를 보아 制가 태과太過하면 主는 음란하다.]

◉ 丙에 申位가 임하여 壬水 만나면 장수長壽하기 어렵다.

[결왈訣曰 丙이 申位에 임하면 화광火光에 연기가 없고, 陽水(壬)를 만나면 명이 굳건하지 않다. 만약 土를 얻어 구조하면 도리어 수복壽福을 누릴 수 있다. 만약 丙申 日主가 壬申, 壬辰, 壬子 運으로 행하면 主는 요절한다.]

◉ 己에 亥宮이 들고, 乙木을 보면 종내 수명이 손상된다.

[己亥 日主가 乙木 및 亥卯未 運으로 행하면 主는 요절한다. 결訣에 이르기를 己는 강토强土로 쌍어雙魚(亥)를 보고, 陰木(乙)이 임하면 수명이 짧은데, 사주에 金의 구조가 없으면 풍도악령酆都嶽嶺도 목숨이 없어 헛된 것이다.]

◉ 庚寅이 丙을 만났지만 主가 旺하면 위태로움이 없다.

[庚寅 日主가 柱中에 丙火가 있어도 庚金이 뛰어나면 또한 근심이 되지 않는다. 또 말하기를 간토艮土가 生出하여 土가 金을 生하여 위태롭지 않다 한다.
결왈, 庚이 寅을 만나고, 申 祿이 당권當權했다면 丙火를 중봉重逢하였다 해도 수명이 길다. 신왕身旺하여 귀鬼가 약하면 제제할 수 있으니 귀살鬼殺이 권력이 된다.]

[蟾彩 : "또 말하기를 간토艮土가 생출生出하여 土가 金을 生하여 위태롭지 않다" 이 내용도 심각한 오류다 巳 중에서 甲이 戊를 剋하여 戊가 金을 生하지 못하는 것은 언급하지 않았기 때문이다. : "生하여 강해졌다" 하는 이러한 논리는 버려야 한다.
"丙火를 중봉重逢하여" 이 말을 丙火가 두개 있다는 것으로 받아들이면 안 된다. 중重은 무겁다, 많다, 겹치다, 위세, 권력, 심히 등 아주 많은 의미가 있는데, 여기서는 권력, 위세 등으로 받아들이는 것이 타당하다. 곧 地支에 午나 巳가 있으면 旺하게 된다.]

◉ 乙巳가 辛을 보았는데 身이 쇠약하면 禍가 있다.

[乙巳 日生의 柱中에 辛金이 강하고 乙木은 쇠약하면 殺이 旺하니 禍가 있다.
결왈訣日 乙이 쌍여雙女(巳)를 만나면 木이 쇠잔衰殘하게 되고, 만약 辛金을 보면 수명에 근심이 있는데, 丙丁이 구조救助하지 않으면 어찌 안락하게 되어 木이 환희를 이루게 되겠는가!]

◉ 乙이 旺한 庚을 만나면 항상 인의仁義의 풍風이 있다.

[乙日이 申月의 류類를 만난 이 格 者는 인의仁義가 있는 사람이다.]
결왈訣日 乙이 旺한 庚을 만난 것을 곧 官星인데, 이것을 만나면 마땅히 재상宰相이 되고, 五行의 충극衝破이 없으면 항상 인의仁義가 변방을 누른다.]

◉ 丙이 辛에 生하여 합하면 진장위권鎭掌威權의 직職이 된다.

[丙日 辛酉 月을 만나고, 辛日 巳月을 본 이 격국格局 者는 마땅히 主는 권병權柄의 命이 된다.
결訣에 이르기를 丙이 辛과 합하면 천賤하게 되지 않고, 명리名利가 참으로 탐날 정도로 뛰어나 멀리 울리고, 그렇지 않으면 황각黃閣에 공경公卿이 되고, 위엄이 있는 권력으로 변화하기는 어렵다 하였다.]

** 權柄 : 권력으로써 사람을 마음대로 좌우할 수 있는 힘.

◉ 一木이 화火를 중봉重逢하면 기운이 흩어져 문(文)의 이름만 된다.
[甲乙 日生이 丙丁의 火를 중견重見하면 설기泄氣한다.
시詩에 이르기를 木이 火를 生하면 원래 영창榮昌하고, 목화통명木火通明하여 묘랑廟廊를 돕고, 一木이 이화離火를 중봉重逢하면 종신終身 설기泄氣로 문장文章만 이루게 된다 하였다.]

◉ 한 개의 水에 세 개의 庚辛이 犯하면 체체體體가 완전 한 상상象이라 한다.
[壬日이 庚申, 辛酉의 生을 중견重見하면 곧 인수印綬로 身을 生하여 主는 부귀하다.
결왈訣曰 한 개의 水가 세 개의 庚辛을 중범重犯하면 金이 水를 生하여 水의 무리가 돌아 흐르게 된다. 年에서 生하면 골격骨格이 빼어나고 수명이 길고, 명리名利가 쌍전雙全하고 복록福祿이 풍부하여 主는 크게 부귀하다.]

[蟾彩 : "金이 水를 生하여 水의 무리가 돌아 흐르게" 하였는데, "金이 水를 生" 한다는 이 논리는 아주 나쁜 것이다. 3개의 金이 한 개의 水를 生하지 못한다. 金이 많아 水가 탁해질 뿐이다. 만약 申이 있다면 壬水의 生支가 되어 水에 힘이 있게 된다.
원 결에는 범범犯이라고 했는데, 꼭 이렇게 평주에서는 金이 水를 生하기 때문이라고 자가 당착한 말을 한다. 앞의 글들에도 많이 있지만 뒷글에도 많이 나타난다. 生하고 훼하는 것은 오직 생왕고사절 혹은 왕상휴수사로 판단하여야 한다.]

◉ 水가 동왕冬旺에 귀귀歸하면 평생 편안하여 근심이 없다.
[甲乙이 춘삼월春三月에 生하고 , 丙丁이 하삼월夏三月에 生하고, 庚辛이 추삼월秋三月에 生하고, 壬癸가 동삼월冬三月에 生하고, 戊己가 辰.戌.丑.未 月에 生하면 모두 절기節氣 내內가 되어 主는 수명이 길고 평생 질병이 적고, 근심이 없다.]

◉ 木이 봄에 生하면 처세處世가 안연安然하고 수명이 길다.
[甲日이 춘월春月에 생거生居하고 柱에 寅卯를 이중二重으로 만나면 성격性格이 온량溫良하고 자애한 마음이 있고, 財.食.印.官이 旺하면 젊어서 조정에 등용되고, 木이 태왕太旺하면 도리어 궁핍, 요절하고, 술가術家에서 정밀하게 연구하여 중용中庸을 구하는 것의 류類가 된다.
담명談命에선 모름지기 사용할 곳을 찾아야 한다.]

◉ 허약한 金이 화염火炎의 地를 만나면 혈질血疾이 있다.
[金은 主의 심폐心肺로, 폐肺는 心의 화개華蓋로 金이 만약 火에 冲당하면 반드시 主는 주색酒色으로 인하여 질병이 있게 되어 폐심肺心에 손상이 있고 피를 토하고, 혹의 질병이 있다.]

◉ 土가 旺한 木을 만나 허약하게 되면 비脾가 손상된다.
[土의 主는 비위脾胃로 木에 극제剋制당하면 두복腹가 차가워지는 질병이 있다.]

◉ 근골筋骨에 통증이 있는 것은 木이 金에 피상被傷되기 때문이다.
[결왈訣日 甲木이 身이 쇠약하고, 旺하지 않은데 運에서 辛酉, 庚申이 끌고, 歲에서 巳酉丑를 만나면 눈에 해롭고, 풍전風顚* 사증邪症*의 질병이 있고, 乙日이 쇠약하여도 같이 논한다. 巳酉丑이 상형相刑하면 이 地를 만나지 않아야 사지四肢가 편안하다. 모름지기 자긍自矜*을 일으키는 것은 좋지 않다.]

** 風顚 : 후천적(後天的) 정신병(精神病) 중에서, 언행착란(言行錯亂)·의식(意識) 혼탁·감정(感情) 격발이 뚜렷한 것
** 邪症 : 보통(普通) 때는 멀쩡한 사람이 이따금 미친 듯이 행동(行動)을 하는 증세(症勢)
** 自矜 : 제 스스로 하는 자랑.

◉ 안목眼目이 어두운 것은 반드시 火가 水에 剋을 당했기 때문이다.
[간은 木에 속하고, 심장은 火에 속하고, 신장은 水에 속한다. 水가 火를 剋하면 상생相生의 도道가 없어 눈이 어둡게 되는 질병이다.]

◉ 하원下元의 냉질冷疾은 반드시 水가 火를 손상시키기 때문이다.
[신장은 북방의 水 , 心은 남방 火에 속하는데, 신수腎水는 상승하고 심화心火는 하강하여 서로 기제既濟하여야 하는데 만약 상하가 서로 교류하지 못하면 냉질冷疾의 질병이 있다.]

◉ 金이 간토艮土를 만나면 환혼還魂하였다 한다.
[庚辛 金이 寅卯의 氣를 받으면 土를 얻어 金을 생하게 되니 환혼還魂이라고 한다.] { 艮方은 寅丑 }

◉ 水人이 손손巽(辰巳)을 보면 金이 끊어지지 않는다.
[壬水가 巳의 氣를 받으면 水가 金을 얻어 生水되어 끊어지지 않는다.]

◉ 土가 卯에 임하면 아직 중년中年인데 회심灰心*되고 金이 火를 만나면 비록 젊고 혈기 왕성하지만 뜻이 좌절된다.
[戊土가 卯에 생하면 활동력이 없고 목욕沐浴의 地가 되어, 비록 中年이지만 물러나게 된다. 오행이 이를 만나면 반드시 지기志氣가 꺾인다.
金에 午는 폭패暴敗 목욕沐浴의 地가 되어 남자가 이것에 이르면 반드시 뜻이 꺾인다.]

　　** 灰心 : 모든 욕망(慾望)·정열(情熱)·의기(義氣) 따위가 일지 않는 재처럼 사그러진 싸늘한 마음.

◉ 金.木이 형전刑戰하면 인의仁義가 없고, 水火가 상호 갈마들어 손상되면 시비是非가 있는 날이다.
[부부에 이르기를 인의仁義가 없는 것은 庚辛과 甲乙이 싸워 어긋난 것이고, 시비是非는 壬癸와 丙丁이 서로 위협하기 때문이라 하였다.]

◉ 木이 水에 양육되는데, 水가 왕성하게 되면 木은 표류漂流한다.
[水가 약한 木을 생하고, 金土는 財官이 되는데 태왕太旺하면 벼슬을 잃게 된다.
결왈訣曰 甲子가 子地에 생거生居한다면 오직 1,2를 만나면 뛰어나게 되고 壬.癸.亥.子가 干支에 중첩하면 木이 표류漂流하여 뛰어나지 못한다. 辛亥年에 庚子가 제강提綱이고 甲申,乙丑 時支이고, 年에 丁酉, 運은 申이면 물에 빠지는 재앙을 맞게 된다.]

◉ 金이 土의 生을 받는데 土가 두터우면 金이 매몰된다.
[金은 木火가 財官이고, 만약 土가 많으면 金은 土에 매몰되고, 광휘光輝도 결핍된다.]

◉ 이러한 까닭으로써 오행은 편고偏枯하지 않고, 중화中和의 氣를 내려 받아야 좋다. 망령된 생각을 버리고 命을 헤아리면 착오가 없다.
[간명看命은 절기節氣의 심천深淺, 왕상휴수旺相休囚, 거류서배去留舒配, 순역향배順逆向背의 이치를 살펴 오직 중화中和가 귀하다. 命이 旺相하면 복이 되고, 만약 휴수사절休囚死絶, 격국格局에 들지 않으면 하천下賤하다.]

一. 看命간명 入式입식

오행이 중요한 골자가 된다. 무릇 팔자의 배열을 보게 되는데, 日干이 主가 된다. 年은 뿌리根가 되고, 조상의 재산이 된다. 세상 운수의 성쇠를 알 수 있다.
月은 싹이 되고, 부모가 된다. 부모의 음덕 유무有無를 알 수 있다.
日干은 자기 자신이 되고, 日支는 처첩妻妾이 되고, 곧 처첩의 현숙을 알 수 있다.
時는 화실花實이 되고, 자식이 된다. 상속이 되돌아가는 곳을 알 수 있다.
법法은 月氣의 심천으로서 알 수 있고, 령令을 얻거나 얻지 못한 것이 있다.
年, 時에 財官이 나타나 있고, 身旺하여야 한다. 가령 身이 쇠약하고, 財가 旺하면 뛰어나나 재물이 깨어지고 처가 상傷한다. 身旺하고 財도 많고 또 財가 旺하면 재물이 많다는 의미로 칭한다. 만약 財官이 없으면 다음 印綬가 어떤 국局이 되어 있는 가 보아 길흉을 단정한다.
학자는 집착, 구애, 구속받지 않아야 하는데 통변을 깨닫지 못하기 때문이다.

一. 正官정관 論론

무릇 正官은 甲이 辛을 본 종류다. 陰이 陽을 보면 官이 되고, 陽이 陰을 보면 귀鬼가 된다. 이것이 음양이 배합(配合:짝)을 이루는 도道다.
대개 官은 旺한 곳으로 행行하기를 요한다. 이것은 월령月令이 되어야 旺하여 좋다. 月令은 제강提綱이다. 命을 볼 때 먼저 제강提綱을 보고 다른 곳을 보아야 한다.
이미 正官은 설명하였는데, 運이 官이 旺한 곳이 되어 겹쳐 혹 국局을 이루고, 또 傷官의 地가 되지 않으면 金, 財旺의 곳이 되면 모두 福을 만드는 곳이다.

正官은 貴氣의 물건으로 刑.沖.破.害는 크게 꺼린다. 年.月.時 干에 전부 官星이 힘없이 노출되어 있으면 복이 아득하여 두렵다. 또 年, 時上에 다른 어떠한 격格이 구성되어 있는지 살핀다. 이러한 곳에서는 복이 일어난다. 이렇게 하는 것이 길흉을 판단하는 옳은 방법이니 성급하게 한 가지 길을 잡아 취하여 통변이 하지 않아야 한다. 그렇게 하지 않으면 적은 오차에서 큰 오류를 범하는 재앙이 될 수도 있다.
경에 이르기를 통변은 신령한 者가 하여야 한다는 것이 이것이다.

正官이 많으면 도리어 복이 되지 않는다. 어찌하여 그러한가? 무릇 사람의 命은 중화中和의 氣를 얻어야 마땅하기 때문이다. 너무 많거나, 너무 적으면 좋지 않다. 중화中和된 氣가 두터운 福이 되고, 무리를 이루면 치우친 것으로 日干을 剋하여 재앙이 된다.
이미 제강提綱에 正官이 있어 사용하는데, 年, 時, 支干에 한 개의 偏官이 있으면 곧 혼잡되어 불가하니 자세히 살펴 경중輕重을 추정하여 추리하여야 한다.

또 月令에 이것을 얻으면 身旺, 印綬는 좋다. 甲이 辛官을 사용하면 土가 官을 生하는 것을 좋아한다. 刑.沖.破.害를 가장 두려워하고, 陽刃, 七殺은 가난한 命이 된다. 가령 時干에 殺을 만나면 곧 관살혼잡官殺混雜이 된다. 대개 四柱에 刑.沖.破.害가 있으면 모두 貴하지 않다. 命을 볼 때 官이 나를 剋하러 오고 내가 官을 剋하러 가도 해롭지는 않다. 일위一位 또는 官이 둘 있어도 무방하다.
만약 月令 中에 正官이 있고 時의 干支에 偏官이 있으면 正官으로 설명하기는 어렵다. 또 甲에 辛은 官이 되는데, 8月 中氣 후에 태어나면 金旺한 酉에 있게 되어 正官이라고 한다. 가령 天干에 辛이 투출하지 않고, 地支에 巳酉丑이 있으면 비록 8月 中氣 후에 태어나지 않아도 官으로 설명한다.
대체로 身旺하여야 하고, 時辰이 甲木의 왕처旺處가 되어야 하고, 歲,時에 正官이 투출되어야 하고, 地支에 官格이 있으면 8月 中氣 후도 구애 받지 않는다.

대략 官星이 印綬를 얻어야 하고, 身旺하면 발發한다. 만약 傷官이 없고 印이 깨어지지 않고, 身이 약하지 않은 者는 貴한 命이다.
命中에 官星이 있고, 傷官 運으로 나아가면 吉하지 않은데 반드시 印綬를 기다려야한다. 官星이 旺한 運도 발發하여 반드시 벼슬을 얻는다.

『 註釋 年은 군君, 月은 오행 君의 령令, 그래서 월령月令. 正官에 印이 없으면 진관眞官이 아니다. 그리고 巳酉丑 金局은 身旺, 財旺이 좋다.
사언독보에 이르기를 8(酉)月 官星은 卯丁를 크게 꺼린다. 卯丁는 극파剋破하여 정情이 있는 것이 情이 없게 된다.
결결에 말하기를 정기正氣 관성官星은 오직 支를 사용하고, 財氣에 年時에 있으면 상세히 살피고, 만약 四支에 충파衝破가 없으면 부귀가 쌍전雙全하여 계수나무를 꺾는다 하였다. 』

一. 論논 官星관성 太過태과

가령 壬癸 生인 사람이 사주에 辰.戌.丑.未.巳.午가 있고, 天干에 官星과 殺이 노출되어 있지 않아도 官殺이 이들 중에 암장되어 있어 많은 것이 된다. 만약 사주 원元에 제복制伏이 있으면 좋은데, 제복制伏이 없으면 木 運과 三合 木局 또한 좋다.

무릇 官星이 많아 혼잡하면 制伏하여야 청청하게 되어 발복發福하게 된다. 만약 官星이 많은데 다시 官 運으로 나아가면 일을 이루지 못한다.

一. 論논 偏官편관

무릇 偏官은 대개 甲木이 庚金의 류類를 본 것이다. 陽이 陽을 보고, 陰이 陰을 본 것을 偏官이라 한다. 배우자를 이루지 못한 것이다. 마치 경에 설명한 것 같이 두 여자가 같이 살기 불가능하고, 남자 둘이 같이 살기 불가능 한 것 같다 한 것이 이것이다.

偏官은 곧 七殺로 제복制伏을 요한다. 대개 偏官, 七殺은 곧 소인小人이다. 소인은 무지無知하고, 흉폭하고, 어렵게 여겨 꺼리는 것이 없다. 군자를 봉양하는데 노력하고, 군자를 호위하기 위하여 복역服役한다.

소인은 오직 계율이 아니고, 징계가 아니고서는 제어하는 책략이 없어 곧 굴복시켜 길들여 부릴 수 없다. 그래서 양자楊子가 말하기를 막禦는 도道는 굴복시켜 길들여야 부릴 수 있고, 항거를 막는 도道를 잃으면 교활하게 속이고 대적한다 하였다. 소인은 교활한 사기꾼이니 지배 통제하여야 한다. 하나라도 지배 통제를 잃어 소인이 권력을 얻으면 재앙을 일으키게 된다.

경에 이르기를 사람에 偏官이 있으면 호랑이를 안고 자는 것과 같다 하였다.

비록 그 위엄으로 가축의 무리를 거느리지만 조금이라도 빗장을 풀게 되면 반드시 배꼽을 물려고 날뛰고, 통제할 수가 없게 되니 고려하지 않은 것은 불가하다.

완전한 三刑을 만나거나, 또 六害가 있고, 거듭 괴강魁罡을 만나 相沖되면 이 사람은 그 凶이 구술하기 불가 할 만큼 심하다.

제복制伏의 위치를 얻고, 運이 制伏의 곳으로 행하게 되면 크게 貴한 命이 된다. 전자前者와 같이 흉신이 모여 運도 殺旺한 곳이 되면 흉해凶害가 말로 다할 수 없이 크다는 것을 알아야한다.

하나의 殺이 있는데 制伏하는 것은 2~3개가 되고, 다시 制伏의 運으로 나아가면 도리어 복이 일어나지 않는다. 무슨 말인가 하면 다만 법만 있을 뿐 법을 사용 할 수 가 없는 것 과 같다.

비록 이리와 같이 사납지만 이때는 制伏이 능사가 아니다. 制伏을 오직 말로서 불가하다고 하면 안 되고, 중요한 것은 경중 득소所得에 따라 심한 制伏도 불가 하고, 또 制伏이 부족하여도 안 된다. 그러니 자세하고 상세히 살펴야 한다. 곧 화복禍福의 영향이 制伏에 의해서 나타나기 때문이다.

또 制伏을 하면 偏官이 되는데, 制伏이 없으면 七殺이 된다. 그래서 모두 소인에 비유 할 수 있다. 통솔하면 그 도道를 얻어 부릴 수 있다. 그 도道를 잃으면 다루기가 어렵다. 내가 어떤 통솔 제어하는 道가 있으면 이 殺을 보았다고 해서 凶하다고 하면 안 된다. 貴한 命도 많이 있기 때문에 특히 이 殺이 있는 者에 대해서 이를 알지 않으면 안 된다.

또 삼형三刑, 육해六害를 만나고, 양인陽刃과 괴강魁强이 상충相冲하면 凶하니 制伏되는 것이라고 하면 안 된다. 다만 運에서 制伏하면 貴한 命이 된다.

앞과 같이 凶神이 모여 갖추어지고 運에서 다시 殺이 旺한 곳이 들어오면 화禍가 말할 수 없이 많이 발생한다.

대저 偏官, 七殺은 身旺이 가장 좋고, 制伏하면 묘妙하다.
사주에서 制伏이 있으면 殺이 旺한 運도 좋고, 사주에 制伏이 없으면 制伏의 運이 좋다.
身旺하면 偏官이 되고, 身弱한데 制伏이 없으면 七殺이 된다.
사주에 制伏이 있는데 다시 制伏 運으로 나아가면 곧 偏官이지만 찌꺼기도 남아 있지 않게 된다.
月中의 氣는 陽刃과 冲하는 것을 두려워한다.
身弱한데 만약 殺이 강하면 제어가 어렵고, 신강身强한데 殺이 얇으면 殺이 권력이 된다.
그래서 七殺은 刑冲을 두려워하지 않는다고 할 수도 있으니 마땅히 상세히 살려야 한다.

偏官은 범虎과 같은데 冲이 많은 것을 두려워한다. 運에서 旺하고 身强하다면 어찌 그렇겠는가! 身弱한데 범虎가 강하면 화환禍患이 되고, 身强하여 制伏하면 중화되어 貴하다.
偏官, 偏印은 밝히기가 어렵다. 상하가 相生하면 이롭고, 四庫, 財가 좌하면 貴가 되고, 대수롭지 않게 평상으로 걸어도 공경公卿이 된다.
戊己가 만약 官殺을 만나고, 극중局中에 金水를 만나고 다시 더해지면 당생當生에 火가 있고, 마땅히 火를 만나야한다. 火가 물러가고, 金이 왕하고, 木이 침투하면 근심이 된다. 偏官은 제화制化하면 권력이 된다. 어릴 때 힘써 공부하면 소년에 관직에 오르게 되고, 歲, 運에서 身旺한 地를 만나면 크게 사용되고 부와 관직이 쌍전한 복이 있다.

偏官은 흉하다고 하는 관례는 옳지 않다. 제어를 하면 도리어 의록衣祿이 풍부하다. 干上 食神이 支와 合하면 자손이 눈앞에 가득하고 복이 무궁하다.
陰 癸水가 많은 己를 만나면 손상되는데, 殺星인 木을 사용하여 항복시키면 비록 그렇다 하더라도 명리가 높은데, 싸움을 평생 견디어 내어야 하고 수명은 길지 않다.
六丙 生 사람에 亥子가 많으면 殺星을 印이 잡으면 도리어 중화가 되고, 동방으로 나아가면 명리가 흥한다. 運이 서방에 이르면 일이 고생스럽게 바뀐다.
춘목春木에 金이 없으면 뛰어나고, 金이 많으면 마치 오히려 두렵고, 재액을 만나고, 格중에 중화의 氣를 얻으면 복과 수명이 길고 모든 일이 마땅하게 된다.

一. 論논 七殺칠살

무릇 七殺은 또한 偏官이라고도 한다. 身旺하고 殺을 合해가고, 制伏, 陽刃은 좋다.
꺼리는 것은 身弱, 財가 生하는 것, 制가 없는 것은 꺼린다. 身旺하고 유기有氣하면 偏官이 되고, 身弱하고 制가 없으면 七殺이 된다.
무릇 이 殺은 凶하다고만 설명하는 것은 적절하지 않다. 偏官은 正官만 못하지만 거부 대귀한 사람이 많다.
다만 身旺하고 殺을 合해가면 뛰어나다.
가령 甲에 庚은 七殺인데 丙丁에 制하면 좋고, 乙이 合해가도 좋다. 곧 탐합망살(貪合忘殺:합을 탐하여 살을 잊는다.)한다.

七殺은 制伏이 마땅하고, 태과太過한 것은 좋지 않다. 무릇 物이 지극하게 되면 도리어 禍가 된다.
身旺한데 身旺한 運으로 나아가도 복이 되고, 身弱한데 身弱한 運으로 나아가면 禍가 된다.
사주 中에 制伏이 있으면 七殺 運으로 나아가면 좋고, 制伏이 없으면 七殺이 나타나면 禍가 일어난다.
身旺한 運인데 陽刃이 있으면 貴가 말할 수 없이 많고, 다만 財가 旺한 것은 꺼리는데 財는 殺을 生하기 때문이다. 歲,運에서 임하면 身旺도 재해가 많고, 身弱은 더욱 심하다.

甲申, 乙酉, 丁丑, 戊寅, 己卯, 辛未, 癸未 이 7日은 殺이 主를 生하여 성질이 급하고 영리하고, 교활하고 총명하다. 殺을 많이 본 者는 흉요빈박凶夭貧薄하다.
月에서 보면 중중하고, 時에 보면 경輕하다. 어찌하여 그런가 하면 日의 七殺은 오직 一位를 본 것이고, 年,時에 다시 보면 殺이 많아 화禍가 되어 도리어 制伏이 되어야 한다. 身旺하고 制伏하면 권력이 되고, 가장 두려운 것은 陽刃과 沖하는 것인데 크게 흉하다.

時에 七殺이 단 일위一位가 있으면 本身이 旺하여야 하고, 年, 月, 時 3곳에 制伏이 있으면 복이 된다. 殺이 旺한 運, 運과 三合하여 득지得地되면 또한 발發한다.
만약 制伏이 없으면 制伏이 되는 運에 복이 있고, 殺이 旺한 運도 制伏이 없으면 화禍가 일어난다.
時上의 七殺은 도리어 陽刃을 두려워하지 않고, 沖도 두려워하지 않는다.

가령

丙 乙 乙 辛
子 卯 未 丑

이 命은 身旺하다. 6月 中에 태어났다. 세간歲干에 辛丑이 투출하여 七殺이 된다. 丙子를 얻어 좋은데 辛丑 殺과 합한다. 곧 貴하고 권력이 있다.

가령

丙 庚 丙 甲
子 子 寅 午

이 命은 身弱하다. 火局을 이루었고 또 월령에 丙寅 七殺이 있다. 時에 丙子가 있어 火가 庚金을 剋한다.
金은 子에서 死하니 身弱하고 殺이 旺하고, 制伏이 약하여 병이 있고 가난하다.

가령

戊 壬 戊 丁
申 子 申 巳

이 命은 身旺하다. 두 개의 戊는 七殺이고 巳 祿이 있다. 丁壬 합한다. 戊와 癸가 합하고 金은 巳 長生이 있다. 戊의 祿은 巳가 된다. 곧 壬戊 두 글자가 旺하다. 이른바 貴하다.

『 註釋 七殺은 甲이 庚에 이르면 7번째로 7數고, 庚이 甲을 剋하니 殺이 된다. 그래서 七殺이라 한다.
결訣에 이르기를 만약 제복하여 殺을 化하고, 身旺하면 문장文章이 높고, 군君이 동래同來하여 합하여 유정有情하면 공명을 성취한다 하였다.
결왈訣曰 偏官, 偏印을 밝히기 가장 어려운데 上下가 相生하면 이름에 이롭고 四庫, 坐에 財면 貴하고, 쉽게 공경公卿에 이르고, 偏印과 相生하면 공명이 현달하고, 刃이 있고 身旺하면 권력을 이룬다 하였다. 』

一. 論논 印綬 인수

소위 印은 나를 生하는 者로 곧 인수印綬다.
경에 이르기를 官은 있는데 印이 없으면 참된 官이 아니라 하였고, 印은 있는데 官은 없어도 복이 이루어진다 하였다.
무슨 말인가? 대저 人生이 물건을 얻는 대에는 서로 돕고, 서로 生하고, 서로 량양하게 되어, 이로 하여금 내가 만물을 얻어 완성되어 드러나게 되는 것이니 어찌 묘妙하지 않겠는가! 그래서 사람은 사려 분별이 있고 동시에 풍후豊厚하다.

무릇 印綬는 財를 두려워하고, 사람이 인색하다. 그래서 사주의 運行이 官에 미치면 貴하게 되고 도리어 복을 이룬다.
무릇 官鬼는 내가 生하는데, 다만 財를 두려워한다. 財는 도리어 나를 상傷하게 할 수 있기 때문이다.
이 印綬는 묘妙한 것으로, 이것은 부모의 음덕이 많고, 부친의 재산을 잇고, 편히 누리는 사람이다.
만약 또 2~3개가 命에 있으면 印綬가 많은 者로 上이 된다. 또 主는 일생 병이 적고, 음식에 능하다. 혹 財가 많고 旺하면 반드시 이룸이 늦어진다. 비록 官鬼가 기쁘지만 官鬼가 많거나 格에 들면 오로지 印綬로 설명하기는 어렵다.

예를 들면 甲乙日이 亥子月에 生하고, 丙丁日이 寅卯月에 生, 戊己日이 巳午月에 生, 庚辛日이 辰.戌.丑.未月에 生, 壬癸日이 申酉月에 生한 者가 인수격印綬格이 된다. 남은 것도 이러한 종류를 말한다.
가장 두려운 것은 印綬의 사절死絶 운運으로 나아가거나 혹 運이 死絶에 임臨하였는데 거듭 물물이 氣를 훔쳐 가면 황천에 들어가는 것을 의심하지 않아도 된다.

무릇 印綬는 나를 生하는 것으로, 또 氣를 生한다 한다. 陽이 陰을 보고, 陰이 陽을 본 것을 正印이라 하고, 陽이 陽을 보고, 陰이 陰을 본 것을 偏印이라 한다.
官星이 印을 生하는 것이 좋고, 財가 旺하여 印을 깨는 것은 싫어한다.
가령 甲人 亥子月 中에 生한 사람은 水가 印이 되는데 傷官 火를 꺼리고, 土는 印을 깨기 때문에 꺼린다. 生旺한 곳으로 나아가야 하고, 死絶의 地는 두려워한다. 만약 死絶의 地로 나아가면 物이 손상되어 위태로워진다.
[蟾彩 : 이 부분에서는 金이 水를 生한다는 등 이렇게 논하지 않고 生旺과 死絶로 정당하게 논했다.]

印綬는 사람이 지혜와 생각이 깊고, 일생 병이 적고, 잘 먹고 풍후豊厚하고, 財祿을 이루어 누리고, 만약 2~3개의 命에 아울러 있으면 印綬가 많은 者를 취한다. 가장 꺼리는 것은 財가 승왕乘旺하게 들어오는 것이다. 반드시 일생 막히게 된다. 官鬼가 많거나 혹 다른 이루어진 격이 있으면 오직 印綬로 論하는 것은 옳지 않다.
대체로 보아 月과 時上이 있는 者가 뛰어난데, 月上이 가장 긴요緊要하다.
먼저 月氣를 논하고 후에 生氣를 논하고, 月은 반드시 부모의 힘을 얻고, 年에 生氣가 있으면 조종祖宗의 힘을 얻고, 時上에 生氣가 있으면 자손에 힘이 있다. 수명이 길고, 말년에 넉넉히 즐기게 된다.

印綬가 있으면 모름지기 官星도 있어야 하고, 관인양전官印兩全이라 하여 반드시 貴한 命이 된다.
만약 官星을 보았다 하드라도 이루어져야 부모의 힘을 얻고, 복이 두텁다. 官星 運으로 나아가면 발發하고, 印綬 運으로 나아가도 또한 發한다. 만약 官을 사용하는데 貴하지 않으면 印綬을 사용하면 뛰어나게 된다.
사주 中에 가장 두려운 것은 歲,運에서 財가 임하는 것으로 印을 손상시키기 때문이다. 만약 印이 손상되면 主는 집안이 깨어지고 조상을 떠나거나 데릴사위가 되기도 한다. 또 死絶의 地에 임하면 강등되거나 관직을 떠나고, 요절한다.

    가령
    庚 癸 庚 戊
    申 酉 申 戌

이 命은 癸日이 7月 中氣 후에 生했다. 月과 時 모두 庚申이고 자좌自坐에 금고金庫가 있다. 소이 印綬가 歲干에 戊 官이 투출 한 것으로 일컬어 官과 印 두 개가 완전히 갖추어져 官印 둘 다 온전하다. 매우 貴한 命이다.

가령

甲 甲 癸 癸
子 寅 亥 亥

이 日은 癸가 印인데 도리어 旺하다. 財星이 돕지 않아 福이 발하나 두텁지 않다.

가령

壬 戊 庚 甲
子 戌 午 寅

戊日 丁 印綬를 사용한다. 寅午戌 火局이 되어 좋다. 時上 壬子 水旺하여 합당하지 않다. 財가 印을 冲하니 소이 실명失明하였다. 生氣인 丙丁火가 눈에 속하기 때문이다.

가령

壬 丙 丁 己
辰 辰 卯 卯

이 命은 卯 印을 사용한다. 癸는 官이 된다. 年에 卯, 日에 辰이 있다. 소이 관인양전官印兩全이 되었다. 소년에 중요한 관직에 올랐다. 42~43세에 이르면 癸亥 運인데 해롭지 않다. 庚申 年은 水 七殺이 申에서 生하니 庚申에 印이 피해 입어 불길하다.

『 註釋 偏印은 또 효신梟神이라한다. 印은 나를 生한 부모, 조상이다. 가령 부모의 복덕福德이 자손에 미치는 것이다. 時上에 보면 자손에 복이 있고, 부모를 봉양한다.』

一. 論논 正財정재

무엇을 正財라 하는가? 마치 正官의 의미와 같은데, 陰이 陽을 본 재성財星, 陽이 陰을 본 財星을 正財라 한다. 나의 처와 재물이 된다. 사람에 여자와 재물은 나의 대사大事로서 반드시 정신이 강건해야만 그것을 행행할 수 있다. 가령 내 몸이 유약하여 힘이 없으면 떨쳐 일어나지 못하여 비록 처재妻財가 풍후豊厚하다고 하더라도 눈으로 보기만 할 뿐 종내 조금도 받아 쓸 수가 없다. 그래서 財는 時를 얻어야 하고, 財가 많아서도 안 된다.

만약 財가 많다면 日柱가 힘이 있어야 한다. 그래야 맡아 기회를 활용 할 수 있는 힘이 있으니 관직을 이룰 수 있다.
천원天元 일기一氣가 어리고 약하고 빈박貧薄하면 힘이 약해 통치하지 못한다. 그래서 身이 旺하여야 좋고, 運行에서 剋制하여서는 안 된다. 剋制하는 者는 官鬼다. 또 소생한 月令 쇠병쇠병衰病의 地가 되면 내가 허약하게 되는 것이니 어찌 두렵지 않겠는가? 또 사주에 부모의 生이 없으면 도리어 財가 기쁜데 財를 보면 재다財多라 한다.

힘이 부족한데 財를 맡으면 모든 재앙이 나타난다. 비록 소년 때 휴수休囚의 위치를 지나게 되면 뜻 여의치 않고 일이 절박하게 된다. 중년 혹은 말년에 다시 부모(印綬)가 들어오고 혹 三合이 되어 나를 돕는 者가 있으면 돌연 흥興하는데, 다스리는 것은 불가하다. 만일 소년에 승왕乘旺하고, 노년에 局에서 벗어나면 궁핍하여 처량할 뿐 아니라 겸해서 시비가 여기저기 어지럽게 일어난다. 대개 財는 싸움의 발단이 된다.

만약 사주가 相生하고, 다른 貴格이 있고, 공망이 되지 않았고, 또 旺한 運으로 나아가고, 三合, 財生은 모두 貴한 命이다. 그 밖의 복의 깊고 얕은 것은 모두 입격入格의 경중輕重으로 판단한다. 뛰어난 財가 官을 生하면 身이 건장하여야 한다. 財가 많으면 도기盜氣되어 근본이 되는 자신의 身이 유약한데 年, 運에서 財를 손상시키면 반드시 이상하게 당하는 화禍가 일어난다. 혹 刑과 七殺이 있으면 말로 할 수 없을 정도로 흉하다.

또 이르기를 正財는 身旺, 印綬가 좋고, 官星, 도식도식倒食, 身弱, 比肩, 劫財는 꺼린다. 官星이 있어 財가 氣를 훔쳐가는 것은 불가하다. 印綬가 좋은 것은 身主가 약하면 生하기 때문이다.

또 甲日에 己는 正財인데, 身弱하면 禍에 이르게 된다. 무릇 人命에 財을 차고 태어나면 부잣집에 태어나나 양자나 서출이 되거나 혹 부모와 충돌한다. 身旺하고 劫財가 없고, 官星이 없어야 좋다.
만약 命中에서 官星이 득지得地하고, 運行은 財星이 많아 官을 生하는 것이 좋다. 겸해서 財星이 득지得地했으면 運行은 官星을 보는 것을 꺼린다. 官星은 身을 剋하는 두려운 존재가 되기 때문에 身弱은 좋지 않다.

대개 偏.正을 논하지 않고, 다 印綬는 좋아 반드시 발복發福한다.
　　가령
　　丁　丁　丁　辛
　　未　巳　酉　丑
丁日 身의 坐에 財地이다. 또 巳酉丑 金局이 있다. 그래서 財旺하다. 목고木庫 未를 얻어 丁火를 生하니 身旺하여 財를 감당 할 수 있다. 運行이 동남방으로 거부가 되었다. 丁에게 壬은 官, 庚金은 財로 官을 生한다. 身이 旺한 곳이 들어오면 반드시 발복發福한다.

무릇 財를 사용하면 官星을 보지 않아야 뛰어나다.
　　가령
　　丙　丙　乙　庚
　　申　申　酉　申
이 命은 丙日이 3개 申 財를 보았고, 어찌 아름답지 않겠는가? 丙이 癸 官을 사용하고, 辛 財을 사용한다. 3개 申과 1개 酉는 財로 旺하다.
대체로 日이 약하다. 火는 申이 병病, 酉는 死로 곧 氣가 없다. 運行이 西方으로 흘러 身이 극히 약하다. 財가 旺하여 鬼를 生하여 身이 敗剋되어 財를 이길 수 없어 가난하다.

　　가령
　　戊　辛　癸　乙
　　子　酉　未　卯
이 命은 辛日의 坐에 酉, 乙 年의 坐에 卯가 있다. 身과 財가 旺하다. 또 癸未 食神을 얻었다. 戊子 印綬가 돕는다. 거부에 貴하다.
[蟾彩 : 참 좋은 사주다. 食神 癸는 子, 乙 偏財는 卯, 身 辛은 酉, 戊 正印은 未로 旺하여 참 좋은 명이다. 天干도 戊.辛.癸.乙로 시간부터 生한다.]

가령

丙 甲 丁 戊
寅 辰 巳 子

甲 癸 壬 辛 庚 己 戊
子 亥 戌 酉 申 未 午

이 命은 甲日이 4月 하순에 태어났다. 丙丁火가 아울러 투출하여 月中의 戊土를 生한다. 甲이 時의 寅木 祿에 귀歸하고, 그리고 丙, 戊의 生地가 되어 財도 旺하고, 身도 旺하다.
조년의 戊午, 己未 運에서 연이어졌고 辛酉 運으로 나아가 官星으로 흉하다.
壬戌 運은 壬이 丙을 剋하는데, 곧 傷官, 食神 中으로 관직을 잃고 재물도 잃었고 모든 가족이 사상死喪되었다.
59세 癸亥 運에 身旺하게 되어 다소 안일安逸하였고, 65세 壬辰 年에 사망하였다.
초운初運은 傷官이 財를 본 格이 戊土 財를 얻어, 소이 戊午, 己未 두 運은 土를 生하여 재물이 두터웠고, 庚申, 辛酉은 서방으로 官을 보아 모든 일에 힘이 소모되었다. 비록 癸亥는 甲木의 印綬이지만, 巳火와 壬水가 충沖된다. 壬辰 年은 壬水가 투출하였고, 運中, 命中 에 辰이 있어 사망에 의문을 가질 필요가 없다. 무릇 傷官이 財를 본 格은 官星을 보는 것을 꺼리고, 財는 보는 것이 좋다. 크게 꺼린 것은 壬水가 火를 剋하는 것이다. 火가 甲木의 土財를 生할 수 없게 되었기 때문이다.

一. 論논 偏財편재

무엇을 일컬어 偏財라 하는가? 무릇 陽이 陽은 본 財, 陰이 陰을 본 財를 偏財라 한다. 곧 偏財는 여러 사람의 財이다. 또 형제, 자매가 분탈分奪 해 갈까 두렵다. 즉 福이 완전하지 않다.

만약 官星이 있고, 偏財가 나타나 있으면 온 갖 화환禍患을 막을 수 있어 좋다. 또 감추어져 있으면 두렵지 않다. 오직 두려운 것은 분탈分奪되는 것이고, 어긋나는 것은 공망이 된 것이다.

이것에 또 한 가지 있는 것은 官을 이루지 못하면 財도 장차 머무르지 못한다.

경에 이르기를 祿이 등져있고 말이 도망(배록축마背祿逐馬)가면 궁핍하여 처황하다 하였다.

財가 약하다면 旺한 財運이 들어오면 영화가 있다. 財가 왕성한데 갈 곳이 없으면 뛰어나지 않고, 또 身의 세력이 무력하면 좋지 않다.

偏財의 주인은 강개慷慨*하고, 재물에 매우 인색하지 않다. 단지 득지得地하여야 재물이 그치지 않고 풍부하고, 또 관직도 오른다. 무슨 말인가 하면 무릇 財가 왕성하면 자연히 官이 生하게 된다. 다만 사람이 정情이 있고, 사기성이 많다. 대개 財는 이기심이 많아 비방을 초래한다. 運行이 왕상旺相하면 복록福祿이 모여 갖추어지는데, 다만 크게 旺하면 형제가 깨버려 불미스럽다.

　　　　** 慷慨 : 의롭지 못한 것을 보고 정의심(正義心)이 복받치어 슬퍼하고 한탄(恨歎)함.

財가 많으면 모름지기 財와 日干의 강약强弱이 서로 대등한 가 살핀다. 대등하면 官運에 발록發祿한다.

만약 財가 왕성하고 身弱한데 官運에 이르면 身이 財에 기운을 빼앗겼는데 다시 官이 身을 剋하면 다만 발록發祿은 하지만 또한 재앙을 막아야한다.

만약 命의 사주 中에 官星이 있으면 좋은 命으로 간주하다.

사주 中에 형제의 무리가 있으면 설령 官運이 들어온다고 하여도 발록發祿은 아득하다.

그래서 말하는데 중요한 것은 통변을 깨우쳐야 하는 것이다.

一. 論논 食神식신

食神은 나의 財神을 生하는 것을 말한다. 가령 甲은 木에 속하고, 丙은 火에 속하여 도기盜氣한다. 그래서 食神이라 하는데, 왜 食神이라 하는가? 도기盜氣이지만 이 뜻과는 달리 丙은 나의 戊土을 生하고, 甲이 丙이 生 한 戊 財를 食하여 그 이름이 食神이다.
命中에 이것을 차면 주인은 재물이 두텁고, 음식이 풍부하다. 배가 두텁고, 근골이 비대하다. 넉넉히 즐기고 스스로 충만하다. 자식이 있고, 수명이 길다.
늘 官星을 보는 것은 좋지 않다. 도식倒食은 꺼리는데 食神을 손상시키기 때문이다. 財神과 相生하여 기뻐다. 오직 一位를 보면 복이 있는 사람이다. 그러나 종내 불청不淸하다.
身旺은 좋고, 食神을 손상 시키는 印綬는 좋지 않다.
運에서 득지得地하면 발복發福한다. 대체로 財神과 서로 비슷하다.

가령

辛 丁 己 己

丑 未 巳 未

丁이 己를 보면 食神이 된다. 丑巳 合하여 金局 財를 일으킨다. 또 身이 약하지 않아 좋다. 소이 관직이 있고 또 수명이 길다.

가령

乙 癸 乙 乙

卯 酉 酉 巳

이 命은 3개 乙 食神이 있다. 巳酉丑 合局 印綬가 있다. 또 3개 乙이 傷官으로 변했다. 癸에 乙은 食神이 되고, 金局이 乙木을 剋한다. 다시 3개 乙木과 卯가 旺하여 나의 官을 剋한다. 소이 명리 모두 이루지 못하였다.

一. 論논 倒食도식

무릇 도식倒食 者는 財神을 沖하는 것이다. 일명 탄담살呑啗煞이라 한다. 財神을 用하면 크게 꺼리고, 食神을 用할 때도 크게 꺼린다. 倒食은 가령 甲이 壬을 본 류類이다.
甲이 丙을 보면 食神이 되고, 土財를 生한다. 그래서 壬은 丙火를 剋하니 丙火는 甲木의 土財를 生하지 못하여 소위 甲이 食神을 用하면 壬 偏印을 크게 꺼린다.

무릇 命中에 이 두 者(食神과 偏印)가 있으면 主는 복과 수명이 천박하다. 또 庚을 보면 七殺되어 丙丁火가 제어하는데, 水를 보는 것이 두렵다. 도리어 禍가 된다.
무릇 命中에 이 者가 범犯하면 마치 존장尊長이 나를 制하여 자유가 없게 된다. 일을 진전시키지 못하고, 과오가 많고, 게으르고, 시작은 하는데 마무리는 하지 못한다. 재원財源에 성패成敗를 반복하고, 용모가 비뚤비뚤하고 신체가 왜소하고, 겁이 많아 허둥대고, 무릇 일을 이루지 못한다.

    가령
    丁 己 丁 丁
    卯 亥 未 未

이 命은 己亥日이다. 己가 亥上에 임했다. 身이 亥에 있으니 약하다. 亥卯未 木局이 身을 剋한다. 年,月,時에 세 개 투출한 丁은 도식倒食이다. 유년에 남방 運으로 나아가 火가 土를 生하여 身이 旺한데, 乙巳 運은 己의 七殺이 있어, 亥卯未 木局이 인출되고, 歲運 癸亥년에 사망하였다. 이 命은 다만 倒食은 아니지만 七殺의 禍에 의하고, 癸亥年에 殺을 生하고 印이 깨어져 사망하였다.

    가령
    壬 甲 丙 甲
    申 戌 寅 戌

이 命은 甲戌日인데, 甲이 丙을 보면 食神이 되고, 正月에 生했다. 甲木이 旺하고, 身과 食神이 같이 旺하다. 원래 이것은 貴 命인데, 時上의 壬申이 합당하지 않다. 壬水가 丙火를 상傷하게 한다. 申金이 寅木을 沖하고 또 申中의 庚 七殺이 있다. 소이 명리를 이루지 못하였다. 己巳 運은 金의 生地가 되고, 庚子年은 庚金이 七殺이 되고, 또 子水를 보아 비명에 사망하였다.

一. 論논 傷官상관

傷官은 그 증험이 神과 같다. 傷官은 그의 직무가 상진傷盡이 되어야 한다. 傷이 부진不盡한데 官이 와 승왕乘旺하게 되면 그 화禍는 말로 다 할 수 없다.

傷官이 官을 보면 온 갖 화禍가 일어난다. 혹시 月令에 傷官이 있고, 사주에 합당한 배치가 되었고, 모든 일어나는 일이 傷官의 곳이 되어 身旺한 곳으로 나아가면 진귀인眞貴人이다.

傷官의 주인은 예술적인 재능이 뛰어나고, 오만하고, 항상 천하를 자기만 못하게 여긴다. 귀인도 꺼리고, 사람들도 미워한다.

運에서 하나의 官을 만나면 그 재앙을 말로 다할 수 없다. 혹 길신吉神이 풀게 되어도 반드시 악질惡疾, 잔질이 몸에 생기게 된다. 그렇지 않으면 해당 運에 관청에 대한 사건이 생긴다. 가령 運行이 官에서 벗어나고, 財神이 旺하지 않으면 다 편안한 사람이 된다. 추리는 자세히 해야 하는 것으로 만 가지에서 한 개라도 잃으면 안 된다.

또 傷官은 내가 저彼를 生하는 것은 일컫는다. 陽이 陰을 보고, 陰이 陽을 본 것으로 또 이름이 기운을 도둑질盜氣하는 것이다. 印綬 및 상진傷盡되어 한 점도 머무르지 않다면 身弱은 官星을 꺼리고, 七殺을 두려워하지 않는다.

가령 甲에 辛은 官인데 丁火가 旺하여 土財를 生하면 가장 꺼리는 것은 官星을 보는 것이다. 또한 身旺하여야 한다.

만약 傷官이 부진不盡한데 사주에 官星이 노출되어 있거나 歲運에 官星이 나타나면 그 화禍는 말로 할 수 없이 크다.

만약 상관상진傷官傷盡되어 사주에 한 점도 머무르지 않는데, 旺運으로 行하거나 印綬 運으로 나아가면 도리어 貴하게 된다.

사주 中에 비록 官星이 상진傷盡되어도 身이 旺하고 일점의 財氣도 없으면 궁핍하다.

傷官을 만나서 財를 만나면 뛰어난데, 財는 官을 生하기 때문이다.

가령 傷官格을 사용하는 者는 干支에서나 歲運에서 모두 官星을 보지 않아야한다. 官星를 보면 상관견관傷官見官으로 온 갖 화禍가 발생한다.

상관격국傷官格局은 財를 보아야 사용 가능하다. 傷官은 殺이다. 몸을 손상 시키는 七殺과 같다. 그 영험은 神과 같다.

年에 傷官이 있으면 부모가 완전하지 못하고, 月에 傷官이 있으면 형제가 불완不完하다. 日에 傷官을 차면 처첩이 완전하지 한다. 時에 傷官이 있으면 자식을 퍼트리지 못한다. 남은 傷官은 상진傷盡되어야 吉하다. 財를 보면 좋다. 경輕하면 유배되는 재앙이 있고, 중重하면 형벌을 피하기 어렵다. 傷官이 전쟁하면 命이 존재하기 어렵다.

月令에 傷官이 있고, 사주와 서로 합당한 곳이 傷官이 되고, 身旺한 곳으로 나아가면 貴한 命이 된다. 傷官의 사람은 재능이 많고 오만한 물품이다. 항상 타인을 자기만도 못하게 여긴다. 군자를 나쁘게 여기고 소인을 두려워한다. 官運을 만나면 財가 구원하지 못하면 큰 재앙이 있게 된다. 그렇지 않으면 主는 암매하고 나쁜 질병이 있고, 신체가 완전하지 못하다. 혹 運에서 官을 만나면 형벌을 당한다.
사주에서 비록 官星이 상진傷盡되었다 하더라도 , 身이 財運을 만나면 또한 발복發福한다. 이것은 傷官이 財를 본 곳이다. 마땅히 상세히 추리하여 만에 하나라도 소홀히 하지 않아야 한다.

또 사주에 官이 있으면 禍가 크다. 사주에 官이 없으면 禍가 얇다. 대개 사주에 官을 본 者 , 혹 傷官을 보고 財를 취하는데 財運으로 行하여 득지得地되면 發한다.
運行이 패재敗財의 지가 되면 반드시 사망한다. 가령 運支에 財가 없어 干이 허로虛露되는 것은 불가하다.

　　가령
　　庚 丁 己 乙
　　戌 亥 丑 亥

丁의 官은 壬이다. 丑,戌은 傷官, 丑은 金庫, 時上에 庚은 財, 이 사람이 申酉 運으로 나아 갈 때 뜻대로 되었는데 들어온 金이 들어와 탈기脫氣 될 때 사망하였다. 대저 官星이 손상되는데 官運으로 나아가면 재해가 연이어진다. 태세 또한 그렇다.

一. 論논 劫財겁재

역인逆刃이라고도 한다. 가령 乙이 甲을 보면 劫財, 乙이 庚을 보면 남편이 된다. 丙은 庚을 剋하니 남편을 剋한다. 남명男命은 처를 剋한다. 五陽이 五陰을 본 것은 패재敗財다. 主의 처가 剋하고, 자식에 해롭다. 五陰이 五陽을 보면 劫財로 主는 파모破耗되고, 소인이고, 처를 剋하지는 않는다.

乙의 財는 戊己가 된다. 甲이 보면 己는 빼앗고 戊는 붕괴시킨다. 丁의 財는 庚辛으로 丙은 辛을 빼앗고 庚을 깨어버린다. 종류가 이와 같다.

형이 아우를 보면 아우는 형의 財를 깨트리고 형의 처를 빼앗는다. 아우가 형을 보면 형은 아우의 財를 겁탈하고 아우의 처를 구태여 취하지 않는다.

財는 사람이 취하고 싶어 하는 것으로 月令에 아우나 형이 있으면 경쟁을 한다. 백이伯夷와 숙제叔齊 같은 사람이 몇이나 될 까?

남명男命이 劫財를 보면 처를 剋하고, 여명女命이 傷官을 보면 夫를 剋한다고 하는데, 이것은 지나치게 심한 논리다.

一. 論논 洋刃양인

무릇 陽刃을 天上의 흉성凶星이라 한다. 인간에 흉살惡殺을 일으킨다. 祿 앞의 일위一位가 이에 해당한다. 가령 甲의 祿은 寅인데 卯가 陽刃이다. 偏官, 七殺, 印綬가 좋고, 반음反吟 복음伏吟, 괴강魁强, 三合은 꺼린다.
무엇을 陽刃이라고 하는가? 甲,丙,戊,庚,壬, 五陽은 刃이 있고, 乙,丁,己,辛,癸 五陰은 刃이 없다, 그래서 陽刃이라 한다.

命中에 刃이 있다고 하여 凶하다고 하는 것은 불가하다. 대체로 七殺과 비슷하다. 무릇 刃이 있는 者도 主가 부유하고 貴한 사람도 많다. 偏財, 七殺는 기쁘다. 그리고 殺은 刃이 없으면 貴가 나타나지 않고, 刃는 殺이 없으면 위엄이 없다. 刃과 殺을 완전히 갖추면 예사로운 사람이 아니다.
대체적으로 身旺하여야 하고, 運行도 身旺한 곳이 좋다. 傷官을 보는 곳은 좋지 않고, 刃을 旺하게 하는 運도 좋지 않다.

만약 命中의 殺刃이 歲運에서 다시 만나면 그 禍는 예사롭지 않다. 만약 命에 刃은 있고 殺은 없는데 歲運에서 殺의 旺한 곳을 만나면 삶이 바뀌어 도리어 복이 두텁다. 傷官과 財가 旺한데 身弱하고 殺이 旺한 것을 가장 꺼린다.

    가령
    ㅇ 甲 己 庚
    ㅇ 寅 卯 申

이 命은 甲日이 卯 刃을 본 것이다. 庚은 七殺이 되고, 殺은 본시 身을 傷하게 하는 것이다. 卯에 乙木이 있어 殺이 身을 傷하게 하지 못하여 유정하다.
乙 누이가 庚의 처로 곧 매제가 되어 殺이라도 유정하다. 身旺한 남방 運에서 소이 貴하다.

    가령
    甲 戊 戊 戊
    寅 午 午 午

이 命은 刃과 殺이 완전하다. 또 午火는 印이 된다. 소이 貴하다.

그래서 희기편에 이르기를 戊日 午月은 刃으로 보지 말아야 한다. 歲, 時이 火가 많으면 印綬가 된다 하였다.

가령

甲 戊 甲 辛
寅 午 午 酉

이 命은 殺과 刃이 완전하다. 印綬도 있다. 年干에 傷官이 투출하여 좋지 않다. 運行도 辛卯로 흘러 사주에 있는 傷官과 저촉하였다. 壬은 財인데, 壬辰년에 물에 몸을 던져 죽었다. 壬水가 火 印을 剋하고, 時의 甲 七殺을 生하니 일컬어 생살괴인生殺壞印이 되었다.
이 命은 辛 傷官이 있고, 運行이 辛卯가 되어 傷官이 官을 보았고, 午中의 丁火는 印綬가 되는데 가장 꺼리는 것은 傷官과 財를 같이 본 것인데 水가 木을 生하여 身을 剋하였기 때문이다.
[蟾彩 : 傷官이 殺을 剋하여 殺이 身을 剋하지 못하는 것은 어찌 한 것인가? 卯 官이 火를 生하여 身이 강해진 것은 어찌했는가? 전형적인 끼워 맞추기 추명이다.]

가령

己 甲 乙 癸
巳 子 卯 未

악비嶽飛의 命이다. 卯는 刃, 癸는 印이다. 時上의 己巳가 印을 깨어 좋지 않다. 運行이 辛亥로 흘러 亥卯未 합하여 陽刃이 일어났다. 辛酉 年에 辛金이 또 酉에서 旺하다. 卯와 酉가 沖한다. 刃과 두 개의 辛이 태과太過하다. 많은 金이 甲을 보았다. 신분은 비록 貴하지만 형벌을 받게 되었다. 비록 辛을 보아 貴하게 되었지만 陽刃은 꺼리는 것으로, 一合, 一沖은 옳지 않다.

一. 論논 刑合형합

형합刑合은 刑中에 합을 찬 者이다. 人命에 범犯하면 주색酒色으로 집안이 망하고, 근심, 걱정으로 질병이 발생한다. 도취되어 살피지 못하여 정신이 헷갈려한다. 가령 18格中에는 합록合祿, 합격合格은 무엇을 일컫는가? 이는 곧 癸에 戊는 官이 되고, 戊의 祿은 巳인데 巳를 보지 않았는데, 寅을 보아 刑하고, 酉丑을 보아 合하는 이것이 곧 "있지만 형形을 보지 못한 것"(見不見之形)으로 소이 貴하다. 가령 이(巳) 者가 전면에 나타나게 되면 흉하다.

　　가령
　　辛 丙 辛 丙
　　卯 子 卯 子

이 命은 年.月.日.時에 刑合을 찾다. 子水가 丙火를 沖한다. 겸해서 身弱하다. 大運 26세에 甲午로 運이 바뀌고, 46세는 丙申으로 바뀐다. 아울러 年, 太歲의 陽刃이 된다. 두 子가 午刃과 沖하니 沖과 刑(子卯)이 모두 모여 있다. 소이 주음酒淫 방탕으로 사망하였다.

　　가령
　　己 甲 己 己
　　巳 寅 巳 巳

이 命은 身旺, 財旺하다. 身이 長生에 들었다. 그리고 입격入格되었다. 刑合이 태중太重하여 좋지 않다. 癸亥 運에 巳와 沖으로 주색酒色에 빠져 고질병으로 사망하였다.

　　가령
　　癸 戊 癸 乙
　　丑 戌 未 卯

이 命은 여인이다. 戊戌日이 6월 중순에 生했다. 세간歲干에 乙이 투출하여 戊日의 官이 된다. 地支에 亥卯未 木局이 되었다. 戌中 火를 生한다. 戊의 印綬가 된다. 官印이 양전兩全하다. 다만 癸丑 時가 좋지 않다. 癸水가 戌中의 火를 沖한다. 丑中의 金은 傷官인데 刑合이 重하다. 戊가 乙 官을 사용하는데 歲干에 旺하다.

[蟾彩 : 천합지형天合地刑의 형상이다, 天은 합하고 地는 刑하니 곧 마음은 정이 있고 몸은 刑하니 고통이 따를 뿐이다. 여기에서 하나의 格으로 다루었는데 格은 格일 뿐으로 이것을 가지고 大運에 적용하여 운명을 통변하려고 하면 안 된다. 그냥 하나의 특성으로 보아야 한다. 즉 그 사람의 스타일 품성 일 뿐이다.]

一. 論논 福德복덕 秀氣수기

복덕福德 수기秀氣는 오직 日主가 사용된다. 가령 乙巳, 乙酉, 乙丑이 이것이다. 乙의 官은 庚으로 노출되어야 사용하고, 殺은 制하여야 좋고, 印綬도 좋다. 8月 中에 生하면 기쁘지 않고, 殺은 노출되면 두렵다. 印綬로 行하면 기쁘다. 官이 旺한 運도 발복한다. 다만 사주 中에 辛 殺이 노출하면 모름지기 제복하여야한다.

가령 丁巳, 丁酉, 丁丑은 壬이 官이 된다. 旺한 金이 水을 生하면 좋고, 8月에 태어나면 좋지 않은데 火는 酉에서 死하기 때문이다. 官이 旺한 運으로 나아가면 기뻐 곧 발복하고, 官에 殺이 노출하여 혼잡 되는 것은 좋지 않다. 수명이 길지 않다

己巳, 己酉, 己丑는 甲木이 官이 된다. 巳酉丑 金局은 모두 官을 손상시킨다. 이름이 도기盜氣인데 무엇이 吉이 되는가? 설령 금국金局일지라도 水 財를 生하여 좋은 것이다. 사주에 火를 보지 않아야 하는데 金局이 상傷하기 때문이다. 도리어 財運으로 나아가면 곧 발發한다.

癸巳, 癸酉, 癸丑은 印 金神을 사용한다. 巳酉丑 金局을 보면 癸水를 生한다. 4月에 때어나면 좋지 않은데 水는 巳에서 絶하기 때문이다. 비록 巳가 金의 生地가 되지만 또한 絶한다. 官.印運을 얻으면 발복한다. 火 財가 가장 좋지 않은데 金을 손상시켜 두렵기 때문이다. 대저 印綬와 같은데 각각의 례는 뒤에 있다.

一. 論논 雜氣잡기

잡기雜氣는 무릇 辰.戌.丑.未다. 辰中에는 乙.癸.戊가 들어 있고, 戌中에는 辛.丁.戊가 들어 있고, 丑中 癸.辛.己가 들어 있고, 未中에는 丁.己.乙가 들어있다. 이 네 者는 天地의 올바른 氣가 아니다. 또 甲은 寅 位에 안택하고, 陽木이 된다. 乙은 오직 卯에 안택하는데 모두 봄의 令이 되어 동방의 氣를 빼앗는다. 辰은 東南의 짝으로 곧 봄과 여름을 교접하는 경계가 되어 받은 氣가 불순不純하다. 내려 받은 命이 한 가지가 아니다. 그래서 잡기雜氣라고 하고, 丑.戌.未도 또한 그러하다.

甲은 가령 日干이 甲이면, 丑月을 얻으면 丑중에 辛.癸.己가 들어있어 貴가 된다. 辛은 正官, 癸는 印綬, 己는 正財로 어떤 자를 用하여야 福이 되는 것을 알지 못한다. 사주 中에 투출된 어떤 자字가 이것이 되니 나타난 바에 따라 길흉을 말하면 된다.
앞에서도 법을 설명했는데, 오직 고중庫中의 물건이 폐장閉藏되어 있어 문빗장이 열려야 발복하게 된다. 이른바 경약(扃鑰:자물쇠)이 열려야 하는데, 어떤 物이 형刑.충沖.파破.해害 하여야 열린다.

만약 사주 中에 刑.沖.破.害가 있는데 다시 運行에서 刑.沖.破.害가 들어오면 도리어 그 복이 손상된다. 대저 잡기雜氣는 財가 많아야 한다. 곧 이것이 貴命이 된다. 만약 年時에 다른 格이 있으면 당연히 다른 格으로 판단한다.
대개 天地의 잡기雜氣는 하나의 氣로 집약되지 못하여 그 힘이 적다. 그래서 時, 年에 다른 格이 있으면 그 格은 힘이 크므로 사용되게 될 수밖에 없다. 命을 볼 때 경중輕重을 상세히 살펴 화복을 취한다. 먼저 중자重者를 논하고 다음 경자輕者를 논하면 백발백중한다. 다른 格도 마찬가지다.

一. 論논 日貴일귀

일귀日貴는 어떤 것인가? 甲戊은 丑未의 종류, 곧 천을귀인으로 丁酉, 丁亥, 癸巳, 癸卯 4日이 이에 해당한다. 가장 두려운 것은 刑.沖.破.害다.

경에 이르기를 숭崇은 보寶가 되고, 기奇는 귀貴가 되어 이른바 貴人은 삼형三刑, 육해六害를 두려워한다 하였다.

貴神이 日에 모여야 하고, 運行에서 공망이 드는 것을 두려워하고, 運行이 太歲와 괴강魁罡이 만나지 않아야 한다. 主人이 순수純粹하고, 인덕仁德이 있고, 자색姿色이 아름답고, 오만하지 않다.

전前에 刑剋을 범하면 빈천貧賤하고 刑沖이 매우 심하면 貴人이 노여워하여 도리어 禍가 일어나니 잘 살피지 않으면 안 된다.

日貴가 時에 있어도 그 법은 동등하다. 모름지기 주귀晝貴 야귀夜貴를 분별하여야 하고, 낮은 日貴가 중요하고, 밤은 야귀夜貴가 중요하다.

一. 論논 日德일덕

일덕日德은 5개가 있다. 甲寅, 戊辰, 丙辰, 庚辰, 壬戌 日이 이에 해당한다. 정말로 복이 많다. 刑.沖.破.害는 꺼린다. 官星은 나쁘고, 財旺하고 더해져 회합會合을 증오憎하고, 공망 괴강魁罡을 두려워한다. 이것들은 곧 格에서 크게 꺼린다.

대저 일덕日德은 主의 성격이 자애롭고, 선하다. 日德이 완전하게 되면 복이 풍후豊厚하고, 運行에서 身旺하게 되면 비할 데 없이 매우 기이하다.

만약 財官이 가림加臨하면 타격他格이 되는 조건을 찾아야 하는데, 어찌 비정상적인 재해를 면할 수 있겠는가?

만약 旺氣가 이미 쇠약하게 되고, 運이 괴강魁罡에 이르면 반드시 사망한다. 혹 발복發福했다 하여도 運이 괴강魁罡에 이르면 격격의 체상體象이 좋아도 화환禍患이 일어나는 것을 막아야한다. 이것을 벗어나면 다시 發하겠지만 끝내 힘이 약해진 것을 알지 않으면 안 된다.

一. 論논 日刃일인

日刃은 陽刃과 동등한데 日에 刃이 있는 것으로 戊午, 丙午, 壬子이다. 陽刃과 그 법이 같다. 刑.沖.破.害는 좋지 않고, 회합會合도 좋지 않다. 七殺은 받아들일 수 있고, 官의 運으로 행하는 것을 요한다. 곧 貴命이 된다. 만약 사주 中 하나의 회합會合이 있으면 반드시 主는 의외의 화禍를 당한다. 사람이 눈이 크고 수염이 길고, 성격이 강剛하고, 결당성이 강하다. 측은惻隱 혜자惠慈의 마음이 없고, 각박하고, 우울해하지 않고, 삼형三刑, 자형自刑, 괴강魁罡이 완전하면 그의 자취가 변방에 나타난다.

혹 무정無情하고, 혹 財旺하면 主는 凶하다. 혹 구원하는 신이 있으면 먼저 상세히 살펴야 한다.
刑.害를 완전하게 갖추어 있고 모두 득지得地되면 貴를 다 말할 수 없으니 어찌 이와 견줄 수 있겠는가?
陽刃을 설명할 때는 사주 中에 財가 들어오는 것은 요要하지 않는다. 오직 陽刃은 沖이 두렵다.
또 戊日의 刃은 午인데 子 正財 運으로 나아가고, 壬의 刃은 子인데 午 正財 運으로 나아가고, 庚의 刃은 酉인데 卯 正財 運으로 나아가는 것은 꺼리고, 甲日이 巳,午와 辰.戌.丑.未 財運으로 나아가는 것은 해롭지 않고, 酉運은 꺼린다. 丙日의 刃은 午로 申.酉.庚.辛.丑은 해롭지 않고, 子 運은 꺼린다.

대체적으로 陽刃은 身旺하게 되는데, 물物(양인)을 제거하면 좋다.
경에 이르기를 사람에는 귀인鬼人이 있고, 물物에는 귀물鬼物이 있는데 만나면 재앙이 되고, 제거되면 복이 된다. 하였다.

　　갈참정의 命
　　乙　戊　壬　壬
　　卯　午　子　申

戊日의 刃은 午다. 乙卯 時를 얻어 기쁘다. 正官이 制伏으로 제거하여 이른바 福이 되었다.

一. 論논 魁罡괴강

무릇 괴강魁罡은 네 개가 있다. 壬辰, 庚戌, 戊戌, 庚辰日이다. 가령 日에 가림加臨한 者가 무리를 지으면 반드시 복이 된다. 運行이 身旺하면 온 갖 복이 나타나고, 財官을 보게 되면 재앙이 일어난다.

主人의 성격은 총명하고, 문장이 진발振發하고, 임사臨事에 결단력이 있고, 살생을 좋아한다.

만약 사주에 財와 官이 있거나 혹은 刑殺을 차면 화禍가 매우 심하다.

日 한 곳을 沖하는 者가 태중太衆하면 반드시 그는 소인이고. 항상 형책刑責이 멈추지 않고, 매우 가난하여 궁핍이 뼈를 뚫는다.

運에서 旺한 財官이 들어오면 의외의 화禍를 막아야한다.

괴강魁罡 4日은 가장 먼저가 되는데 첩첩하게 만나면 대권大權을 장악한다.

庚戌, 庚辰은 官이 나타나는 것이 두렵고, 壬戌, 壬辰은 財를 연이어 보는 것이 두렵다.

主人의 성격은 총혜하고, 살을 좋아하고, 마음이 결단력이 좋고, 중립적이다.

柱에 刑.沖이 있고 겸해서 파해破害가 있으면 매우 가난하고, 채찍 당한다.

一. 論논 金神금신

金神에 해당하는 것은 三時로 癸酉, 己巳, 乙丑이 이에 해당한다.

金神은 파패破敗의 神으로 제복制伏하여야 한다. 火의 장소가 되면 뛰어나다.

가령 사주 中에 七殺, 陽刃을 차면 진귀인貴人이 된다.

대개 위엄과 용맹이 있고, 강폭하고, 위엄이 지나치지만 마음대로 하지 못한다.

사람이 얻으면 업신여겨 난폭하기가 범이 움직이는 것과 같고, 짐승들도 두려워하고, 위엄과 덕망을 행하는데 너무 강하여 반드시 부러지게 되고, 制가 있지 않으면 너그러움과 엄함이 가지런하지 않다.

어떻게 하면 중화의 도道를 이룰 수 있겠는가? 그래서 말하기를 강자剛者는 굴복시켜야 조화되어 화합하게 되어 복록福祿이 있게 된다 한다. 그렇지만 그 사람은 강단剛斷과 명민明敏한 재주가 있다. 강하고 고집의 성격을 굽히는 것은 아니다.

運行이 火가 되는데 사주에 火局이 있으면 貴命이 되고, 水는 두려워 복이 되지 않는다.

一. 論논 時墓시묘

무릇 시묘時墓는 財官의 묘묘가 時에 있는 것을 논한다.

刑.沖.破.害로 묘묘가 열려야하고, 사람이 소년에 발하기 어렵다. 경에 이르기를 묘중墓中의 사람은 소년에 발發하지 않는다 하였다.

압복壓하는 物이 있는 것이 두렵다. 가령 丁에 辰은 官庫가 되는데, 다른 戊辰의 류類가 있어 制하면 丁은 官을 사용할 수가 없어 이는 좋은 命은 되기 어렵다.

반드시 戊를 깨는 物이 있어야 하고, 비록 얻었다 하더라도 발복發福은 적다.

경에 이르기를 鬼가 묘중墓中에 들어 있으면 위의危疑 者가 심한데, 만약 촉류(觸類=刑沖破害)하면 자라서 재능이 따르게 된다 하였다. 이 말은 비결로 가볍게 누설하지 말라.

153

內내 十八格십팔격

一. 正官格정관격

月上에 官星이 있는 者가 이것이다. 겸해서 時上에 財星이 있는 者가 참된 貴人이다. 沖은 두렵고, 傷官, 七殺을 보는 것은 꺼린다. 大運 또한 그러하다.
印殺, 身旺, 財星은 좋고, 歲運도 마찬가지다.
官星은 노출이 마땅하고, 어찌 감추어져 있는 것이 옳겠는가? 관청과 같은 者로 위덕威德이 세상에 드러나 국가에서 사용되는 者로 대장부가 되는 것인데, 어찌 사람의 압복壓伏을 받겠는가? 신하의 신하가 된다면 어찌 소인이 아니겠는가?
[官星의 올바른 氣는 刑沖을 절대 꺼린다. 많으면 殺로 논하고, 일위—位가 참 이름이다. 官은 감추어져 있고, 殺은 천淺하고, 殺은 노출되어 있고 官은 떠오르면 이는 곧 파격破格되어 일을 두려워하여 성공하지 못한다.]

왕지부
丙 甲 乙 乙
寅 子 酉 未

김승상
庚 丙 戊 乙
寅 子 子 卯

김장원
庚 丁 丁 乙
戌 未 亥 卯

진시랑
壬 戊 乙 癸
子 寅 卯 未

진사승
戊 辛 辛 乙
子 未 巳 酉

설상공
戊 乙 壬 甲
寅 巳 申 子

범태전
丙 己 壬 丁
寅 巳 寅 丑

이지부
甲 壬 丙 丁
辰 寅 午 酉

주랑
丙 甲 癸 己
寅 辰 酉 卯

시동지
戊 甲 辛 戊
辰 辰 酉 寅

一. 雜氣잡기 財官格 재관격

辰.戌.丑.未가 이것이다.

[경에 이르기를 財.官.印綬가 완전하게 갖추어져 사계四季 中에 장축藏蓄된 것이 辰.戌.丑.未이다 하였다. 가령 官.印.財가 노출하면 곧 해롭지 않다. 가령 辰 궁에는 乙木.癸水.戊土. 戌 宮에는 辛金.丁火.戊. 丑 궁에는 癸水.辛金.己土. 未 궁에는 乙木.丁火.己土가 장축藏蓄되어 있다.]

이유제
辛 丁 乙 戊
亥 未 丑 子

황상원
壬 己 甲 壬
申 卯 辰 子

양화왕
壬 庚 丁 壬
午 戌 未 子

임시랑
丁 乙 壬 戊
丑 卯 戌 子

戊 己 癸 丁
辰 酉 丑 丑

장참정인
戊 辛 戊 寅
子 酉 戌 寅

왕태위
庚 丁 甲 壬
子 酉 辰 寅

선참정
辛 壬 辛 己
亥 寅 未 卯

진용강
庚 丙 丁 己
寅 寅 丑 卯

등지부
癸 丙 丙 癸
巳 午 辰 巳

진태사
壬 乙 己 庚
午 卯 丑 午

풍전사
丙 乙 戊 甲
子 卯 辰 子

왕희지
辛 壬 癸 乙
丑 子 未 卯

[부록]

- 잡기재관雜氣財官은 月宮에 있고, 天干에 투로透露되어야 비로소 풍성하게 된다. 財가 많고,

官이 旺하여야 하고, 충파沖破되어야 좋다. 꺼리는 것은 干支 압복壓伏이 중중한 것이다.
- 辰.戌.未는 사계四季로 印綬, 財官이 거주하는데 곧 잡기雜氣로 간두干頭에 투출되어야 格이 참되다. 다만 財가 많아야 존귀尊貴하다.
- 財官이 고중庫中이 붙어 있어 저장된 것으로 빛살이 나타나지 않으면 복이 창성하지 않고, 만약 고문庫門이 열리게 되면 부귀하고 예사롭지 않다.
- 잡기雜氣가 종래從來하면 복이 가볍지 않고, 天干에 투출하면 비로서 참된 것이다. 身强, 財旺, 生官하면 祿이 있고, 運에서 刑, 沖을 보면 진주 보배가 쌓인다.
- 사계四季의 財官이 월내月內에 저장되어 있는데 刑,沖,剋,制가 상당相當하게 되어야 하고, 태과太過 불급不及은 모두 화禍에 이른다. 運이 財에 이르면 길상吉祥하다.
- 財官이 투출하면 官祿이 모이고, 官이 더해지면 富貴하고, 삼공三公에 이르고, 刑.沖되어 일변一變하면 뛰어나다. 運에서 얻으면 뱀이 용으로 변하는 것을 알아야한다.
- 오행이 사계四季에 들어 月支에서 만나면 印綬가 간두干頭에 현연顯榮하기를 요한다. 사주가 相生하면 官殺이 좋고, 다시 재산이 넉넉하게 되고, 또 한 것 높아진다.

一. 月上월상 偏官格편관격

身旺이 좋고, 많은 沖은 두렵고, 사람이 성중性重, 강집剛執, 불굴不屈하다. 時에 偏官이 많은 者 또한 그러하다.

殺은 陽刃을 보는 것을 싫어한다. 月上 偏官은 地支를 사용하는데, 오직 一位를 요한다. 偏官 運으로 나아가기를 요한다. 만약 甲子가 있는데 年.時 上에 또 있으면 도리어 偏官 旺한 運으로 나아가기를 요하고, 官 運으로 나아가는 것은 좋지 않다. 세군歲君도 그러하다. 태과大過하면 화禍가 된다. 制伏하는 運에서 득지得地하면 또한 발發한다. 더불어 時의 偏官도 마찬가지다.

심랑중	하참정	마장사	악총제	장상원
辛 辛 甲 丙	辛 壬 戊 丙	庚 戊 庚 丙	甲 壬 丁 癸	乙 己 乙 癸
卯 亥 午 子	丑 戌 戌 寅	申 辰 寅 寅	辰 寅 巳 卯	丑 巳 卯 卯

[왕진무王鎭撫

戊 丙 癸 戊
子 申 亥 寅

이 格은 殺神이 태중太重하다. 동방 運으로 나아가면 좋다. 신쇠身衰한 팔자로 水는 많고 火는 미소하다. 오직 寅 궁에 火가 旺한데 年에 하나뿐이다.

卯 運에 戌과 합하여 火局이 어찌 이익이 되는가? 또 습목濕木으로 화염을 일으키지 못한다. 또 木이 자왕自旺하여도 불을 일으키지 못하는데, 비유하면 화로火爐 위의 木을 횡수가 에워싸고 있으니 이 火가 설령 세차다 하더라도 왕성하게 되지 못한다. 寅 運, 丁卯 運 中에 사망하였다. 丙에 生한 사람에 亥子가 많기 때문이다.]

복왕	조시랑	유운사
壬 壬 癸 丙	丁 甲 丙 丙	庚 甲 乙 甲
寅 戌 巳 辰	卯 寅 申 午	寅 戌 亥 寅

황시랑	첩목승상	번사명
庚 丙 辛 丁	庚 丙 辛 戊	丁 乙 辛 戊
寅 申 亥 亥	寅 申 酉 申	丑 巳 酉 辰

一. 時上시상 偏財格편재격

시상편재時上偏財와 시상편관時上偏官은 서로 비슷하다. 다만 時上 一位외 다른 곳에도 있는 것을 요하지 않고, 3곳에 財를 보는 것도 요하지 않는다. 沖하는 것은 두렵고, 月上 偏官格과 같다. 偏財는 財旺 運이 좋다.

이참정
戊 甲 乙 庚
辰 子 酉 寅

오상공
壬 乙 乙 癸
午 未 卯 亥

증참정
庚 丙 甲 乙
寅 申 申 未

진상서
辛 丁 戊 癸
丑 丑 午 卯

증지부
壬 戊 辛 戊
子 申 酉 子

형사령
癸 己 丁 甲
酉 未 丑 午

고시랑
甲 庚 壬 壬
申 子 寅 午

후지부
辛 辛 己 乙
卯 卯 卯 酉

유중서
丙 壬 戊 丁
午 申 申 亥

왕보사
丁 癸 戊 庚
巳 卯 子 午

一. 時上시상 一位貴格일위귀격

무릇 일위귀一位貴는 오직 時上에 있는 것이다. 오직 一位만 있어야 貴하다. 年.月.日에 또 있으면 도리어 매운 노력과 고통을 지는 사람이 된다.

時上 一位의 七殺은 본신本身이 자왕自旺하여야 한다. 3곳에 制伏이 있고, 七殺의 旺한 運이 되고, 三合 득지得地하면 발發發한다. 만약 制伏이 없으면 制伏 運으로 나가면 발發發한다. 혹 運에서 旺한 殺이 들어왔는데 제制하지 못하면 화禍가 일어난다.

月上 偏官은 沖을 두려워하고, 陽刃도 마찬가지다.

時上 偏官은 沖을 두려워하지 않고, 陽刃도 마찬가지다.

또 본신本身의 生日이 자왕自旺하면, 가령 甲乙日 1,2月 生이 이에 속한다. 時의 偏官은 인성人性이 重하고, 강집剛執, 불굴不屈하다. 月의 偏官이 뛰어난 者도 또한 그러하다.

```
  첨승상            사위왕            이승상
 庚 甲 庚 壬       辛 乙 丙 甲       壬 丙 丁 己
 午 午 戌 午       巳 卯 寅 申       辰 午 卯 巳


  정상서            송상서            장상서
 甲 戊 壬 庚       甲 戊 丙 庚       乙 己 辛 辛
 寅 寅 午 寅       寅 戌 戌 辰       亥 卯 丑 巳
```

一. 飛天祿馬格 비천록마격

이 格은 庚壬 2日이 子를 사용하는 것으로 뛰어나다. 午가 冲하고 이 中에는 丁己가 官星이 된다. 사주 中에 寅이 있기를 요하고, 아울러 未 혹 戌이 있기를 요한다. 한 자字를 합당하게 얻으면 뛰어나다.

가령 六庚日, 六壬日의 子가 午를 冲, 庚日의 子를 午가 冲하는데 그 中에는 丁火 官星이 있다.

만약 사주 中에 丁과 午가 있으면 수數가 감분減分된다. 세군歲君 또한 꺼린다.

가령 六壬日의 子를 午가 冲하면 그 午 中에 己土 官星이 있다. 만약 사주 中에 己와 午가 있으면 수數가 감분減分된다. 歲君, 大運 또한 꺼린다.

교승상	채귀비	정사
丙 庚 丁 丙	丙 庚 丙 己	壬 壬 壬 壬
子 午 酉 子	子 子 子 未	寅 子 子 子

증상서	걸빈(거지)
壬 壬 壬 壬	丙 壬 壬 壬
寅 子 子 子	午 子 子 子

一. 又格 우격

양승상	조랑중
癸 癸 癸 丁	壬 癸 辛 壬
丑 亥 卯 未	子 亥 亥 申

辛, 癸日이 亥를 사용하면 巳中의 丙.戊. 官星과 冲한다. 사주에 申과 酉, 혹 丑이 있기를 요하는데, 한 글자를 합당하게 얻으면 뛰어나다.

가령 癸日의 亥가 巳와 冲하는데, 만약 사주에 戌이 있으면 亥가 冲하지 못한다. 세군歲君,

大運도 또한 꺼린다.

가령 辛日의 亥에 巳가 沖하면 그 中에 丙은 官星이 되는데, 사주에 丙와 巳가 아울러 있으면 수數가 감분減分된다. 歲君, 大運도 역시 꺼린다. 運과 태세太歲가 연이어지면 가볍고, 다시 巳를 보면 화禍가 된다.

一. 倒沖格 도충격

무릇 사주에 官星이 없으면 이 격격이 사용된다. 丙日이 주가 되고, 午를 사용하여 子의 癸水와 沖하면 丙日이 官星을 얻는다.
合이 되면 그렇지 않고, 즉 사주에 未가 있으면 午와 合이 되어 子가 沖하여 午를 제거 할 수 없다.
癸와 子가 같이 있는 것은 크게 꺼린다. 곧 수數가 감분減分된다. 歲君, 大運도 또한 그러하다.

```
   유제학           조지부
   戊 丙 壬 庚     癸 丙 庚 丙
   戌 戌 午 戌     巳 午 寅 午
```

[丙日이 午를 만나 沖하는 것인데, 午가 子를 沖하면 길吉을 상봉한다. 모름지기 合이 되면 논하지 않고 干의 水는 싫어하고, 子,癸를 다시 상봉하면 凶하다. 午가 子癸을 沖하면 官星으로 공명 영달하다. 가장 꺼리는 것은 未와 합하는 것으로 평생 허리虛利, 허명虛名하다.]

一. 又格우격 〈 倒冲格도충격 〉

이격은 丁日이 主가 된다. 巳가 亥 壬水를 冲하여 丁이 官星을 얻어 格이 성립된다. 合하면 이 格에 해당되지 않는다.

만약 사주 中에 辰이 있으면 巳가 冲하지 못하여 이에 해당하지 않는다. 四柱 中에 壬, 亥가 있는 것은 크게 꺼린다. 수數가 감분減分된다. 歲君, 大運도 동등하다. 運은 重하고, 歲君은 경輕하다. 다시 亥, 辛을 보면 재앙이 있다.

```
     시판원           악총관           교편수
    乙 丁 癸 辛      乙 丁 甲 辛      乙 丁 丁 癸
    巳 巳 巳 酉      巳 未 午 巳      巳 巳 巳 卯
```

[丁日이 巳를 많이 만나고, 국局에 水가 없고, 貴, 合이 없고, 傷官格으로 상진傷盡되었다. 亥가 刑冲하면 數가 공허하게 된다.]

一. 乙巳을사 鼠貴格서귀격

이 格은 月에 官星이 있으면 사용하지 못한다.

午와 冲하는 것을 크게 꺼리고, 丙子 時의 丙이 묘妙한데 貴가 모인 것이라고 한다. 혹 말하기를 柱中에 庚, 辛과 아울러 申.酉.丑이 있고, 내內(지장간)에 庚辛金이 있으면 수數가 감분減分된다 한다.

歲君, 大運도 그러하다. 또 四柱 中에 官星이 없으면 이 格에 속한다.

```
     원판원           소어대
    丙 乙 戊 甲      丙 乙 癸 戊
    子 亥 辰 寅      子 未 亥 子
```

一. 六乙육을 鼠貴格서귀격

이 格은 子巳가 암합暗合, 巳申 合, 申은 庚의 祿이 되고, 庚은 乙의 官으로 사용하니 庚金을 인출하여 일에 사용한다.

亥卯 時는 좋아 뛰어나고, 巳가 寅을 刑하는 것은 싫고, 沖.害가 없고, 子.乙 두 글자가 깨어져 손상되지 않고, 財星이 없으면 곧 乙日의 子時는 원元에 官星이 있는 것으로 논한다. 寅午戌이 沖하는 것은 꺼리고, 庚.辛.申.酉.丑중 一位가 있으면 수數가 감분減分된다. 歲君도 동일하다. 또 꺼리는 것은 財官이 月에 있으면 육을서귀六乙鼠貴 格이 되지 않고, 대운 또한 그렇다.

一. 合祿格 합록격

이 格은 戊日이 主가 된다. 庚申 時가 되면 卯 중의 乙木은 戊土의 官인데 時의 庚과 合한다. 사주에 없지만 있는 것이 되어 합록合祿이 된다.

사주에 甲.乙.丙.巳가 있으면 子申과 형형刑하여 깨어버려 格이 성립되지 못하고, 丙은 庚을 손상시켜 수數가 감분減分된다.

歲.君, 大運도 그렇다.

황춘방	황시랑	정지부
庚 戊 己 壬	庚 戊 丙 己	庚 戊 辛 壬
申 午 酉 午	申 戌 子 未	申 寅 亥 申

감태위	이무익	
庚 戊 己 庚	庚 戊 庚 丙	
申 午 丑 午	申 申 子 申	

一. 合祿格합록격 又格우격

癸日이 主가 된다. 庚申 時를 만나면 좋다. 申 時가 巳와 합하면 그 中에는 戊土가 있어 癸日이 官星을 얻게 된다. 만약 사주 中에 戊와 아울러 巳가 더 있으면 申 時가 형괴刑壞되고, 혹 丙이 庚申 時를 손상시키면 수數가 감분減分된다. 歲.君, 大運 또한 그러하다.

```
정동지              서전원              조승상
庚 癸 乙 癸         庚 癸 乙 癸         庚 癸 癸 乙
申 丑 丑 酉         申 酉 卯 酉         申 未 未 酉

양안무
庚 癸 庚 壬
申 丑 戌 午
```

[日干은 癸水가 되고, 時에 庚申인 사주다. 추동秋冬에 生하면 부귀한 사람이 된다. 크게 꺼리는 것은 寅이 들어와서 빼어난 氣를 손상시키는 것이다. 만약 춘하春夏에 生하여 화염을 이끌면 좋지 않다.]

一. 子遙巳格자요사격

이 格은 2개의 甲子가 있는 것이다. 子中에 癸水가 巳中의 戊土와 요합遙合하여 格을 이룬다. 戊에 丙이 합을 하여 오는데, 丙에 酉中의 辛金이 합하여 오니 곧 甲子日이 官星을 얻는다. 巳酉丑 三合은 官祿이 되어 官이 旺한 運으로 나아가면 좋다. 사주 中에 庚 七殺은 꺼린다. 辛金 官星과 아울러 申酉丑이 얽혀 머무르면 子는 요遙하러 갈수가 없다. 만약 午가 있어 子와 沖하면 수數가 감분減分된다. 歲.君, 大運 또한 그렇다.

```
전승상              조지부              평상인
甲 甲 乙 己         甲 甲 壬 丙         甲 甲 甲 己
子 子 亥 巳         子 子 辰 寅         子 子 戌 丑
```

一. 丑遙巳格 축요사격

이 格은 오직 辛丑, 癸丑 2日이 이에 속한다. 丑이 많으면 巳中의 丙,戊와 요합遙合하여 辛 癸日이 官星을 얻는다. 丑이 많으면 뛰어나다.
만약 사주 中에 子가 있어 묶이면 丑은 요합遙合하러 갈 수가 없다. 사주 中에 申과 아울러 酉가 있어야 하고, 한 글자만 얻어도 뛰어나다.
辛丑日은 사주 中에 丙.丁과 아울러 巳.午가 있으면 수數가 감분減分된다. 歲.君, 大運도 마찬가지다. 癸丑日이 戊.己.巳.丁를 보는 것은 좋지 않다.

```
   장통제         정추밀         엽시랑
 庚 辛 辛 辛    戊 辛 乙 辛    乙 癸 己 乙
 寅 丑 丑 丑    子 丑 丑 丑    卯 丑 丑 丑
```

一. 壬騎龍背格 임기룡배격

이 格은 辰이 많은 者는 貴하고, 寅이 많은 者는 부유하다.
壬日의 좌坐에 辰土, 丁은 財, 己는 官이다.
壬日의 辰이 戌中의 丁.戊를 沖하면 壬辰日이 財官을 얻는다.
寅午戌 三合, 혹 壬日의 坐에 寅이면 年.月.時上에 辰이 많이 있어야 사용할 수 있다.
壬辰日의 年.月.時上에 모두 寅이 있으면 단지 부유한 命이 되고, 午戌이 있으면 財의 地를 얻는다. 만약 年.月.時上에 辰이 많이 있어 沖하면 財가 나타나오게 되어 貴하다.

```
   왕추밀         제갈판원        왕거부
 壬 壬 甲 壬    甲 壬 庚 戊    壬 壬 壬 壬
 寅 辰 辰 辰    辰 辰 申 寅    寅 辰 寅 寅
```

一. 井欄叉格 정란차격

이 格은 庚申, 庚子, 庚辰 3곳이다.
모름지기 사주 中에 申子辰 삼위三位가 완전히 있어야 한다. 꼭 3개의 庚이 필요한 것은 아니다. 만약 3개의 庚이 있으면 더욱 뛰어나다.
다만 庚日 申年에 生하여야 하고, 月, 時에 혹 戊子, 戊辰이 있는 것은 해롭지 않은데, 申子辰을 支에서 완전히 얻어야 한다.
만약 時에 丙子를 만나면 이것은 偏官格이 되고, 만약 申時가 되면 이는 귀록격歸祿格이 되어 정란차井欄叉는 아니다.
이 格은 사주 中에서 寅午戌 세 글자가 있어 沖하면 붕괴된다.
庚에게 丁은 官이 된다. 申子辰 3합은 寅午戌 火局을 沖하면 庚日이 官星을 얻게 된다.
행운行運이 정기正氣가 되는 동방의 財地 혹 남방 모두 좋다.
만약 사주 中에 巳.丙.丁이 있으면 수數가 감분減分된다. 歲.君, 大運 또한 그러하다.

곽통제	대조	송대부
庚 庚 庚 戊	庚 庚 庚 癸	壬 庚 庚 庚
辰 申 申 申	辰 子 申 巳	午 申 辰 子

[庚日이 윤하潤下를 완전히 만나면 기쁘다. 이 貴神의 이름이 정란차井欄叉이다.
丙.丁.巳.午을 만나면 휴休가 되고, 申子辰이 완전한 궁이 되면 아름답다.
만약 申時가 되면 귀록격歸祿格이다.
時에 丙子 殺神을 만나 더해지면 水局이 寅午戌을 沖하여야 하고, 만약 전실填實되면 祿을 누리기 어렵다.]

一. 歸祿格 귀록격

이 格은 가령 甲日 生人이 寅時을 얻은 것으로 일컬어 귀록歸祿이다.
무릇 日祿은 寅에 있는 것 모두 이에 준한다. 다만 사주에 완전히 官殺을 보지 않으면 귀歸로 보기 어렵다. 身旺한 運은 기쁘고, 겸해서 食神, 傷官, 財運으로 행하면 또한 발복發福한다. 沖破는 두렵다.

```
  참정          추밀          상시
丙 甲 癸 甲    戊 己 乙 甲    丙 丁 甲 甲
寅 子 巳 午    卯 亥 寅 子    午 未 戌 午
```

一. 六陰 륙음 朝陽格 조양격

서방으로 나아가면 기쁘고, 동남은 다음이고 가장 꺼리는 것은 북방이다.
이 格은 辛日이 主가 되고, 丙火는 正官이 되어 戊土를 만나면 좋은데, 戊가 와서 丙을 움직이면 辛日이 官星을 얻게 되기 때문이다.
子는 一位를 요하고, 많으면 沖하지 못하고, 만약 사주 中에 丙.丁.午가 있으면 數가 감분減分되고, 大運도 마찬가지다.

```
  지원          대위
戊 辛 辛 戊    戊 辛 辛 戊
子 酉 酉 辰    子 丑 酉 辰
```

一. 刑合格 형합격

이 格은 癸日 生 人이 主가 된다. 戊土는 정기正氣의 官星이다. 甲寅 時를 만나는 것은 좋은데, 寅을 사용하여 巳中의 戊土를 刑하여 癸日이 官星을 얻는다.

가령 庚寅은 格을 이루지 못하고, 오직 甲寅 時가 되어야 한다. 행운行運은 비천록마飛天祿馬와 동일하다.

사주 中에 戊, 巳있으면 수數가 감분減分된다. 또 庚寅은 甲을 손상시키기 때문에 두렵다. 刑을 깨는 申은 꺼리고 數가 감분減分된다. 歲君, 大運 또한 꺼린다.

절도사
甲 癸 癸 乙
寅 亥 未 未

심로분
甲 癸 癸 丁
寅 卯 卯 亥

진시랑
甲 癸 甲 甲
寅 酉 戌 戌

방간변
甲 癸 甲 庚
寅 卯 申 午

[陰(癸)水의 寅時는 格이 올바르고 깨끗하다. 또 庚이 훼하면 근심이고, 運行이 만약 巳를 만나지 않으면 刑이 되지 않는다. 刑이 되면 관직이 높고 명리를 얻는다.]

一. 拱祿格공록격

이 格은 오직 5日이 있고, 전실塡實은 꺼린다. 가장 두려운 것은 日時가 공공하는 위치를 冲하는 것이다.
또 사주가 손상되고, 日干이 殺을 만나면 모두 공공이 머무르지 못한다. 곧 數가 감분減分 된다. 歲君, 大運도 동일하다. 경에 이르기를 공록공귀拱祿拱貴는 전실塡實되면 凶하다 하였다.

    유지부　　　　백의인
    戊 戊 癸 癸　　丁 丁 丁 壬
    午 辰 亥 卯　　未 巳 未 子

[이 格은 5日이 있는데 丁巳日이 丁未, 己未日이, 己巳, 戊辰이 戊午. 癸丑가 癸亥, 癸亥가 癸丑을 만난 것이다.]

一. 拱貴格공귀격

日干 甲寅의 貴人을 취하는 것이다.
甲.戊.庚은 丑未가 이에 해당한다. 貴人이 貴의 위치에 전실塡實되는 것을 크게 꺼리고, 공공한 위치를 刑沖하는 것은 두렵다. 또 사주에 官이 身을 冲하는 것을 두려워한다. 七殺의 종류는 모두 공공이 되지 않는데, 곧 數가 감분減分된다. 歲.君, 大運 또한 그러하다.

    웅랑중　　　　범도사
    甲 甲 丙 丁　　甲 甲 辛 辛
    子 寅 午 巳　　子 寅 丑 丑

[이 格은 6日이 있다. 甲寅日이 甲子時, 壬子日이 壬寅時, 甲申日이 甲戌時, 戊申日이 戊午時, 乙未日이 乙酉時, 辛丑日이 辛卯時를 본 6일이 이에 해당한다.]

一. 印綬格 인수격

이 格은 生旺하여야 하고, 사절死絕은 꺼린다. 사주 中에 官星이 있으면 뛰어나다. 月上 印綬가 가장 긴요하고, 官印 運으로 나아가면 發한다. 財運을 만나 印이 깨어지면 탐재괴인貪財壞印되어 이롭지 않다. 歲運 또한 그러하다.

지부	시랑	감부
甲 甲 戊 乙	辛 壬 丙 辛	丙 癸 乙 庚
子 寅 子 亥	亥 寅 申 酉	辰 亥 酉 寅

一. 雜氣잡기 印綬格 인수격

辰.戌.丑.未로 財는 꺼리고 官運으로 나아가야한다.

심상서	황운사	정안부
乙 甲 壬 辛	戊 庚 庚 壬	戊 辛 己 丙
亥 辰 辰 未	寅 戌 戌 申	子 卯 丑 寅

주종부	여승상
辛 壬 己 丙	癸 癸 辛 丙
丑 寅 丑 寅	巳 亥 丑 寅

[갈대조

癸 戊 丙 庚
丑 子 戌 寅

옥과 빗을 파는 사람이다. 이 命은 잡기雜氣에 해당하고 月令에 丙丁火가 투출하여 印綬가 된다. 단지 日時 下에 癸水 財가 있어 좋지 않다.
亥子丑 運은 지나가고, 壬辰 運에 들어 6年째까지 뜻대로 되지 않다가 제 7년째인 戊子 년 2月 28(壬戌)日에 사망하였다.
바로 탐재괴인貪財壞印이다. 자세히 살피지 않으면 안 되는 것으로 술자들이 참조하도록 기록하였다.]

內내 十八格십팔격

一. 六壬육임 趨艮格추간격

가령 壬水 日主가 寅을 많이 만나는 것이다. 寅中의 甲木이 己土를 암요暗邀하게 되는데, 己土는 壬日의 官星이 되고, 寅中의 丙火가 辛金을 맞이하면 壬日의 印綬가 된다. 歲.運도 마찬가지다.

寅은 간토艮土의 방향이므로 추간趨艮이라고 한다. 壬의 祿은 亥에 있고, 寅과 亥가 합하면 일컬어 合祿이 된다. 파해破害는 꺼리고, 運行이 申이 되면 寅을 깨어 불길하다.

一. 六甲육갑 趨乾格추건격

건乾은 亥 宮이다. 甲日 生에 亥가 많은 者가 이에 해당한다. 官殺이 있으면 이 格이 아니다. 甲日 生의 柱中에 亥가 많이 있어야 한다. 천문天門의 위치가 북극北極의 별로 甲木이 의지하여 자라는 곳이다.

가령 甲日에 태어난 사람이 亥가 많은 者가 이에 속하는데 자연히 부귀하게 된다. 巳가 沖하는 것은 꺼린다. 甲의 祿은 寅인데 寅과 亥가 합하고, 일컬어 合祿이 된다.

財星 및 寅.巳 두 글자는 꺼리고 歲.運 또한 동등하다.

甲日 生 人이 亥時를 만나면 갑추건격甲趨乾格이다. 歲運에 만약 財가 旺한 곳을 만나면 관청의 재화災禍로 근심이 있다.

신안백

乙 甲 癸 戊
丑 子 亥 辰

一. 勾陳得位格 구진득위격

이 格은 戊己 日主가 된다. 구진勾陳이 亥卯未 木局을 만난 것으로 곧 官이 된다.
申子辰 局은 財地가 되고, 이에 해당한다. 이것이 올바른 것으로 戊寅, 戊子, 戊申과 己卯,
己亥, 己未日이 이에 해당한다. 刑沖과 殺旺은 꺼리고, 도리어 재해가 일어난다. 歲君, 大運
도 또한 그러하다.

    정도독
    戊 己 丁 丁
    辰 卯 亥 亥

一. 玄武當權格 현무당권격

壬.癸 2日 生에 寅午戌 火局인 財가 있는 것과, 辰.戌.丑.未 官이 있는 것이다.
정확하게 壬寅, 壬午, 壬戌, 癸巳, 癸未, 癸丑이 이에 해당한다. 충파沖破와 身弱은 꺼리고
곧 불길하다.
壬癸는 水에 속하니 현무玄武가 되고, 火局을 얻게 되면 권력을 장악한다. 곧 수화기제水
火旣濟 공功이 아니면 존재하기 어려운 이치일 뿐으로, 무릇 어떤 다른 이치가 있겠는가?
이 道를 얻은 者는 주인의 성격이 온화하고, 지혜가 있고, 예절이 있고, 얼굴이 적흑赤黑
이고, 위엄은 있으나 사납지 않다. 刑沖은 歲.運에서 만나도 이롭지 않다.

    이도독
    辛 壬 壬 庚
    亥 寅 午 戌

一. 炎上格 염상격

丙.丁 2日에 寅午戌을 완전히 만나거나, 혹 巳午未가 완전하면 염상격이다.
다만 꺼리는 것은 水地와 金地이고, 동방 運으로 나아가는 것은 좋고, 沖은 두렵고, 身旺하여야 한다. 歲運도 동일하다.
염상炎上은 火의 세勢가 중요하고, 火局을 얻어 전일한 세력을 이루어야 한다. 火는 명확한 문명의 象으로, 마땅히 주자朱紫의 貴가 된다. 예사롭지 않은 命이 된다.

장태보
甲 丙 辛 乙
午 午 巳 未

一. 潤下格 윤하격

壬癸日에 申子辰이 완전히 있어야 하고, 亥子丑이 완전하게 있어도 이에 해당한다.
辰.戌.丑.未 官은 꺼리고, 서방 運은 좋고, 동남은 좋지 않고, 沖剋을 두렵다. 歲運도 동일하다.

만종인
辛 壬 庚 庚
亥 申 辰 子

[이 命은 申子辰을 완전히 얻거나, 亥子丑 水가 완전하게 있어야 한다. 庚辛이 生하면 맑게 되어 福이 광활廣闊하다. 진정 부귀한 사람이다. 윤하潤下는 天干, 地支가 전부 水로서 호수와 바다 같이 광대하고, 끝이 없다. 主人이 맑고 넓다. 土 運을 만나면 主는 반드시 막힌다. 만약 겨울에 生하면 기특奇特한 者다.]

一. 從革格종혁격

이 格은 庚.辛日이 巳酉丑 金局을 완전히 본 것이거나 申酉戌이 완전한 者가 이에 해당한다.
남방 火運은 꺼리고, 庚.辛 旺한 運은 좋고, 亥卯未를 본 者는 金木 사이의 혁혁이 되는 곳이 된다. 沖.刑.庫.破 運은 꺼리고, 歲運도 같다.

[辛 庚 戊 辛
　巳 申 戌 酉
이 命은 申酉戌을 완전하게 얻었다. 月令에 戊土가 金을 生한다. 종從이 되어 그 무리를 따르게 된다. 主는 군형權衡의 직무를 맡게 되었다.]

一. 稼穡格가색격

戊, 己日 生이 辰.戌.丑.未가 완전히 있는 者가 이에 해당한다. 동방 運과 북방 財 運은 꺼린다.

[장진인 張眞人
　癸 戊 己 戊
　丑 辰 未 戌
이 命은 辰戌丑未가 갖추어져 있다. 水 財를 얻었고, 木의 剋이 없다. 그래서 福이 되었다. 이 格은 서남으로 나아가면 좋고, 오직 동북은 꺼린다. 소위 가색稼穡은 土 支干을 갖추면 종從한다. 중견重見하여 土의 한 무리가 두터우면 배양의 공功이 있다. 主의 사람은 신의가 좋고, 인품이 중후 풍비하고 財을 生하는 道가 있어 부귀한 사람이다.]

一. 曲直格 곡직격

인덕과 수명이 있다. 청용靑龍에 해당한다.
이 格은 甲乙 日干이 地支에 寅卯辰이 있거나 亥卯未 木局이 있는 것이다. 辛庚의 氣를 보지 말아야 한다. 庚辛은 官殺로 있으면 이 格에 해당하지 않는다.
다만 종종從하면 木運을 논한다. 그래서 곡직曲直이라한다. 북방 運은 좋고, 북방 水도 좋은데 木이 生을 받기 때문이다. 그래서 무리에 從한다. 主人은 어질고, 서방 運은 꺼린다.

이총병
丙 乙 丁 甲
子 未 卯 寅

一. 日德秀氣格 일덕수기격

天干 3개 乙이 있고, 地支에 巳酉丑이 완전하고, 다시 丙子, 壬子, 辛卯, 丁酉 日이 되면 수기秀氣가 된다. 冲剋은 두렵고, 大運도 마찬가지다.

一. 福德格 복덕격

이 格은 오직 己丑 日主가 地支에 巳酉丑이 완전한 者이면 이에 해당한다. 火를 꺼리고, 官도 꺼리고, 충파沖破는 싫어한다.
[복덕福德은 오직 己土만 해당하는 것이 아니고, 五陰 모두 있다. 陰土 己丑, 己巳, 己酉와 陰火 丁巳. 丁酉, 丁丑과 陰水 癸巳. 癸酉, 癸丑과 陰金 辛巳. 辛酉, 辛丑과 陰木 乙巳, 乙酉, 乙丑도 복덕福德에 해당한다. 꺼리는 것은 刑.沖.破.害다. 歲運도 동일하다.]

一. 棄命기명 從財格종재격

가령 乙日이 辰.戌.丑.未을 보면 財神이 극히 旺하여 乙木이 사주에 의지 할 곳이 없게 된다. 곧 버리고 따라가게(종從) 된다. 主는 사람이 평생 아내를 두려워하고, 첩을 얻거나, 데릴사위가 된다. 財는 처인데 身이 의지 할 곳이 없어 처에 의지하게 되니 이에 그 근거가 있어 논한다.

一. 傷官상관 生財格생재격

가령 乙日 生의 地支에 寅午戌 局이 완전하면 자연히 戊己, 財를 쓴다. 火와 財運은 좋고, 身旺한 運도 좋고, 官은 두렵고, 刑沖은 뒤집혀 불길하다.

一. 棄命기명 從殺格종살격

가령 乙 日干에 巳酉丑 金局이 크게 왕성하고, 殺을 制하지 않고, 身主의 氣가 무력하면 身을 버리고 殺을 따른다. 殺이 旺한 곳, 財가 旺한 곳으로 나아가는 것을 요한다. 日主에 근根이 있는 것은 꺼리고, 비肩의 지도 꺼린다.

一. 傷官상관 帶殺格대살격

甲乙日 生이 地支에 寅午戌이 완전히 있는 것이다.
만약 간두干頭에 庚辛이 있으면 庚辛은 권력이 되는 것이니 火를 제어하면 복이 된다. 旺한 運으로 나아가는 것이 가장 좋고, 財는 꺼리고, 중화를 얻으면 貴하다.

一. 歲德세덕 扶殺格부살격

甲日이 庚年을 본 것이 이것에 해당한다. 年은 임금의 위치, 日은 신하의 위치인데 신하가 임금의 권력을 갖게 된다. 그리고 또 年은 조상, 日은 자기 자신으로 七殺에 制당한다. 곧 조상이 요직要職을 만난 것이다.

一. 歲德세덕 扶財格부재격

甲日이 戊,己 年을 본 것이 이에 해당한다. 만약 財命이 유기有氣하면 主人은 조상의 물업物業을 얻고, 신약한 者는 비록 조업祖業이 있다고 하더라도, 흩어지고 줄어들어 잇지 못한다.

一. 夾丘格 협구격

　　김승상
　　癸 癸 戊 庚
　　亥 酉 子 戌
酉亥에 戌이 협夾되고, 戊丁이 있는데 財가 된다.

　　장상서
　　癸 癸 辛 丙
　　亥 酉 卯 辰
酉亥에 협공夾拱 戌火가 있다. 財에 속한다.

　　癸 癸 癸 甲
　　亥 酉 酉 子 상동上同
이름이 공재拱財이기도 하다. 이 格은 日支와 時支를 사용하게 되는데 그 사이에 財가 공 拱하는 것이다.

甲寅 日과 甲子 時가 비어 있는데 丑이 공공한다. 己土로 財庫가 된다.

또 乙卯日의 丁巳時, 甲午日의 壬申時, 癸酉日, 癸亥時가 이에 해당한다. 허공虛拱을 요하고, 전실塡實되지 않아야 하고, 견반牽絆되면 공공을 얻지 못한다.

日主가 자왕자왕하여야 하고, 혹 財旺 運이 되면 모두 吉하다.

가歌에 이르기를 협구격夾丘格을 아는 사람이 적은데 공협拱夾에 묘고墓庫가 메꾸어지지 않고, 柱中에 官殺이 없으면 일생 청귀淸貴가 당면한 때 나타나게 된다 하였다.

一. 兩干不雜格 양간 부잡격

이 格은 年.月.日.時에 두 干이 연이어 차지하는 것으로 통일되어 혼잡되지 않아야 하고, 두 글자의 무리가 혼란스럽게 섞여있지 않아야 한다.

양간연주격兩干連珠格이라고도 한다. 경에 이르기를 양간부잡兩干不雜은 이로운 이름을 갖춘다 하였다.

一. 五行俱足格 오행 구족격

이 格은 年.月.日.時.胎를 취하고, 金.木.水.火.土가 완전히 갖춘 者가 이에 해당한다.

```
丁 丁 戊 甲
未 巳 辰 子
水 土 木 金
```
태원胎元은 己未 火(납음)

```
丙 辛 壬 乙
申 未 午 酉
火 土 木 水
```
胎元은 癸酉 金(납음)

이 두 格은 官殺을 논하지 않는다. 다만 납음오행을 취하여 완전히 갖추어지면 격이 된다. 자연히 生하고 生되어 끊어지지 않는다. 化하고 化하여 궁해지지 않는다. 이격은 또한 희소하다.

一. 支辰一子 지진일자

戊 庚 丙 甲
寅 寅 寅 寅

一. 天元一氣 천원일기

乙 乙 乙 乙　　甲 甲 甲 甲
酉 亥 酉 亥　　子 寅 戌 子

一. 鳳凰池 봉황지

戊 戊 戊 戊
午 午 午 午

[蟾彩 : 財, 官, 印, 食傷 格을 제외한 육을서귀격, 자요사격 등들은 財官을 위주로 命을 추리한 그 당시의 학자들이 命에 財官이 없는데도 벼슬을 승승장구하게 하니 억지로 논리를 만든 맛이 있기도 하다.
물론 락록자 소식부에 없지만 있는 것과 같다고 不見之形했지만......]

一. 六親육친 總論총론

무릇 육친은 부, 모, 형제, 처, 자식, 자손으로 日干를 주로 하여 결정한다.
正印은 정모正母, 偏印은 편모偏母 및 조부, 偏財는 부친, 모母의 지아비 星, 편처偏妻는 첩이 된다.
正財는 처, 比肩은 형제, 저매姐妹, 殺은 아들, 正官은 딸, 食神은 남자 손자, 傷官은 여 손자, 조모가 된다.
부인의 命에서 육친은 남명男命과 같지 않다. 官星은 남편, 七殺은 편부偏夫, 食神은 아들, 傷官은 딸이다.
경에 이르기를 남자는 日干을 剋하는 것이 상속자가 되고, 여자는 日干을 生하는 것이 자식 및 노비가 된다 하였다.

年은 조상, 月은 부모, 백숙伯叔, 형제, 문호門戶가 되고, 日은 처와 첩 그리고 자기 자신이다.
가령 육친六親이 수극受剋되는 것, 印綬는 財를 보면 剋을 받는데 모친과 조모가 된다.
比劫, 陽刃은 처첩과 부친을 剋한다.
殺이 많은 者는 형제가 어렵고, 官은 食神이 많으면 곧 자식이 있기 어렵고, 印이 食傷을 剋하면 손자와 조모가 어렵게 된다.
비유하면 正印이 合이 되면 모친이 올바르지 않고, 財가 合이 되면 처가 올바르지 않고, 官이 合이 되면 딸이 올바르지 않고, 偏財가 合이 되면 첩이 올바르지 않고, 比肩이 合이 되면 자매가 올바르지 않고, 傷官이 合하면 조모가 올바르지 않고, 食神이 合하면 손녀가 올바르지 않다.

가령 主인 甲日이 癸를 보면 어미가 되고 , 戊.辰.戌은 아비 혹 첩이 된다.
己.丑.未.午와 戊는 서로 쟁탈하고, 또 癸水를 상하게 하니 모母를 剋하는 것은 명확한 이치다.
甲寅을 보면 부친과 첩을 剋하고, 庚申은 主와 형제자매를 剋한다.
乙卯는 아우와 누이를 剋하고, 丙.巳는 자녀를 剋한다. 남은 것은 이에 준한다.
이는 반드시 歲.運에서 어떤 글자를 보아서 어떤 사람을 剋하게 된다.
다시 沖.剋.衰.旺의 향배를 보아야 하는데 장래將來 者는 진進하고, 공을 이룬 者는 퇴退하게 된다. 겸해서 고신孤神, 과숙寡宿이 있고, 순중旬中에 공망이 있는 者는 꺼린다. 2~3개는 도리어 吉하고, 金이 공망되면 울리고鳴, 火가 공망되면 발發하고, 水가 공망되면 유流하고, 이 세 者은 吉함이 높다. 木이 공망되면 썩고朽, 土가 공망되면 붕괴崩되고, 이 두 者는 흉하다.

공망은 마땅히 本인 生年에서 일으키고, 尅害되면 의심할 필요 없이 해롭다.

[蟾彩 : 甲과 己가 合하니 즉 결혼하여 甲은 남편, 己는 아내가 되고, 甲은 己를 尅하니 正財로 처가 되고, 己는 甲에 尅을 받으니 正官으로 남편이 된다.
己는 庚을 生하니 傷官으로 아들이 되고, 甲은 庚에게 尅받으니 偏官으로 역시 아들이 된다.
己는 辛을 生하니 食神으로 딸이 되고, 甲은 尅을 받으니 正官으로 또한 딸이 된다.
손자는 아들 庚을 尅하는 丙이 아들의 아들로 즉 甲에게는 食神이 손자가 되고, 己에게는 正印이 손자이다. 丁은 손녀로 甲에게는 傷官이 손녀, 己에게는 偏印이다.
甲의 부친은 偏財 戊가 되고, 己는 戊가 劫財로 즉 시아버지는 劫財가 된다.
이하 이러한 역학관계로 이루어지는 것이 마땅한 육친 관계로 성립되는 것이니 다른 논리를 들이대면 안 된다.]

一. 六親륙친 捷要歌첩요가

祿이 분탈되면 主의 궤인饋人이 손상되고, 比肩이 중첩되면 엄친嚴親에 손상이 있고, 正財는 모母를 尅하고, 偏財 父도 尅한다. 부부의 相刑은 퇴신退神의 곳이 되고, 食神은 처의 수명이 길고 자식이 많다. 偏官은 딸이 많고 아들은 적다. 傷官이 旺하면 상속자가 끊기고, 印綬가 중화되면 영화가 있다.

一. 論논 父부

偏財는 아버지로 印綬의 官星이다. 甲日에 戊는 부父가 된다. 다시 甲寅을 보면 木局이 완전하게 되고, 혹 死.絶.沖.刑의 地에 임하게 되면 主의 父는 훼된다.
그렇지 않으면 主와 헤어져있고, 화목하지 않고, 질병, 잔상殘傷이 있다. 만약 庚, 申이 있으면 구원되어 대체로 큰 해로움은 없다. 가령 甲이 旺하고 戊는 쇠약하면 主는 질병이 있고, 기댈 곳이 없다. 가령 戊가 生旺하고, 귀인貴人, 천월덕天月德의 地가 있으면 貴하다. 다시 丙丁의 생조生助를 얻으면 父는 복이 궁하지 않다. 殺地가 임하면 부친은 타향에서 죽고, 쇠패衰敗가 임하고, 制를 받는 곳이 되고, 묘절墓絶의 地가 되면 主의 부父는 평범하고 부父가 힘을 얻지 못한다.
[蟾彩: 偏財는 日干이 훼하는 것이기 때문에 부친이 될 수 없다고 하는 이론도 있는데, 이는 金이 水를 생한다고 하는 사람들의 생각일 뿐이라고 여겨야 한다. 곧 모든 것을 생하고 훼하는 것 만으로 모든 사물을 해결하려는 단순한 논리일 뿐이다.
자! 이렇게 생각해보자. 나무가 살아가는데 흙에 뿌리를 내려야만 살아갈 수 있다. 자식이 아버지에 기대어 살아가는 것과 같지 않은가? 즉 甲이 戊를 훼하는 것의 다른 측면은 甲이 土에 기대어 살아 가는 것이란 것이다.]

一. 論논 母모

正印은 나를 생하는 것이다. 甲日에 癸가 모친이 된다. 己.丑.未는 모母를 훼하고, 많이 있으면 主의 母는 두 명의 남편 맞게 된다. 한 개 戊가 실지失地되거나 혹 훼 당하면 主의 母는 전 남편을 잃은 것이다. 戊가 生을 받거나 혹 印이 도화桃花, 목욕沐浴이 되면 모母는 외정外情이 있다.
가령 印이 長生에 있으면 母는 자숙慈淑하고 수명이 길고, 자녀와 화목하다. 가령 陽刃, 殺地가 임하거나 혹 절絶, 묘墓, 고과孤寡의 곳이 되면 母는 현숙하지 않고, 질병이 있고, 화목하지 않다. 이 이치로 추리하면 맞지 않는 것이 없다.

一. 論논 妻妾처첩

正財는 정처正妻이고, 偏財는 첩이다. 甲木이 己土를 보면 正財가 되고, 戊土는 偏財가 된다. 乙이 木局인 亥卯未를 보면 처가 상傷하고, 甲寅은 처를 剋되고, 다시 主의 처는 올바르지 않다.

財가 쇠衰, 패敗 묘墓, 절絶이 되면 主의 처는 질병이 있고, 현숙하지 못하다. 그렇지 않으면 늙어 재가再嫁한다. 癸를 보면 첩이 올바르지 않다. 己土가 丑未를 보면 탈이 없다. 比肩이 분탈分奪하고, 財가 목욕沐浴 도화桃花에 임하면 主의 처첩妻妾은 사통私通한다. 日下, 月下에 財官이 있으면 主는 처多가 내조를 잘하고, 다시 처재妻財를 얻는다.

偏財가 득위得位하면 첩이 처를 이긴다. 主의 正財가 자왕自旺하면 처가 첩을 용납하지 않는다. 官殺을 많이 만나면 처가 독기를 품고 덤벼 두렵고, 財官이 아울러 있으면 아름다운데 처를 두려워하고, 殺이 있으면 더욱 꺼리고, 財가 많은데 身弱하면 처는 도리어 남편을 이긴다. 財와 命이 유기有氣하면 처첩이 화순和順하고, 처의 힘을 얻는다. 日坐가 공망이 되면 처첩에 재앙이 있고, 고란일孤鸞日, 양착음착陽錯陰錯은 主가 처를 剋한다. 친친親親에 의거하여 권속을 이루고, 한방랭취寒房冷娶, 입췌전방入贅塡房한다. 여인이 이를 범犯하면 主의 친가가 몰락하고, 혹 송사訟事가 생긴다. 남은 것은 이에 준한다.

一. 論논 兄弟형제 姉妹자매

比肩은 형제다. 甲이 甲을 보면 형이 되고, 乙은 제매弟妹가 되고, 寅卯 또한 그러하다.
庚은 형을 剋하고, 辛은 제弟를 손상시키고, 甲木이 財相하면 형자兄姉가 財를 두고 싸우고, 甲.乙.寅.卯가 이미 많으면 형제, 자매가 財를 두고 싸워 화목하지 못하여 시시비비 싸운다.
己와 甲이 합하면 형과 누이가 올바르지 않고, 庚을 보면 제매弟妹가 올바르지 않다.
가령 殺이 많고, 乙木이 局을 얻고, 殺이 乙木과 합하면 甲이 손상된다. 이 형은 아우의 복과 같지 않아 동생의 힘을 빌려 의지한다. 甲木이 寅月에 태어나고, 乙木이 制를 당하면 主인 형은 旺하고, 아우는 쇠약하다. 이외 화순和順, 불목不睦은 팔자의 휴.왕.사절 休.旺.死.絶로 추리하게 되면 적중되지 않는 것이 없다.

一. 論논 子息자식

七殺은 아들이다. 가령 甲이 庚申을 보면 아들이 되고, 辛酉는 딸이 된다.
만약 丙火, 午, 寅을 보거나 혹 殺이 양인살陽刃殺 궁궁에 임하면 主는 아들을 剋한다. 그렇지 않으면 질병이 있거나 품성이 좋지 않다. 만약 戊己土가 득령得令하면 아들이 힘을 얻고 화순和順하다.
丙巳를 보면 딸이 올바르지 않고, 만약 正官이 목욕沐浴, 도화桃花, 다시 암합暗合하거나 食神이 많은 者는 딸이 사통私通한다.
만약 殺이 長生, 월덕月德, 천덕天德에 임하고, 임한 곳의 地가 貴人, 녹마祿馬, 食神, 財가 되면 부부가 강하고 아들은 貴하게 된다. 중화가 되어야 좋다.
陽日, 陽時는 아들이 많고, 陽日, 陰時는 먼저 아들 뒤에 딸이 태어나고, 陰日, 陰時는 딸이 많고, 陰日, 陽時는 먼저 딸 뒤에 아들이 태어난다.
傷官이 官을 보면 자손이 흉완하고, 時上 傷官 및 공망은 근심 많은 자식이 된다.

여명은 傷官이 아들이 되고, 食神은 딸이 된다.
만약 印綬, 효신(梟神=偏印)을 보면 자식을 얻기 어렵다.
남녀가 官殺을 얻어 중화된 者는 자식이 있고, 장차 생성된 수數로 단정한다.
生旺하면 배가되고, 사절死絶은 감해지고, 태과太過 불급不及은 이렇게 결정하지 않는다.
태과太過하면 자식이 있으나 요절하고 혹은 흉완凶頑하다. 불급不及하면 태어나기는 하나 실제 기르는 수는 적다. 官殺이 득지得地하고, 부조扶助하면 길하고 자식이 충효忠孝 현명하다.
휴休.수囚.사死.절絶.파破.패敗.쇠衰.병병病.구교勾絞.원흉元凶.공허空虛의 地가 되면 자식은 불량하고, 빈천貧賤하고 질병이 많은 자식이 된다. 다시 고신孤神, 과숙寡宿의 값이 되면 主는 고독하고 의지할 곳이 없다.

가령 甲子日, 甲子時는 庚은 子가 死가 되어 늙도록 자식이 없다.
입묘入墓한 때가 되면 두 명을 얻기 어렵고, 수기受氣가 絶에 해당하면 한 명의 자식을 얻는다.
태胎는 첫 딸을 두는데 시집가지 못하고, 양양養은 3명의 아들을 얻는데 2명만 남고, 장생長生은 10 가운데 다시 반은 합당하여 主는 7명의 자식이 있고, 목욕沐浴은 한 쌍이 보존

되어 길강吉康하다.

관대冠帶, 임관臨官은 3명의 아들이 있고, 旺은 5명의 아들이 있고, 스스로 갈 길을 이루고, 쇠衰는 2명의 아들이 있고, 병病은 한 명이 있다. 亥에 이르면 數가 그쳐 病이 되고 한 명이 된다. 이렇게 의거하여 추리하면 된다.

또 가령 팔자 中에 자식 星이 없고, 時上에도 生,旺이 없으면 運行에서 官殺이 旺한 곳이 들어오면 主는 자식이 있게 되는데 運이 지나면 없다.

또 柱中에 官殺이 있는데 傷.食.休.衰.絶.弱의 運으로 나아가면 자식이 손상된다. 運이 지나고 나면 있게 된다.

팔자에 한 개 殺은 한 명의 아들, 두 개의 殺은 두 명의 아들, 殺이 없으면 아들이 없다. 가령 柱中에 身과 殺이 양정兩停하거나 殺이 旺한 곳을 만나면 아들이 많은 것으로 단정한다. 또 財神의 여하를 보고, 時를 보나 증감增減을 추리하여 많고 적음을 단정하면 맞지 않은 것이 없다.

一. 論논 婦人부인 總訣총결

부인의 命을 추리하면 남명과는 매우 다르다. 초당草堂 정진사丁進士 선생先生의 원신元神으로 취한 팔법八法에는 조照.반返.귀鬼.복伏.속屬.류類.종從.화化가 있고, 여명 팔법八法은 순화청귀純和淸貴, 탁란창음濁亂娼淫이 있다.

官은 남편이 되고, 복성福星이 되고, 재왕財旺 또 생관生官하면 복이 들고, 印綬, 食神은 貴하고, 印綬는 生氣인데 자식을 얻기 어렵다. 印綬 財官은 반드시 부귀한 집안에서 태어나고, 자태가 현숙하다.

甲日이 辛酉을 보면 정부正夫가 되고, 丁午는 정부正夫를 손상시킨다. 庚申은 편부偏夫가된다. 가령 庚申, 辛酉를 중견重見하면 남편이 손상되어 재가再嫁한다.

財가 크게 많고, 官殺이 크게 旺하면 정부正夫와 편부偏夫가 꼬여들어 음란이 넘쳐흐른다. 財가 많으면 음란하니 여인은 財가 박薄해야 한다. 그래야 남편夫이 왕旺하고 자식에 유익하다.

가령 官이 득지得地하고, 七殺은 손상되고, 食神의 干은 旺하고, 印綬, 천월이덕天月二德이 있으면 남편에 영화가 있고 자식이 貴하여 봉증封贈의 命이다.

부인의 팔자에 傷官, 官殺이 혼잡하고, 食神, 財旺, 신쇠身衰하면 질투가 심하고, 호색好色하고, 욕심이 많고, 둔하다. 傷官이 官을 보면 지아비를 훼하고 재가再嫁하고, 몸과 마음이 힘들고, 비록 남편이 상傷하지 않게 되더라도 질환이 있다. 평생 이지러지고, 主는 매우 불안不安하게 된다.

年上의 傷官은 크게 꺼리는데 主는 산액産厄의 질병이 있다. 그렇지 않으면 수명이 손상된다. 傷官의 主는 사람이 총명하고 미모가 뛰어나고, 傷官이 殺을 본 者는 부유하다. 財가 없는 者는 가난하다. 劫財가 財를 패敗하고 傷官에 身旺한 者는 빈천하고 하격에 해당한다.

이상 15격 모두 官을 沖하고 合하고 傷官이 있어 꺼리는 것인데 비록 부귀하게 되더라도 음란은 면하지 못한다.

七殺, 正官은 한 개만 있으면 좋고, 殺이 많으면 사내가 많고, 官殺이 合하면 비첩婢妾과 자매姉妹와 권한을 두고 다툰다.

또 甲은 辛官을 사용하게 되는데 丙과 합하는 것이 이것이고, 乙은 庚이 官이 되는데 丁을 보면 이에 해당하고, 戊가 乙을 사용하면 官이 되는데 辛을 본 것이 이에 해당하는 것으로 이것이 合하는 것이다. 남은 것은 이에 준하여 추리하면 된다.

- 부인이 시집가지 못하는 것은 팔자 中에 官이 손상되고, 官星이 사절死絶되고, 고신孤神, 과숙寡宿 , 日,時가 공망 및 고극孤尅의 命이기 때문이다.
- 가령 天干에 官殺이 투출했는데 地支에 官殺이 없고, 다시 休.囚.死.絶에 임하고, 퇴기退氣의 地가 되면 남편의 氣가 절절하여 편방偏房, 비첩婢妾으로 추리한다.
- 命에 천월덕天月德이 있으면 산액産厄, 혈광血光의 근심이 없다. 또 음란 하지도 않다.
- 여명은 身弱하기를 요하는데, 성격이 순수, 온유하고 시 부모를 봉공奉公하고 남편을 공경하고 돕는다.
- 신강身强하면 남편을 속이고, 시부모에 불효하고 일에 시비가 많고, 조급하다.
- 신약身弱은 병병이 되는데 身强도 그러하다. 팔자에 貴가 있으면 좋고, 역마驛馬 함지鹹池는 좋지 않다. 순화, 유약은 좋고, 강건 태강은 좋지 않다. 歲.運도 마찬가지다.
- 이외 음착양차陰錯陽差, 고란일孤鸞日은 시집가는데 불리하다. 모두 결혼을 하지 못하고, 친족과 인연되어 식솔이 이루어지고, 효도에 의한 혼인이 되고, 혼인이 깨어진다.
- 고란살을 말하면 甲寅은 과부가 되고, 남편이 없고, 辛亥가 어찌 사내가 있겠고, 丙午, 戊午 마馬는 홀로 누워 자고, 壬子는 독수공방하게 되니 여자는 과부 남자는 홀아비가 된다.
- 時에 아울러 冲하면 여명은 남편이 상속 받기가 어렵고, 時日에 공망이 더해지면 남편이 고극孤尅된다.
- 팔자 官殺이 갖추어져 있지 않았는데 官.殺.財 運으로 나아가 부성夫星이 득지得地하면 고독하지 않다.
- 팔자에 財官이 갖추어져 있고 運行에서 傷官, 劫財의 地가 되면 남편에 재해가 있다. 세밀히 추리하면 매우 증험하다.

『 註釋 무릇 부인은 身이 의지 할 곳이 없어 오직 남편에 일생 의지하여 살게 된다. 그래서 官貴을 취하게 되고 곧 남편이 主가 된다.

남편의 貴는 곧 처에 영화가 있다. 가령 여자의 꿈은 장송長松을 꺾는 것이라 말한다.

丁午 곧 陰火로 辛金을 尅한다. 그래서 말하기를 정부正夫를 상상傷하게 한다 하였다.

부성夫星이 旺하면 傷官이 상상傷하게 하지 못한다. 자기에 복은 적고, 질병이 많은 것으로 단정한다. 남편이 해로우면 처도 안락하지 못하다.

官 일부一夫, 殺 일부一夫를 겹쳐 만나면 마땅하지 않다. 곧 主에 남편이 둘이 된다.

官星이 사절死絶되면 남편이 死絶되는 것과 같다. 함지咸池는 곧 도화살桃花煞로 主는 음란하고, 다시 역마驛馬가 있으면 主는 사통하여 멀리 도망간다. 적赤은 火에 生人, 황黃은 土 , 흑黑은 水生 , 犯한 者는 主가 이와 같다.』

一. 陰命賦 음명부

- 무릇 女命은 먼저 부夫를 보고, 主의 성쇠盛衰를 살피고, 다음 身의 번영을 보아야 하고, 자식의 강약을 살펴야 한다.
- 부夫가 번영하고 자식이 왕성하면 부귀영화가 정해진다. 자식이 死되고, 夫가 쇠衰에 해당하면 궁핍하고 하천하다. 夫가 있고, 子가 있는데 빈한貧寒한 者는 무릇 身이 衰한 곳에 있기 때문이고, 夫가 없고, 子가 없는데 창성昌盛한 者는 또한 身의 거처가 旺한 地가 되었기 때문이다.
- 貴人이 적은 者는 부유하지 않으면 창성하고, 貴神과 合하면 기녀 아니면 비구니가 된다.
- 음천淫賤한 者를 사주에 傷官이 있어 밀회가 있고 재물이 손상된다.
- 남편이 나타난 者는 夫가 문호門戶에 나타났기 때문이다.
- 편부偏夫가 있게 된 者는 夫가 日時에 旺하게 있기 때문이다.
- 夫가 衰에 있고 身이 旺하면 主는 청렴결백한 사람이다.
- 鬼가 旺하고 身이 衰하면 외롭고 쓸쓸한 부인이다. 무릇 女命의 오행을 아주 상세히 명확히 분별하여 관찰하여야 한다.

一. 女命여명 富貴부귀 貧賤빈천 篇편

女命을 추리하고자 하면 먼저 官星을 보아야한다.
- 官이 殺을 차면 빈천貧賤하고, 官이 득령得令하면 안영安榮하다.
- 傷官이 태중太重하면 夫에 해롭다. 또 이 사람은 성격이 매섭다(고집이 세다).
- 도식倒食을 중봉重逢하면 복이 감해지고, 다시 고진孤辰을 만나면 견디어 내겠는가?
- 殺이 重하면 귀실貴室도 사통하여 도망치고, 슴이 많으면 정조가 손상되고, 좌록坐祿은 수레에 오르고 온후穩厚하고, 身을 冲하면 동요하여 말과 행동이 가볍다.
- 만약 도화곤랑桃花浪滾이 되면 음란하여 치욕이 말로 다 할 수 없다.
- 日의 祿이 時에 있으면 貴가 重하고 사람들에 공경 받는다.
- 천월이덕天月二德이 本命에 坐하고, 印綬를 만나면 貴가 두 나라에 봉封해진다.
- 時日의 陽刃은 본시 흉신인데 夫에 불리하고, 主의 宮에 겸하면 평생 생활이 붕괴된다.
- 身干은 主를 복되게 하는 것인데, 時에 食神이 건왕健旺하면, 팔자에서 강하게 나타나기를 요한다.(食神이 旺하면 日干이 강하여야 한다는 것으로 판단 됨)
- 食神이 오로지 旺하면 자식에 영화가 있고, 偏印은 꺼리는데 身의 뛰어남을 도둑질하기 때문이다.
- 규방을 지키고 맑은 것은 반드시 陰日이 중화되었기 때문이다.
- 남편을 대신하여 경영하는 것은 陽干을 時에서 매우 旺하게 하기 때문이다.
- 대저 기쁜 것은 정록正祿을 만난 것이고, 함지鹹池가 범하면 두렵고, 청귀淸貴는 長生을 얻어 도움이 있게 된 것이고, 잡탁雜濁은 패기敗氣에 귀歸한 것이다.
- 사주에 패敗가 많은데 身을 冲하고 슴하면 일생 매우 분주하고 기녀 아니면 비구니가 된다.
- 印이 깨어지면 시어머니와 서로 투기한다.
- 食神이 전일하면 아들을 얻어 상속하게 되고, 官殺을 많이 만나면 음란을 막아야 한다.
- 자매가 투출하면 夫를 두고 싸우고, 괴강魁罡은 민첩하고 변화무쌍하고, 日貴는 일상의 복이 있는데 곧 干支를 분별하여 결정하여야한다.
- 官殺이 지나친데 제복制伏이 없으면 창기가 되지 않으면 비구니가 된다.

一. 女命여명 貴格귀격

- 官星의 氣가 올바르면 귀격貴格이 된다.
- 財官은 둘 다 旺하면 귀격이 된다.
- 印綬와 천덕天德이 있으면 귀격이 된다.
- 殺이 유일하면 제어하여야 귀격이 된다.
- 傷官이 財를 生하면 귀격이 된다.
- 좌록坐祿은 財가 있으면 귀격이 된다.
- 官星이 合을 차면 귀격이 된다.
- 日貴가 財를 만나면 귀격이 된다.
- 官貴가 官을 만나면 귀격이 된다.
- 官星이 祿을 坐하면 귀격이 된다.
- 官星이 도화桃花이면 귀격이 된다.
- 食神이 生旺하면 귀격이 된다.
- 食神이 財를 生하면 귀격이 된다.
- 殺이 印綬와 화化하면 귀격이 된다.
- 이덕二德이 身을 도우면 귀격이 된다.
- 삼기三奇가 합국合局하면 귀격이 된다.
- 陽刃을 제어하면 귀격이 된다.
- 공록공귀拱祿拱貴는 귀격이 된다.
- 祿에 귀歸하여 財를 만나면 귀격이다.

一. 女命여명 賤格천격

- 官殺이 혼잡하고. 官殺을 制하지 않는다.
- 殺星이 크게 旺하고. 傷官이 크게 旺하고. 財를 탐貪하여 印을 붕괴 시킨다.
- 比肩을 많이 만나고. 官은 없고 合이 많이 있다.
- 印은 없는데 殺이 나타나 있다.

- 傷官에 七殺이 있다.
- 도화와 合하고, 팔자가 형충刑沖하고. 財가 많은데 身弱하다.
- 陽刃이 沖刑하고. 金神이 刃을 차고 있다.
- 官이 많은데 合이 많고. 도삽도화倒插桃花가 있다.
- 身旺한데 의지할 곳이 없다.
- 傷官이 官을 본 곳. 財官이 印을 만난 것. 印綬가 劫을 만나면 천격賤格이 된다.

一. 滾浪桃花 곤랑도화

- 女命에 官은 夫인데 혹 殺이 있으면 다만 일위一位가 좋다. 많은 者는 夫를 훼한다.
- 만약 여명에 官星이 꽉 차 있는 것도 꺼리고, 殺星이 柱에 꽉 차 있으면 도리어 福되고 吉이 된다.
- 傷官은 貴하지 않고, 傷官 運이 되면 부부를 훼한다.
- 傷官은 身을 絶하여 制하여야 한다.
- 女命의 傷官은 자식을 刑하고, 남편을 훼한다.
- 女命에 官星이 많은 者는 부부가 상상傷하고 主는 천賤하다.
- 傷官, 도화는 기녀가 된다. 혹 主는 자식을 훼한다.
- 만약 貴人이 一位가 있고, 혹 영신榮神을 차고, 혹 절지絶地를 범하면 부귀하고 정결貞潔하다.
- 祿과 馬가 서로 추종하고, 도화가 貴에 속하고, 함지가 馬를 만나면 음란하고, 夫에 해롭고, 집안이 망한다.
- 辰은 있고 戌은 없는 命이면 고독하고, 늙어 적막하다. 戌은 많고 辰이 없으면 초년에 많은 일로 힘들고, 중년은 좋고, 夫에게는 해롭지 않다. 아들이 훼되지 않고, 풍류를 즐기고 음란하다. 辰戌이 완전하면 음란하고 집안이 망한다. 夫가 상하고 자식이 훼되고, 수명이 짧고 질병이 많다.

『 註釋 傷官이 制되지 않고, 身이 絶絶되고, 또 도화桃花가 있고 水를 만나면 곤랑滾浪이라 한다.』

一. 女命여명 總斷歌총단가

부인의 선택은 모름지기 다소곳하여야 한다. 상세히 설명할 테니 군은 경청하세요. 夫부가 강한 宮이 되어야하고, 身도 강하여야 한다.

- 官星이 합당하지 못하면 夫는 의지할 곳이 없게 된 것이니 絶과 合할지라도 貴와는 合하지 않아야 한다. 이 법은 추리하는 사람은 적다.
- 오로지 日을 말미암아 年을 생각하여야 하는데 이 법은 전하는 사람은 많지 않다.
- 祿이 있고 生旺하면 낳다 사망한다 하면 사람들로 하여금 비난을 받을 것이다.
- 역마驛馬가 貴人을 차면 결국 풍진風塵에 떨어진다.
- 辰은 戌을 보지 말아야하고, 戌은 辰을 보지 말아야 하는데 辰,戌은 같이 보면 음천淫賤한 사람이 많다.
- 殺이 있으면 合이 두렵지 않고, 殺이 없으면 도리어 合이 두렵다.
- 合神이 많으면 기녀 아니면 가수가 된다.
- 貴人이 하나면 정실이 되고, 2~3개이면 첩이 된다.
- 陽刃이 傷官을 차면 뒤섞여서 일이 다단多端하다.
- 印이 가득하면 자식이 반드시 손상된다.
- 二德의 坐에 正財이면 부귀가 자연히 온다.
- 사주가 모두 휴수休囚가 되면 벼슬을 얻고 복록이 있고 수명이 길다.
- 金水가 서로 만나면 반드시 아름다운 용모를 가진다.
- 寅,申,巳,亥가 완전하면 고독하고 음란하고 말주변이 좋다.
- 子午가 卯酉를 만나면 사람을 따라 도망간다.
- 辰戌이 丑未를 만나는 것은 부도婦道에서 크게 꺼린다.
- 두 개의 貴와 한 개의 殺은 권력이 있는 가문이고 부귀하다.
- 財官이 庫에 감추어져 있으면 沖破하여야 부귀하게 된다.
- 天干이 한 글자로 연이어지면 고독하고 깨어지고 재해가 연이어진다.
- 地의 글자가 한 글자로 연이어지면 두 번 결혼한다.

『 註釋 辰戌은 괴강魁罡의 땅이다. 괴강魁罡은 악살惡煞이다. 그래서 여자는 꺼린다. 日下에 羊刃, 傷官이 있으면 그 사람은 반드시 主가 나쁘게 사망한다. 寅.申.巳.亥가 완전하고, 역마가 많은 것은 여명에 꺼린다. 子.午.卯.酉는 도화桃花로 완전히 보는 것은 마땅하지 않다.』

一. 論논 小兒소아

- 무릇 소아小兒의 命에 財가 많으면 반드시 서출 양아들이 되고 부모를 剋한다.
- 만약 어릴 때 行運에 財旺한 곳이 되면 또한 그러하다.
- 甲日이 정수리가 올바르지 않게 치우쳐 生하고, 태반이 덮어 가리고, 丁日이 두 개의 정수리가 있고, 아무 것도 없이 生한 것은 剋刑으로 인하여 그러한 것이다.
- 辰이 중복되어 있으면 아비가 등져도 쉽게 태어나고 쉽게 자란다.
- 申은 울음이 있고, 寅은 지체되고, 未는 吉하고, 辰은 태반이 둘러싸고, 머리를 쳐들고 태어나 놀란다.
- 무릇 소아의 命은 대개 身旺하여야 하고, 印綬가 生하면 가장 좋고, 財가 印綬를 剋하지 않으면 쉽게 生하고, 재해가 적다.
- 官星, 七殺, 陽刃, 傷官이 크게 旺하지 않아야 하고, 身旺하면 또한 재해가 많고, 身弱하면 기르기 어렵다.
- 두려운 辰(星)이 있으면 절대 行運, 歲君에서 돕지 않아야하고, 財가 旺한 것은 매우 두려운데 서출이 아니면 반드시 양아들이 되거나 부모를 剋한다. 또 行運에서 일찍 들어오지 않아야 하는데, 무릇 氣를 대적하기 어렵다.

　丁　戊　戊　庚
　巳　子　寅　子

生이 月의 중후中後반이다. 月에 七殺을 만났다. 丁火 印綬에 의지하는데 寅은 장생지長生地가 되어 능히 戊土를 생할 수 있다. 庚子는 좋지 않고, 巳는 金의 長生이 된다. 두 개의 子水는 財로 丁火 生氣를 剋하고, 月中의 七殺을 生하여 七殺이 身을 剋한다. 身弱하여 대적하기 어렵다. 그래서 당년 11月(子월)에 사망하였다. 이것은 殺을 生하고 印을 깨어 禍가 된 것이다.

[蟾彩 : 子(癸)는 寅.巳에서 絶하여 약하고, 戊는 巳 임관과 寅 長生이 있어 약하지 않고, 丁巳로 火도 결코 약하지 않고 또 寅 長生이 있어 巳에 장생은 둔 庚金보다 강하다. 이렇게 추리가 가능한데 生을 사용한 정형적인 끼어 맞추기로 추리하였다. 七殺과 財 때문에 죽었다는 것을 강조하게 위해서 끼워 맞추었다고 할 수 있다. 다소 약한 食神 庚은 子와 寅에서 사절되니 곧 생명성 食神이 깨어져 사망한 것이다.]

乙 己 癸 癸
亥 丑 亥 酉

이 命은 사주에 財가 겹쳐있다. 분만 시 죽을 징조이다. 그 해가 다가기 전에 부모가 사망하여 양자로 길러졌다. 다른 것을 이에 준하여 추리하면 잘 맞는다.

一. 論논 小兒소아 關殺관살 例예

소아의 命은 時辰을 주로 하여 논한다. 먼저 관살關煞을 살피고, 다음 격국格局을 보고, 日주의 강약, 財官의 강왕을 살핀다.
관(關=偏財)은 있고, 煞은 없는데, 日干이 약하고, 財官이 적으면 기를 수는 있는데, 항상 병 치레를 하고, 日干이 약한데 財官이 많고, 관關과 煞이 있고, 또 三合이 있어 煞이 모인 者는 기르기 어렵다.
刑沖을 차지 않은 者는 목소리가 뚜렷하고 밤에 켕기어 잘 운다.
팔자에 財官이 있으면 부귀한 집안에 태어나고, 偏官은 보통의 집안에 태어나고, 傷官과 劫財가 많은 者는 빈천한 집안에 태어나고, 偏官, 偏印, 偏財는 主가 치우친 生이나 서출로 태어나고 그렇지 않으면 3,4째로 태어난다.

자평의 법에서는 偏官은 관關이 되고, 偏財는 煞이 되어 생한 辰(星)의 數로 판단한다.
水는 1, 火는 2, 木은 3, 金은 4, 土는 5로 추정한다.
가령 甲日은 庚이 殺로 4,9세, 丙이 壬이 殺로 1,6歲, 戊日은 甲이 殺로 3,9세, 庚日은 丙이 殺로 2,7세, 壬은 戊가 殺로 5,10세에 적용시키는데 陰干이 되면 또한 여차하여 잘 맞는다.

一. 論논 性情성정

성정은 희喜, 노怒, 애哀, 락樂, 애愛, 악惡, 욕欲으로 나타고, 인仁, 의義, 예禮, 지智, 신信으로 분포된다.
부父는 정精, 모母는 혈血로 형形이 이루어지고, 모두 金.木.水.火.土와 관계가 된다.

木은 곡직曲直, 맛은 산(酸:신맛), 인仁, 측은한 마음, 자애, 화평 단아, 물物을 구제하여 백성을 이롭게 한다. 생각이 적어 고독하다. 고요하고, 고결하다. 인물이 용모가 빼어나다. 신체가 길고, 얼굴색이 청백靑白하다 그래서 이르기를 木이 왕상旺相하면 인자仁하고, 태과太過하면 꺾이고, 집물執物에 성성이 치우치고, 木이 적으면 인자仁함이 적고, 질투심이 있다.

火는 염상炎上이다. 맛은 쓰고, 예의가 있고, 겸손하여 양보하는 마음이 있고, 공경하고 위엄이 있다.
바탕이 무겁고 순박하다. 면상이 뾰족하고 밑은 둥글다. 눈썹과 눈썹 사이가 좁고, 콧구멍이 드러나고, 정신이 섬삭閃爍하고, 말이 급하고, 뜻을 빨리 행하려 하여 마음을 뽁는다. 얼굴색이 청적靑赤이다. 앉으면 무릎을 흔든다. 태과하면 매우 공손하고 총명하다. 성격이 조급하다. 불급不及하면 누리끼리하고 교활하고 시샘이 심하다. 시작은 하지만 끝을 이루지 못한다.

金은 종혁從革이다. 맛은 맵다. 의義가 되고, 악惡을 부끄럽게 여기는 마음을 가진다. 정의를 중하게 여기고, 재물을 가볍게 여긴다. 용감한 호걸이다. 염치를 알고, 중용을 지키고, 골육과 잘 어울린다. 얼굴이 백색이고, 눈썹 언저리가 높고, 눈이 깊고 코가 높고 귀가 크다. 음성이 맑게 울리고, 강단이 있고 결정을 과감하게 한다. 태과하면 인자한 마음이 없고, 싸움을 좋아하고 탐욕한다. 불급不及하면 많이 생각하여 결단력이 적고 인색하고 하는 일들의 뜻이 좌절된다.

水는 윤하潤下다. 맛은 짜다. 主는 지智. 옳고 그름을 판단하는 마음이 있다. 의지가 매우 깊고 꾀가 많다. 계책이 심원深遠하고, 문학에 총명하고, 간사하게 떠돌아다니고, 힘이 없으면 기울려져 엎어지고, 음모로 악惡을 좋아한다. 태과하면 홀로 의지할 때가 없게 되고, 인색하고, 무리에서 정情을 얻지 못하고, 독하고 성질이 몹시 사납다. 말을 실수하여 전도된다. 불급하면 담膽이 적고, 꾀도 없고, 도리어 主의 인물이 마르고 적다.

土는 가색稼穡 구진勾陳이다. 맛은 달다. 主은 신信이고 성실한 마음을 가진다. 돈후敦厚하고 성의가 있고, 언행이 상대방을 고려하고, 공경하고, 신불神佛을 행한다. 主의 사람은 등이 둥글고 허리가 넓고, 코와 입이 크고, 눈썹과 눈이 청수淸秀하며 안면이 납작하고 황색이다. 처사가 가볍지 않고, 도량이 너그럽고, 태과하면 어리석게 보이고 미련 고집스럽게 보인다.

불급하면 안색에 근심이 가득한 것 같이 보이고, 코가 낮고 얼굴이 삐딱하고, 목소리가 중탁하고 바탕이 순박하고 고집이 세고, 日干이 약하면 곧 움츠려 부끄러워 두려워하고, 日干이 강하면 허망하고 터무니없는 거짓을 행하고, 하나를 잡아 거만하게 행한다.
이상으로부터 경중을 판단하여 말하면 만개 중에 한 개의 실수도 하지 않을 것이다.

一. 論논 疾病질병

무릇 질병은 정신精神 기혈氣血이 主가 된다.
각 감상感傷이 있고, 내內는 장부臟腑가 있고, 외外는 지체肢體가 있다.
팔자의 干支는 오행 生剋에 그 의의가 있는데, 손상이 重한 者를 취하여 단정한다.
干支 오행이 태왕太旺 혹은 불급不及하면 모두 병病이 된다.
金의 主는 도인刀刃에 형상刑傷되고, 水는 곧 배를 타고 가다가 익사로 사망하고, 木은 나무에 매달려 자살하고, 범에 먹히고, 뱀에 물리고, 火는 밤에 잠자다 전도顚倒하고, 뱀에 傷하고, 불타 죽는다.
土는 산이 붕괴되어 돌에 압사하고, 진흙에 빠지고, 담장이 붕괴된다.

生命에서 天干 내부內府에 속하는 것은, 시詩에 이르기를 甲은 간肝, 乙은 담膽, 丙은 소장小腸, 丁은 심心, 戊는 위胃, 己는 비脾가 되고, 庚은 대장大腸, 辛은 폐肺, 壬은 방광膀胱, 癸는 신장腎臟이 된다 하였고, 天干 외지外支의 소속所屬은 甲은 머리頭, 乙은 목項, 丙은 어깨肩, 丁은 심장心, 戊는 옆구리脅, 己는 배腹, 庚 배꼽臍, 辛은 넓적다리股, 壬은 정강이脛, 癸는 발足. 子는 산기(疝氣:고환), 丑은 두복(肚腹:복부), 寅은 비지(臂肢:사지), 卯는 자수(目手:손), 辰은 등흉背胸, 巳은 면치(面齒:잇빨), 午는 심복(心腹:가슴과 배), 未는 비흉脾胸, 申은 해질(咳疾:기침), 酉는 간폐肝肺, 戌은 등폐背肺, 亥는 두간頭肝이다.
간肝은 신가腎家의 싹苗, 신腎은 간肝의 主가 된다. 신腎은 안眼에 통하고, 담膽은 혼魂이 장藏하고, 간肝은 백魄이 장藏하고, 신腎은 정精이 장藏하고, 심心은 神이 장藏하고, 비脾는 氣가 장藏하여있다.

木命에 庚.辛.申.酉가 많은 者는 간과 담에 병이 있다. 內에 곧 경정(驚精:놀람), 허겁(虛怯:겁이 많은 것), 노질(癆瘵:결핵), 구혈嘔血:피 토함), 두현(頭眩:어지러움) 목암(目暗:눈이 어두움), 담천(痰喘:기관지 천식), 두풍(頭風,脚氣:머리가 아프고 다리가 붓는다), 좌탄우탄(左癱右瘓:반신불수), 구안왜사(口眼歪斜:입이 돌아감), 풍증(風症:감기), 근골동통(筋骨疼痛:근육과 뼈에 통증이 생겨 움직이는 데 많은 장애가 따르는 병),
외로 곧 피부건조(皮膚乾燥:기름이나 땀의 분비가 적어져서 피부가 마르고 거칠어지는 증상), 안목지질(眼目之疾:눈병), 발수소소(發鬚疏少:머리카락이 빠지고 성기고 적음), 전박수족(顚撲手足:손, 발을 떠는 병), 손상損傷의 질환, 여생타태(女生墮胎:유산), 혈기부조(血氣不調:혈기가 고르지 못함),

소아小兒 급성, 만성 경풍驚風, 야제(夜啼:어린아이가 밤에 움), 해수(咳嗽:호흡곤란)가 있다.
경에 이르기를 근골동통筋骨疼痛은 木이 金의 피상 되어 생기는 병이라 하였다.

『 註釋 木命이 金의 剋을 완전히 보면 이 병病이 된다. 剋이 심하면 중중하고, 적으면 경輕하다. 만약 木이 生旺한데 金을 만나면 이 같은 병病이 없다. 日은 金木水火土 五行의 정精이 회합會合이 모여 있으면 명정明正하여 곧게 나아간다.』

火命이 水의 亥子 旺地를 보면 主의 소장小腸, 심경心經의 근심이 있다.
內는 전아顚啞, 구심동통口心疼痛, 급완 경풍急緩驚風, 대머리, 설구舌口 인아咽啞, 조열발광潮熱發狂이 나타난다.
外는 안암眼暗, 실명失明, 소장小腸, 신기腎氣, 부스럼, 농혈膿血, 소아小兒에 두진痘疹, 버짐, 부녀婦女에 건혈乾血 림리淋漓가 있다.
火의 主는 초조하고, 얼굴색이 홍조紅赤다.
경에 이르기를 눈이 어두운 것은 火가 水의 剋을 만났기 때문이라 하였다.

土命에 木의 寅卯 旺한 곳에 미치면, 主는 비脾, 위경胃經에 손상이 있다.
內는 主가 흉복(胸腹)이 부어올라 통증이 있고, 음식물을 삼키기 어려우며, 신물을 토하는 병은 격식膈食, 구역질을 하고 먹은 것을 토하는 번위翻胃, 트림이 나오다 말고 가슴과 등이 아픈 등의 증상인 기일氣噎, 습열이나 어혈이 뱃속에 쌓여 만성(慢性)이 되어서 헛배가 땡땡하게 불러 오는 병인 고창蠱脹, 설사泄瀉, 황종黃腫, 음식을 먹지 못하고, 음식물을 택하여 먹고, 비위가 상하여 구토嘔吐를 한다.
외로는 왼 손과 입, 배에 질병이 있고, 피부가 꺼칠꺼칠하고, 소아는 주로 젖먹이는 시간을 잘 조절하지 못했을 때 젖먹이에게 생기는 감병疳病, 온몸이 금(金)처럼 누렇고 눈마저 누러며 입술에 창(瘡)이 생기고 음음거리거나 웅얼거리고, 때로 토악질이 나 음식을 내려 보내지 못하며, 배변이 순조롭지 못한데 배꼽이 볼록 튀어나온 비황脾黃, 土의 主는 온溫이고, 엄체淹滯한다. 면색은 위황痿黃이다.
경에 이르기를 土가 허한데 旺한 木이 오르게 되면 비위가 손상된다 하였다.

金命이 火가 旺한 巳午를 보면 主의 대장大腸, 폐肺에 병이 생긴다,
內로는 기침咳嗽으로 헐떡거리고 토하는 천토喘吐, 결핵성 치질로 인하여 똥을 눌 때에

피가 나오는 병인 장풍腸風, 치질痔漏, 귀신에 홀려 정신을 잃고, 몸과 마음이 허약한 증상이 있다.
外로는 피부가 건조하고, 편두통, 코가 붉게 되고, 종기 생기는 농혈의 허물이 있다.
경에 이르기를 金이 약한데 화염의 地를 만나면 혈질血疾이 있다 하였다.

『 註釋 金의 主는 폐肺 및 대장大腸이다. 만약 火를 보면 병病이 있다. 水가 制하면 수화상제水火相濟로 중화되어 자연히 이 病이 없다.』

水命이 土가 旺한 사계월四季月이 미치면 主의 방광, 신장에 질병이 있다.
內에 소변에 정액이 섞여 희고, 몸이 쇠약하여 잠 잘 때 땀이 나고, 귀신과 교접하고, 몸이 점점 수척하고 쇠약해지고, 귀가 먹어 들리지 않고, 독감에 걸린다.
外로 치통, 하복부 통증, 음낭이 한쪽 붓는 병, 요통, 정력이 떨어지고, 토하고 설사하는 병이 생긴다.
여인은 主가 유산하고, 백대하가 생기고, 水의 主는 한寒이고, 얼굴색은 적려흑赤黧黑이다.
경에 이르기를 하원下元의 냉질冷疾은 오직 水가 土에 손상되기 때문이라 하였다.

『 註釋 신기腎氣의 임리淋漓는 시기腎氣가 허약하여 소변이 질질하게 흘러나오는 것이다. 水는 신경腎經으로 土가 剋하면 이 병病이 있고, 木이 制하면 면免하게 되고 그렇지 않으면 천하의 모든 사람이 죽을 것이다. 』

一. 論논 大運대운

무릇 대운大運의 天干은 오운五運을 쓰고, 地支는 육기六氣를 써서 이름이 運氣라한다.
자평법子平法에서는 大運은 支를 보고, 세군歲君은 干을 본다.
교운交運은 접목접목接木과 한가지인데, 어떠한 것인가? 干支 두 글자이고, 60甲子를 설명할 때 화자花字를 사용한다.
만약 天干, 地支가 때에 이르면 자연히 꽃이 피고, 열매를 성대하게 맺게 된다.
월령은 천원天元(運元)이다. 요즘 運은 月上에서 일으키게 되는데, 나무의 싹에 비유한다. 나무의 싹이 트면 이름을 알게 되듯이 月의 用神으로써 格을 알 수 있게 된다. 그래서 運이 교체 되는 것을 木에 접한 것이다.
그리고 命에서 근묘화실根苗花實은 어떤 것인가 하는 것은 이 같은 뜻에 합당한 것이다. 어찌 마땅한 것이 아니겠는가?

- 癸 運이 나가고 甲 運이 들어오면 반한返汗의 사람과 같다.
  또 甲戌에 癸亥가 접접한 이것은 干支가 접목접목接木된 것이다.
  丑運이 寅으로 바뀌고, 辰이 巳, 未가 申, 戌이 亥로 바뀌는 것은 각角이 바뀌어 접목접목接木 되는 전각접목轉角接木이다.
  동남서북 사방의 각이 바뀌는 접목접목接木으로 전각접목轉角接木이라 한다. 격국이 흉하면 사망하게 되고, 격국이 좋아도 재해는 있다.
  寅卯辰 一氣, 申酉戌 一氣, 亥子丑 一氣는 氣가 서로 이어진 것으로 모두 접목접목接木의 설說이 아니다.
- 甲乙이 寅卯 運을 얻으면 劫財, 패재敗財라하여 부모, 처를 剋하고, 재물이 깨어지고, 싸우는 일이 일어난다. 丙.丁.巳.午 運으로 나아가면 傷官이라하여 主는 자녀를 剋하고, 송사로 수감된다. 庚.辛.申.酉 七殺, 官은 主가 이름을 얻고, 태과太過하면 재해, 질병이 있다. 壬.癸.亥.子로 나아가면 生氣로 印綬 運이 되는데, 主는 길경吉慶, 증산增産된다. 辰.戌.丑.未.戊.己는 財運으로 主는 명리가 다 형통한다 했는데, 이것들은 사법死法을 비유한 것이다.
  모름지기 격국의 희기喜忌로 추리하여야 하고, 하나에 집착하는 것은 불가하다. 통변의 식견이 뛰어나면 설명은 옹졸하여도 神과 같다.

- 干이 旺하면 쇠운衰運으로 나아가는 것이 마땅하고, 干이 약하면 왕운旺運으로 나아가는 것이 마땅하다. 干이 약하면 氣가 旺한 바탕이 되어야 하고, 남으면 부족하게 이루어져야 올바르다.
- 모름지기 통변에 또 요하는 것은 고해孤害, 공망, 구교勾絞, 상문喪門, 조객吊客, 택묘宅墓, 병병, 사사, 관부(官符=망신살亡身殺), 백호白虎등 모든 殺을 추리하여야 증험이 神과 같이 된다.
- 일법一法, 양인陽刃, 도화桃花, 복음伏吟, 반음返吟, 휴휴, 수수, 사사, 절절, 쇠쇠衰, 패패는 흉하고, 제왕帝旺, 임관臨官, 녹마祿馬, 귀인貴人, 生, 양양, 관대冠帶, 고고庫는 길하고, 공공은 흉하고, 空은 길吉로 돌이키고, 吉을 흉으로 돌이킨다.
- 대운과 태세太歲가 서로 剋하고, 서로 沖하면 凶하다. 다시 刑, 沖, 상극相剋하는 者 또한 꺼린다.
- 歲가 運을 沖剋하는 者는 吉하고, 運이 歲를 剋하는 者는 凶하다. 격국이 불길한 者는 죽고, 歲.運이 相生하는 者는 길하다. 祿馬, 貴人과 합하고, 교호交互하는 者 또한 길하다. 마땅히 자세히 추리하면 맞지 않는 것은 없을 것이다.

『 **註釋** 간명看命은 강약을 정성스럽게 상세히 관찰 하는 것이 마땅하다. 소위 年은 뿌리根, 月은 싹苗, 日은 꽃花, 時는 열매實가 된다. 열매實는 결과가 된다. 역시 一生을 알 수가 있는 것이다.

用神은 月中에 소장所藏 된 글자인데, 가령 子에 있는 癸水의 종류를 취하는 것이다.

運이 바뀌는 것은 나무가 큰 바람을 맞아 요동하여 뿌리와 가지가 부러지는 것과 같은 것이니 마땅히 보호하는 것이 있어야 한다.

行運에 비교하면 악살 혹 유년流年의 상극相剋을 만나면 主는 흉하다.

가령 寅이 卯로 바뀌고, 卯가 辰으로 바뀌는 것은 동방 一氣로 꽃이 피는 것이 되어 풍우風雨에도 꺽이지 않는다. 命에 비교하면 악성惡星이 상극相剋하여도 命이 손상되지 않는 것과 같다.

만약 좋은 運氣를 만나면 동東의 송백松柏이 무성하여 서西로 기울려져도 빼어나고, 남南에 원화園花가 무성하여 북北의 정원도 이루어진다. 運氣가 좋지 않으면 접목接木이 꽃으로 이어지지 않아 主는 흉하다.』

一. 論논 太歲태세 吉凶길흉

- 태세太歲는 한 해의 최고 권력자로 범범하지 않아야 한다. 범하면 흉하다.
  경에 이르기를 日이 세군歲君을 범하면 재앙이 반드시 重한데, 오행의 구원이 있으면 그 해는 반드시 재물을 얻는다 하였다.
- 甲日이 戊 年을 만나면 태세太歲를 훼하게 되는데, 훼이 重한 者는 사망한다. 甲乙이 만약 寅.卯.亥.未 日時 者가 되면 歲君을 훼하는 것으로, 사망하는 것을 의심하지 않아도 되는데 구원이 있으면 도리어 길하다. 팔자에 庚,辛,巳,酉,丑 金局이 있으면 구원된다.
  경에 이르기를 戊己가 甲乙을 만나면 근심이 되는데 간두干頭에 庚辛 있거나, 또는 丙丁 火가 있어 木을 불사르게 되면 재앙이 있다고 책망하지 않아야한다 하였다. 이 추리는 효과가 있다. 혹 己가 있어 甲와 합하면 또한 해소 된다.

대저 태세太歲는 손상되지 않아야한다. 相生하는 者는 길하다. 오행이 구원되면 그 해는 반드시 재물을 얻는다.
세군歲君을 범한 者는 그 해 반드시 主에 흉상凶喪이 있다. 처첩이 훼되고 재물에 대한 시비가 있고, 깨어진다. 上을 범하게 되는 것은 잘못된 것이기 때문이다. 구교勾絞, 공망空亡, 함지鹹池, 택묘宅墓, 병부病符, 사부死符, 백호白虎, 양인陽刃 등 모든 殺이 병림倂臨하면 그에 따른 각가지 재해가 일어난다.
신살神煞이 가림加臨하면 그 경중을 따져야 한다.
日干이 비록 歲를 훼하지 않더라도, 運이 세군歲君을 훼하는 것도 두렵다. 歲,運이 같이 沖刑하거나, 陽刃이 沖合하면 主는 재물이 줄고 초상난다. 혹시 貴人, 祿馬가 있어 풀게 되면 다소 길하다. 팔자에 구원이 있으면 근심이 없다.
그래서 말하기를 太歲에 있는 모든 殺의 무리가 主가 되지만 命에 들어온다고 하여 반드시 재앙이 되는 것은 아니다 하였다. 만약 전투戰鬪하는 곳이 되면 반드시 主의 本命에 刑이 일어난다.

一. 論논 運운 化氣화기

무릇 오운五運 화기化氣는 甲己 化土, 乙庚 化金, 丁壬 化木은 수풀을 이루고, 丙辛 化水는 청탁淸濁으로 구분되고, 戊癸는 남방 화염이 침노한다.

- 甲己 化土는 중정中正의 합으로 辰.戌.丑.未가 완전하면 가색稼穡, 구진勾陳의 위치를 얻는다.
- 乙庚 化金은 인의仁義의 합으로 巳酉丑이 완전하면 종혁從革이라 한다.
- 戊癸 化火는 무정無情의 합으로 火局을 얻으면 염상炎上이라 한다.
- 丙辛 化水는 위제威制의 합으로 申子辰 水局을 이루면 윤하潤下라 한다.
- 丁壬 化木은 음란淫亂의 합으로 亥卯未가 완전하면 곡직曲直이라 한다.

天干의 化合은 수기秀氣로 地支가 합국合局된 者는 복덕福德이 있다.
참되게 化한 者는 높은 벼슬에 임한다. 化가 제대로 되지 않은 者는 고아孤兒 이성異姓이 된다.
용龍(辰)을 만나면 化하게 된다. 변한 용龍이 하늘天로 비상하여 이롭게 되니 위대한 사람이 된다.
月令이 생왕生, 양養, 고庫, 임관臨官의 地가 되면 化한다.
음양이 合을 이루면 곧 부부가 맺어져 짝이 된다.
중화中和의 氣는 化하게 되고, 태과太過하거나 불급不及하면 化하지 못한다.
부夫가 처妻를 따라 化하는 것이 있고, 妻가 夫를 따라 化하는 것이 있고, 올바른 化, 치우친 化, 日下의 자화自化, 전각화轉角化는 곧 미곤신未坤申, 축간인丑艮寅이다.
경에 이르기를 동북은 벗을 잃고, 서북은 벗을 얻는다 하였다.
甲日이 己를 보면 土로 化하고, 己가 甲을 보면 또한 그러하다. 化가 참되게 된 것이 올바른 化가 되고, 化가 참되게 되면 높은 벼슬에 이르러 부귀한 格이 된다. 化가 제대로 되지 않으면 고아孤兒 이성異姓으로 태어난다. 혹 승도僧道의 무리가 된다.
十干에 이것이 나타나면 이것으로 추리하게 되는데, 다만 戊癸 化火는 남南인 午에서 化하지 않고, 북北인 子에서 化하지 않는다. 午는 소음少陰, 군화君火로 소이 化하지 않고, 寅申은 소양少 양화陽火로 化한다.
경에 이르기를 化의 격국은 현묘한 中에 더 현묘하고, 뛰어난 中에 더욱 뛰어나다 하였다. 모두 기술하기는 불가하니 뒤에 기술한 천원신취팔법天元神趣八法, 반조귀복류속종화返照鬼伏類屬從化를 살펴 상세히 추리하겠다.

一. 化氣화기 十段錦십단금

甲이 己와 合하면 土에 힘입어 살아간다.
乙을 만나면 처재妻財가 암손暗損되고, 丁을 만나면 의록衣祿이 곤궁하게 되고, 높은 가문에 출생은 대개 辛金에 힘이 있는 것이고, 크게 부유한 집안은 모두 戊土의 공공에 말미암은 것이다. 癸가 있으면 평생 발복發福하고, 壬을 만나면 한세상 떠돌고, 金을 만나면 집안이 사벽에 막히고, 時에 丙火를 만나면 천종千鍾의 祿을 누린다.

己가 甲과 化하면 그 빼어남은 寅에 있다.
丁을 만나면 타인에 능욕당하고, 乙을 만나면 자신이 어렵게 되고, 壬水가 중중重重하면 분주하고 힘든 세상이 되고, 庚金이 예리하면 가난한 사람이 된다.
丙 內에 辛이 감추어져 있어 반드시 貴하게 되고, 戊 中에는 癸가 숨어 있어 가난하게 되지 않는다. 만약 관직이 승진되기를 원하면 먼저 癸가 있어야 하고, 집안이 거부가 되기를 원하면 辛을 만나야 한다.

乙이 庚을 쫓아 化하고, 서방의 氣를 받는다.
丙 位에 生하면 고난이 따르고, 壬에 生하여 길러지면 영화가 있고, 丁火가 당권當權하면 봄꽃과 같아 매일 웃고, 辛金이 세상을 지칭하면 가을 초목이 서리를 만난 것 같이 나쁘고, 己가 임하는 것이 가장 좋아 황금과 구슬이 집안에 가득 차고, 치우침이 마땅하여 甲으로 나아가면 마와 보리가 창고에 가득차고, 하루하루를 노곤하게 하는 神은 무릇 구진勾陳 戊土가 난亂을 일으킨 것이고, 때때로 힘이 소모되는 것은 현무玄武 癸水가 많기 때문이고, 곧 재앙이 된다.

庚이 乙을 따라 化하면 金의 질질이 더욱 강하게 된다.
가장 꺼리는 것은 辛金이 암손暗損하는 것이다. 丙火가 치우쳐 볶는 것은 싫고, 丁 官을 만나면 교룡蛟龍이 운우雲雨를 얻은 것 같다. 己卯를 만나면 붕악鵬鶚이 추천秋天을 만난 것 같고, 癸水가 旺하면 전원이 표탕漂蕩하고, 壬水가 왕성하면 재록財祿이 증가하고, 戊를 만나 상침相侵하면 거부가 되지 못한다. 壬를 만나 도움 받으면 수명이 길다.

丙은 陽火로 辛을 만나면 水로 化한다.
복이 있는 것은 戊土가 위치에 있기 때문이고, 이름을 날리는 것은 乙木이 身에 임한 것이고, 관작官爵의 영광은 生에 癸巳를 만났기 때문이다.
가문家門이 현달顯達한 것은 庚寅이 있기 때문이고, 甲午를 만나면 뜻밖의 재해가 일어난다. 화패禍敗는 壬辰에서 일어나고, 陰인 丁을 만나면 설령 부귀 할지라도 부귀가 짧고, 己土를 겹쳐 만나면 비록 영화가 있다고 하더라도 뜬 구름 같다.
[水는 火가 財가 되고, 土는 官이 되지만 중견重見하면 반드시 상해가 있다.]

辛이 丙을 얻으면 水로 化한다.
사주에서 戊를 보는 것이 가장 마땅하다. 일생 庚을 만나면 일생 기쁘고, 己가 있으면 어떤 해에는 발복한다. 壬을 만나면 어떤 날에 이름을 날리고, 癸水가 旺하면 설령 피곤하다가도 피곤하지 않게 되고, 甲木이 旺하면 비록 번영한 것이지만 그렇지 않게 된다. 부귀영화는 乙을 본 것이고, 상잔傷殘 궁핍窮迫은 丁를 첩첩이 만난 것이다.

丁은 陰火에 속하여 陽水 壬을 만나면 化한다.
丙을 만나면 백년 안일하고, 辛을 만나면 일생 놀게 되고, 부귀가 같이 있는 것은 甲이 천칭天秤에 임臨함이고, 祿과 지위가 다 아름다운 것은 己丑을 만났기 때문이다. 재물이 없는 것은 戊로 인하여 패했기 때문이고, 생애가 적막한 것은 癸로 인함이고, 乙木이 중중重重하면 財祿을 이루지 못하고, 庚金이 빛나면 공명을 망령되게 구하지마라.

壬이 丁을 좇아 化하면 빼어난 동방이 존재한다.
甲을 만나면 많은 종과 말을 얻고, 辛을 만나면 전장田莊을 넓게 얻고, 丙火를 만나면 영웅, 호걸이 되고, 癸水를 만나면 가난한 장사꾼이고, 도장을 차서 승헌印乘軒하는 것은 己官位가 임함이고, 표봉飄蓬 락박落泊은 戊 殺官을 있기 때문이고, 백발이 되도록 이루지 못하는 것은 庚金이 있기 때문이고, 청년에 만나지 못한 것은 모두 乙木으로 인한 재앙 때문이다.

戊가 癸를 좇아 合하면 火로 化하는 공공을 이룬다.
乙을 만나면 종내 현달하고, 壬을 만나면 스스로 풍륭豊隆하고, 祿은 丁巳 位가 되고, 육친이 화목하지 않은 것은 甲이 寅宮에서 旺하기 때문이다. 丙火의 불꽃이 왕성하며 복록福祿을 찾기 어렵고, 庚金이 빛나면 형통에 용이하고, 처자가 손상된 것은 다 己가 旺하기 때문이고, 졸렬한 계략은 辛이 웅장하게 되었기 때문이다.

癸가 戊를 쫓아 合하여 火가 化하여 당림當臨한다.
丙 內에 辛이 감추어져 있으면 일세 다성다패多成多敗하고, 甲 中에 己가 숨어 있으면 100년 노심勞心 노력勞力하고, 창고가 풍비豊肥한 것은 丁火을 만난 것이다.
재물이 왕성한 것은 庚金을 얻었기 때문이고, 관작官爵이 승영陞榮한 것은 乙을 본 것이다. 부귀한 것은 상하에 壬을 만난 것이고, 재원財源의 득실得失은 辛金이 태왕太旺한 것이고, 벼슬이 층등蹭蹬한 것은 己土가 상침相侵한 것이다.

一. 神趣신취 八法팔법 有유

類류.屬속.從종.化화.返반.照조.鬼귀.伏복

유상類象은 곧 天地가 한 종류다. 봄에 태어난 사람이 甲乙 天干, 地支에 寅卯辰에 완전하고, 사이가 끊어지지 않고, 파괴되지 않으면 일컬어 동방이 한 조각의 빼어난 기운을 빼앗게 된다.
가장 두려운 것은 死絶의 장소에 이르는 것으로 일컬어 빼어난 氣가 깨어지기 때문이다. 運도 死絶이 이르면 불길하다. 혹 時上, 年上에서 生旺하게 하면 빼어난 氣가 더해져 충분히 되니 크게 아름답다.

속상屬象 者는 天干에 甲乙木이 있고, 地支에 寅卯未가 완전한 것이 이것이다.

종상從象 者는 甲乙 日主가 무근無根한데 地支에 완전한 金이 있으면 종금從金, 사주에 순수한 土만으로 이루어져 있으면 종토從土, 四柱에 순수하게 水로 이루어져 있으면 종수從水, 사주에 木으로 순수하게 이루어져 있으면 종목從木이다.
다만 氣가 빼어나야 吉하다. 빼어난 氣가 없는 者는 불길하다. 혹 天干에 甲己가 있는데 근根이 있는 者는 불길하다. 종화從火 者는 크게 旺한 運은 吉하고 死絶의 地는 凶하다.

화상化象은 甲乙日이 사람에 辰.戌.丑.未 月에 生하고 天干에 유일하게 한 개의 己가 있어 甲과 合하는 것으로 일컬어 甲己가 合하여 土로 化하는 것이다.

火運으로 나아가는 것이 좋고, 甲乙 木이 生旺한 運으로 나아가면 化가 되지 않아 도리어 불길하다.
己가 있고, 2개 甲이 노출하게 되면 쟁합爭合이라한다. 한 개의 乙가 노출되어 있으면 투합妬合이라고 하여 格이 깨어져 이루어지지 않는다.

조상照象 者는 丙日이 巳.午.未를 年.月.日.時 上에 만났고, 일위一位의 卯木이 있는 것으로, 일컬어 木火가 상조相照 한 것으로 매우 길하다.
壬癸日이 申子辰을 완전히 만나면 속상屬象 者가 되고 時에 일위一位의 金을 만나면 일컬어 금수金水 상조相照로 크게 吉하다. 年干에 조자照者가 있어도 또한 길하다.

반상返象은 소위 월령月令의 用神이 時에 절지絶地가 임하게 된 것으로, 일컬어 用이 用으로 사용되지 못하게 되는 것이다. 모두 반운返運이 되고, 또 遇에서 반返이 크게 심하면 불길하다.

귀상鬼象은 甲乙日이 가을에 태어난 것이다. 地支의 네 위치가 순금純金으로 되어 있으면 귀상鬼象이 된다. 다만 鬼가 生旺한 運이 되면 모두 길하고, 두려운 것은 死絶이다. 또 身旺하면 불길하다.

복상伏象은 寅午戌 三合이 완전한 것이다. 午月 生이 壬日이고, 天干에 丁이 투로透露되지 않고, 壬水 또한 무근無根하다면, 午中의 丁火를 취하여 壬水와 합하면 壬水가 엎드려 굴복 한 것을 소위 복상伏象이라 한다. 運이 木火로 흐르면 길하고, 水가 旺한 곳은 이롭지 않다.

一. 格局격국 生死생사 引用인용

무릇 格局은 나름대로 정해진 논리가 있으므로 여기서는 간략하게 기술한다.

- 印綬가 財를 보거나 財運으로 나아가고 겸해서 死絶이 되면 반드시 황천黃泉에 들어간다. 柱에 比肩이 있으면 해소된다.
- 正官이 殺 및 傷官을 보고, 歲.運과 형.충.파.해刑沖破害로 상병相倂하면 반드시 사망한다.
- 正財, 偏財에 比肩이 나타나 분탈分奪하는데, 劫財, 陽刃이 또 歲.運에서 충합沖合하면 반드시 사망한다.
- 상관격傷官格에 財가 旺하고, 신약하고, 官殺이 겹쳐 나타나 혼잡하고, 刃과 沖하고 歲.運에서 또 官.殺을 보면 반드시 사망하고, 살아있어도 상잔殘傷된다.
- 공록拱祿, 공귀拱貴가 전실塡實되어 다시 官이 공망, 刃과 沖하고, 歲.運에서 중견重見하면 사망한다.
- 일록귀시日祿歸時가 형충파해刑沖破害되고, 七殺, 官星이 공망, 沖刃되면 반드시 사망한다.
- 殺官을 크게 꺼리는데 歲運에 상병相倂하면 반드시 사망한다.
- 나머지 모든 格은 殺 및 전실塡實을 꺼리고, 歲運에서 병림병림倂臨하면 반드시 사망한다.
- 흉신, 악살, 구교, 공망, 적객, 墓, 病, 死, 宮의 모든 煞을 만나면 10중 9는 사망한다.
- 官星이 태세太歲에 있고, 財가 많고, 身은 약하고, 사주에 七殺이 범하여 신약하여도 구원이 있으면 길하고 구원이 없으면 흉하다.
- 金이 많으면 요절하고, 水가 왕성하면 풍류飄流하고, 木이 왕旺하면 요절하고, 土가 많으면 언어가 느리고 좋지 않고, 火가 많으면 말이나 행동이 거만하고, 많거나 적어도 이렇게 논한다.

하나만 가지고는 그렇지 않지만 2개 항목에 대해서는 과감히 단정하여도 된다.
반드시 이치를 가지고 추리하여 그 생사를 결정하여야한다.

一. 論논 征정 太歲태세

정(征:친다)은 전(戰:싸움)이다. 가령 신하가 임금을 범하는 것이다. 즉 下가 上을 범하는 의미가 된다. 日의 干支가 태세를 충극沖剋하는 것을 정징이라 하고, 또
運의 支干이 태세를 沖하여 손상시키는 것을 정징이라 한다.
太歲의 干支가 日의 干支를 沖하는 者 또한 정징이라 한다. 다만 팔자에 구조하는 것이 있나 없나를 자세히 살펴 추리하면 백발백중한다.
日의 干支가 太歲의 干支와 합하면 회회라 하고, 歲運과 歲干이 합해도 그렇다. 이것을 만난 者는 主는 좋지 않게 된다. 일 년 내내 반복되고 빨리 하고자 하나 이루지 못한다.

가령
乙 壬 乙 乙
巳 申 亥 丑

辛未 運, 年에 日干의 壬이 太歲 丙寅의 丙을 剋한다. 日支의 申(庚)이 太歲의 寅(甲)을 剋한다. 또 寅巳 형형, 巳申 형형, 申寅 형형이 되고, 辛未運이 太歲의 丙과 합하고, 木局으로 傷官이 되어 모두 불길하여 그해(丙寅年) 甲午月 火가 旺할 때, 己土 正官이 乙木과 전극戰剋하게 되는데, 乙木이 生할 때 전쟁이 일어나 비명에 사망하였다.

一. 雜論잡론 口訣구결

자평 법법의 간명은 오직 財官으로 논한다.
- 月上의 財官이 가장 긴요緊要하고, 발각發覺은 日時에 있다. 강약을 소상히 살펴야 한다.
- 官星을 논 하게 되면 格局을 논하지 않고, 格局을 논하면 官星은 논하지 않는다.
- 格에 들면 부유하지 않으면 귀하게 된다. 格에 들지 못한 者는 요절하지 않으면 가난하다.
- 官이 손상되는 것이 두렵고, 財가 겁탈되는 것도 두렵다.
- 印綬가 財를 보면 많을수록 재앙이 된다.
- 傷官이 官을 보면 온갖 재앙의 실마리가 되는데, 질병이 있지 않으면 몸이 손상되고, 반드시 官에 소송당하여 수감되고, 자식과 처도 상상傷된다.

- 傷官이 官을 보면 사주에서 있는 者는 重하고, 사주에 없는 者는 경輕하다.
- 傷官이 官을 보았는데 重하면 귀양 가고, 경輕하면 형벌, 문책당한다.
- 傷官이 官을 보면 심성이 굽고, 교묘한 사기를 치고, 오만방자하여 항상 천하의 사람들을 업신여긴다. 군자도 꺼리고, 소인도 나쁘게 생각한다.
- 傷官이 財를 사용하는 者는 부유하고, 傷官에 劫財가 있는 者는 가난하다.

- 年上의 傷官은 부귀하나 오래가지 못하고, 日上 傷官은 처첩妻妾이 힘들고, 時上의 傷官은 자손이 없고, 歲와 月에 傷官과 劫財가 있으면 빈천한 집안에 태어난다.
- 日下 혹은 時中에 財官이 있으면 먼저 가난하고 후에 부유하게 된다.
- 歲月에 財.官.印綬가 있으면 부귀한 집안에 태어난다.
- 日時에 傷官 혹은 劫財가 있으면 먼저 부유하고, 후에 가난하고, 자식이 손상되어 늦어 복이 없다.
- 傷官이 官을 본 것이나, 官殺이 혼잡混雜되면 색色을 좋아하고 음란하고, 하는 일이 소교小巧, 한천寒賤하다.
- 乙巳는 태을太乙, 乙亥는 등명登明으로 남자는 색을 좋아하고, 여는 음란하다.
- 관살혼잡官殺混雜한데 財가 있는 者는 길하고, 財印이 없는 者는 흉하다.
- 財와 命이 유기有氣하면 설령 배록背祿되더라도 가난하지 않고, 財가 絶하고 命이 쇠약하면 설령 건록 健祿이 있다고 하더라도 부유하지 않다.
- 劫財, 敗財는 마음은 크지만 하천下賤하다. 본 者는 주가 욕심이 많다.
- 귀중鬼中에 官을 만나면 핍팍逼迫된다.
- 나를 극剋하는 것은(官殺) 貴가 되고, 내가 剋하는 것은(財) 富가 되고, 나를 生하는 것은(印) 의지하는 근원의 힘으로 나의 정신을 기르는 것이고, 내가 生하는 것은(食傷) 항상 핍박逼迫을 품고 있다.

- 財가 월령에 들면 인색하다.
- 柱에 劫財, 비刃이 많은 者는 부친이 刑되고, 상처傷妻하고, 재산을 모으지 못한다.
- 길에서 재주를 팔고 장사를 하는 것은 모름지기 낙지落地된 財를 살펴야한다.
- 재상宰相은 모름지기 정록正祿을 득시得時하여야 한다.
- 七殺과 효袅가 重하면 타향을 이곳저곳 돌아다닌다.
- 傷官, 劫財는 속이는 마음이 있고, 짐을 전가하여 책임을 지게 한다.

- 財官을 重하게 범한 者는 貴하다.
- 망신亡神을 重하게 범한 者는 요절한다.
- 七殺은 홀로두면 강하게 되어 制하여야 한다.
- 명살明殺은 합하여 제거하여야 오행이 화기춘풍和氣春風하게 된다.
- 암살暗殺이 합하여 들어오게 되면 자기 몸이 상해傷害된다.
- 時의 殺을 沖하여야 좋고, 여명은 산액産厄이 많고, 남명은 형벌의 이름이다.
- 이덕二德이 깨어지지 않으면 여자는 마음이 어질고, 남자는 충효하는 마음이 높다.
- 傷官이 印을 사용하면 財는 제거되어야 명성을 떨친다.
- 傷官이 財를 사용할 때 傷官 처處에서 발복發福하고, 格에 들면 천기청기, 부유하고, 格에 들지 못한 者는 가난하다.
- 一格 혹은 二格은 경卿아니면 재상이 되고, 三格, 四格은 財官이 불순하여 노예 아니면 병졸 혹은 구류(九流:하급직)가 된다.

- 육음조양六陰朝陽(辛日의 戊子時)은, 계월季月은 印格으로 본다. 길신吉神이 패해破害되면 좋지 않고, 흉신이 刑沖하는 것은 좋지 않다.
- 財.官.印.食은 자상慈祥한 덕이 있고, 傷官.劫.刃은 악명惡名을 피하기 어렵다.
- 天이 沖하는데 합이 없으면 표류飄流의 무리배가 된다.
- 육임추간六壬趨艮(寅)이 亥月을 만나면 가난하다.
- 마馬가 공망이 되면 실의에 빠져 애태우는 사람이다.
- 月이 沖하면 조상을 등진다.
- 양자過房는 殺이 삼형三刑을 찬 것이다.
- 母는 드러나 있고, 父는 숨어있으면 남몰래 낳은 자식이 많다.
- 財.印.偏官은 서출로 태어났다.
- 간두干頭가 멸렬滅烈하면 백우伯牛가 하늘을 원망하는 것과 같고, 時日가 충형沖刑하면 복상葡商을 면하기 어렵고, 장자莊子의 한탄과 같다.
- 刑이 많은 者는 사람의 의롭지 못하다.
- 합이 많은 者중 떨어져 있는 者는 친하지만 합이 많은 자는 우매하다.
- 沖이 많은 자는 凶하고, 辰이 많은 자는 싸움을 좋아하고, 戌이 많은 자는 소송을 좋아하고, 辰戌 괴강魁罡은 흉이 많고 길은 적다.
- 時,日 공망은 처와 자식이 어렵게 되고, 역마가 교치交馳하면 고향을 등진다.

- 食神의 干이 旺하면 뛰어나기가 財官과 같다.
- 순식順食 者는 방장方丈 앞의 음식이다.
- 도식倒食 者는 음식이 얼마 되지 않는다.
- 食이 쇠약하고 효효梟가 旺하면 사망하거나 재앙을 당한다.
- 水 윤하潤下는 문학에 현달顯達한다.
- 土 가색稼穡은 상업으로 부귀하다.
- 金水가 쌍천雙淸하면 도道에 이른다.
- 火土가 혼탁混濁하면 승려가 된다.
- 子午는 巳亥를 가장 싫어한다.
- 卯酉는 寅申을 절대 꺼린다.
- 己亥가 陰(乙)木을 보면 종내 목숨을 잃는다.
- 時에 丙寅을 만나면 관직에 오른다.
- 오행의 절처絶處가 태원胎元, 生日이 되면 명왈名曰 수기受氣라 한다.
- 화化 者는 10日이 있다. 甲申, 乙酉, 庚寅, 辛卯, 壬午, 癸未, 丙子, 丁丑, 戊午, 己丑으로 팔자가 格이 들지 못하여도 부귀가 남아돈다.
- 복덕福德과 수기秀氣는 다른데 각 天神과 地神을 논하여 化한 것에 의한 格으로 구분한다.
- 化가 진眞인 者는 높은 벼슬이 되고, 化가 가假가 된 者는 고아孤兒, 이성異姓이 된다.
- 용龍을 만나면 곧 변화化하여 용이 승천한 것이 되어 대인大人이 보면 이롭다.

- 또 겨울에 염열炎熱을 만나고, 여름의 초목이 서리를 만나고, 음서陰鼠에 水에 거주하고, 신구神龜에 火에 잠자고, 合이 있고 合이 없고, 등에 대해서 후학은 알기 어렵고, 선현이 싣지도 않아 3에 1도 이루기 어렵다.
  또 格局을 논하는 것에는 명확하게 정해진 례가 있고, 취합된 구결은 간략하게 한두 개만 제시되어 있다.
  제현諸賢은 경經의 뜻을 가지고 설명하는데, 취용取用에 합당한 것이 없고, 몇 개는 쉽게 통하기도 하고, 이러한데 도道는 무궁無窮하니 진리를 배우는 것을 멈추지 않아야 한다. 경에 이르기를 명령된 생각을 끊고 감명鑑命하면 착오가 없다 하였다.

『 註釋 經에 이르기를 煞이 변하여 권력이 된다 하였는데, 한천한 가문에서 귀하게 된 사람이다. 이러한 者는 殺을 用하는데 食이 制한 것이 이에 해당한다.
권귀權貴는 당합當合의 神인데, 官.財.印.食일 뿐이다.』

一. 群興군흥 論론

무릇 人生이 흥겹게 되는 것은 부귀영화를 잡는 것이다. 부귀하게 되면 또한 복을 누릴 수 있게 되고, 또 평생 복을 유지하게 되는 것은 어떠한 것인가?
무릇 사주 中의 身主가 오로지 旺하여야한다. 吉神을 사용하게 되는데, 財.官.印綬.食神으로, 각각 모두 祿을 차고 월령을 얻어 권력을 가져야 하고, 편중되지 않아야하고, 혼잡되지 않아야 한다. 또 刑沖, 손상, 剋害되지 않게 되면 부귀하게 되며, 본원本源도 순수하면, 훗날 인재가 되어 전인前人의 기업基業을 빛내고 당대에 공명을 이루고, 비웃음을 당하지 않고, 상해傷害되지 않는다.
또 運上에서 모두 吉하게 나아가면 사주에 길과 이로움이 더욱 증가되니 이것을 일컬어 근원이 깨끗하고 흐름도 맑다 한다. 그래서 복을 누리게 되고 보통사람보다 뛰어나게 되고, 그것을 유지하여 후회 없는 삶이 된다.
命과 運이 한 길로 生旺하게 되어 세력을 유지하여야 그렇게 되고, 요행이 아니고 命이 그러하여 그렇게 된다는 것을 알아야 한다.

굴기崛起는 무릇 인생에 궁하여 굶주리고, 근심이 있고, 괴롭고, 고독하고, 전도顚倒되어 아무것도 없게 되었는데 한번 때를 만나 창성하여 일어나게 된다.
혹 재물을 운영하여 뜻에 맞게 가득 채우고, 백수白手가 장원莊田을 가지게 되고, 혹 봉작되어 백성에 덕을 베풀고, 비할 데 없는 삼정승이 되는 이러한 사람은 전후가 다르게 나타나기 때문인데, 그러한 것은 어떤 것인가.
무릇 日主의 生氣가 旺하지 않아 그렇다. 貴神을 사용하고, 다 득위得位하여 旺하고, 또 格이 합당하지만, 어찌 日主가 무력하면 임무와 복을 맡아 뛰어나게 행할 수 있겠는가? 왕성한 중에 노곤한 것으로, 갑자기 運에서 도움을 받게 되면 日干이 강건하게 되어 用神이 용맹스럽게 기세를 내뿜어 나타난다.
원명元命의 用神은 내가 사용하는 것으로, 내가 얻어 타게 되어 돌연히 흥하게 된다. 이는 치우친 氣가 화합되고, 쇠약한 것이 旺하게 되어 吉을 맞게 되니 기울어진 곳에서 일어난 굴기崛起*이다.

　　　　** 굴기崛起 : ①(산이)쑥쑥 솟음 ② '기울어져 가는 집안에 훌륭한 사람이 남'의 비유.

무릇 건업建業 창공創功은 대업과 소업이 같지 않은데 마땅히 命의 경중輕重에서 다르게 나타나니 구별을 하여야한다.

취흥聚興이 있는데 日主가 강하여야 하고, 사주 오행에 殺이 순수하고 잡雜하지 않아야 한다. 身과 殺이 같이 旺하면 근본의 근원을 제복制伏하지 못하면 富貴하게 않는다. 그렇지 않으면 運을 기다려 制伏하여야 한다. 그러면 殺神이 化하여 권력이 되어 굴崛한 곳에서 흥興이 일어나 재덕才德이 공경公卿으로 움직이고, 공명功名이 현달하고, 무리에서 뛰어나다.
이것이 身旺한데 殺神을 제제하여 변화시켜 권력이 된 것이다.
旺한 신력神力을 制하니 발복이 비상非常하게 되고, 어찌 얻은 사람은 현달하여 극품極品의 존귀尊貴에 이르지 않겠는가!
실제 그러한 命이 있어도 運에서 도와주어야 갑자기 흥興하게 되고, 運이 이르지 않으면 보통 사람일 뿐이다.

사주는 일주가 건왕健旺하고, 用神도 旺하고, 각 서로 균정均停하면 부유하고 높은 관직의 貴한 命이 되고 어진 자식이 되고 장대長大하게 되고 풍성하게 된다.
한 번 나쁜 運을 만나 원명元命에 가림加臨하게 되면 財가 겁탈 당하고, 官이 손상되고, 印이 붕괴되고, 食이 손상되기 때문이다. 이러한 運을 만나면 재해가 말로 다할 수 없다. 소이 중년에 기울게 되면 다시 일어나기가 어렵다.
나쁜 運이 지나가고 좋은 運을 만나 身을 돕게 되면 나와 용신을 새롭게 하게 된다.
비유하면 싹이 말랐는데, 비가 온 것과 같이 돌연히 흥하게 되고, 기러기 털이 바람을 만나 훌쩍 일어나는 것을 어떻게 막겠는가?

중흥中興이 있는데, 인생에서 오행들이, 곧 身이 旺하고, 陽刃, 比肩이 각 旺하여 서로 싸우고, 財官의 격신格神 등의 물物이 공허하고 약하면 성공하지 못한다.
運이 지나고 다시 福地가 들어오지 않으면 일생 가난하고 고독하고 고생스럽고, 뜻은 있지만 이루지 못한다. 혹 중년, 말년에 殺運을 만나면 가살假殺이 권력이 되어 陽刃을 제복하면 권력을 얻어 현양顯揚하게 되고, 재물을 얻고, 발복發福한다.
마땅히 오행의 청탁淸濁을 따라야하며, 運과 만나는 것도 청탁淸濁을 구별하여야 한다.

말흥末興은 일생 궁곤하다가 홀연 중년 말년에 흥기興起하는 경우가 있다. 이것은 命元에 財官을 사용하는데, 평생 無氣하다가 運이 도달하여 부귀하게 되고, 하나하나 재물이 일어난다. 그러니 말흥末興은 運을 얻어 일어나는 것이다.
학자는 힘써 학습하지 않으면 안 된다.

一. 論논 興亡흥망

무릇 人生은 柱中의 순살純殺을 사용하는데, 殺神을 制하지 않으면 백옥白屋에 궁핍한 사람이 되거나 권세 있는 집안의 선비가 된다. 그래서 制殺하는 運을 만나야 한다.
가살假殺이 일어나게 되면 조정으로 진출하게 되고, 권력의 위엄과 복을 헤아릴 수 없이 크다.
제복制伏하는데 運에서 한 개의 財가 들어오면 殺의 무리가 되어 화환禍患이 일어난다.
이와 같이 官旺 殺旺한데 사주원국을 運이 두렵게 하면 꾀하는 바를 잃게 된다. 소이 命에 殺의 무리가 運에서 갑자기 들어오면 凶하다.
우연히 유년流年에서 財殺의 무리를 만났는데 조금 旺하면 殺神이 서로 무리를 지어 재앙을 일으킨다. 身主는 고한孤寒하고 해로움을 당하고, 가벼우면 집안이 기울고, 유배당하고, 무거우면 身이 형벌로 죽는다.
그래서 殺神이 병합併合하면 그 흥망凶亡이 두렵고, 이와 같이 殺은 하나하나의 화환을 면하기 어렵다.

또 柱中에 月令에 官星이 있으면 정기正氣관성官星이다.
일생 貴氣를 유지하고, 印運을 만나면 이익이 된다.
무릇 官星은 財을 만나 生을 받아 旺하게 되는 것이 좋다. 印이 旺하면 官星을 보호한다.
그래서 이러한 사람은 인仁으로 덕德을 베풀고, 나라를 구상하고 지방을 다스리게 되고, 높은 권력의 관직에 임하고, 소이 貴하다.
후에 殺神이 旺한 곳을 만나거나, 殺神이 득위祿位하거나, 歲에 殺이 병림□臨하게 되면 官이 변하여 귀鬼가 되어 반드시 身이 상喪한다.
殺 運으로 나아가지 않고, 傷官 運을 만나고, 다시 印綬의 制가 없고, 傷官이 득지得地하면 祿이 손상되고, 처가 죽고, 자식이 극剋되고, 벼슬을 잃는 재앙이 생긴다.
다시 유년流年에서 갑자기 官이 剋을 받아 손상되면 반드시 참혹하고 흉악하게 사망한다.
그래서 官祿을 이루고자 하나 손상을 만나면 죽임을 면하고자 하여도 피하기 어렵다.
그러므로 고견高見과 깨달음이 있게 되면 진퇴 존망의 징조를 알 수 있어 자신의 몸을 보호할 수가 있다.
官祿이 손상되면 육친도 재해를 면하기 어렵고, 또 자신도 나쁜 질병에 의해 생을 마감한다.

또 사주 中의 用神인 官殺의 氣가 없으면 偏財, 正財가 旺하여야 한다.

財神의 마땅한 道는 흐릿하게 숨어 있어야 흥륭興隆하여 재물이 쌓이고, 단지 貴는 높지 않다. 또한 行運의 여하를 살펴야 한다. 만약 財가 官祿의 旺한 곳을 만나면 부귀를 이룬다.

불행하게 되는 것은 財神이 局에서 벗어나고, 陽刃을 만나는 것으로 재산이 기울고 복이 깨어진다. 근심이 많고 凶하다.

유년流年의 陽刃과 충합冲合하면 재물이 깨어지고, 원명元命에 쇠절衰絶되어 있으면 陽刃이 凶을 일으켜 패망이 절정에 이른다.

一. 寶法보법 第一제일

무릇 음양을 내려 받아 天地 사이에서 태어난 인간은 조화造化를 받을 수밖에 없다.
조화에 의해 태어난 물질도 마찬가지로 음양의 변화에 의한 것이 없을 수 없으니 사람의 길흉과 허물이 이 이치가 있는 것은 명확하다.
그래서 술가의 법은 참으로 많은데 깊이 궁구하여 보면 자평 외에는 심오한 것이 없다.
자평법은 오로지 日干을 주체로 하여 제강提綱에 소장所藏된 물건으로 령令을 삼는다. 그리고 나서 年.月.時 支의 조짐으로 그 실마리를 찾는다.
무릇 격은 월령제강月令提綱을 사용하는 것으로 年.日.時에서 格이 되는 것을 구하지 말아야 한다.
요즘 사람들은 이 법을 많이 알지 못하는데, 이를 무시하면 백가지 방법이 필요 없다. 비유하면 월령에 있는 金.木.水.火.土로써 격을 얻게 되는데, 오직 한 가지를 정하여 설명하여야한다. 만약 곁의 것으로 격을 구한 것은 잘못된 것이다.
월령에 실제 있는 것을 취하여야 하며 경중輕重, 심천淺深을 두루 구하고, 格局의 파충破沖도 살피는 것이 옳은 법이다.

서산西山 역감易鑑 선생이 취한 통변變通을 보면 대부분 10격으로 구분하여 그 중 6격을 중요시하였다. 官.印.財.殺.食神.傷官인데 영고, 성쇠가 증험되지 않는 것이 없었다.
이 法을 설명하면 **官을 설명하면 財를 살피고, 殺을 만나면 印을 찾고, 印을 만나면 官을 보고, 이는 참으로 오묘**한데 법이 전해지지 않았다.
네(印.官.財.食傷) 者를 취하여 편중되지 않고, 기울지 않고, 생극제화生剋制化를 취하여야 하고, 깨어짐을 만나고, 체體가 수囚되면 운명이 밑바닥이 되고, 生에 있고 거去가 되면 복이 되고, 도움이 있고 벗겨지면 화禍가 되고, 그 이치가 매우 깊다.
자세히 살펴 취하면 사리에 꼭 들어맞는다. 몽매하지 않고 떳떳한 술사가 되려면 열심히 숙독熟讀하면 행운이 있게 될 것이다.

[蟾彩 : "官을 설명하면 財를 살피고, 殺을 만나면 印을 찾고, 印을 만나면 官을 보고, 이는 참으로 오묘" 이 말은 필자의 저서 삼명통회 적요의 제6장 천고사주신해에 공개한 비결 기세론과 같은 추명방법이다.]

一. 寶法보법 第二제이

자평법은 日이 주체가 된다. 먼저 제강提綱을 중요하게 보고, 다음은 年.日.時 支를 사용하여 합당한 격국이 이루어졌는가의 형상으로 판단한다. 모두 月令을 사용하여야하고, 年을 格으로 취하는 것은 불가하다. 무릇 자평의 수數로 살필 때는 취한 格이 일정(정해진 것이 아니면)하지 않으면 10에 9는 어긋난다.

　역감선생의 법법은 오로지 月令에 金이 작용하면 오직 金을 격으로 사용하고, 火가 작용하면 오직 火를 격으로 사용하는 법이다.

팔자에 水가 많아도 도리어 水를 취하고, 火를 취하지 않는다. 하물며 이것도 어긋난 것인데, 이 법으로 판단하면 태반은 틀릴 것이 분명하지만, 서산역감 선생은 현기玄機를 깊이 깨달아 18격 내에서 6格을 중요하게 취하여 상생相生을 사용하여 格을 정하고, 局을 배합하여, 재차 年, 日下를 사용하여 경중輕重 심천淺深을 추리하여 감명하는데, 만萬에 하나도 어긋나지 않았다.

6格法은 官을 만나면 財를 보아야하고, 財를 만나면 殺을 보아야하고, 殺을 보면 印을 보아야하고, 印을 보면 官을 보아야한다는 것이다.

가령 印을 사용하면 殺이 두렵지 않는데, 이 殺은 印을 잡고 印은 身을 잡아 도리어 상격上格으로 취하게 된다. 사주에 印을 만나 七殺을 보았는데 다만 官殺이 존재하여 있는데도 運에서 官殺이 들어오면 貴格이 된다고 한다.

月令에 官이 통하고, 柱中에 財를 만나면 財가 官을 生하여 더욱 뛰어나게 되어 부귀한 格이 된다.

柱中에 財를 보게 되면 사람이 많은 재물을 모으게 되니 발복되어 흥하게 된다. 다만 하나의 殺을 보았는데 殺을 중중하게 보면 財가 旺한 運으로 나아가는 것은 불가하다. 즉 財가 旺한 殺을 生하게 되어 빈천한 格이된다 무릇 格은 당연히 殺.官으로써 설명한다.

一. 寸金搜髓촌금수수 論론 (印淨禪師인정선사)

조화는 먼저 日主를 살피고 후에 제강提綱을 파악하여 본다.
다음 차례로 사주의 財官을 오직 논하다.

- 身旺하고 財官이 뛰어나면 부귀하다.
- 만약 도리어 身旺한데 財官은 손상되어 있으면 아침에 구하지만 저녁에는 연약하게 된다.
- 財官이 旺할 때 日主가 강하면 붉은 옷을 입고 금대를 차는 것을 의심하지 않아도 된다.
- 財官이 旺하고 日主가 약한데 運行에서 身旺하게 되면 가장 뛰어나다.
- 日主가 旺하고 財官이 약하면 運에서 財官이 들어오면 명리名利로 달린다.
- 日主의 坐下에 財官이 있고, 月令에서 또 상봉相逢하면 貴하게 되는 것이 어렵지 않다. 부귀는 財官으로 함께 논하게 되는데 일찍 부귀하여 祿이 높다.
- 身旺한데 의지할 곳이 없으면 조상을 떠나거나 그렇지 않으면 외지에서 죽는다.
- 身旺한데 의거할 곳이 없으면 재물과 처가 상傷하고, 외가外家가 냉락冷落하고, 혹 양자로 들어간다.
- 身旺하고 印旺하면 재물이 깨어지고 모이지 않고, 재물은 단지 선善하게 깨어져 좋은데 물건을 두는 집을 짓고, 혹 문은 큰데 창고 안은 비어있고, 내는 부족한데도 외는 남아 돈다.
- 官은 노출되는 것이 좋아 노출되면 청고淸高하다. 財는 감추어져있는 것이 풍후하다.
- 殺은 감추어져 있고 官은 노출되어 있으면 악은 숨어 있고 선은 드러나 있는 것인데, 인생에 이것을 만나면 나라에 이름을 떨친다.
- 官殺이 태중太重하고 身도 다시 강하면 制伏을 만나야 현량賢良하게 된다.
- 殺官이 印과 손잡으면 貴가 가볍지 않아 위엄과 명성을 크게 떨친다.

- 身에 구하九夏의 火土가 많으면 水를 만나 구제되어 중화가 되어야 貴하다.
- 水火는 원래 기제旣濟 되어야 명리名利가 보장되어 산하山河에 떨치게 된다.
- 삼동三冬에 생거生居하면 차가운 水에 金도 차가우니 火를 얻어 서로 돕게 되면 대수롭지 않다.
- 火의 세력이 염염炎炎한데 水가 없지만 運行에 水가 들어오면 또한 아름답다.
- 水의 세력이 도도滔滔한데 火가 없지만 運에서 火가 들어오면 또한 뛰어나다.

- 남방의 화염火炎은 북방 水運이 이롭다.
- 북방의 차가운 水는 남방 火運이 이롭다.
- 동방 木이 많으면 서방의 金運이 마땅하다.
- 서방의 金旺은 동방 木運이 마땅하다.
- 水火는 기제旣濟되어야 공功이 있다.
- 金木은 이름이 이루어진 것을 논한다.
- 오행이 서로 구제가 되면 구천九天까지 위엄과 명성을 떨친다.
- 삼구오행三丘五行이 辰.戌.丑.未를 많重이 보면 골육에 슬픔이 있게 되는데, 부모가 부족不足하고 형제와 이별하고, 친척과 정이 소원하고, 다시 처자가 이지러진다.

- 제강提綱을 충파冲破하면 부모에 허물이 많고, 혹 사망하고, 혹 떨어져 산다.
- 身旺하고 比肩의 坐에 역마驛馬가 있으면 형제가 떠돌아다니고 맑고 깨끗한 것을 좋아한다.
- 팔자에 네 말(馬:寅申巳亥)이 전부 교류하여 달리면 身에 영화가 있지만 동서를 맡아 바쁘게 힘써야 하니 고생스럽고, 뛰어나지만 몸과 마음사이가 안정적이지 않다. 움직이면 풍류風流, 멈추면 비애가 있다.
- 財星이 입고入庫되면 주는 財를 모은다. 財星이 입고入庫되면 처가 몹시 안달하고, 재물을 지키느라고 사람 구실을 하지 못한다.
- 만약 財星의 坐에 네 말(馬:寅申巳亥)이 있으면 처가 현숙하고, 받들지 않는 것이 없다.
- 官殺이 중중重重한데 財가 없으면 처의 내조가 좋지 않다. 시부모를 공경하지 않고, 무례하고, 남편의 권력을 빼앗고 명령을 배척한다.
- 官星이 生旺하고, 다시 長生이 時에 있으면 자식이 총명하고 준수秀하고, 자손들은 비단옷의 계급이 된다.
- 比劫, 傷官이 旺하면 처와 아이가 손상되고, 자식이 불효하고, 구걸해서 기르고 전부 좋지 않다.
- 日主가 七殺, 효신梟神을 차면 처가 임신이 안 되거나 아이를 적게 낳고, 혈기가 조화롭지 못해 혈질血疾이 있고, 行運에서 들어와도 그러하다.
- 남자가 효식梟食을 중중重重하게 보면 신약은 폐병이 생기고, 여인도 효식梟食이 吉하지 않은데, 출산에 어려움이 있고 또 한 질병으로 위태롭게 된다.
- 여인에 官이 旺하고 겸해서 財가 旺하면 어진 남편을 얻고, 좋은 자식을 얻는다. 만약 財官이 함께 손상되면 남편이 상傷하고 자식이 尅되고 독수공방한다.

- 印綬가 身을 旺하게 하여 身이 다시 旺하게 되면 사람이 刑剋되고 主는 고독하고 가난하다.
- 만약 官을 얻었는데 財가 있으면 또한 관직에 임하게 되어 매우 뛰어난 사람이 된다.
- 시비를 하는 것은 오직 水火의 相剋에 연유가 있다. 혹 눈이 어둡게 되기도 한다. 여명에 傷官이 旺하고 좌하坐下에 傷官이 있으면 남편에 대항하여 직책하고 밤낮으로 잔소리가 끊어지지 않는다. 백년까지 고독하고, 법을 저버린다.
- 乙巳, 戊辰, 庚午, 辛未 日은 권귀權貴의 처가 되고, 다시 현숙한 처가 되고 또한 主도 貴하게 된다.
- 다시 사주의 여하何如를 살펴야 하고, 丙子, 丁丑, 戊寅, 己卯에 태어난 사람도 앞에 설명한 것과 같다. 辛巳, 壬午, 甲申, 乙酉은 모두 좌하坐下에 財官이 있어 부귀가 적지 않다.

- 丁亥, 戊子, 庚寅, 日主의 命은 가볍지 않고, 辛卯, 丙申, 丁酉는 財官이 숨어 있어 명성을 날린다.
- 己亥, 甲申, 庚戌은 印綬, 財官이 안에 은장隱藏되어 있어 다시 丙辰, 壬戌이 이르면 四時의 印이 붙게 되어 평범하지 않다.
- 甲子, 丙寅, 丁卯, 己巳, 壬辰, 癸巳는 이름이 없고, 이롭지 않고, 떠돌아다닌다.
- 乙亥, 庚申, 己巳에 生하면 下에 財官이 없어 처궁 자녀에 허화虛花를 차서 동서남북에 자신의 집을 만든다.
- 甲午, 戊戌, 庚子는 女命은 장부丈夫를 剋하고, 男命는 자식을 剋한다. 乙巳, 丙午, 丁未도 동등하다.
- 壬子가 중중重重하면 主는 고독하고 궁핍하다.
- 甲寅, 乙卯, 戊午는 支干이 같은 종류로 자식이 온전하지 않다.
- 己未, 庚申, 癸亥는 月令에 다시 旺하게 하는 것이 있으면 화해禍害하여 좋지 않다.
- 月에 財官, 印綬가 완전하고, 月時에 부합하면 복이 연이어진다.
- 干支가 같은데 身旺하면 자식이 剋되고 처가 형刑되고 조상의 전답이 깨어지고, 사주의 강약을 구분하려면 음양 하나만 잡아 말하지 않아야 한다.
- 이것이 오행의 참된 묘결妙訣로 진리를 깨닫지 않은 者는 헛된 것을 함부로 전하지 않아야한다.

[蟾彩 : 위의 금촌수수론까지 身(日干)이 旺하여야 한다는 것은 지나치게 강조하였다. 일간이 旺하게 되는 정도가 어느 값이 되어야 하는지 명확한 답을 제시 하지 않았으니 독자께서 판단 할 수밖에 없다. 분명한 것은 身旺하면 도리어 나쁜 결과가 나온 것이 임상결과이니 독자 여러분은 신왕에 너무 집착하지 않는 것이 바람직하다.
밑의 논명 세법부터 끝까지는 身旺을 비교적 적게 언급하였다.]

一. 論命논명 細法세법

- 양자와 데릴사위는 七殺이 三刑을 찬 것이다.
- 모모는 나타나있고, 부父는 암장되어 있으면 사생아私生兒로 태어난다.
- 내가 명명하거나 내가 암暗하여 화상化象을 따르게 되면 부친이 죽었을 때 영혼을 보내지 못하다.
- 庚金이 化하였는데 火를 만나면 부친이 피를 보고 죽는 것을 의심할 필요가 없다.
- 比肩이 三合하면 가족에 해害롭다.
- 三刑은 영락零落하고 처와 헤어진다.
- 比肩은 규방을 암손暗損시키고, 형제가 무정無情하고 기만한다.
- 比肩이 다른 象을 이루어 형제가 화목하지 않고, 아내가 간통한다.
- 처(財)가 三合하고 坐에는 처(財)가 있게 되면 처가 더해지는데 친한 곳에서 얻게 된다.
- 좌한 財가 투출하여 다른 象을 이루면 主는 처와 헤어지나 다시 처를 얻는다.
- 財가 많이 투출하면 부인을 두려워하고, 財가 絶地에 임하면 아이를 낳지 못한다.
- 化하여 다른 象이 이루어지면 정부正夫를 尅하고, 반드시 主는 남편을 속이고, 예의도 없다. 身旺하고 食도 강강하면 또한 이러하다. 食이 뚜렷하게 旺相하면 무지無智하고 죽기도 한다.
- 陽에 해당하는 正印이 독차지 하면 主가 출산 때 상傷하고, 正印이 偏財 上이 되면 놀라는 일을 당한다.
- 천시지리天時地利*(사주가 화합하지 않은 것으로 추정)는 달月이 지난 후 태어난다.

** 天時地利 : 하늘이 준 때, 지리상의 이로움, 사람의 화합. 하늘이 준 때는 지리상의 이로움만 못하고, 지리상의 이로움은 사람들 사이의 화합만 못하다는 뜻이다.

- 七殺이 刑을 겸하면 정상頂上이 편중되어 있다.
- 印이 殺地에 귀歸하면 모친에 질병이 있다.
- 丙丁 쌍자雙者는 쌍령雙靈을 얻는다.
- 日祿이 時에 귀歸하면 꿈이 잘 맞는다.
- 유아幼兒에 젖이 없는 것은 食이 형충沖刑되기 때문이다.
- 壬子, 乙酉는 처가 서출이다.
- 丙戌, 丁丑은 처를 빨리 얻는다. (丙戌, 丁丑은 처가 영靈을 얻는다.) 부친을 등진 것은 甲이 乙卯 月에 태어난 것이다. 이때를 분명히 기억하여야 한다.

　　** 零落영락 : ①권세(權勢)나 살림이 줄어서 보잘것없이 됨　②초목(草木)이 시들어 떨어짐

가령 申子辰이 水를 따르는데 5月 生은 水가 없어 그렇지 않다. 火가 있으면 從하지 않는다. 戊癸가 火로 化하여 巳午가 있으면 天干이 地支의 火를 따라 종從한다.
또 앞으로는 坐日, 甲木을 논할 것이다.
락록자珞琭子가 이르기를 학문의 해석은 이궁離宮이 정해진 것이라 하였다. 이렇게 취용한다.
두로杜老 선생은 경심승판鏡鐔僧判에 가르치기를 장차 이것이 례가 된다 하였다. 이를 상세히 참고하여 매일 아침저녁으로 고심하였는데, 반년이 지나서 홀연 이 時의 입처入處를 얻었다 하였다. 공公들은 초학初學이므로 진퇴進退를 몇 번 거듭한 연후에 이 法을 얻을 것이라 하였고, 타他 음양과 더불어 하지 않는다 하였다. 이는 다른 문파의 심오한 경經이 된다.
또 심인구결心印口訣에 논하기를 쌍정雙頂은 오직 팔자로 설명 할 수 있는데, 丙.丁이 쌍雙으로 있는 것이 이것이다. 만약 단지 一丙, 一丁의 下가 刑沖이 되어도 정수리가 비뚤다고 말하여도 착오가 되지 않을 것이다.

또 하나의 法이 있는데 아이들의 얽은 얼굴은 戊己가 甲乙에 剋 당한 것이고, 얽은 것이 없으면 흉터가 있다. 戊己이 乙巳, 乙卯, 乙亥을 본 것이 이것이다.
이와 같이 서로 번갈아 꿰뚫어 면서 天干 地支가 왕래 相剋하여 화합化合의 氣, 사생死生, 파패破敗 모두 이것이 주된 바가 된다.
干支의 여러 가지 변화는 이러한 化와 같아 질병의 근원은 이 가운데에서 나타나고, 성패成敗도 이 가운데에서 나온다.

命의 심오함이 이것에 말미암지 않는 것이 없으니 다른 곳에서 들어온 것은 거짓이 된다. 다 이것에서 도달하는 곳을 얻어 살피게 되면 술가들의 많은 학설을 섬겨 따르지 않아도 된다.

사주의 地支 中에 꺼리는 者가 있으면 運中에 투출하여 들어는 것은 병病이 되어 절대 꺼린다.
運의 財를 꺼리면, 이는 凶하게 하는 財이고, 歲와 싸우면 곧 재앙이 된다.
무릇 坐에 殺이 있는 者는 殺이 旺한 運으로 나아가는 것은 불가하다.
身旺한데 다시 旺을 더하는 運이 되고, 歲運에서 傷官, 殺이 같이 들어오면 나와 무정無情한 者가 된다.

印綬는 財運으로 나아가는 것은 두렵다. 主는 나쁘게 죽거나 혹은 혈질血疾이 있다.

- 印綬가 많으면 어미가 많거나 혹은 여러 여인에게 젖을 얻어먹거나 혹은 외가에서 양육된다.
- 사주에 官星이 유기流氣하는데 太歲에서 官星을 沖하면 반드시 관청의 송사가 있다. 또 이것을 만났는데 比肩이 돕는 者는 比肩의 사람이 구조하여 무사無事하게 된다고 설명한다. 유기流氣는 財官이 전생轉生*하는 것이다.

** 轉生 : 다른 것으로 다시 태어남.

- 傷官이 세 개 있으면 財를 生한다고 아는데, 傷이 부진不盡하면 하급관리가 많다.
- 사주에 傷官의 기운이 왕성하고, 傷官 運 및 印綬 運이 되고 歲에 다시 官星이 들어오면 凶하다.
- 化氣는 근본을 돌이키는 것을 두려워하는데, 化가 이루어지지 않아 변국變局이 되는 것으로, 化하지 못하게 된 것이다. 단지 본본本 日干을 사용하여 판단하여야 한다.
- 또 가령 己土는 癸水가 첩인데 運에 辰 고庫를 만나면 主의 첩이 자가自家의 사람과 사통私通하게 된다.
- 丙은 乙이 모친 인데, 庚申을 만나면 모母에 외정外情이 많다. 丙은 庚이 부친인데 寅丙을 많이 만나면 主의 父는 허약하다.
- 戊에게는 癸가 첩인데 坐에 酉가 되면 主는 술을 좋아한다.
- 본원本元에 財官이 없는데 運에서 財官을 만나면 主는 흉하지만 타인은 발재發財, 발관發官한다.

- 火에 水가 들어오면 主는 혈질血疾이 있다.
- 壬,癸가 寅卯에 인귀引歸하면 主는 양기가 일어나지 않는다.
- 時가 패절敗絶에 해당하면 노후에 이루지 못한다.
- 日干과 유기流氣(流年)가 합하면 主에 어두운 氣가 입문入門한다.

가령 六 甲日의 偏財인 陽土는 父가 되고, 陰土는 妻가 된다. 陽金은 아들, 陰金은 딸, 陽木, 陰木도 마찬가지다. 남은 것은 이에 준한다.

처성妻星이 패지敗地가 되면 主의 처는 올바르지 않다.

가령
癸 癸 庚 己
丑 酉 午 酉

財가 敗地에 들은 것이다.

[蟾彩 : 巳酉丑의 도화살은 午 즉 敗地다. 癸의 財星은 午로, 財星이 敗地]

- 寅.申.巳.亥은 네 長生인데 총명한 처를 얻는다.
- 財.官.印의 氣를 얻으면 뛰어나다.
- 원국에 財官을 보면 상객商客이나 농부가 된다.
- 財가 많아 印이 점령당하면 소년에 母가 剋되거나 母가 정결貞潔하지 않고, 재가한다.
- 女人의 命에서 日干이 같은 것 곧 比肩이 나보다 旺하고 타他가 쇠약하면 나는 정정이 되고, 他가 旺하고 내가 쇠약하면 他가 정정이 된다.
- 壬癸水가 왕성한 者는 총명하고 지혜롭고, 女는 음란하다.
- 時上에 財가 있는 者는 반드시 입사(入舍:데릴사위)한다.
- 支中에 官은 있고 刑破가 되지 않은 者는 처로 인해 관직에 오른다.
- 支中에 殺이 있는데 制하지 못하면 처로 인해 禍에 이른다.
- 가령 壬癸日이 運은 역행逆行하고 1,2월에 생하면, 戊己 土는 官이 되어 祿이 絶한 곳으로 곧 배록背祿이 된다. 丙丁 火는 財인데 사주에 財神이 투출하지 않게 되면 이는 배록背祿이지만 가난하지 않은데, 寅卯月 生이니 3陽, 4陽의 火가 암장暗藏되어 있고, 또 이는 財가 되기 때문이다. 또 子丑運으로 나아가면 比肩의 분탈分奪을 만난다. 亥運이 되면 木의 長生으로 火를 도와 主는 재물을 얻는다. 戌運도 그렇다. 酉運는 火는 死, 水는 敗가 되어 主는 재물이 깨어진다.

- 가령 壬癸가 寅卯月에 生하고 순운順運이 된 者는 巳午運에 재물을 얻는 복이 있다. 財神이 투로透露되는 것은 꺼린다. 歲運도 그러하다.
- 財神이 투출透出하였는데 사주에 陽刃, 比肩이 있으면 妻로 인하여 禍에 이르게 된다. 申酉 두 運은 꺼린다.
- 사주 원국에 印이 있는 者 온갖 물물이 고쳐져 바뀌어 새로운 솥을 건다.
- 유년流年에 殺을 만나면 凶하고, 酉 運은 나형裸形, 목욕沐浴, 겁살劫煞로 主는 사망한다.
- 가령 丙子, 丁丑, 戊寅, 辛卯, 壬辰, 癸巳, 丙午, 丁未, 戊申, 辛酉, 壬戌, 癸亥, 時가 되면 상복을 입거나, 병병病中에 결혼한다.
- 가령 자녀의 法은 묘고墓庫에 든 것은 좋지 않다.
- 자녀가 입고入庫되어 있으면 主에 자식이 없다.
- 甲日의 고庫는 偏財로 부父가 되고, 甲의 坐에 西地로 行하면 財가 임한 殺의 위치로 父는 죽어 집에 돌아오지 못한다.
- 陽干의 女命에 食神이 많은 者는 창녀가 된다.
- 陰干의 女命에 食.傷官이 많은 者는 기녀가 되는데 물물을 제거 하면 어질게 된다.
- 火가 天干이 이르면 主는 결핵성 경부(頸部) 림프선염이 있고, 地支에 많을 때는 종기가 있다.
- 殺을 사용하는데 도리어 경輕하면 승도僧道에 이른다.

一. 傷官說 상관설

- 傷官이 만약 상진傷盡되면 도리어 官星을 보는 것이 좋다.
- 傷官에 만약 財을 사용하면 禍가 가볍지 않다.
- 傷官에 만약 印을 사용하는데 殺을 훼하면 형형만 못하다.
- 傷官에 만약 財를 논하면 合하면 명성이 있다.
- 傷官에 財를 사용하면 印은 마땅하지 않다.
- 傷官에 官을 보면 印運은 해롭지 않다.
- 잡기재관雜氣財官은 印을 꺼리지 않는다.
- 두 개의 戊가 한 개의 癸와 合하면 재가再嫁하고, 처와 재물이 훼하고 자식을 기르기 어렵다.
- 印綬, 比肩은 財를 꺼리지 않는다.
- 印綬에 근근이 뛰어나면 身旺하면 반드시 가난하다.
- 印綬가 피상被傷되면 부모가 훼된다.
- 관살혼잡官殺混雜은 부모가 훼된다.
- 재다신약財多身弱은 부모가 훼된다.
- 干과 支가 같으면 처가 훼된다.
- 辛卯, 戊寅은 殺이 많은 것을 두려워하지 않는다.
- 여명의 比肩은 곧 자매가 合을 탐貪하고, 속인다.
- 財에 劫財가 있으면, 殺이 노출되면 두렵지 않다.
- 火命의 사람은 月支가 火에 소속하는 것이 가장 좋은데 간두干頭에 木이 있고 火가 나타나 끌어 주어야 한다.
- 癸酉는 약한 格으로 殺을 보면 반드시 흉하다. 官貴가 크게 왕성하면 旺한 곳에서 반드시 기운다.
- 土命은 포태胞胎를 논하지 않고, 다만 日時를 논하고, 관살혼잡官殺混雜을 두려워하지 않지만 陽干은 論하고, 陰干은 취하지 않는다.
- 子는 寅午火를 두려워하고, 水는 두려워하지 않는다. 寅木은 金을 두려워하지 않고, 巳金은 火를 두려워하지 않고, 己土도 木을 두려워하지 않고, 午火는 水를 두려워하지 않는다.
- 未와 申金은 水를 두려워하지 않고, 己土, 戊土는 木을 두려워하지 않고, 卯木은 酉金을 두려워하지 않고, 辰土는 寅木을 두려워하지 않고, 乙日의 5(午)月은 殺을 두려워하지 않는다.
- 사주 원국에 병병이 있으면 病을 제거 하여야 하고, 병을 제거하지 않으면 불발한다.

一. 心鏡歌 심경가 〈 心鏡五七賦 심경오칠부 〉

人生의 부귀는 모두 전전에 정해지는 것인데, 술사術士는 天上의 성진星辰은 더하여 반드시 상세히 論하여야 착오가 없다.

時.年.月이 命位(日主)를 만나 이를 복福의 근원原으로 취하고, 이것이 수원壽元의 합처合處가 되는 것이 명료하다. 이 설명 또한 헛되게 떠벌린 말이 아니다.

- 官.祿.貴.馬가 합형合刑을 보면 일거一擧에 이름을 이룬다.
- 日이 貴地을 만나고 祿馬를 보면 장세壯歲에 갑과에 오른다.
- 時.日에 祿位가 협夾하면 官이 반드시 청귀淸貴하다.
- 五行이 時.日에 상잡相雜하지 않으면 官이 매우 현달顯達하다.
- 羊刃이 중중重重한데 또 煞을 만나면 大貴하고 갑과甲科에 오른다.
- 만약 삼기三奇가 연이어지고 祿馬를 만나면 명예를 천하에 떨친다.
- 日坐에 食支이고 또 合干하면 구경九卿 삼공三公이 된다.
- 甲子, 己巳의 일설一說은 天地 합덕合德의 비결이다.

- 丙子, 癸巳도 앞과 같은데 관직이 삼공三公에 이른다.
- 木이 金을 만나 주가 손상되지 않는다면 양부兩府의 중당中堂에 앉는다.
- 火가 만약 水를 만나면 主는 장수의 권력을 가져 변두리까지 진압한다.
- 金이 火를 만나면 主는 대권大權을 차지하여 어떤 곳의 지방 관리가 된다.
- 水가 만약 土를 만나 官局이 되면 마땅히 시종侍從의 하급 직職이다.
- 土가 木을 얻어 정록正祿이 되면 팔좌八座 삼대三台의 福이 있다.

- 年이 月祿을 얻으면 기쁘게 되는 것은 아니다.
- 日貴를 주로 취하여, 生에 貴人를 만났는데 고과孤寡의 곳이 되면 스님이 되고, 공망, 官祿이 貴人이 되면 고승高僧이 되어 치의를 입는다.
- 오행이 무기無氣하고 고과孤寡가 머무르면 반드시 수행하는 사람이다.
- 공망, 형해刑害에 또 수囚를 만나면 스님이 되어 과두裹頭를 쓴다.
- 人命으로 主의 권력을 알고자 한다면, 食神이 旺하고 반드시 완전한지 보아야 한다.

- 相沖, 羊刃, 煞傷은 반드시 主는 법정에 서고, 煞에 만약 뿌리가 있으면 악귀惡鬼로 형옥刑獄에서 죽는다.

- 협각夾角이 세성歲星과 만나 함께하면 도류도류徒流가 확실히 정해진다.
- 육해六害가 당권當權하여 刃,煞을 만나면 소년에 요절한다.
- 日이 관귀官鬼를 만나면 중형重刑을 당하고, 나쁘게 사망하고 심한 두려움을 견뎌야한다.
- 刃神, 劫煞이 양두兩頭에 있으면 어린 나이에 혼미하여 하늘의 거리를 꿈꾼다.

- 祿.馬가 함께 절지絶地가 되면 노곤勞困을 피하기 어렵다.
- 月.時가 형충刑衝을 만나면 근기根基가 공허하다.
- 時에 官星이 있고 生旺하면 자손이 많다.
- 祿을 향하고 財官이 임하면 吉하여 貴하고 집안에 재물이 많다.
- 日月이 순관純官인데 財位가 없으면 벼슬을 하지 못한다.
- 卯가 子를 刑하고 子가 卯를 刑는데 癸乙이 相生하면 貴하다.

- 子에 午가 沖하고, 未와 戌이 刑하고, 甲乙 日이 申을 만나면 貴하다.
- 祿馬가 함께 絶했는데 발재發財한 것은 人元은 剋되어 출래出來하기 때문이다. [甲乙이 寅卯를 보면 祿이 旺하고, 甲申,乙酉는 이렇게 취하지 않는다.]
- 세 개의 인연에서 하나를 얻는 것을 무엇으로 설명하랴! 비천마록격飛天祿馬格이 이것이다.
- 유년流年이 時日과 합하면 두 干을 구분하여 상세히 살펴야 하는데, 군자君子가 만나면 황제를 배알하고, 보통사람은 재화가 있고, 어떤 일의 인연에서 물러나 과오를 뉘우치는 마음이 생기고, 重하게 犯하면 관직이 박탈된다.

- 柱中에 祿이 있고 運에서 財를 만나면 금옥金玉이 하늘로부터 자연히 온다.
- 앞에서 설명했는데 貴와 천賤은 또한 大運을 살펴야 한다. 무릇 行運에서 祿馬를 만나면 발發하여 관직을 얻는다.
- 天月 이덕二德은 구신救神으로 온 갖 재앙도 凶하게 되지 않는다.
- 향록向祿에 財가 임하는 것을 매우 동경하는데, 貴가 나타나고 관자官資가 있다.
- 命中에 祿馬와 貴人이 같이 있으면 福祿이 주진珠珍(상업)으로 나간다.
- 貴人, 군자君子에 刑煞이 坐하면 소년에 발發하여 이름을 이룬다.
- 음양, 귀천貴賤은 마땅히 소식消息에 의한 것이니 가슴깊이 면밀하게 깨달아야 한다.
日.時.身命은 가지가 매우 많아 일결一訣도 여러 가지로 변화하니 잘 살펴야 한다.

一. 妖祥賦 요상부

명리는 심오하다. 子平法으로 추리 할 수 있다. 먼저 日干을 중요하게 취하고, 다음은 月令을 상세히 살피고, 年,時는 길흉의 표표가 되고, 화복(禍福=妖祥요상)은 歲月에서 알 수가 있다.

화복禍福, 성패成敗가 모조리 이에 통하는 관계가 된다.

혹 불견지형(不見之形: 나타나 있지 않은 形)이 있으니 심사숙고하여 살펴야 한다.

다시 실마리를 구별하여 거두어들여야 하는데, 후학들은 깨우치기가 어렵다.

天은 맑고, 地는 탁濁한데 자연히 一氣가 生하여 내려 받아지게 된다.

- 오행의 정귀正貴는 형.충.극.파刑沖剋破를 꺼리고, 사주 支干에 三合, 六合의 地는 좋다.
- 寅.申.巳.亥는 곧 財.官.印綬의 長生이 되고, 辰.戌.丑.未는 祿.馬.印星의 庫가 되고, 日貴, 時貴는 형.충.극.파刑沖剋破를 크게 꺼린다.
- 공록공귀拱祿.拱貴는 전실塡實, 형충刑沖을 크게 꺼린다.
- 슴이 없는 가 슴이 있는 가를 살펴야 하고, 이에 따라서 凶한 것이 지만, 凶하지 않게 되는 경우도 있다.

- 傷官의 年에 運이 官이 되면 좋지 않다.
- 陽刃이 세군歲君 혹 運과 沖合하면 禍가 이른다.
- 辰戌 괴강魁罡은 官星을 꺼리고 七殺을 만나는 것이 두렵다.
- 金神, 日刃은 七殺은 좋고, 刑沖은 꺼린다.
- 時上의 偏官은 制伏을 요한다.
- 신약弱身한데 官이 강하면 전일한 殺을 만나지 않아야 된다. 旺한 鬼로 변한다. 또한 制伏을 요하는데 강하여야 한다.
- 사주에 있고, 사주에 없는 가를 살피고, 만나고 만나지 않은 것을 살펴야 하고, 내려 받은 것이 중화가 되어야 한다.
- 辛亥가 丑地를 만나면 전실塡實되는 것이 두렵다. 官星은 좋지 않다.
- 甲子日이 다시 子時를 만나면 丑午를 싫어한다. 또 庚.辛.壬.癸.亥.子을 두려워한다. (록마비천록馬飛天.)
- 리손離巽 丙.丁.巳.午가 모이면 도충천록倒沖天祿이 된다.
- 임기용배壬騎龍背는 辰,戌 官星이 沖하는 것이다.

- 乙이 丙子를 사용하면 貴가 모이고 명성이 높다.
- 命에 財가 유기有氣하면 배록背祿되어도 가난하지 않다.
- 財가 絶되고, 쇠약한 命는 설령 건록建祿있다고 하더라도 부유하지 않다.
- 癸가 간산艮山에 도달하면 庚辛을 두려워하고, 戊土를 만나는 것을 꺼린다.

- 壬이 丑地를 만나면 戊己를 꺼리고, 庚金을 만나는 것을 꺼린다.
- 庚이 申子辰을 만나면 곧 정란차井欄叉가 되고, 또 일컬어 입국入局한 것으로, 丙丁은 꺼리고, 巳午는 근심이 된다.
- 戊가 申時를 보면, 甲丙을 두려워하고, 寅卯도 꺼린다.
- 辛金, 己土가 만약 종격從格을 만나면 수기秀氣라 하고, 사주에 火가 손상되는데 구원되지 못하면 재앙이 있고 곤궁하다.
- 辛日의 戊子時는 子를 꺼리고, 日과 沖하는 것을 꺼린다.
- 陽水가 辰을 만나서 戊己를 만나면 재앙을 만나고 피하기 어렵다.
- 甲이 巳時를 보면 偏財로 運은 財 곳이 좋다.
- 丁日, 辛年는 세재歲財라 하고 運에서 戊를 만나면 貴하다.
- 乙이 申位를 만나면 刑沖을 보는 것은 꺼린다.
- 일시귀록日時歸祿은 官을 만나면 禍가 있다.
- 별도로 천충지격天衝地擊, 음착양차陰錯陽差, 탐합망관貪合忘官, 겁선재후劫先財後가 있으면 이름과 貴를 이루기 어렵다.
- 탐합망살貪合忘殺, 신왕시복身旺時福은 福祿이 증가한다.
- 官은 감추어져 있고 殺은 나타나있으면 제복하여야 자연히 휘황輝煌하게 된다.
- 官은 나타나 있고, 殺은 감추어져 있어도 신약하면 말년에 물결의 찌꺼기가 될 뿐이다.
- 신약身弱은 旺運을 만나면 좋고, 신강身强은 殺이 가장 좋다.

장차 오는 者는 진출하고, 공을 이룬 者는 물어나고, 희흠가 중첩된 者 부귀가 뛰어나고, 마땅히 통변通變을 추리하여 결정하면 착오가 없다.

一. 絡繹賦 락역부

天地의 오묘奧妙함을 헤아려 조화의 미유微幽를 재어 人生의 귀천貴賤을 판단하고, 生死의 길흉을 분별하는데, 법법은 日干을 취하여 月支로 흥쇠興衰를 논한다.
甲乙은 木에 속하여 봄에 태어나면 가장 좋고, 壬癸는 水에 속하여 겨울에 태어나면 좋고, 丙丁 火는 여름에 밝고, 庚辛 金은 가을에 날카롭고, 戊己 두 干의 土는 네 시기에 旺하고, 日은 자신이 되는데 모름지기 강약强弱을 궁구하여야 하고, 年은 本主가 되니 상세히 추리하는 것이 마땅하다.

- 年干은 父, 支는 母, 日干은 자기 支는 처, 月干은 형, 支는 아우, 時支는 딸, 干은 아들이다.
- 뒤의 煞이 年을 剋하면 부모가 일찍 사망하고, 앞의 煞이 뒤를 剋하면 자식이 이지러진다.
- 마馬가 처궁妻宮에 들면 반드시 부인을 얻게 되고, 煞이 자식의 위치에 임하면 패륜의 자식이다.
- 祿이 처궁에 들면 처의 복으로 생활하고, 印이 자식의 위치에 임하면 자식에 영화가 있다.
- 효梟가 조상의 위치에 있으면 조상의 터가 깨어지고, 財官이 月에서 旺하면 부친의 자재資財를 얻는다.
- 財.傷.祿이 엷은 것을 꺼리고, 가장 싫은 것은 鬼旺한데 身이 쇠약한 것이다.
- 내가 저것을 剋한 것은 財가 되고, 나를 생하는 것은 印이 된다.
- 食神을 암견暗見하면 인물이 풍비豊肥하고, 梟印이 겹쳐 나타나면 조상의 재물이 표탕漂蕩하다.

- 함지咸池, 財가 노출되면 主는 음란 사치하고, 凶煞이 年에 모이면 인인刃으로 방어하여야 한다.
- 도화가 合神과 겹쳐 차면 유흥가를 찾아다니고, 역마가 충물衝物을 만나면 초초楚에서 저물어 주진周秦에서 아침을 맞는다.
- 金火가 교쟁交爭하면 예의가 없고, 印財 둘 다 잃으면 젊어서 부모를 잃는다.
- 도화가 祿과 만나면 주색으로 망신亡身되고, 財旺, 梟가 쇠약하면 財로 인하여 사망한다.
- 身이 목욕沐浴에 임하면 수액水厄을 만나는 두려움이 있다.
- 主에 전투戰鬪의 地가 들면 반드시 화상火傷을 만나고, 財가 官을 생하는 者는 뇌물을 사용하여 벼슬을 구한다.

- 財가 印을 깨는 者는 재물을 탐하여 직위가 떨어진다.
- 旺한 財가 官을 生하면 백신白身*이 영현榮顯*하고, 財가 煞의 무리를 生하면 어릴 때 요절한다.
- 독살獨煞이 충파衝破되면 매우 한가한 사람이 되고, 모든 煞이 刑을 만나면 흉한兇狠한 무리이다.

  ** 白身 : 옛날에 탕건(宕巾)을 쓰지 못하였다는 뜻으로 ①'벼슬을 하지 못한 사람'의 일컬음 ②소·돼지·개 등(等)을 잡거나, 버들고리를 겯는 일로 업을 삼는 사람
  ** 榮顯 : 영화(榮華)롭고 현달(顯達)함

- 天干에 煞이 많은데 年干에서 다시 만나면 요절하고, 地支에 鬼가 많은데, 支 年에 다시 만나면 반드시 흉재가 있다.
- 財가 官을 生하고 官이 印을 生하고 다시 印이 身을 生하면 부귀쌍전富貴雙全하다.
- 傷이 財를 生하고 財가 殺을 生하면 煞은 身을 剋하게 되어 흉하고 궁핍하다.
- 酉.寅은 刑害로 혼인이 깨어지고, 丑卯는 풍뢰風雷로 성질이 급하다.
- 煞官이 섞여 만나면 기예技藝로 흐르고, 財祿 좌마坐馬는 경상經商의 객客이 된다.
- 馬가 공망에 떨어지면 거처를 옮겨 떠돌아다니고, 祿이 충파衝破를 만나면 고향을 떠나 떠돌아다닌다.
- 陰이 많으면 女人에 이롭고, 陽이 왕성하면 男子에 마땅하다.
- 陰에 陽이 왕성하면 女子는 흥가興家하고, 陽에 陰이 왕성하면 男이 부府를 세운다.
- 순양純陽의 男은 반드시 고과孤寡하고, 순음純陰의 女는 반드시 곤궁困窮하다.

- 官貴가 生年이 되면 凶煞이 化하여 이름이 만고萬古에 드리우고, 貴는 많아야 좋고, 祿은 적어야 좋고, 잡다한 생각으로 근심하지 않으면 착오가 없다.

一. 相心賦 상심부

사람은 천지 사방에 거처하고, 마음은 오행이 이끈다.
일생을 밝히자 한다면 형형을 분별하고, 성성을 살펴야 한다.

- 官星은 개제愷悌*하고, 귀기貴氣가 헌거軒昂*하고, 性은 유유자적하고, 인자하고 관대하고, 활달하고, 음성이 화창하고, 자태가 아름답고, 수려하다. 성격은 민첩, 총명하다.
- 印綬는 주가 지혜롭고, 신체가 풍부하고, 마음이 자애롭다.
- 食神은 음식을 좋아하고, 체격이 크고, 가무를 좋아한다.
- 偏官인 七殺은 삼공의 권세를 누리고, 주색을 좋아하고, 다투기를 좋아하고, 위풍당당하고, 약자를 돕고, 허위에 강하다. 성정性情은 호랑이 같고, 급급하여 바람과 같다.
- 梟印가 당권當權하면 심기心機는 처음은 부지런한데 끝에 가서는 나태하다. 학문과 예술을 좋아하여 공부는 많이 하는데 이루는 것을 적다.
- 偏印, 劫刃은 조상을 떠나 집안을 세우고, 외상外象은 겸화謙和하지만 의의롭다. 내실內實은 한독狠毒하고 무지無知하다. 각박刻剝하고, 자혜慈惠한 마음은 없다. 偏.正財가 노출되어 있으면 財가 가벼우면 의의를 좋아하고, 사람을 사랑하고 받든다. 시비是非 가리기를 좋아하고, 주색을 좋아한다.

　　　　　　　　　　　** 헌거軒昂 : 풍채(風采)가 좋고 의기가 당당(堂堂)함
　　　　　** 愷悌개제 단어장 추가 용모(容貌)와 기상(氣像)이 화평(和平)하고 단아(端雅)함

- 상관傷官이 상진傷盡하면 다예다능多藝多能하다. 심기心機가 사물에 오만하고, 기백이 높고, 휼사譎詐하고 사람을 업신여기고, 뜻이 높다. 광대뼈가 높고, 골격이 준수하고, 눈이 크고 눈썹이 조밀하다.
- 일덕日德은 마음이 착하고, 온후穩厚하고, 일을 하는데 자상慈祥하다.
- 괴강魁罡은 성성이 엄엄嚴하고, 장악하고, 총민聰敏하다.
- 일귀日貴, 야귀夜貴는 아침에 영광이 있고, 저녁에 영광이 있고, 사람이 순수純粹하고, 자태가 아름답고, 인덕仁德이 있고, 교만 사치하지 않다.
- 金神 貴格은 火地가 뛰어나고, 강단이 있고, 명민한 재주가 있고, 각박, 기만한 마음이 없다.
- 을사서귀乙巳鼠貴는 午를 만나 沖하면 가난하기가 안자顔子와 같다.
- 임기룡배壬騎龍背가 丁을 만나 파破하면 이 욕심이 신장申棖에 비교된다.

- 정란비천井欄飛天은 마음이 모든 사물에 대해 오만하다.
- 형합추간刑合趨艮은 지혜롭고 인자하다.
- 륙갑추건六甲趨乾은 主가 인자仁慈, 강개剛介, 심평心平하다.
- 오음회국五陰會局은 사람이 입은 부처이지만 마음은 뱀과 같다.
- 이덕인생二德印生은 일을 베푸는데 은혜를 펴고 덕德을 베푼다.
- 오행이 化하면 어떤 氣가 되는지 살펴 추리하고, 사주가 무정無情하면 원래의 干으로 추리한다.
- 화염토조火炎土燥는 반드시 음성이 크고, 예의가 있다.
- 수청윤하水淸潤下는 主의 말이 슬기롭고, 인자하다.
- 금백수청金白水淸은 피부가 검고, 통통하여 둥글다.
- 土氣가 후중厚重하면 신신은 四時에 존재한다.
- 동류가 모여 있어야 그러하고, 실시失時하면 이것과 반대가 된다.
- 이 건은 대략 들은 것으로, 모름지기 세밀히 상세하게 살펴야 하고, 인정과 도리를 알고자 한다면 학자는 이 心를 사용하여야 한다.

　　　** 譎詐휼사 : 간사(奸邪)를 부려 남을 속임, 또는 남을 속이려고 간사(奸邪)한 꾀를 부림

一. 玄機賦 현기부

〈 원문 삼명통회 것 사용하여 역해〉

태극이 나누어져 天地가 되고, 一氣가 나누어져 음양이 있게 된다.
日干을 主가 되고, 오직 財官으로 논하고, 月支에서 格을 취하고, 이에 귀천貴賤을 나눈다.

- 格이 있지만 올바르지 않는 者는 敗하고, 格이 없지만 用이 있는 者는 이루어지고, 官이 있으면 격국을 찾을 필요가 없다.
- 格이 있으면 官星이 기쁘지 않고, 官.印.財.食은 깨어지지 않으면 청고淸高하고, 煞.傷.梟.刃이 사용되면 최고로 길하다.
- 선악善惡이 서로 교류하면 악惡을 제거하고, 선善은 존중하면 기쁘다.
- 길흉이 혼잡하면 吉이 해롭게 되고, 凶으로 향하는 것은 꺼린다.
- 官이 있는데 煞이 있으면 身旺하고 制煞하는 것이 좋아 뛰어나게 된다.
- 煞이 있는데 印이 있으면 財가 煞을 도와 흥하게 되는 것을 두려워한다.
- 신강身强한데 煞이 천淺하면 煞運이 해롭지 않고, 煞이 重한데 身은 경輕하면 制하여야 福이 있다.

- 身旺하고 印이 많으면 財地로 나아가는 것이 좋고, 財가 많아 身弱하면 財가 두렵다.
- 男命이 比劫, 傷官을 만나면 처가 剋되고 자식이 해害롭게 된다.
- 女命에 傷官, 偏印이 犯하면 자식이 상喪하고, 남편이 刑된다.
- 어릴 때 쌍친雙親을 잃는 것은 財星이 태중太重하기 때문이고, 사람이 고극孤剋한 것은 身旺하여 의지 할 곳이 없기 때문이다.
- 年이 月令을 충衝하면 조상을 떠나 집안을 이루고, 日이 제강을 衝하면 처를 잃어 재혼하고, 時과 日가 서로 衝하면 처가 손상되고 자식이 剋된다.
- 日이 月氣와 통하면 조상이 성공하여 身이 편안하다.
- 木이 봄에 의탁되어 庚辛을 만나면 반가反假하여 권력이 되고, 火가 여름에 태어나 壬癸를 보면 복이 두텁고, 土가 辰.戌.丑.未를 만나 木가 重하면 이름을 이루고, 金이 申酉巳丑에 태어나 火를 만나면 발복發福하고, 水가 亥子에 거주하면 戊己가 침투하기 어렵고, 身坐가 휴수休囚에 해당하면 평생 구제되지 못한다.

- 身이 旺한 者는 祿馬로 나아가는 것이 좋다.
- 身弱한 者는 財官을 보는 것을 꺼리고, 時를 얻으면 모두 旺한 것으로 논한다.
- 실령失令하면 변경되어 쇠약한 것으로 보고, 사주가 무근無根한데 時를 얻으면 旺하게 되고, 日干이 無氣한데 劫을 만나면 强하고, 身弱하면 印이 기쁘고, 主가 旺하면 官이 마땅하다.
- 甲乙이 가을에 태어나 金이 투로透露했다면 水.木.火 運에서 영창榮昌하고, 丙丁이 겨울에 내려 水가 왕양汪洋하면 火.土.木에서 貴가 나타나고, 戊己가 봄에 태어나면 西,南에서 구원이 있고, 庚辛에 여름에 태어나면 水土 運이 해롭지 않다.

- 壬癸가 土旺을 만나면 金木이 마땅하여 영화롭고, 신약身弱한데 印이 있으면 煞이 旺하여도 손상되지 않고, 財地로 나아가는 것은 꺼린다.
- 傷官이 상진傷盡되면 官運으로 나아가도 무방無妨하고, 傷官에 印을 사용하면 財는 제거되어야 하고, 傷官이 財를 사용하면 印은 제거되어야 한다. 傷官.財.印이 다 있어 드러나면 장차 어찌 발복發福하겠는가!
- 身旺한 者는 財를 사용하고, 身弱한 者는 印을 사용하고, 財를 사용하면 印은 제거되어야 하고, 印을 사용하면 財는 제거되어야 발發하여 복이 있다.
- 올바른 것은 이른바, 기쁜 者는 존재하여야하고, 싫은 者는 제거되어야 한다.
- 財가 많아 身弱하면 身旺한 運에 영광이 있고, 身旺하고 財가 쇠약하면 財가 旺한 곳에서 발복發福한다.
- 官星이 중범重犯되면 제복制伏이 마땅하다.

- 食神이 중첩되면 官의 곳은 꺼리고, 金이 완둔한데 火가 없으면 큰 용도로 이루지 못하고, 강목强木에 무금無金하면 청명淸名하게 나타나기 어렵고, 木이 土를 얻으면 재물이 두텁고, 화염火焰이 파도를 만나면 녹위祿位가 높다.
- 官이 있는데 印이 있고 깨어지지 않으면 영화롭고, 印도 없고 官도 없지만 格이 있으면 貴하다.
- 羊刃은 偏官을 극히 좋아하고, 金神은 제복制伏되어야 좋다.
- 잡기재관雜氣財官은 刑衝되어야 發하고, 官貴가 태성太盛하면 旺한 곳은 반드시 기울어진다.
- 身이 태왕太旺하다면 財官을 보는 것이 기쁘고, 主가 태유太柔하다면 祿馬를 보는 것은 좋지 않다.

- 旺官, 旺印과 旺財는 입묘入墓하면 재앙이 있다.
- 傷官, 食神과 아울러 身旺은 庫를 만나면 흥興한다.
- 運은 支에서 취하는 것이 중요하고, 歲는 干에서 구하는 것이 중요하다.
- 印이 많은 者가 財로 나아가면 發하고, 財가 旺한 者는 比를 만나도 무방하다.

- 格이 청청淸하고 局이 올바르면 부귀영화하고, 印이 旺하고 官이 밝으면 명성이 나타난다.
- 官이 合하면 貴하게 된다고 할 수 없고, 煞이 合한다고 凶하다고 추정하지 않아야한다.
- 도화가 煞을 차면 음분淫奔을 좋아하고, 화개華蓋를 겹쳐서 만나면 극박剋剝하다.
- 평생 불발不發한 것은 팔자가 휴수休囚가 된 것이고, 일생 권력이 없는 것은 身이 약한데 鬼를 만난 것이다.
- 身旺하면 설泄하는 傷官이 마땅하고, 身衰하면 곧 보조扶助가 기쁘다.
- 중화의 氣를 내려 받아 얻어 태과太過 불급不及하지 않아야 한다.

만약 이 법法을 따라 상세히 추리하면 화복禍福 증험의 영향이 마땅히 있을 것이다.

一. 幽微賦 유미부

天地 陰陽 두 氣가 춘하추동春夏秋冬에 내려 각 그 時를 生했는데, 사용한 者는 吉하고, 사용하지 못한 者는 흉하다.

이것이 천기天機의 오묘한 이치가 발생된 것이다. 대도大道는 현미玄微하고, 天에서 이미 사람이 生하니 사람에 각 命이 있게 된다.

- 조년의 부귀는 팔자의 대운大運과 화목하게 된 것이고, 중년에 고단孤單한 것은 오행이 사.절.패사絶敗를 만났기 때문이다.
- 양아들로 들어간 것은 年月이 분리되었기 때문이고, 어미가 재취하여 따라 가는 것은 偏財는 공망이 되고, 印은 旺하기 때문이다.
- 일찍 아비가 사망한 것은 偏財가 사.절.살死絶殺 궁에 임한 것이고, 유아 때 어미와 떨어지는 것은 財가 많고 印은 사死했기 때문이다.
- 比肩이 많으면 형제 무정無情하고, 陽刃이 많으면 처궁妻宮이 손상된다.
- 官이 사기死氣의 곳을 만나면 자식을 얻기 어렵고, 만약 傷官이 태왕太盛하면 또한 자식이 머무르기 어렵다.
- 제강提綱이 충파沖破되면 主는 조업祖業과 이별하고, 다시 공망을 만나면 3번은 번성하고 네 번은 폐한다.
- 印綬가 生을 만나면 어미가 현귀賢貴하고, 偏官이 귀록歸祿하면 애비가 반드시 한껏 높게 된다.
- 官星이 祿旺의 곳에 임하면 자식이 영현榮顯하고, 七殺이 長生의 위치를 만나면 여명은 가난한 지아비를 만난다.

- 자신이 宮을 빌려 소생所生하면 반드시 남에 의지하여 살아가고, 처성妻星이 실령失令하면 중간에 떠나버리고, 또 宮을 빌려 소생所生하면 또한 타인의 의붓딸이 처가 된다.
- 주색이 창광한 것은 도화가 殺을 찬 것이다.
- 자상慈祥 민혜敏慧한 것은 천월天月 이덕二德이 취래聚來한 것이다.
- 印綬가 旺하면 자식이 적고, 正官이 旺하면 딸은 많고 아들은 적다.
- 효신梟神이 흥興하면 일찍 요절하고, 食神이 旺하면 수명이 길다.
- 偏財가 패敗를 만나면 아비가 풍류風流를 즐기고, 자식 성이 패敗에 임하면 파가破家하고 재산을 탕진한다.

- 자신이 敗를 만나면 조세무歲에 일어났다 쇠퇴한다.
- 처妻가 입묘入墓하면 아내와 재물을 얻지 못하고, 부친이 고庫에 임하면 부친이 먼저 (일찍) 사망한다.
- 比肩이 祿을 만나면 형제가 고명名高하고, 食神이 많으면 음식을 좋아한다.
- 正官 旺하면 더욱더 혜택을 누리고, 身이 목욕沐浴의 年에 임하면 수액水厄을 당한 공포가 있다.
- 生에 투극鬥剋하는 年이 들면 반드시 火의 재해가 있다.
- 여명에 도화를 차서 殺을 坐하면 음란하고, 傷官이 많고, 印綬가 피극被剋되면 어미가 음탕하다.
- 年月이 沖하는 者는 조업祖業이 어렵게 되고, 日時가 沖하는 者는 처자가 둔하다.
- 천원天元이 형전刑戰하면 부모에 기대기 어렵고, 地支의 소생所生을 만나면 凶中에 吉이 있다.
- 日主가 弱한데 水火가 상전相戰하면 시비를 초래한다.
- 甲木이 쇠약한데 旺한 金을 만나면 인의仁義가 없다.

이것은 곧 남명의 현기玄機를 설명한 것이다.

女人의 오묘奧妙한 이치를 간략하게 설명하면,
- 순수純粹가 팔자에 존재하여야 하는데, 一官이 生旺하고 순순하면 부귀한 者가 되고, 사주가 휴수休囚되면 반드시 貴한 者가 된다.
- 탁음濁淫 者는 오행이 충왕沖旺하고, 창음娼淫 者는 官殺이 교차交叉한다.
- 命主에 합이 많으면 어질지不良 못하고, 柱에 殺로 꽉 차면 制하지 않아야한다.
- 印綬가 많으면 늙도록 자식이 없고, 傷官이 旺하면 젊어 남편을 잃고, 음란하다.
- 食神이 태과太過하고, 사주에 부성夫星이 나타나 있지 않으면 정결貞潔하지 못하다.
- 官星이 절절絶絶되고, 휴수休囚를 만나면 과부가 되어 혼자 잠잔다.
- 원류源流가 청결淸潔한 것은 辛亥, 甲寅이 있고, 세 명의 지아비는 陽刃이 중첩되어 있다.
- 癸巳, 丁巳는 남편이 일찍 죽고, 食神 一位가 生旺하면 아들이 임금의 총애를 받는다.

부모의 궁은 남명과 동등하게 추리한다.
만약 이 글을 보았다면 보배와 같이 저장하고, 훌륭한 선비를 만나 배우면 거울을 대하듯 분명하게 될 것이고, 이법에 의거하면 만에 한 개도 틀리지 않을 것이다.

一. 五行오행 元理원리 消息賦소식부

[이 편篇은 논명論命 하기에 극히 좋다.]

과거 성인聖人들의 글들을 귀감으로 삼아 선현들이 말미암았는데, 생사를 논하는 것은 귀곡鬼谷에 기대고, 소식消息의 실마리 서공徐公에 의거 추리하게 되었다.
陽이 生하면 陰은 死하고, 陽이 死하면 陰은 生하여 역순逆順을 순환하는 변화를 관찰하여야 한다.
甲木은 亥에서 生하고, 午에서 死하여 곧 존망存亡이 바뀌어 나타나고, 乙木은 午에서 生하고 亥에서 死하는데, 곧 吉凶을 알 수 있다.
丙火는 寅에서 生하고 酉에서 死한다.
丁火는 酉에서 生하고 寅에서 死한다.
戊土는 寅에서 生하고 酉에서 死한다.
己土는 酉에서 生하고 寅에서 死한다.
庚金은 巳에서 生하고 子에서 死한다.
辛金은 子에서 生하고 巳에서 死한다.
壬水는 申에서 生하고 卯에서 死한다.
癸水는 卯에서 生하고 申에서 死한다.
十干의 生死는 이렇게 단정하는데 조화는 이것에 의거하여 상세히 추리한다.

또한 상세히 살펴야한다.
- 권력(殺)과 칼날(刃)이 같이 나타나 고르게 머무르면 지위가 후왕侯王에 이른다.
- 중도에 상喪하고, 위태롭게 되는 것은 運이 官을 도와 旺하게 되었기 때문이다.
- 평생 부유하고 貴한 것은 身殺이 양정兩停함이다.
- 大貴 者는 財를 사용하고 官을 사용하지 않고, 권력을 맡은 者는 殺을 사용하고 印은 사용하지 않는다.
- 印이 殺에 힘입어 生하고, 官은 財로 인해서 旺하게 된다.
- 食이 먼저 거주하고, 殺은 후에 거주하면 공명功名이 양전兩全하다.
- 酉卯 破, 卯午 破는 재물과 이름이 같이 아름답다.
- 福을 누리는 것은 오행이 귀록歸祿함이고 수명이 긴 것은 팔자가 상정相停하다.

- 가색稼穡은 회회晦火, 무광無光하고, 丙丁에서 陰木은 氣가 끊긴다.
- 火가 허하면 불꽃이 일어나야하고, 金이 실實하면 소리가 없다.
- 水가 범람하면 木이 뜨는 것은 활목活木이고, 土가 重하여 金이 묻힌 者는 庚金이다.
- 水가 범람하면 위태롭고, 火가 밝아지면 곧 꺼지게 된다.
- 庚金이 지나치게 단련되면 格이 변하여 분파奔波하고, 陰木이 귀원歸垣 실령失令하면 종내 신약하게 된다.
- 土가 重하면 火가 가려져 빛이 없어지는데 木을 만나면 도리어 사용할 수 있다.
- 水가 왕성하면 木이 머무르지 못하고, 만약 土運으로 행하면 영화가 있다.
- 五行은 태심太甚하게 되는 것은 불가하여 팔자는 모름지기 중화를 얻어야 한다.

- 土가 水의 흐름을 멈추게 하면 복수福壽가 완전하고, 土가 허약한데 木은 왕성하면 반드시 상잔傷殘된다.
- 運에서 원진元辰을 만나면 요절한다.
- 木이 왕성하면 인자仁하고, 土가 얇으면 신의信가 적고, 水가 旺하게 고이면 지혜智가 있고, 金이 견고하면 의義가 있다.
- 金水는 총명하고 색色을 좋아하고, 水土가 혼잡混雜하면 반드시 우둔하다.
- 오래 사는 것은 중화를 얻었기 때문이고, 요절은 편고偏枯하기 때문이다.
- 辰戌이 剋制, 沖하면 반드시 형벌을 범한다.
- 子卯 相刑은 문호門戶가 되고, 예덕禮德이 전혀 없다.
- 기인취재(棄印就財 : 印을 버리고 財를 취함)는 偏.正을 명확히 하여야 하고, 기재취살(棄財就殺 : 財를 버리고 殺을 취함)는 강유剛柔를 논한다.
- 傷官에 財에 의지하지 못하면 비록 책략이 있다고 하더라도 가난하다.
- 食神이 殺을 制하고 효효梟를 만나면 가난하거나 요절한다.
- 남명에 陽刃이 많으면 반드시 거듭 혼인하고, 여명에 傷官이 범하면 반드시 재가再嫁한다.
- 빈천貧賤 者는 모두 旺한데 刑을 만났기 때문이고, 고과孤寡 者는 財神이 피겁被劫되었기 때문이다.
- 겁살류관(去殺留官 : 殺은 제거되고 官은 남아 있음)은 복으로 논하고, 서관류살去官留殺은 위엄과 권력이 있다.
- 傷官을 만났는데, 남편을 얻은 것은 곧 재명財命이 유기有氣하기 때문이고, 효신梟神을 만나면 자식이 죽고 복이 적고, 고독하다.

- 세 개의 戌이 辰과 沖하면 재앙이 적지 않고, 양간兩干이 부잡不雜하면 이름을 이루는데 이롭다.
- 丙子, 辛卯가 상봉相逢하면 황음곤랑荒淫滾浪하고, 子.午.卯.酉가 완전하게 갖추어지면 주색혼미酒色昏迷하다.
- 天干에 殺이 나타나 있는데 制하지 못하면 천賤하고, 地支에 財가 복伏하여 암생暗生하는 者는 뛰어나다.
- 財로 인하여 禍에 이르는 것은 陽刃이 歲와 運이 병림倂臨했기 때문이다.
- 食을 탐하면 미혹되어 어그러지고, 命이 梟神을 사용하면 이에 인하여 병病이 있고, 조카가 상속하고, 의붓딸이 처가 된다.
- 日時에서 卯酉가 상봉相逢하면 태어날 때 멀리 이동(이사)한다.
- 평생 神를 공경하고 믿는 것은 조화造化에 戌亥를 만났기 때문이다.
- 財神은 陰이 陰을 剋하거나 陽이 陽을 剋하거나 상관없이 財神은 유용有用하다.
- 官星은 많은데 관직이 없는 것은 크게 旺하여 위태롭게 기울어졌기 때문이다.
- 殺이 많다고 해서 七煞이 아니면 도리어 해롭지 않다.
- 財가 많은데 재물이 없는 것은 運에서 화살化殺되어 재앙을 生했기 때문이다.
- 팔자가 局을 얻었지만 울타리를 잃게 되면 평생 출세하지 못한다.
- 사주 귀원歸垣, 득령得令하면 젊어 벼슬에 오른다.
- 木이 유상類象을 만나면 영화로운 貴가 높게 옮긴다.
- 命에 효신梟神을 사용하면 부유한 집안의 운영을 주관한다.
- 財官이 함께 敗가 되면 사망하고, 食神이 梟를 만나도 사망한다.
- 辰에 亥卯가 감추어져 있으므로 면포綿布의 상업에 이롭다.

- 丁巳는 고란孤鸞인데 총명하여 시詩에 능한 여인이고, 日이 나형裸形 목욕沐浴을 범하면 탁람濁濫 음창淫娼하다.
- 日祿이 귀시歸時되고, 財를 보게 되면 富貴가 높다.
- 귀록歸祿에 財가 있으면 복을 얻고, 귀록歸祿에 財가 없으면 가난하다.
- 財.印이 혼잡하면 종내 곤궁困窮하고, 偏正이 탁란濁亂하면 반드시 잔인하게 몸이 상傷한다.
- 太歲와 전투戰鬪하는 것은 꺼리며, 특히 陽刃과 형충刑沖되는 것을 꺼린다.
- 癸가 戊를 따라 합하면 젊은 여자와 늙은 남자로 무정無情하고, 모질다.

- 庚이 丙을 만나면 탁하여 어찌 正官을 만난 것이 되겠는가? 도리어 봉록俸祿을 받지 못한다.
- 대개 祿이 七殺을 만나면 명성聲名이 있다.
- 부종不從 불화不化는 벼슬길이 막힌 사람이고, 종화從化가 종從을 얻으면 현달顯達 공명功名한 선비가 된다.
- 化하였는데 祿이 旺한 者는 生하고, 化했는데 祿이 끊긴 者는 사망한다.
- 殺을 사용하는데 약하면 스님의 우두머리가 되고, 헌대憲臺의 직職을 받는 것은 偏官이 득지得地함이다.
- 生地가 상봉相逢하면 장년에 사망하고, 時에 패절敗絶이 있으면 늙지 못하고 사망한다.
- 丁이 卯木을 만나서 己土를 만나면 효효梟가 식식食을 깨는 사람이다.
- 亥는 곧 신장神漿*으로 酉金을 만나면 술을 즐기는 객이 된다.
- 財가 旺地를 만나면 부유한 사람이 많고, 官이 長生은 만나면 영화가 있다.
- 丁이 酉金에 生하고 丙辛을 만나면 상속을 잇지 못한다.
- 財가 殺地에 임하면 애비가 사망하여 집에 돌아오지 못한다.
- 팔전八專*은 日의 干支가 같은 종류인데, 殺年, 殺運은 재앙이 발생한다.
- 상기를 살펴 숙독熟讀하여 귀천貴賤을 상세히 살피면 만에 하나도 틀리지 않을 것이다.

** 神漿신장 : ①신에게 드리는 음료.   ②영험이 있는 음료.
** 八專팔전 : 일진의 壬子에서 癸亥까지의 12일 중에서, 丑, 辰, 午, 戌의 4일을 뺀 나머지 8일 동안을 이르는 말. (壬子, 甲寅, 乙卯, 丁巳, 己卯, 庚申, 辛酉, 癸亥)

一. 金玉賦 금옥부

홍범洪範은 수체數體로 子平도 이법을 따른다.
命은 天地의 오묘奧妙함이다. 빈 골짜기에 전송되는 소리가 들리 듯 一氣가 유행流行하는데, 곧 동한冬寒, 하서夏暑의 삼양三陽이 생발生發한다.
봄으로부터 가을이 되어 없어지는 것을 알 수 있는데, 이미 生이 있게 되면 멸멸하게 된다.
조화는 어그러지면 가득 차게 되고, 다시 근원으로 되돌아가고, 완수하게 되면 되돌려지니 곧 寅.申.巳.亥는 生地가 되고, 오행이 감추어져 쌓이는 곳은 사계四季의 구릉(丘陵:辰戌丑未)이 된다.
생장生長하여, 왕旺하고 다시 쇠약해지는 때가 있는데, 곧 춘하추동이 이에 속한다. 이에 따라 빈천부귀貧賤富貴의 징조를 살핀다.

** 수체數體 : 실수(實數)와 허수(虛數)와의 합으로 나타내지는 수(數) 각 요소가 복소수(複素數)로 이루어진 체(體)

八字에서 뒤져 찾는 것은 財官으로 오로지 이것으로 논한다. 다음 오행을 궁구하고, 기후氣候를 상세히 살피고, 財官의 경중을 논하고, 기후의 심천深淺을 살핀다. 향배를 추리하고, 財官의 득실을 추리하고, 당생當生으로 격국의 고저를 논하여야한다.

- 타他가 나를 剋하면 관귀官鬼가 되어 身旺하여야 권력을 담당할 수 있다.
- 내가 타他를 剋하면 처재妻財이고, 官이 강하면 부유하다.
- 年이 身主를 상상傷하면 아비와 자식이 친하지 않고, 時가 日을 剋하면 자식이 부명父命을 따르지 않는다.
- 年이 日을 剋하면 上이 下를 업신여기고, 日이 年을 剋하면 下가 上을 범하여 제거 시키는데 만약 日干을 制하는 물물이 있으면 악악惡이 변하여 이롭게 된다.

- 다시 本主가 희신喜神을 만나야 하며 곧 凶이 吉로 변한다. 희신喜神이 경회慶會하면 자산자산資産이 풍륭豊隆하다.
- 柱가 무정無情하면, 禍를 일으키는 실마리가 있고, 아울러 나타난다.
- 本主가 상충相冲하고, 三刑이 중첩하고, 歲.運이 속이고 깔보면 반드시 뜻밖의 재난이 생긴다.
- 오행이 순수하고 입격入格하면 대각臺閣의 맑은 바람이 된다.
- 신강하여 七殺을 항복降伏시키면 울타리(국경)를 지키는 사람이다.

- 財官은 없는데, 격국은 있으면 청운득로靑雲得路하고, 격국格局이 없는데 財官은 있으면 황문黃門에서 이름을 이룬다.
- 財官과 格局이 손상되면 가난하지 않으면 권세를 잃어 어정거린다.
- 日干이 月令에 의해서 강하게 되면 곤궁하거나 초막에서 일생을 보내는 선비일 뿐이다.
- 丙丁의 坐에 남리南離가 되는데 制하지 않으면 예법을 따르지 않아 흉폭하다.
- 壬癸가 戊己를 만나 상응相應하면 재덕才德을 품은 총명한 선비가 된다.
- 辛이 未속의 乙木을 만나면 비록 부유하지만 인자하지 못하고, 丙이 丑中의 辛金을 만나면 설령 가난하더라도 덕德이 있다.

- 年.時.月令에 偏印이 있으면 길흉이 미맹未明하다.
- 大運, 歲君에서 수성壽星을 만나면 재앙이 발생한다.
- 유년幼年에 젖이 결핍되는 것은 食神이 刑剋의 궁을 만났기 때문이다.
- 장세壯歲에 한껏 높은 것은 財官이 순수純粹한 위치가 된 것이다.
- 陽日의 食神이 득지得地하고 충손沖損이 없으면 官星과 암합暗合한다.
- 陰日의 食神이 어그러져 깨어지지 않고 비록 계합契合*하지라도, 자신과 印綬가 친親하다.

** 契合계합 : 틀림없이 서로 꼭 들어맞음
- 偏財는 수명을 늘려 연장 할 수 있다.
- 陽刃에 七殺은 선善하면 탈재奪財하고, 그렇지 않으면 마귀로 변한다.
- 財星에 파破가 있으면 조상이 손상되어 타향에서 입지한다.
- 印綬가 피상被傷되면 조상의 업業을 버리고 연고지를 떠난다.
- 人命에서 貴神은 복이 되는데, 극함剋陷되면 흉화凶禍하다.
- 오행에 흉요凶曜가 모이면 재앙이 되고, 殺이 합하여 가면 기쁘고, 食神이 아우르면 貴하게 된다.

- 命이 이지러지고 煞이 旺하면 천사天赦 이덕二德이 있으면 상서롭다.
- 身弱한데 財가 풍부하면 羊刃 형제가 도우면 좋고, 月令에 食神이 있고 건왕健旺하면 음식을 좋아하고 자질이 풍영豐盈하다.
- 사주가 길요吉曜하고 상부相扶하면 퇴금적옥堆金積玉하고, 오행에 凶煞이 침범하지 않으면 명현名顯 성양聲揚하다.
- 寅.申.巳.亥가 겹쳐 犯하면 총명생발聰明生發한 마음이 있다.

- 子.午.卯.酉를 중봉重逢하면 주색황음酒色荒淫을 탐한다.
- 여인에 殺이 없고 —貴가 있으면 무엇이 해롭겠는가? 天月, 덕신德神을 만나면 기쁘고, 관살혼잡官殺混雜은 꺼리고, 貴가 많으면 무군가선舞裙歌扇(기녀)하고, 合이 많으면 몰래 외도하고, 예법을 존중하지 않는다.

- 官殺이 서로 만나면 풍문의 짝으로 정해지고, 도삽倒揷이 침범하고, 水가 넘치는 도화桃花, 목욕沐浴, 라형裸形은 양자에 많이 보이고, 노비, 첩, 창녀, 기녀가 많고, 정절을 지키는 부녀자에게는 드물다.
- 쌍어雙魚(亥), 쌍녀雙女(巳)는 음란한 성星이라하고, 많이 범하는 것은 마땅하지 않다.
- 官星, 七殺은 主의 남편으로 겹쳐 만나는 것은 꺼린다.
- 寅申이 서로 만나면 성性이 황음荒淫하고, 巳亥가 상봉하면 마음을 멈추지 못하고, 傷官의 위치에 있으면 시집가 멀지 않아 남편을 헸하고, 梟印이 沖하면 이별하지 않으면 사별한다.
- 사주에 官鬼의 묘墓가 있으면 부성夫星이 오래지 않아 황천黃泉에 가고, 歲運이 요절夭絶의 궁[官殺의 墓]이 되면 배필과 이별한다.

- 女命에 결혼이 어려운 것은 運이 지아비를 등진 위치이고, 남아男兒가 일찍 장가가는 것은 運이 財와 合한 것이다.
- 자식에 헸함이 많은 것은 煞도 없고, 官이 쇠약하고 食이 重하기 때문이다.
- 상처傷妻가 겹치는 것은 財가 가볍고, 身旺하고, 형제가 많기 때문이다. 만약 이와 같지 않으면 처첩妻妾의 위치가 형충刑衝되었기 때문이다.
- 財星과 암합暗合하면 처첩妻妾이 많고, 財位가 허조(虛朝=暗)하면 主에 처가 많고, 財星이 입묘入墓하면 반드시 妻가 刑되고, 支下에 財가 엎드리면 첩妾을 두고, 처성妻星이 명랑明朗하면 아름다운 여자를 구한다.
- 大運, 유년流年이 財와 三合하면 반드시 主에 홍란길조紅鸞吉兆가 들고, 혹 財가 敗宮에 임하면 집안의 재물이 쇠퇴하고, 처첩이 손상되고, 혼인을 이루기 어렵다. 처성妻星, 부위夫位가 어떤 宮에 있는 가에서 그 실마리를 구하여야 한다.

- 官祿, 천주天廚가 두터운 위치에 있는가 모름지기 그 근원根源을 살펴야 하고, 格局이 순수純粹하지만 홀연히 악물惡物과 相衝하면 또한 主가 사망하기도 한다.

- 財祿이 담박淡薄한데 旺相한 歲,運을 만나면 홀연히 발發하게 된다.
- 日의 승합升合을 구하는데, 食神이 旺한 곳에 財가 많고, 혹 偏印을 만나 食神을 剋하면 가난하지 않으면 요절한다.
- 모름지기 구걸하는 것을 알아야하는데, 영고득실榮枯得失을 중요하게 살펴야하고, 마땅히 경중輕重, 심천淺深을 연구한다. 官祿에 殺이 강한데 制하지 않으면 요절하고, 日이 쇠약한데 財는 重하고, 殺의 무리가 있으면 궁핍하다.
- 다시 歲運을 살펴 무엇이 凶한가 무엇이 吉한 가를 살펴야한다. 身宮을 충파沖破하고, 의지할 곳이 없으면 조상에 불리하고 반드시 타향으로 진출한다.
건곤간손乾坤艮巽은 매일 바꾸고, 이곳저곳 돌아다니기를 좋아하고, 안정하지 않다.

- 柱中에 만약 화개華蓋를 만나고 이덕二德을 범하면 청귀淸貴한 사람이다.
- 官星, 七殺이 공망空亡에 떨어지면 구류九流 혹은 한가한 직職을 맡는다.
- 오행이 극전剋戰하더라도, 日主가 손상되지 않으면 재앙이 되지 않고, 歲運에 병림併臨하여 만약 用神이 손상되면 禍가 있게 된다.
- 木이 金의 剋을 만나면 요협腰脅의 재해가 있고, 火가 水에 傷하면 안목眼目의 질병이 있다.
- 三合한 火神이 왕성하여 庚辛을 剋하면 두면頭面이 손상되고, 농혈膿血의 질병이 있다.
- 日干이 傷하고, 財官이 크게 왕성하면 지체肢體가 끊어지고, 가족에 재해가 있다.
- 심폐心肺가 천만喘滿한 것은 本의 金火가 相刑하기 때문이고, 비위脾胃가 손상된 것은 土가 木에게 전극戰剋 되었기 때문이고, 支에 水, 干에 火를 만나 水가 剋하면 배가 결리고 마음이 우둔하다.

　　　　　　　　　　** 喘滿천만 : 숨이 차서 가슴이 몹시 벌떡거리는 것

- 支에 火, 간두干頭에 水가 있는데, 旺한 火를 만나면 맑은 눈에 장애가 생겨 눈이 멀고, 火土가 번잡하여 태워 찌며는 사방이 빛나는 대머리가 되고 눈이 어둡다.
- 윤하潤下가 순연純潤하여 氣가 채워지면 정신이 맑고 골격이 빼어나다.
- 정신이 미혹된 것은 리손離巽이 승왕乘旺되었기 때문이다.
- 풍風으로 말을 하지 못하는 것은 태백(太白=金)이 태곤兌坤에 모여 굳고 날카로우면 군인의 화살에 죽음을 당한다.
- 財星이 입묘入墓 되었는데 刑沖되면 반드시 일찍 발發한다.

- 상관상진傷官傷盡이 官星을 보면 凶하다.
- 18格의 선악 추구는 오행의 각 왕쇠旺衰 소식消息에 모두 매여 있으니 마땅히 이에 따라 추리하여야 한다. 身旺하면 어찌 印綬를 고생시키겠는가? 身이 쇠약하면 財官이 좋지 않고, 중화가 복이 되고, 치우친 무리는 재앙이 된다. 다만 貴神이 있으면 조정과 손잡고, 비천마록祿馬飛天, 요합허격遙合虛邀은 格을 冲하면 얻지 못하고, 合을 만나는 것도 꺼린다.

- 七殺, 官星은 각 기반羈絆을 싫어하고, 전실塡實도 凶하다. 홀연히 運이 官이 되면 직직을 그만두어 몸을 물리게 된다.
- 財가 약하고 官이 깨어지면 곤궁하게 되고, 祿이 旺하고 財가 풍영하면 벼슬길이 승승장구한다.
- 좋은 곳에 임했는데 화禍가 생긴 것은 三合에 흉성凶星이 숨어 있었기 때문이다.
- 凶한 곳인데 도리어 좋은 것은 구궁九宮에 吉한 것이 나타나 빛났기 때문이다.
- 직품職品의 고저를 알기를 요하면 運神의 향배에서 구하고, 청기淸奇하면 일찍 이름을 이루고, 이지러지면 만년에 득지得地한다.
- 運行은 한 宮이 10이 실려 있고, 유년流年은 歲가 옮겨진다. 진로津路가 통형通亨하면 높은 벼슬에 이르고, 정도程途가 언건偃蹇하면 녹봉이 적고 관직이 낮다.

- 자식의 위치를 추리하는 것은 먼저 처궁妻宮을 살펴야한다. 사절死絶 者는 적자와 서자가 되고, 혹은 자식이 없고, 태왕太旺한 者는 다른 문중에서 자식을 구한다.
- 처성妻星이 현로顯露하면 자식이 많고, 자식궁이 형해刑害되면 자식 드물다.
- 만약 형제의 다과多寡를 묻는다면 四柱의 干支를 자세히 관찰하여야하고, 月令에 비록 강하다고 하더라도 다시 運의 향배를 살펴야하는데, 사절死絶, 형상刑傷은 죽거나 실종되고, 相生하면 기쁜 일로 경사慶事롭고 좋다.
- 형제(比劫)가 있어 身旺하면 부친의 목숨이 이지러지고, 財가 많고 旺하면 모친이 일찍 사망하고, 만약 관귀官鬼가 출견出見하면 모친의 수명이 길고, 運에서 比劫의 기운을 배척하면 부친은 도리어 수명이 길다.
- 壬午와 癸巳는 중화中和를 내려 받은 것이다.
- 녹마동향祿馬同鄕은 휴수休囚를 만난 것이고, 태원胎元은 절지絶地가 된다.

- 丙申, 庚寅, 己巳, 己亥, 乙亥, 庚午, 甲申은 휴수休囚에 임한 것으로 극제剋制를 가장 싫어한다.
- 七殺을 만나는 것은 꺼리니 상백喪魄이라하고, 수성(壽星=食神)은 만나면 기쁘니 환혼還魂이라 한다.
- 天命은 슬기를 베풀어 주지만 망라되어 나타나기 어렵고, 조화는 유심幽微하여 제공除功의 묘함이 있다.

  빈한貧寒이 극에 달하여 초가집에 살지만 고위 관직에 발탁 될 수 있고, 사치가 태과太過하면 지위 높은 벼슬아치 집이지만 굶주릴 수 있다.
- 집안의 재물이 망가지게 되면 효도하지 않는 자식이 태어나고, 혼인에 刑이 많으면 장가가지만 처첩妻妾이 수명이 짧고, 사궁四宮이 배록背祿되면 불가不可한데 헛되게 구하고, 관직을 장차 이루지 못하고, 재물이 망가진다.
- 팔자에 財가 없으면 자기의 신분에 알맞게 구하여야 하는데 만약 탐욕하여 범위를 넘게 되면 흉사凶事에 이른다.
- 어허! 가난을 달게 여기고 꾸밈없이 살아가는 원헌(原憲:공자의 제자)은 재주가 없는 것이 아니고, 피리를 불며 먹을 것은 구한 오원(伍員:오자서)은 복수의 뜻을 꺾지 않은 것이다.

  순順하면 行하고, 역逆하면 버려야 하고, 자신의 命을 알아 하늘의 뜻을 즐겁게 여기고, 곤궁困窮한 것도 합당한 의미가 있는 것이 홍범洪範의 완성된 수數가 되고, 연원淵源의 요점이 된다.

一. 碧淵賦 벽연부 捷馳첩치 千里馬천리마

일찍이 일컫기를 二氣가 나누어져 삼재三才가 정해지고, 四時에 파생되어 만물이 이루어졌다 하였다.

命은 모두 령(令:月)에 말미암게 되는데, 이 령자令者는 四時가 구실이 되고, 이에서 사주를 세우게 된다. 오직 日이 주가 되고, 삼원三元을 정한다.

命은 令이 없으면 행행하지 못하고, 令은 命이 없으면 세워지지 못한다. 또 命과 令(月)을 서로 참고하여 확실히 알아야하고, 마땅히 天地의 전체를 알아야 한다.

공자가 命에 대해 말하기를 모두 天命이고 人命이 아니다 하였다.

天命은 기수氣數에 관련되고, 人命은 오행에서 내려지게 된다. 氣數와 오행이 어찌 단절되고, 天命 人命이 어찌 달리하겠는가? 그 이치가 참되어 그 꾀함을 얻을 수 있게 된다.

그런데 人命의 영고榮枯, 득실得失은 모두 오행의 生剋 中에 있다.

부귀, 빈궁은 팔자의 중화中和 外에서는 나타나지 않는다. 먼저 기절氣節의 심천을 관찰하고 후에 財官의 향배를 살펴야 한다.

사람의 命 내는 모두 財官을 떠날 수 없다. 그리고 모든 격국들은 오직 허요록마虛邀祿馬를 중요하게 여기고, 선현들이 이미 법식을 이루었고, 후학들은 통변變通에 쓰게 되었다.

- 태과太過한데 剋制가 없는 者는 빈천하고, 미치지 못한 者를 생부生扶하지 않으면 요절한다.
- 향向이 마땅한데 運이 등진 者 빈천하고, 등져야 하는데 運이 향向이 되면 곤궁하다.
- 生이 좋은데 生을 만나면 貴하게 되고, 剋이 좋은데 剋을 만나면 吉하게 된다.
- 官을 만나면 財를 보아야 하고, 財을 보면 부귀하다.
- 殺을 만나면 印을 보아야 하고, 印을 만나면 영화가 있다.
- 印은 만나면 官을 보아야하는데 官을 보면 10중 8은 貴하다.
- 財를 만나 殺을 꺼리는데 殺이 있으면 10중 9는 가난하다.

- 대개 왕성한 木이 金을 만나면 동량棟樑의 그릇을 만든다.
- 많은 水가 土를 만나면 언덕이 되어 막는 공이 있다.
- 火가 추금秋金을 단련하면 검봉劍鋒의 기구를 주작鑄作한다.

- 木이 계토季土를 소통하면 가색稼穡의 벼를 재배한다.
- 화염火炎에 水가 있으면 이름이 기제既濟의 문문이 된다.
- 水가 얇은데 金이 많으면 체전體全의 상象이라 부른다.
- 甲乙에 서방 운이 들어오는데 身旺하면 공명功名이 있다.
- 壬癸가 남쪽의 길로 지나가면 主는 재물과 벼슬에 매우 좋다.
- 劫殺은 旺地를 만나지 않아야 하고, 食神은 劫財가 가장 좋다.

- 亥卯未가 甲乙을 만나면 부귀를 의심하지 말아야한다. (곡직격)
- 寅午戌이 丙丁을 만나면 영화가 확실하다.(염상격)
- 庚辛이 완전한 巳酉丑을 만나면 높은 권력을 얻는다.(종혁격)
- 壬癸가 申子辰을 얻으면 학문이 뛰어나고 재주가 많다. (윤하격)
- 戊己가 완전한 사계四季의 局이 되면 벼슬을 하고, 다시 덕수德秀, 삼기三奇의 곳이 되면 사악四嶽에 이름을 떨친다.(가색격)
- 木이 완전한 寅卯辰의 곳을 만나면 공명이 자연히 있다.(곡직격)
- 金이 申酉戌의 地를 갖추면 부귀가 이지러지지 않는다. (종혁격)
- 水가 亥子丑의 근원에 의지하면 영화가 있다.(윤하격)
- 火가 巳午未에 이르면 현달한 사람이 된다.(염상격)

- 木이 旺하면 火의 광휘光輝가 마땅하여 추위秋闈에 합격하고, 金이 견고하면 水의 상함相涵이 좋아 문학을 과시한다.
- 火를 사용하면 水가 근심이 되고, 木을 사용하면 金이 근심이 되고, 춘목春木이 중중重重하면 쉬게 되는데 태왕太旺하면 의지할 곳이 없다.
- 여름의 火가 염염炎炎한데 태강太剛하지 않아야하고, 가을의 金이 날카로우면 가장 기이하게 되고, 겨울의 水가 왕왕汪汪한데, 참되려면 깎아 벗겨야 되고, 나를 생부生扶하는 것은 꺼린다.

- 丙丁이 겨울에 태어나면 戊己가 貴하고, 庚辛이 여름에 태어나면 壬癸의 局을 얻으면 貴하다.
- 甲乙이 가을에 태어나면 현무玄武(水)가 貴하고, 庚辛이 여름에 태어나면 구진勾陳(土)을 사용하면 뛰어나다.

- 丙丁에 水가 많으면 북지北地를 싫어하고, 戊己를 만나면 도리어 貴하다.
- 庚辛에 火가 旺하면 남방을 두려워하는데 戊己를 만나면 도리어 영화가 있고, 甲乙이 가을에 태어나고 丙丁이 투출하면 傷官으로 보지 말라.
- 戊己가 여름에 태어나고 庚辛이 노출되어 있으면 貴하다.

- 火에 많은 水가 있으면 貴는 木運으로 나아갈 때 있고, 土가 旺한 木을 만났는데 火가 들어오면 영광이 있다.
- 庚이 많은 水를 만나 수냉금한水冷金寒하면 염열炎熱이 좋고, 戊가 많은 酉를 만났으면 身이 쇠약하여 형황熒煌이 좋다.
- 불급不及하면 생부生扶가 좋고, 태과太過하면 벗어나는 것이 마땅하다.
- 관살혼잡官殺混雜한데 身弱하면 가난하고, 관살官殺이 상정相停한데 殺이 합해 가면 貴하고, 年月의 官星은 일찍 벼슬길에 오른다.
- 日時의 정귀正貴는 만세晩歲에 이름을 이룬다.
- 포태胞胎가 印綬를 만나면 천종千鍾의 祿을 누리고, 財氣가 장생長生을 만나면 망경萬頃의 비옥한 논밭을 가진다.
- 추동秋冬이 官星(木 日干)이 되어 인刃(卯)과 傷官(丁)을 만나면 金은 남고 火는 제거되면 貴하다.

- 섣달(丑月)이 傷官이 되면 官(水)을 보는 것이 좋다. [丙 日干]
- 印이 깨어지고 傷官이 중하면 재해가 있고 사망한다.
- 財가 旺하여 官을 생하는 者는 貴는 적고 부富는 크다.
- 傷官이 貴를 본 者는 官이 높고 재물이 족하다.
- 상傷하지 않으면 貴하지 않고, 병病이 있는 者가 뛰어나다. 이치가 명확하니 후後에 어찌 다른 곳에서 구하여야 하는가? 비록 처음 사용할 때는 기이하겠지만 종내 제거하여야 아름답게 되고, 경중을 잘 살펴야 하고, 한곳에 집착하지 않아야한다.
- 또 水가 적고, 화염火炎이 庚辛을 만났지만 휴수이면 身旺하고 官이 경輕한 것을 취한다.
- 혹 木이 絶되는 金을 坐하면 殺印이 중봉重逢된 것으로 신약身弱 기왕氣旺으로 단정하기 어렵다.
- 財가 경輕하면 劫地가 지나가지 말아야 한다. 처에 재해가 있다.
- 劫財, 陽刃에 官殺이 있으면 대각臺閣을 지닌다.

- 귀록歸祿 도충倒沖이 인상刃傷으로 나아가면 랑묘廊廟의 선비가 된다.
- 身旺하고 殺이 있고 印綬로 나아가면 큰 권력의 관직이다.
- 殺이 강강하고 主는 약약한데 印綬가 없고, 財星을 만나면 평범한 사람이다.
- 陽刃을 偏官이 제어하면 병권을 장악하고, 正官, 正印이 손상되지 않으면 선비의 무리를 다스린다. (행정직)
- 윤하潤下 가색稼穡은 상賞을 주는 관직이고, 子午는 존위尊位로 황문黃門의 객客이 된다.
- 癸日, 癸時가 亥.丑을 겸하면 우두머리 이름으로 급제及第하여 한림翰林에 들어간다.
- 壬日, 壬時에 壬辰이 겹치면 대궐의 높은 관직을 얻는다.
- 일덕日德이 괴강魁罡을 만나 刑沖하면 빈한貧寒한 선비가 되고, 괴강魁罡이 財星을 보고 득지得地하면 녹식祿食이 있다.
- 傷官이 官을 보고 印,財의 地가 들면 뛰어나고, 財星이 印을 깨면 비겁이 좋다.

- 命이 財를 만나고 運에서 殺을 만나면 吉하고, 命이 殺을 만나고 運에서 財를 만나면 흉하다.
- 女가 傷官을 만나고 귀록歸祿을 얻으면 극히 貴하다.
- 男이 陽刃을 만나도 신약身弱하면 기이하게 되고, 금신金神 비록飛祿 상관傷官은 女命이 만나는 것을 가장 꺼린다.
- 陽刃, 傷官, 七殺을 만나면 남명男命은 권력을 얻고, 金神이 火를 만나고 刃殺을 만나면 貴하다.
- 귀록歸祿에 官은 없고 食傷을 만나면 영광과 권력이 있고, 正官에 印이 없으면 관직이 나타나지 않는다.
- 陽刃, 七殺은 병권의 임무를 맡는다.
- 身旺한데 의지할 곳이 없으면 승도僧道의 命이다.
- 도화곤랑桃花滾浪은 여명은 기녀가 된다.
- 金이 약약하고 火는 絶한 命은 土木 갈아 닦는 장인이 되고, 身强하고 財가 약한 命인데 金火는 그릇을 만드는 사람이다.
- 傷官이 財를 만나면 아들이 있고, 七殺을 制하면 아이가 많다.
- 印綬가 피상被傷되면 어미가 일찍 죽는다.
- 財의 근원이 피겁被劫되면 부명父命이 먼저 기운다.
- 남명의 傷官은 자식이 손상되고, 여명의 傷官은 지아비를 훼한다.

- 年月에 財官이 있고 身旺하면 조부와 부친이 현달한다.
- 日時 녹마祿馬 장생長生은 처가 현숙하고, 자식이 貴하고, 月中의 귀록歸祿에 財官이 없으면 부친이 타향에서 사망한다.
- 年에 祿馬를 만났는데 충파沖破를 당하면 조부가 타향에서 사망하고, 日이 財를 만나고 時에 劫을 만나면 처첩이 해산 할 때 사망한다.
- 태세에 殺, 月에 傷이 있으면 형제가 화목하지 않고, 전록專祿이 음착陰錯을 만나면 외가外家가 영락零落한다.
- 축마逐馬가 양차陽差를 만나면 친 시부모가 아니다.
- 歲月에 殺이 있고, 刑害가 되면 조부와 부친이 연이어 傷하고, 日神이 배록背祿이 되고, 財의 도움이 없으면 처와 아이가 흩어진다.
- 正財, 偏財가 合하면 처첩이 간음하고, 傷官이 正官을 극파剋破하면 부처夫妻가 같이 刑된다.

- 부부는 旺한데 자식이 상傷한 것은 食神이 손상되었기 때문이고, 자식은 旺한데 부부가 傷한 것은 官星이 실위失位인 것이다.
- 여명에 財旺하여 官을 生하면 반드시 남편의 권력을 빼앗고, 남명이 많은 財를 만나고, 身이 약弱하면 처의 말을 치우치게 듣는다.
- 차착差錯이 日에 거주하면 외가外家가 냉담冷淡하다.

[음양차착 : 丙子, 丁丑, 戊寅, 辛卯, 壬辰, 癸巳, 丙午, 丁未, 戊申, 辛酉, 壬戌, 癸亥. 12일]

- 건록과 刃이 年에 있으면 조상의 터전이 미천하다.
- 財官이 時에 生하고, 財旺하여 官을 生하면 나라를 돕고, 자식이 흥한다.
- 正官을 겹쳐보면 딸은 많이 낳고 아들은 적게 낳고, 偏財가 나타나면 정처보다 첩을 더 좋아한다.
- 財星이 득위得位하면 처로 인해서 부유한 가정을 이룬다.
- 官의 祿이 귀원歸垣하면 자신이 조상의 업을 증대 시킨다.
- 年은 正官, 月은 傷官이 되면 조부는 강하고 부친은 약하고, 日에 財, 時에 劫財가 있으면 부친은 흥하고 자식은 패한다.
- 청용靑龍에 종혁從革의 金이 완전하면 빈천貧賤하고, 백호白虎에 윤하潤下의 水가 갖추어지면 부귀하다.

- 춘목春木이 번영한데 水가 얕으면 스님이 되고, 여름의 火가 불꽃을 이루는데, 金이 쇠약하면 잠관簪冠의 도道이다.
- 구진勾陳(토)에 윤하潤下(수)가 완비하면 분류奔流의 무리가 되고, 주작朱雀(화)에 현무玄武가 三合을 이루면 곤궁한 무리가 된다.
- 金이 강강剛하고 木이 약약弱하면 행상行商 좌가坐賈의 사람이 되고, 土가 水을 엉기게 하여 말리면 조상이 깨어져 고향을 떠나 객이 된다.
- 金이 가을에 태어나고 土가 중중重重하면 매우 가난 하고, 火가 여름에 태어나고 金이 첩첩하면 녹祿이 천종千鍾을 이룬다.
- 춘목春木에 水가 많으면 빈천한 무리가 되고, 겨울의 水에 金이 왕성하면 엎어져 약한 사람이다.

- 辰.戌.丑.未가 刑沖을 만나면 불발不發하는 사람은 아니고, 子.午.卯.酉가 刑合을 차면 많은 者는 음란하다.
- 여름의 金에 火가 중중하고, 가을 木에 金이 중중하면 가난하지 않으면 천하다.
- 계절(土)의 木에 金이 왕성하고, 춘금春金에 火가 많으면 요절하지 않으면 가난하다.
- 계절季(土)의 木에 뿌리가 없어 처(財)에 종從하게 되면 복이 있고, 녹위祿位가 고숭高崇하다.
- 여름의 火가 색을 잃으면 남편에 영화가 있고, 공명功名이 현달하다.
- 火가 춘림春林을 향하고 旺한 水를 만나면 제거하여야 이름을 구한다.
- 土가 계지季地에 임하고 金이 重하면 장래將來 관직으로 나아간다.
- 甲乙이 여름에 영광이 있고, 土氣가 두터우면 공명이 반은 이루어지고, 전장田莊이 족하다.
- 丙丁이 겨울에 태어나고, 水가 旺하면 근원이 청청淸하게 되어 벼슬의 영화가 있고 부유하다.

- 전록專祿이 食傷을 차면 대궐의 권력을 장악하고, 陽刃에 관살官殺이 있으면 위엄이 변방까지 떨친다.
- 공록拱祿, 협록夾祿, 공귀拱貴는 작록爵祿이 풍영豐榮하고, 도충倒沖, 요사遙巳, 란차欄叉는 공명이 현달顯達한다.
- 壬 추건趨乾, 甲 추간趨艮은 청조淸朝한 선비가 되고, 辛 조양朝陽, 乙 서귀鼠貴는 문학文學의 신하가 된다.

- 局이 완전한 풍호風虎가 되면 어진 장수의 재주를 가진다.
- 柱에 운용雲龍이 갖추어지면 대인大人의 덕德이 있고, 사고四庫가 완전하게 갖추어지면 용龍으로 변화여 대해大海를 만나 구오九五(황제)의 존尊이 된다.
- 삼기三奇 국국이 빼어나면 봉황이 비상하는데 천문天門(戌亥)를 만나면 三六(제왕)의 主가 된다.
- 財官이 旺하면 부富에 이르고, 녹마祿馬가 숨어있으면 영화가 있다.
- 격에 들면 貴하다고 추리하고, 국국이 깨어지면 가난하다고 추리한다.
- 한 가지 이치를 궁구하여 만 가지를 살펴야하고, 단편이 만물과 통한다는 것을 알아야 한다.

후학 술사는 이것을 나태하게 대하지 말기 바란다.

一. 造微論 조미론

- 양의兩儀가 조벽肇闢하여 六甲이 生하는 바, 또 三元이 삼재三才를 일으켜 四時가 세워져 四柱가 된다.
- 干은 祿의 근본이 되어 일생의 직위 고저가 정해지고, 支는 命의 터基가 되어 삼한三限, 수원壽元의 종시終始가 펼쳐진다.
- 年은 生의 뿌리가 되고, 月은 세우는 싹이 되고, 日은 경영을 관리하고, 중년의 길흉이 되고, 時는 결과가 되어 만세晩歲의 영고榮枯가 된다.
- 먼저 태식胎息의 말미암을 추리하고, 다음 변통의 변화를 들고 이에 官이 되고, 貴가 되는데, 上下가 인연으로 화합한 것이다.
- 많이 막히고, 많이 위태로운 것은 본本, 근원根元이 상극相剋된 것이다. 이러한 연고에서 격이 청淸하고, 국국이 올바르면 마땅히 대각臺閣의 신하가 된다.

- 印을 旺官이 生하면 균형鈞衡의 임무를 맡는다.
- 마두馬頭에 검劍을 차면 변방을 진압하고, 印綬가 화개를 만나면 한원이 된다.
- 祿(건록)은 비록 많다고 하더라도 해롭고, 복이 상상祥스럽게 되지 않는다.
- 煞(신살의 살)이 많다고 하더라도 꼭 상해가 있는 것은 아니고, 刑도 재해가 있는 것은 아니다.
- 삼기三奇를 갑자기 만나면 재주가 많고 통달하여 이름을 떨치고, 육합六合 정봉正逢은 집안이 부유하고, 가업이 증대된다.
- 공망과 과숙寡宿에 친親하면 노년에 고독하고, 長生이 공망에 빠지면 가난하다.
- 도화桃花가 만약 제좌帝座에 임하면 색으로 인하여 사망하고, 함지鹹池가 日宮에 있으면 처로 인하여 부자가 된다.
- 근원이 천박淺薄하면 生旺을 만나도 영화가 없고, 本主가 왕성하다면 휴수를 만나도 吉하다.

- 陽刃이 五鬼에 임하면 유배를 당하고, 구교勾絞가 三刑에 겹치면 자주 편배編配를 만난다.
[양남음녀의 勾는 命앞의 세 번째 辰. 絞는 命뒤의 3번째 辰. 만약 年支가 子라면 卯는 勾, 酉는 絞. 음녀양남은 반대]

- 벼슬에 오른 者는 탄함吞陷을 만나지 않아야하는데 작록爵祿이 어그러진다.
  [亥와 戌이 寅을 만나면 반드시 상상傷함이 있다.
  申과 巳가 함께하면 나무에 목매달아 죽는다.
  戌이 酉를 만나면 유배流配당한다.
  卯가 巳를 만나면 고향을 떠나 먼 곳으로 가게 된다.
  子가 戌을 보면 악사惡死할 것이다.
  午와 丑이 寅을 만나면 죽거나 다친다.
  卯와 申이 戌을 만나면 도망가기가 어렵다.
  辰과 辰이 만나면 물에 의한 재앙이 있게 된다.]

- 병권兵權이 마땅한 者는 천중天中(공망)을 만나지 말라 권력을 잃게 된다.
- 흉금이 맑은 것은 무릇 水로 인하여 강호江湖가 구제 된 것으로, 학문의 연원淵源이 되는데, 본시 水가 壬癸에 거주한 것이다.
- 자상慈祥 개제愷悌는 木이 甲乙을 승勝한 것이다.
- 햇볕에 눈이 건조하여 침침한 것은 火가 丙丁의 地에 있어 왕성하게 되었기 때문이다.
- 이름이 높고 祿이 많은 것은 건금乾金이 일찍 庚辛을 만난 것이다.
- 곡식이 창고에 넘쳐나는 것은 土의 진영이 戊己와 많이 친하기 때문이다.
- 木이 번성한데 金의 단삭斷削이 없으면 설령 영화가 있다고 하더라도 말세에 고궁孤窮하다.
- 화염을 水가 도용淘溶하지 않으면 설령 발發해도 일찍 요절한다.
- 水가 범람하면 오직 土의 제방에 기대야하고, 土가 重한데 木의 소통이 없으면 우탁愚濁하다.
- 金이 굳은데 火의 단련煅煉이 없으면 종내 흉완兇頑하고, 金이 화염火炎에 무르게 되면 자신이 손상된다.
- 木이 약하고 金이 중중하여 날카로우면 身이 손상되고, 水가 청청하면 土가 많은 것은 좋지 않고, 土가 약하면 木이 왕성한 것을 금하지 않는다.
- 火가 강하여 건조하면 많지 않은 水로 구제하여야 관화寬和하게 된다.
- 모름지기 균등하게 배합되어야 아름답다. 또 균등하고 고르게 되어야 좋다
- 대현자大顯者는 貴가 두텁게 쌓여있는 것이고, 대굴자大屈者는 귀貴가 비루하게 펼쳐져 있기 때문이다.

- 수명이 긴 것은 祿이 제왕帝旺에 임한 것이고, 직위가 높은 것은 마馬가 官星을 만나 연줄이 된 것이다.
- 화개가 공망을 만나면 승도僧道가 마땅하고, 학당學堂이 貴를 만나면 스승이 좋다.
- 오행에 생기가 없으면 五命(관직)이 낮고 약하다.
- 日이 공과空寡를 만나면 처가 많아도 생이별하고, 時가 고허孤虛가 되면 자식이 많아도 효도하지 않는다.

年支	亥子丑	寅卯辰	巳午未	申酉戌
고진孤辰	寅	巳	申	亥
과숙寡宿	戌	丑	辰	未
격각隔角	卯	午	酉	子

- 절궁絶宮은 고분鼓盆의 殺이 되고, 태궁胎宮은 백호白虎의 神이 되고, 천공天空이 자식 嗣息의 宮에 임하면 말세에 가정을 이룬 자식이 죽는다.
- 運에서 吉을 만나도 본주本主에 머물러있지 않으면 흡족하지 않고, 운運에 흉신의 뿌리가 있어도 본주本主에 없으면 두렵지 않다.
- 세군歲君에 만약 나쁜 것이 빛나 있으면 일세一歲동안 곤궁하다.
- 生時가 만약 휴수休囚의 값이 되면 일생一生 근심이 있고, 탄식한다.
- 원청자源淸者는 멀리 흐르고, 근본이 탁濁한 者는 하는 일이 이루어지지 않는다.
- 팔자가 뛰어나면 貴하지 않으면 크게 부유하다.
- 오행이 교잡駁雜하면 편안한 거처가 되지 않고 근심과 위태로움만 있다.
- 휴수休囚 者는 身과 성性이 비미卑微하고, 왕상旺相한 者는 명위名位가 장실壯實하다.
- 먼저 강하고, 나중에 약하면 반드시 먼저 吉하고, 나중에 흉하다.
- 처음 약하고 종내 강하면 처음에 흉하고, 종내 吉하다.
- 대운大運의 임한 地와 유년流年의 성진星辰과의 흉길凶吉을 의거하여 화복禍福을 정하여야 한다.

一. 人鑑論 인감론

홍몽조판洪濛肇判 시 甲子가 이에 生했는데, 유현幽顯*하여 통변變通을 헤아리기 어렵다. 두 개(음양) 이치의 덕화가 깊이 미치어 매우 심오하게 24글자의 정신精神에 묘용妙用되어 억 천만의 사람 길흉을 명백하게 알게 되었다.

태어난 日이 主가 되고, 年은 군君이 되니 먼저 근본根本으로 논한다.

귀천貴賤을 나타내기는 쉬운데, 가령 깊이 감추어진 체體를 대강 알면 누구나 쉽게 알 수는 있다는 것이다.

貴한 者는 비록 吉하겠지만, 천賤으로 바뀌지 않는다.

삼재三才가 늘어서 있고, 세력에 권형權衡과 경중輕重이 있어, 팔괘八卦에 망라되어 저절로 규거規矩* 방원方圓*이 존재하니 쉽게 판단하여 나타내어서는 안 될 지어다.

천도天道는 차고 기울어지는 것인데, 인간의 일들에도 어찌 반복反覆이 없겠는가? 먼저 가난하면 종내 부유하고, 먼저 패배하면 뒤에 흥興하고, 단점을 버려 장점을 따르고, 저것을 취하지 말고, 이것을 버리지 말기를 바란다.

** 幽顯유현 : 사물의 이치. 또는 아취(雅趣)가 헤아리기 어려울 만큼 깊음.
** 方圓방원 : 모난 것과 둥근 것
** 規矩규구 : 지름이나 선의 거리를 재는 도구. 그림쇠

사주에 싫은 한 글자가 있는데 크게 순박하여도 또한 작은 결함이 있으니 그 허물을 상세히 살펴 가볍게 단정하지 않아야 한다.

- 官이 녹향祿鄕에 있으면 이윤伊尹과 같이 대신의 직책을 맡고, 時에 貴地가 있으면 부암傅巖과 같이 재상이 된다.
- 生이 貴格을 만나면 궁궐의 높은 직책을 맡고, 귀鬼가 중첩되어 있으면 도道를 즐겨 산속에서 창성한다.
- 官의 거처, 貴의 거처는 오행이 순수하여 흠결이 적기 때문이다.
- 막히고, 근심이 많은 것은 팔자가 혼잡하고, 전쟁하기 때문이다.
- 근본은 달고, 후손은 쓴 것은 가의賈誼가 장사長沙에서 다한 것과 같고, 근원은 탁濁하지만, 맑게 흐르는 것은 태공太公이 위수渭水에서 흥한 것과 같다.
- 록마동향祿馬同鄕은 궁궐에 입성하고, 살인殺印이 같이 旺하면 일찍 벼슬길에 오른다.
- 형이 아우를 많이 만나면 범자範子와 같이 가난하고, 偏財가 겹쳐있어도, 身에 生이 있

- 으면 수명이 팽조와 같다.
- 협관夾官, 협귀夾貴가 日時의 값이 되면 대궐 같은 집에 살고, 劫財가 탈마奪馬하는 것을 세시歲時에 만나면 매우 가난하게 산다.
- 자식의 자리가 극절尅絶되면 비둘기가 까치집을 차지하는 것과 같고, 처위妻位가 손상되면 난새 같이 고독하고, 봉황새가 짝이 없는 것과 같다.
- 행운에서 祿을 등지면 어제는 부유했지만 오늘은 가난하다.
- 命이 旺한 身을 만나면 어제는 울지만 오늘은 웃는다.
- 사주의 坐에 학당學堂이 있으면 안회같이 총명하고, 삼원三元이 묘고墓庫를 도우면 학문이 높다.
- 年에 官貴를 만나면 재주가 높고 통달하여 이름을 이룬다.

- 時에 偏財가 있으면 집안이 부유하고 또한 업업이 좋아지고, 庚이 丙地로 행하면 종교인이 된다.
- 壬에 戌이 들면 어찌 빨리 죽지 않겠는가?
- 백우伯牛에 질병이 있는 것은 극전戰尅이 교차하기 때문이다.
- 사마司馬와 같이 근심이 있는 것은 比가 화화하는 위치가 없기 때문이다.
- 身이 쇠약하면 吉運을 만나도 凶하고, 命의 坐가 굳건하면 화화禍가 있는 年을 만나도 도리어 복이 된다.
- 殺이 비록 重하다고하더라도 合이 많으면 어찌 해와 달의 빛이 상상傷하지 않는 이치와 같지 않겠는가!
- 祿이 비록 많다고 하더라도 깨어져있으면 바람과 구름이 만나지 못한 것과 같다.
- 만났는데 만나지 못한 것은 庚辛이 壬癸의 곳에 있는 것이고, 근심이 있는데 근심이 되지 않는 것은 甲乙이 丙丁의 地로 나아가는 것이다.
- 만약 生이 패절敗絶을 만나면 정곡鄭穀이 귀향하여 밭을 가는 것이고, 祿馬가 병쇠病衰를 만나면 풍당馮唐皓이 백발이 된 나이와 같다.
- 구궁九宮이 왕상旺相하면 뽕나무 밭에서 나를 맞이하는 것을 피하기 어렵다.

- 사주가 합화合和하면 단풍잎에 사랑의 시를 쓴다.
- 서시西施의 미모美貌는 자신自身이 장생長生을 찬 것이고, 녹주綠珠가 누각에서 떨어져 자살 한 것은 흉악한 七殺을 만난 것이다.

- 고란孤鸞이 命에 있으면 처는 남편으로 울고, 남편은 부인 때문에 운다.
- 연화(煙花=도화)가 身을 묶으면 여자는 남자를 구하고, 남자는 여자를 구한다.
- 두목頭目이 함몰되고, 지체肢體가 이지러진 것은 財가 줄어들었기 때문이다.
- 전택田宅이 해롭게 된 것은 生時가 刑沖된 것이다.
- 一生 궁핍한 것은 歲月에 겁겁이 탈탈奪한 것으로 백세동안 고한孤寒하다.
- 財에 재과財棄가 들면 貴하지 않으면 부유하다.
- 殺이 태세太歲에 거주하면 거처가 편안하지 않고 위태로운 근심이 있다.
- 官星이 투로透露했다고 貴하다고 추리하지 말고, 殺星이 밑을 공격한다고 바로 흉한 조짐이라 단정하지 않아야 한다.

- 대개 귀록歸祿이 印綬를 만나면 좋고, 형살刑殺은 제화濟和되는 것이 마땅하다.
- 마땅히 근심이 있는데 근심스럽지 않고, 기쁜데 기쁘지 않은 것은 뿌리를 고려하여 그 열매를 명확히 알아야 하고, 그 시작을 논하고 끝을 궁구하여 논하여야 한다. 그래서 알아야한다. 근본을 잃게 되면 끝이 망각되어 그 열매를 구하지 못하게 되고, 열매를 얻지 못하니 뜻이 다르게 된다.
- 이러한 까닭에 처궁妻宮이 극剋되면 소년에 일찍 장가가지 못한다.
- 귀鬼(자식)의 위치가 손상되면 말세末歲에 자식의 가정이 손상된다.
- 평생 소나무의 수명을 헤아리는 것은 財祿을 많이 찬 것이고, 그 자태가 갯버들 같다.
- 근원이 맑은 者는 반드시 멀리 흐른다.

- 근본이 건장한 者는 그 잎이 반드시 번영한다.
- 三命에 관군冠群이 있으면 貴하지 않으면 크게 부유하다.
- 구궁九宮이 약하여 함몰되면 凶運을 두려워하고, 凶年을 크게 꺼린다.
- 천 가지 조건과 만 가지 실마리는 보이지 않는 형형에서 구하여야 하고, 수많은 갈래도 한 근원이 되듯이 貴도 身의 地에 미쳐야 얻는다.
- 본말本末을 상세히 살피고, 모든 영허盈虛를 살펴 맑은 정신으로 생각을 정하고, 깊은 생각에 잠겨 이치를 찾아야 한다는 것을 알아야 하고, 말할 필요도 없이 깨우쳐야 한다.

훗날의 군자君子는 선인을 거울삼아야 하고, 술자術者의 말은 10중 8,9는 깨닫는다고 하지만 으뜸이 되는 者는 100에 1,2일 뿐이다.
간단한 말과 사소한 의미들이 말은 쉽지만 그것이 가리키는 것은 심오하니 命을 살피는 것에 소홀함이 없어야할 것이다.

一. 愛憎賦 애증부

- 富가 순수純粹하다고 하여 富하다 하지 말고, 가난은 전쟁戰爭 때문에 가난한 것이 아니고, 貴가 수실秀實하다고 하여 貴한 것이 아니고, 천賤한 것이 반상反傷 때문에 천하게 되는 것은 아니다.
- 문사文辭는 貴,馬가 학당學堂에 만난 것이고, 금수錦繡의 문장은 火木의 성정을 만나기 때문이다.
- 계략 깊고 원대한 것은 덕성德性이 침정沈靜의 궁에 거주하기 때문이고, 술업術業이 정미精微한 것은 제좌帝座에 문장文章의 관館이 지키기 때문이다.
- 길복吉福은 녹마祿馬가 생왕生旺하기 때문이다.
- 괴강魁罡은 영靈이 어그러지變는 징조가 있으니 온전한 정신을 요要한다.
- 감리[離坎=午子]는 총명하다.
- 貴人, 녹마祿馬를 만나는 것이 좋고, 겁인劫刃은 공망을 만나면 특별히 좋다.
- 장생長生은 군자君子가 되어 총애를 받고, 쇠패衰敗는 소인小人이 되어 미움을 받는다.
- 사주가 투란鬪亂하면 불인不仁, 불의不義하고, 오행이 상생相生하면 효충孝忠이 높다.

- 印綬가 刑沖이 되면 마음이 혼란하고 몸을 소홀히 하고, 日時에 묘고墓庫가 있으면 근심은 많고 즐거움은 적다.
- 日干이 旺하면 재앙과 허물이 적고, 財命이 쇠약하면 낙담이 많다.
- 의식衣食 때문에 분주한 것은 旺한 곳에 刑을 만났기 때문이고, 이명利名의 성패成敗는 貴地가 손상되었기 때문이다.
- 평생의 화복禍福은 一時에 의해서 일어나고, 일세一世의 길흉吉凶은 氣運에 기댄다.
- 복에 氣가 있으면 승진하다.
- 歲가 運을 剋하면 흉하고, 氣 없으면 사람이 떠나 흩어진다.
- 大運이 흉하면 온갖 재앙이 일어나고, 유년流年이 吉하면 천 가지 재앙을 물리친다.
- 絶이 없는데 絶을 만나면 財命이 위태롭게 되고, 本主가 生을 얻으면 명리가 따른다.
- 三合, 六合을 만나면 길吉은 많고 화禍는 적고, 七殺이 사흉四凶을 만나면 화禍는 깊고, 복은 얇다.

- 官이 더해져 승진되는 것은 祿이 모인 年이 되고, 근기根基가 넓게 되는 것은 財地가 합했기 때문이다.
- 세군歲君이 충압沖壓하면 主는 흉재凶災가 잃어나고, 大運이 손상을 받으면 유달리 吉이 적다.
- 歲는 運을 生하는 것이 좋고, 運은 身을 生하는 것이 좋다.
- 삼위三位가 상생相生하면 一年은 의도에 부합하게 된다.
- 財官이 旺하게 되면 벼슬길이 현달顯達하고, 財.食이 고르게 있으면 어찌 초가집에 오래 머물겠는가?
- 祿이 生의 地에 모여들면 부귀고, 馬가 祿旺의 곳에서 달리면 영화榮華가 있다.
- 이자利子의 왕래를 취하고자 한다면 六合이 상부相扶하는 것에서 찾아야한다.
- 財官이 祿을 차면 벼슬길을 걷고 主는 편안하고 복을 얻는다.
- 月은 쇠약하고 時는 旺하면 조세早歲에 풍비豊肥하다.
- 木은 중중重하고 土는 경輕하면 종신 떠돌아다닌다.

- 시장에서 장사를 하는 것은 반드시 왕처旺處로 말미암아 財를 만났기 때문이다.
- 홀연 집을 이루어 현달顯達한 것은 刑沖된 것이 貴를 본 것이다.
- 主本이 당시當時되면 부지扶持되어 女를 얻고, 貴祿이 유정有情하면 남자로 인하여 吉하게 된다.
- 남쪽에서 장사하고 북쪽에 가족이 있는 것은 마도馬道가 통한 것에서 그렇고, 동쪽에서 팔고 서쪽으로 달리는 것은 반드시 수레를 몰아 이득을 얻는다.
- 日干이 곤약困弱한 것은 백우伯牛가 푸른 하늘을 원망하는 것과 같고, 녹마祿馬가 쇠미衰微하면 안자顔子와 같이 단명을 피하지 못한다.
- 흉을 劫刃에 비교하지 말고, 吉을 강강剛强에 비교하지 마라.
- 官이 적고 마馬가 열악하면 男은 여자가 도망가고, 천라지망天羅地網은 요절하는데 만나면 반드시 실實을 얻지 않으면 사망한다.
- 궁핍한 것은 劫을 만난 것이고, 의심이 나서 마음이 불안한 것은 자형自刑이 있기 때문이다.
- 절絶한 곳에 財를 만나면 처자妻子와 해로하기 어렵다.
- 대모大耗, 소모小耗는 도박으로 집안이 망한다.

年	子	丑	寅	卯	辰	巳	午	未	申	酉	戌	亥
대모	午	未	申	酉	戌	亥	子	丑	寅	卯	辰	巳
소모	巳	午	未	申	酉	戌	亥	子	丑	寅	卯	辰
관부	辰	巳	午	未	申	酉	戌	亥	子	丑	寅	卯
사부	巳	午	未	申	酉	戌	亥	子	丑	寅	卯	辰
오귀	辰	巳	午	未	申	酉	戌	亥	子	丑	寅	卯

- 관부官符, 사부死符는 반드시 主가 옥살이 하거나 소송이 있고, 사주가 절절을 만나고, 三命에 형상刑傷이 있으면 도교徒絞의 刑을 면하기 어렵고, 경면黥面의 고통을 피하기 어렵다.
- 만약 오귀五鬼를 만나면 뇌雷에 손상되고, 호랑이에 물리는 것을 의심하지 않아야 한다. 다시 군群의 값은 흉凶하고, 횡사橫死로 단정하고, 여자는 음천淫賤하고, 남자는 반드시 창광猖狂한다.
- 사람의 성정情性의 현우賢愚 선악善惡을 묻는데, 먼저 귀천貴賤은 왕상旺相, 쇠패衰敗로써 추리한다. 궁리하면 교묘하고 변화무쌍하다.
- 심고心高 者는 괴강魁罡을 만난 것이다. 재앙이 있고, 성性이 순수한 者는 六合을 만난 것으로 상상스럽다.
- 조용하고 맑고 깨끗한 사람(도인,스님)은 화개華蓋, 고허孤虛를 만난 것이고, 권세를 좋아하는 우두머리는 偏官, 겁刃의 권력이 있는 者이다.
- 겁刃은 다랍고 인색하고 쩨쩨하고, 책략이 음흉하다.

- 모략이 많은 者는 壬癸가 되고, 위풍威風과 기기氣가 맹렬 한 것은 丙丁이다.
- 고수孤囚를 만나면 정신이 없고, 파패破敗를 만나면 변변치 못하다.
- 甲乙이 순수하면 인자하고 도량이 크고, 庚辛이 이지러지면 과단果斷, 기강氣剛하지 않고, 왕성한 火가 깨어지면 두려움이 많고, 꾹 참는 것은 金이 많은 것이 정해진 이론이다.
- 형전刑戰 者는 우둔愚頑하고, 안정安靜 者는 현준賢俊하다.
- 金木이 사령司令하면 相生, 火土가 때를 만나면 상조相助하여 마음에 근심이 없고, 의식衣食이 풍족하고 힘들이지 않아도 가계가 자연히 이루어진다. 다시 神의 부조扶持를 얻으면 고향에서 권력을 이룬다.

- 녹귀祿貴가 손잡으면 관직에 올라 이름을 떨친다.

- 우려하는 것은 복이 되지 않고, 근심이 되는 것이 이루어지는 것이 이루어지지 않은 것이다. 복인데 복이 되지 않은 者는 吉한 곳이지만 凶을 만난 것이고, 이루어지는 것이지만 이루어지지 않은 者는 격국이 깨어졌기 때문이다.
- 格이 손상되면 곧 상傷하게 되고, 格이 깨어진 者는 곧 재앙이 있다. 비유하면 싹이 가을의 가뭄을 만나면 겨울에 곳간이 비게 되고, 꽃이 봄에 서리를 맞으면 여름에 과실이 없게 되는 것과 같다.
- 지모智謀 사려思慮가 있어도 이루지 못하고, 전축轉軸의 기틀을 되돌려 회천回天하더라도 건업建功 입업立業이 따르지 않는다.
- 역생酈生이 솥에 삶겨 죽었고, 범생範生의 시루에 먼지가 앉고, 염명淵明이 동귀東歸하고, 자미子美가 서쪽으로 갔고, 맹자孟軻가 불우不遇하였고, 풍연馮衍이 하잘 것 없는 곳으로 되돌아가고, 매신買臣이 땔감을 지고 노래 불렀고, 강혁江革이 지독한 가난에 앉아 울지 않았는가!

- 무릇 묘苗가 빼어나지 않은 者가 있고, 빼어나지만 실實하지 않은 者가 있고, 다시 상패傷敗가 태과太過한 곳이 있다.
  하나의 福이 꼴과 땔나무에 불과하고, 설령 있다고 하더라도 온 갓 예술에 재주가 있을 뿐이고, 가난과 질병을 면하기 어렵고, 구렁텅이에 빠져 시달리게 되는데, 命이 그래서 그러한 것이다. 막혀 이루지 못하면 어찌 힘들어 탄식하지 않겠는가?
- 부귀富貴에 대해서 묻는다면 완전히 財官에 기대고, 그 징조는 어떤 곳에 말미암아 얻는데, 큰 것을 팽이보다 크다고 하지 말고 기이한 것을 특출한 것보다 기이하다고 하지 말라.
- 성현聖賢에 도달한 者도 때가 있지 않을 수 없고, 부귀에 이른 者도 예로부터 모두 그렇게 때가 있었던 것이다.

- 申月에 生하면 문무에 현달하고, 혹 관대冠帶의 下는 업業이 크고 재물이 뛰어난데, 어떤 추측으로 가능하겠는가? 먼저 학당의 내內와 삼기三奇, 사복四福을 논하고, 다음 격국의 外를 살핀다. 한 개의 吉한 것과 두 개의 마땅한 것이 있어야한다.
- 己未가 甲午를 보면 좋고, 壬申이 丁巳를 보면 좋다. 壬子, 丙午는 主가 광풍光風 유아儒雅한 사람이고, 辛酉, 丙申는 준수俊秀 영화榮華한 선비가 되고, 음양은 전적으로 순미

純美에 의지하고, 조화造化는 상생相生을 가장 좋아한다.
- 분별이 어려운 자는 일정日精과 월화月華가 되고, 예측하기 어려운 것은 금당옥궤金堂玉匱인데, 얻은 자는 영화가 있고, 만난 자는 貴하다.

- 만약 어질고, 우매하고, 지위가 높고 낮은 것은 균도(鈞陶*=운명)의 조화가 아닐 수 없다. 만물에 영고榮枯가 있는데 어찌 인간이라고 성패成敗가 없겠는가? 가령 봉황이 꿩에서 生하고, 뱀이 용으로 변하고, 난초의 향기가 쑥대밭에서도 끊어지지 않고, 고목이 산야에서 生하고, 젊어 貴하고, 늙어 천賤하고, 초초에 머뭇거리고, 후後에 형통한 것은 무릇 大運의 쇠왕衰旺에 말미암은 것이고, 이에 또 부귀가 다시 변하게 된다.
- 격국이 순수하다 도리어 잡雜하게 되면 말년에 낙담하고, 만년에 運行의 時를 얻으면 우유만경優遊晩景하다.
- 運의 어렵고 위험한 것을 헤아리지 못하면 안 되는데, 이 때문에 봄, 가을이 있고, 달이 차면 다시 어그러지고, 자식이 음덕을 받고, 부친이 사망하면 누리지 못하고, 낚시하고 밭을 갈든 사람도 다시 좋은 운이 오면 현달하게 된다. 다년多年 작록爵祿은 받다가 하루아침에 그만두게 되고, 시운時運에 이른 者, 잠시 만나 生旺하게 된 者는 반드시 흉하다고 할 수 없다. 정情이 있는 者는 통하고, 정이 없는 者는 막히고, 합한 者는 길하고, 沖한 者는 흉하다.

** 鈞陶 : ①고패, ②오지 그릇 따위를 만들 때, 바로 돌리며 모형과 균형 등을 잡는 데 쓰는 물레. 녹로대(轆轤臺)

- 官印이 세歲에 임臨하면 직위가 올라가고, 食財 運을 만나면 서민도 영창榮昌하게 된다.
- 어려서 조부의 영화에 의지하고, 늙어 자식의 貴에 기대고, 아이일 때 고난이 있고, 늙어 의지 할 곳이 없고, 이러한 것은 사주의 왕쇠旺衰에 인因하고, 大運에서 말미암아 형통하게 되고 그렇지 않게 된다.
- 말라버린 나무는 설령 봄이 온다 해도 잎이 솟아나지 못하고, 무성한 나뭇가지는 비록 서리가 내린다 해도 무너지지 않는다.
- 다시 日로 논하는데 年, 月을 저버리면 점점 줄어들어 남은 것이 없고, 生時가 조원朝元을 도와 旺한 氣가 되면 반드시 만복晩福이 있다.
- 옛날에 구슬을 갈고, 성城을 만든 가치가 있고, 세상에는 정직한 사람이 있고, 스스로 집안을 이루고, 삶아 달구어진 후는 썩지 않고, 세한歲寒에 견디면 시들지 않고, 소식은 변통變通이 있어 묘하고, 禍福은 쇠왕衰旺을 살펴야하고, 군자가 되어 귀감이 되어야 하고 이것이 행운이 된다.

一. 萬金賦 만금부

오행의 생사 비결을 알고자 한다면, 평범한 사람의 설명이 어찌 어렵지 않고 쉽지 않겠는가?
성星은 오직 한限에 기대게 되고, 子平은 단지 運에 말미암은 것이 비결이다.
運行은 먼저 12宮이 있고, 格이 어떤 시절에 떨어졌는지 보고, 財官, 印綬, 食神의 경중을 살펴 분명하게 알아야한다.

- 官星은 七殺運을 두려워하고, 七殺도 官星이 임하는 것을 두려워한다.
- 官殺이 혼잡되면 요절하고, 官은 제거되고 殺은 머무르면 자세히 살펴야하고, 官은 머무르고 殺이 제거되었다면 殺을 만나지 않아야하고, 殺이 머무르고 官이 제거 되었다면 官을 만나지 말아야한다. 官殺이 손상되면 그 사람은 요절한다.
- 다시 財格은 벼슬길이 정해지고, 日時의 偏正은 어떤 財인가 살펴야하고, 생은 간두干頭에 殺이 있는 것을 두려워한다.

- 劫을 많이 만난 사람은 요절하고, 누구나 偏正이 두텁게 되면 재앙이 된다는 것을 알아야하고, 財가 있으면 官運에 모름지기 영화가 나타나고, 財地, 관향官鄕은 福이 잉태되고, 다만 日干이 약한 것은 두려운데 財가 많아 殺을 生하면 신쇠身衰하게 되기 때문이다.
- 財가 많고 신약身弱한데 財運으로 나아가면 사망한다.
- 官이 傷官을 만나지 않고, 財가 劫을 만나지 않으면 수명이 매우 길다.
- 첫 대운에 印綬를 만나면 運이 生하여 生旺하게 되니 반드시 영창榮昌하다.
- 官과 회합會合하면 관직官職을 옮기고, 死絶되면 화앙禍殃이 있다.
- 만약 財를 만나 印을 해치면 절벽에 떨어지거나 물에 빠져 죽고, 관직에 재임한 타향에서 사망한다. 印이 財를 만나지 않으면 사람이 사망하지 않으니 상세히 살펴야한다.

財官, 印綬는 분명하게 말하되, 食神은 쉽게 결정하지 말라. 食神에 氣가 있으면 財官보다 뛰어난데, 다만 상잔傷殘으로 전외前外가 끊어지는 것이 두려우니 경중을 상세히 살펴 추리하여야 한다.

- 가장 꺼리는 것은 財官이 死絶된 것이다. 傷官은 命과 運에서 官을 만나지 않아야 한다. 참교도류斬絞徒流의 온 갖 재앙이 있게 된다.

- 월덕月德, 일귀日貴는 극전剋戰이 되지 않아야한다. 이러한 命은 입마立馬가 위태로워 망하기 쉽다.
- 비천飛天, 공록拱祿은 전실塡實이 싫고, 가장 두려운 것은 반신絆神(合)이 천간을 犯하는 것이다.
- 子運의 행년行年에 子가 오고, 壬寅, 壬申 運이 申을 만나는 것, 巳丙도 매 한가지로 화복禍福을 추리하고, 卯宮은 乙木을 상봉相逢하는 것이 두렵고, 巳宮이 戊庚丙辛을 만나고, 午.丁 年上은 午戌이 흉한데 丑未 年은 모름지기 禍가 있고, 다만 運이 바뀔 때는 연구하여 찾아서 추리하여야 한다. 동관同官, 동운同運에 가령 祿을 만나면, 형화刑禍가 상침相侵한다.

- 外에서 만나는 것보다 내적內敵이 더 문제가 된다. 남은 宮도 구분하여 외방外方에서 찾는데, 外가 내적內敵을 만나면 재앙이 크고, 內가 외적外敵을 만나면 재앙이 적게 엄습한다.
- 戊己土는 모두 사계四季로 구분하는데, 잡기雜氣는 어렵고도 쉬운데, 하나에 의거하여 정해진 수數로 추리한다.
- 制를 받거나 刑을 받거나 運氣를 따르고, 다만 그 凶은 이 運에서 정해진다. 어떤 年.月.日은 재형災刑이 중중重重하게 된다.
- 이것은 석금옥갑石金玉匣의 비결로 오직 여기에 설루洩漏하니 여러분은 알기 바란다.

一. 挈要捷馳설요첩치 玄妙현묘 訣결

日이 主가 되고, 오직 財官으로 논한다.
무릇 官은 곧 身을 돕는 근본이 되고, 財는 양명養命을 기르는 근원이 된다.
그래서 천시天時를 추측하고 지리地利를 살피게 된다. 대부분 태과太過하거나 불급不及한데 중화中和가 되어야 한다.
거류서배去留舒配가 중리中理이고, 경중 강약을 바로잡아 나타내어야 한다.
먼저 절기의 심천深淺을 살피고, 뒤에 財官의 향배向背를 살핀다.
사람의 命은 모두 財官을 떠나 말할 수 없고, 모든 格局에서 항상 허요녹마虛邀祿馬를 요하고, 선현先賢들이 이미 이 법식을 갖추었으니 후학들은 꼭 요구되는 바에 따라 스스로 변통變通하여 사용하여야 한다.

** 養命 : 목숨을 온전하게 지킴.

- 향향이 마땅한데 運이 등지면 빈천하다. 배배가 마땅한데 運이 向이 되면 곤약困弱하다.
- 生이 좋은데 生을 만나면 貴를 취하게 되고, 剋을 받아야하는데 剋을 받으면 吉하다.
- 官을 만나서 財를 보았는데 財를 만나면 부귀하게 되고, 殺을 만나서 印을 보았는데 印을 만나면 영화가 있고, 印을 만나서 官을 보았는데 官을 만나면 7,8은 貴하다.
- 財를 만나고 殺을 보았는데 근원에 殺이 있으면 10에 9은 가난하다.
- 甲乙이 서방 運을 만나면 身旺하면 공명이 있고, 壬癸가 남南을 만났는데 主가 건강하면 貴하다.
- 印,財가 身旺한 地를 만나는 것은 마땅하지 않고, 食神이 가장 기뻐하는 것은 劫財이다.
- 官殺이 혼잡한데 身弱하면 가난하고, 官殺이 같이 있으면 殺이 합하여 가면 貴하고, 年月에 官星이 있으면 조세早年에 벼슬에 오른다.

- 日時의 정귀正貴는 만세晩歲에 이름을 얻고, 포태胞胎가 印綬를 만나면 천종千鍾의 祿을 누린다.
- 財氣가 장생長生을 만나면 전비田肥가 만경萬頃이 되고, 추동秋冬 官星이 인상刃傷을 만나면 金은 존재하고 火는 제거되면 貴하다.
- 섣달(丑) 傷官은 官을 만나는 것이 좋고, 인印이 깨어져 크게 상傷하면 재해로 사망하고, 財旺하여 官을 生하는 者 貴는 적고 부富는 많다.

- 傷官이 官을 본 者는 官도 높고 재물도 많다.
- 傷하지 않으면 貴하지 않고, 병病이 있어야 뛰어나다.
- 의당 버려야 할 것 같지만 이에 뛰어난 이치가 있으니 어찌하여 반드시 다른 것에서 취하려 하는가?

  화염火炎에 水가 적고 庚辛을 만나면 身旺하고 官이 가벼운 것으로 취하지 말라. 혹 土가 重하고 木이 절絶되었는데 壬癸를 만나면 身旺하고 官이 가볍다고 결정하기 어렵다. 財가 가벼우면 劫地를 만나지 않아야한다.

  印이 많으면 財가 좋다.

- 財가 旺하여 官을 生하면 뇌물로 貴를 취하고, 殺星이 刃를 制하면 이름을 꾀하여 재물을 빼앗는다.
- 身旺하고 偏財가 있으면 반드시 횡재하고, 主의 正.偏財가 劫을 만나면 빈번하게 처에 재해가 일어난다.
- 劫財, 陽刃에 官殺이 들어오면 대각臺閣의 신하가 되고, 귀록歸祿, 도충倒沖이 刃傷을 만나면 랑묘廊廟의 貴가 된다.
- 身旺하고 殺이 있고 印綬를 만나면 권력이 있는 벼슬이 되고, 主가 약하고 印를 보고 財星을 만나면 평범한 사람이 된다.
- 陽刃, 傷官에 制가 있으면 병형兵刑의 관직이 되고, 正官, 正印에 傷이 없으면 일반 백성을 통치하는 행정직이다.
- 財旺한 가색稼穡은 군비를 담당하는 벼슬이 되고, 비록飛祿 조양朝陽은 시정侍廷의 상相이 된다.
- 건곤乾坤은 근본이 맑은 氣로 기국畿國의 영광이 있다.

- 子午는 극존極尊으로 황문黃門의 貴가 있다.
- 癸亥日, 癸丑時는 우두머리 이름으로 한림에 급제하고, 壬寅日, 壬辰時는 고작高爵 승은承恩으로 어각禦閣에 오른다.
- 일덕日德이 괴강魁罡을 보면 설령 吉한 運이 있어도 빈한貧寒한 선비에 불과하고, 괴강魁罡이 財官을 보고, 득지得地하여 財官을 맡을 수 있으면 의록衣祿이 풍부하다.
- 상관견관傷官見官에 財印의 地가 들면 뛰어나다.
- 財星이 印을 깨었는데 比劫으로 나아가면 貴하다.

- 命에 財가 있고 運에서 殺을 만나면 吉하다고 말 할 수 있는데 命에 殺이 있고 運에서 財를 만나면 흉하다.
- 여자 命에 傷官이 많고 귀록歸祿을 얻으면 매우 길하다.
- 남자 命에 陽刃을 만나고, 身弱하면 뛰어나다.
- 금신金神, 귀록歸祿, 난차欄叉는 女命에서 가장 꺼린다.

- 陽刃, 傷官, 七殺이 있는 男命은 권력을 얻고, 금신金神에 火가 있고 殺刃을 만나면 貴하다.
- 殺이 重한데 印이 있고 食傷을 만나면 영화가 있고, 正官에 印이 없으면 벼슬을 하지 못한다.
- 陽刃에 七殺이 있으면 무관의 벼슬을 하고, 身旺한데 의지할 곳이 없으면 스님의 命이다.
- 도화곤랑桃花滾浪은 창기娼妓로 흐르고, 金은 약하고 火가 강하면 土木, 소용消溶의 장인이 된다.
- 土가 많고 水가 적으면 행상行商, 바느질의 직업이다.
- 오호五湖에 구름이 둘러있으면 처음은 영화롭지만 종내 욕되고 가난하다.
- 편야도화遍野桃花(子午卯酉)는 일세 풍류하고 음색酒色이 많고, 망신亡神이 殺과 합하면 도적의 무리이다.
- 수기秀氣가 실시失時하면 청명淸名한 선비이고, 印旺하고 身强하면 술을 좋아한다.
- 丁壬이 투합妬合하면 방탕음란하다.

- 身印이 같이 강하면 평생 병이 적고, 천월덕天月德이 도우면 처한 세상에 재앙이 없다.
- 食神이 生旺하면 財官과 같이 뛰어나고, 貴는 官殺이 되므로 기명취재棄命就財, 취살就殺, 취관就官 者도 부귀가 여유롭다.
- 의지 할 곳이 없이 오로지 旺하여 절식絶食, 절대絶財, 절관絶官된 者는 무한하게 빈궁하다.
- 身弱하여 命을 버리면 뿌리가 없어야 재상의 벼슬을 하고, 主의 身이 쇠약하고 화기化氣를 얻으면 황제를 보필한다.
- 남자 命의 유속종화類屬從化, 조반귀복照返鬼伏과 여자 命의 순화청귀純和淸貴, 탁람음창濁濫淫娼을 상세히 살펴야 한다.

一. 淵源연원 集說집설

- 가장 貴한 者는 官星의 命이 되고, 時의 偏.正財는 복이 된다.
- 가장 凶한 者는 七殺이 身에 임하는 것이다.
- 천월天月 이덕二德을 만나면 길상吉祥하고, 官星이 만약 劫財를 만나면 官이지만 貴하지 않고, 七殺이 자조資助를 만나면 그 殺은 더욱 重하다.
- 三合, 六合을 運에서 만나면 더욱 영화롭고, 7官, 8官은 月에 官을 만난 것으로 좋은 것이다.
- 四合 四刑의 合刑은 偏正으로 구분하여야 하고, 7충沖, 7격擊은 모여 감추진 것을 충격沖擊하여야 좋다.
- 협귀夾貴, 협구夾丘는 암회暗會가 되고, 財庫, 官庫는 정충正沖이 되어야하고, 官星이 生旺한 곳을 만나면 어찌 발견發見될 필요가 있겠는가?

- 印綬가 맹중孟仲의 下가 되면 나타나 있지만 나타나 있지 않은 것이다.
- 형형이 나타나 있는 印綬는 劫財를 얻으면 貴하고, 재원財源은 傷官이 기쁘고, 貴는 뛰어나게 되고, 傷官은 印綬가 있기를 요하는데 貴를 설명할 필요가 없다.
- 귀록歸祿이 만약 자손子孫을 만나면 祿이 한없이 많다.
- 年月에 陰陽(음약차착), 陽刃이 있으면 형벌刑罰을 크게 범한다.
- 관살혼잡官殺混한데 천월덕天月德을 만나면 수명이 길고 직위가 높게 오른다.
- 비인飛刃, 복인伏刃, 刃이 모이면 흉이 많다.
- 상관견관傷官見官하면 벼슬에서 탈락하고 재앙이 있고, 陽刃이 만약 印綬를 만나면 설령 貴하더라도 질병이 있다.
- 七殺이 아울러 있는데 制되어도 官을 만나면 화禍가 발생하고, 수명이 길지 않다.
- 三偏, 三正은 貴가 일품이 되고, 사주 四合은 복이 보통사람 이상이 된다.
- 殺이 化하여 印이 되면 일찍 벼슬에 오른다.
- 財가 旺하여 官을 生하면 소년에 업業에 오른다.
- 官殺이 같이 오면 官에 의지 할지, 殺에 의지 할지 알아야 한다.
- 편정偏正이 회합會合하면 正合, 偏合을 알아야 한다.
- 福祿이 만약 陽刃을 만나면 세사世事에 밝지 않다.
- 金神이 運에서 水가 들어오면 身이 쇠약하게 되어 요절한다.

- 암중暗中에 殺이 숨어있으면 月의 刑神이 기대야 하고, 본 곳이 財가 없으면 반드시 空中에 화환禍患을 받는다.
- 陽刃에 七殺이 겸회兼會하면 천리千裏를 도류徒流한다.
- 사용하는 財가 겁탈劫奪을 당하면 일생 빈곤하다.

人生은 사전에 정해진 것으로 빈곤하고 부유한 것이 이미 분명한데 그 흥망성쇠가 어떠한지 알아야하니 처음과 끝을 궁구하여야 한다.
앞에는 가난 했지만 뒤에는 부유하고, 혹 빨리 발전했다가 갑자기 기울고, 혹 백옥의 공경公卿이었고, 주문朱門의 아표餓殍였고, 혹 일생동안 안락했고, 혹 일생 처소가 없는 것이 있는데 이 모두 運의 근원에서 나타나는 것이고, 또 행년行年에 의한 것이니 잘 살펴야 한다. 신약하면 格에 들어도 헛되어 설령 일찍 발發 했어도 요절한다. 福이 이어지다 만약 휴수休囚를 만나면 갑자기 발發했다가 요절한다. 이러한 까닭에 用神을 망령되게 구하는 것은 옳지 않다. 그 형상의 자취는 자연히 나타나게 된다.

福이 있는 것은 반드시 저쪽을 사용하고, 時에 이르지 않으면 반드시 身이 사용된다.
화환禍患은 五行에 존재하고, 복이 모이는 것은 運氣에 있다. 福의 근원은 사람들 모두 갖추어 있지만, 혹 손상되어 끝내 곤란하게 되는 것은 음양의 소식消息 가운데 있는 것이다(運). 통명通明 이지理智는 나에 있는 것인데, 영욕榮辱 양단과 치연嗤姸 일단一斷이 자고自古 대대로 전해지는 것이니 현자賢者가 아니면 전수하지 말라!

一. 子平자평 百章백장 論론 科甲歌과갑가

- 괴성魁星이 歲에서 조종하면 오경五經의 이름이 되고, 甲이 제강提綱에 旺하면 갑제에 2등하고, 화명火明 목수木秀는 급제하고, 금백金白 수청水淸도 갑제에 새롭게 오른다.
- 옥당(玉堂=천을귀인이 자좌 한 것 곧 癸卯, 癸巳, 丁亥, 丁酉)이 중첩하면 자각紫閣에 오르고, 木火가 조화를 이루면 황금을 펜다. 木이 봄에 때어나 傷食을 만나면 급제하고 문장 의리가 심오하다.
- 財印은 약하고 官殺은 충분하면 갑제를 한 번에 이룬다. 근묘根苗에 天乙이 모두 갖추어 있으면 진사에 2등으로 합격한다. 木火가 괴성이면 꽃이 만발한다.
- 金水가 상함相涵하면 황방黃榜과 친하다. 丙丁이 체호遞互하면 자줏빛 대궐을 받는다. 金水 가을 氣에 화염을 취하면 괴성魁星, 관살官殺로 貴가 분명하다.
- 殺은 重하고 身은 약하다고 도道가 약하다고 하지 말라 가령 印綬를 만나면 괴성魁星을 만든다.
- 누구나 이 높고 낮은 구분을 잘 알아 기억하면 마치 서자평과 같게 될 것이다.

一. 四言獨步 사언독보

- 선천先天이 어떠한가? 후천後天이 어떠한가? 온 곳을 알아야 하고, 간 곳을 알아야 한다.
- 사주를 배정하고, 다음 삼재三才를 구분하여야 하고, 年干은 本이 되고, 원진元辰의 배합配合을 살핀다.
- 신살神煞의 상반相絆은 경중輕重을 견주어 헤아려야 하고 먼저 月令을 관찰하고, 格을 논하여 상세히 추리한다.
- 日이 主가 되고, 오직 財官으로 논하고, 그 귀천을 구분하여야 하는데 묘법妙法은 다단多端하다.
- (月令을 관찰하고 格을 논하는데) 단순하면 취하기 쉽고, 복잡하면 밝히기가 어려우니 거류서배去留舒配로 格을 정밀하게 논한다.

- 日主가 月에 득령得令하여 고강高强하여야 하고, 財는 사용하는 물물이 되고, 표실(表實=작록爵祿)은 정정이 된다.
- 年은 뿌리로 主가 되고, 月令은 중심이 되고, 日(하루)은 백각百刻이 生하고, 時로 旺하고, 공空한 것을 살핀다.
- (日)干과 (日)支가 같으면 재물이 줄어들고 처가 상傷하고, 日支와 年支가 같으면 조상의 터가 파탕破蕩된다.
- 月令에 祿(建祿)을 보면 조부의 집에 거주하지 못하고, 하나의 財官을 보면 자연히 발복한다.
- 火를 사용하면 水가 근심이 되고, 木을 사용하면 金이 근심이 되고, 경중을 구분하면 화복이 뚜렷하게 보인다.
- 오행이 生旺하면 휴수休囚도 두렵지 않고, 동남서북(오행,이것저것)의 수數가 다되면 쉬는 곳(죽음)이 된다.
- 寅.申.巳.亥는 네 개의 장생長生으로, 사용하는 물체의 身이 강강하게 되어, 만나면 발복發福한다.
- 辰.戌.丑.未는 네 개의 묘墓로 세 개의 인원人元을 사용하게 되는데 투출하여 旺해야 참되다.
- 子.午.卯.酉는 네 개의 패敗로 남명男命은 흥망성쇠를 범犯하고, 女命이 犯하면 고독하다.
- 진기進氣와 퇴기退氣를 두고 命에서 서로 싸우면 진기進氣는 살고, 퇴기退氣는 죽는다.

- 財官이 고庫에 임하였는데 沖하지 않으면 발發하지 않고, 사주 干支가 運과 서로 합하면 좋다.
- 제강提綱에 用이 있으면 가장 두려운 것은 刑沖되는 것인데, 運을 沖하면 흉이 느슨하지만 用을 沖하면 凶하다.
- 삼기三奇가 투로透露하고, 日主가 전강專强하고 그 뿌리가 힘이 있으면 복록福祿이 영창榮昌하다.
- 十干 화신化神은 그림자는 있지만 형체는 없는 것으로, 없는 중에 나타난 것이 있게 되면 복록을 기대기 어렵다. [합은 있지만 化하지 않은 것]
- 십악대패十惡大敗는 格에서 가장 꺼리는 것이지만 만약 財官을 만나면 도리어 富貴하다.
  [십악대패일 : 甲辰, 乙巳, 丙申, 丁亥, 戊戌, 己丑, 庚辰, 辛巳, 壬申, 癸亥]
- 格들마다 그 특성을 상세히 추리하여야 하는데, 특히 殺을 중요하게 봐야 한다. 殺은 化하여 권력이 되니 어찌 用이 훼손된다고 근심하겠는가?
- 殺은 印을 떠날 수 없고, 印도 殺과 떨어질 수 없어 殺과 印이 상생相生하면 공명이 현달顯達한다.
- 官殺이 중봉重逢하다면 제복制伏하면 공功이 있고, 제왕帝旺 運을 만나도 흉하지 않다.

- 時에 있는 殺에 뿌리가 없어도 殺이 旺하게 될 때 貴하게 되고, 時에 있는 殺이 뿌리가 튼실하면 殺이 旺하게 될 때 불리하다.
- 甲 日干은 8(酉)月이 官星으로 卯 陽刃과, 丁 傷官을 크게 꺼리는데 卯.丁가 酉를 극파剋破하면 유정有情이 무정無情하게 된다.
- 印綬의 뿌리가 경輕하지만 旺하게 될 때 현달하고, 印綬의 뿌리가 깊으면 旺하게 될 때 불발不發한다.
- 印綬, 比肩은 財運으로 나아가도 좋은데, 印에 比肩이 없고 財가 있으면 印을 상傷하게 하여 꺼린다.
  [比肩이 財를 剋하여 印을 보호한다]
- 앞에 財, 뒤에 印은 도리어 福을 이루고, 먼저 印 뒤에 財가 있으면 도리어 욕辱이 된다.
- 財.官.印綬 格은 比肩을 크게 꺼리고, 傷官.七殺 格은 도리어 도와 권력을 이룬다.
- 傷官이 財를 사용하면 사궁死宮[甲일간 時支에 午]이 되어도 자식이 있고, 傷官에 財가 없으면 자식이 없다[자식궁이 死宮이다].
- 시상편재時上偏財는 형제를 만나는 것을 두려워하고, 月印이 財를 만났다면 比肩을 꺼리지 않는다.

281

- 傷官이 官을 보면 이 格에서는 官이지만 꺼리는데, 用神이 손상되지 않으면 관직에 오른다.
- 공록공귀拱祿拱貴는 전실塡實되면 凶한데, 제강提綱을 用하면 전실塡實되어도 흉하지 않다.
- 月令에 財官을 만나면 발복發福하여 녹위祿位가 고강하고, 比肩은 복을 빼앗는다.
- 일록귀시日祿歸時는 청운득로靑雲得路하고, 庚日에 申時는 財가 투출하여야 귀록격歸祿格이 된다.(甲申)
- 임기용배壬騎龍背 격은 戌이 있으면 무정無情하고, 寅이 많으면 부유하고, 辰이 많으면 영광이 있다.
- 천원天元 일기一氣, 지물地物 상동相同을 人命에 만나면 삼공三公에 이른다.
- 팔자가 연주連珠되고, 支神이 유용有用되어 조화가 이루어지면 명리가 반드시 크다.
- 일덕日德, 금신金神이 月에서 旺한 土를 만나면 비록 조금의 이름을 얻지만 조업은 몰락한다.

- 金神이 殺을 차서 身旺하면 뛰어나고, 다시 火地로 나아가면 명리가 있다.
- 甲日 金神 격은 火를 制하여 보좌하는 것이 좋은데, 乙日 金神은 火가 制하면 노곤하다.
- 六甲이 봄에 태어나고 時에 金神을 범하면 水 運은 불발하고 土가 重하면 이름이 참되다.
- 甲乙이 丑月에 태어나 時에 金神이 있고 月干에 殺을 보면 두 눈이 어둡다.
- 甲寅에 寅이 겹치고, 2개의 巳에 刑殺되면 종신 손실이 많고 만나도 發하기 어렵다.
- 六甲이 寅月에 태어나 財가 투출하고, 서북의 행정行程은 구류九流*에 입업立業한다.

** 구류九流 : 중국 한나라 때의 아홉 개의 학파. 유가(儒家), 도가(道家), 음양가(陰陽家), 법가(法家), 명가(名家), 묵가(墨家), 종횡가(縱橫家), 잡가(雜家), 농가(農家)를 말한다.

- 乙日의 卯月에 金神이 강렬剛烈하면 比肩에서 부귀하고, 金神이 旺하면 횡사한다.
- 天干에 두 개의 丙, 地支에 전부 寅인데 다시 印이 生하여도 死를 보면 禍가 발생한다.

- 火가 두 寅에 旺하고 月令에 水金이 있으면 火는 구원이 되고, 土를 보면 身이 刑된다.
- 己日, 戌月은 火神이 무기無氣한데 水金이 많으면 눈이 어둡고 실명한다.
- 年干에 火가 있고, 日時에 金이 있고, 己 印을 用하면 관직을 얻는다.
- 庚午, 辛未日에 태어났는데 殺이 투출하여 둘이 있으면 겨울 生이 가장 貴하다.

- 辛金의 辰月 , 庚金의 丑, 고월고庫月은 運이 역행하면 고독하고, 순행하면 부호가 된다.(순행은 運이 財官으로 흐름)
- 辛卯日을 만나고 年月에 酉가 있고, 時에 조양朝陽(戊子)을 차면 스님이 되어 추한 행동을 한다.
- 辛亥日, 戌月의 첫 運이 水로 나아가면 눈병이 있다.
- 辛酉日에 財官이 있고 印을 用하면 순행은 남방이니 명리를 떨친다.

- 辛巳는 祿(官印)을 만난 것으로 남방 운은 귀현貴顯 영복榮福이 있다.
- 辛金이 리離(火)를 만나 土가 투출하면 근심이 없지만 土가 없으면 상신傷身되고 수명이 길지 않다.
- 사계四季 月에 生하고 日主는 庚辛이면 主가 약하여 근심이 되는데 旺地에서는 이름을 이룬다.
- 辛金이 火를 만나고 土를 보면 형벌이 되는데, 陽金이 火를 만나서 土가 투출하면 이름을 이룬다.
- 壬午는 녹마동향祿馬同鄉인데, 중중重重한 火를 만나면 격국格局이 고강하다.
- 壬癸에 金이 많고, 酉申에 生했다면, 土旺하면 貴하고 火가 旺하면 가난하다.
- 癸가 巳宮을 향하면 財.官.印이 있어 運이 남방에 이르면 명리를 떨친다.
- 癸日 己亥月에 殺財가 투출하고 地에 傷官과 합하면 노력은 하나 부유하지 않다.

- 寅時, 癸日, 申月, 卯年에 年에 己殺, 月에 壬 劫이 되면 고독하다.
- 癸日이 干에 己 陰殺을 중봉重逢하여도 官이 없어 혼잡하지 않으면 명리가 반드시 통한다.
- 傷官格은 여인에게는 가장 꺼리는데, 印, 財가 있으면 도리어 부귀하다.
- 殺이 많지만 制하면 女人은 반드시 貴하게 되고, 官星이 겹쳐 있으면 음란하다.
- 관성도화官星桃花는 복록福祿이 뛰어나 뽐내지만, 살성쌀성殺星桃花는 아침에 겁탈되고 저녁에 노래한다.
- 庚日 申時는 柱中 金局이 되고, 支에 회합會合이 없으면 官이 손상되고 처가 겁탈 당한다.
- 癸日, 寅月 , 또는 寅時, 亥月은 제강提綱을 범하지 않아야한다. 화복禍福을 추측하기 어려울 정도다.
- 甲日, 亥月은 殺을 보면 比가 좋고, 金水에 뿌리가 있으면 卯未 運은 좋지 않다.

- 戊에 己丑月은 比肩이 투출透出한 것으로 金이 입국入局되는 것은 좋고, 午未를 만나는 것은 꺼린다.
- 壬癸日 子月은 支에 午戌을 만나고, 간두干頭에 比肩이 있으면 동(寅卯)으로 行하면 吉하다.
- 甲乙이 卯月에 태어났는데, 卯가 많으면 요절하고, 역순逆順 運 子申은 발복한다.
- 庚辛 巳月은 金의 장생長生, 火도 旺한데 비겁이 뿌리가 있는 西로 행하면 상象을 이룬다.
- 丙丁의 酉月은 比肩을 꺼리지 않는데, 火 이궁離宮이 들어도 比肩과 동등한 것으로 본다.
- 곡직(曲直木)의 丑月은 印이 있어 金이 많아도 되고, 壬癸 丑月은 土가 두터워 金이 많아도 된다.
- 食神이 生旺하면 財官 같이 뛰어나고, 탁濁하면 천賤하고, 청淸하면 관직에 임한다.
- 이법은 심오하니 알면 신선과 같게 된다. 학자에게 보배같이 전수하니 천금을 받더라도 전하지 마라.

一. 身弱論 신약론

- 甲木이 무근無根하고, 丑月에 生했으면 水가 많으면 貴하고, 金이 많으면 꺾어진다.
- 乙木이 무근無根하고 丑月에 生하면 金이 많으면 貴하고, 火土는 꺾어진다.
- 六甲의 좌에 申이고, 2개의 子를 보고 運이 북방에 이르면 횡사를 막아야한다.
- 丙申은 陽水를 크게 꺼리고, 制하고 신강하여 旺하면 명리를 이룬다.
- 己의 亥月이 陰木을 만나는 것을 두려워하고, 月에 印生이 있으면 자연히 복을 이룬다.
- 己日이 殺을 만났는데 印이 旺하고 財는 엎드리면 동남 運에 貴가 높고 財가 풍족하다.
- 壬寅, 壬戌에 戊土가 투로透露하고 官星 己土가 섞여있지 않으면 이름이 높고 祿이 나타난다.

- 癸水에 뿌리가 없어도 火에서는 貴가 있고, 壬水에 뿌리가 없으면 火를 두려워한다.
- 丁酉는 음유陰柔하여 水가 많아도 두려워하지 않는데 比肩이 투로透露한 것은 꺼린다.
- 戊寅 日主은 殺이 旺한 것을 꺼리고, 火가 있으면 이름을 이루고 水가 있으면 표탕漂蕩한다.
- 庚午 日主는 支에 火가 염염炎炎하여도 土를 보면 貴하고, 水를 보는 것은 싫다.
- 辛金이 신약하게 되는 卯月에 태어나고, 癸酉가 신약하여도 財를 보면 格을 이룬다.
- 癸巳가 무근無根하고 火土를 중견重見했는데 財가 투출하면 이름을 날리고, 뿌리가 나타나면 천천賤하다.

一. 棄命기명 從殺論종살론

- 甲乙이 무근無根하면 申酉를 만나는 것을 두려워하고, 殺이 合하면 두 눈이 멀게 된다.
- 甲木이 무근無根하고, 丑月에 태어나고 水가 많으면 貴하고 金土를 만나면 요절한다.
- 乙木이 酉月에 태어나면 水를 만나면 좋고, 뿌리가 있으면 丑에서 죽고, 무근無根하면 寅에서 위태롭다.
- 乙酉에 庚丁이 투출透露하여 두 庫에 귀근歸根하여 고신孤神(寅申巳亥)을 만나면 득실得失이 있다.
- 丙火가 申月은 무근無根하여 종살從殺하고, 유근有根한 남남은 旺하고, 탈근脫根하면 수명을 재촉한다.
- 陽火가 무근無根하면 水는 반드시 꺼리고, 陰火가 무근無根하면 水에서 구원이 된다.
- 陰火의 酉月은 기명취재棄命就財로 북방에서 입격入格하고, 남남은 재앙이 있다.
- 戊己의 亥月은 身弱하여 기棄(從煞)하는데 卯月도 같이 추리한다. 뿌리가 되는 겁비劫比는 좋지 않다.
- 庚金에 뿌리가 없고, 寅이 火局을 이루면 남방은 좋고, 수명은 짧다.
- 辛巳는 음유陰柔한데 官殺이 휴수休囚가 되고 運에서 金이 들어오면 총명聰明 현달顯達하다.
- 壬日의 戌月, 癸의 未月은 運이 동방이 되면 좋고, 沖을 만나면 끊어진다.
- 기명종재棄命從財는 財를 만나야하고, 기명종살棄命從殺은 殺을 만나야한다.
- 종재從財는 殺을 꺼리고, 종살從殺은 財가 좋고, 命에 근기根氣를 만나면 여지없이 죽는다.

一. 五言獨步 오언독보

- 병병이 있는 곳에 貴가 있고, 손상이 없으면 뛰어나지 않는데, 곧 格中에 病을 제거하면 財祿이 따라오니 기쁘다는 것이다.
- 寅卯에 金.丑이 많으면 빈부貧富에 고저高低가 있고, 남지南地는 申을 만나는 것이 두렵고, 북지北地는 酉를 보면 휴휴한다.
- 건록建祿이 제월提月이면 財官이 天에 투출한 것이 좋고, 身이 다시 旺한 것은 좋지 않고, 재원財源이 무성하여야 한다.
- 두터운 土가 많은 火를 만나고, 金이 旺한 가을을 만나고, 겨울의 天水에 木이 뜨면, 명리가 허부虛浮하다.

- 甲乙이 卯에 생거生居하는데 金이 많으면 도리어 길상吉祥하고, 煞을 많이 보는 것은 마땅하지 않은데, 火地를 만나면 의량衣糧을 얻는다.
- 火는 서방의 酉을 꺼리고, 金은 水에 침침沈沈하는 것이 두렵고, 木神은 午를 보면 휴휴하고 水가 卯宮에 도달하면 손상된다.
- 土에 亥가 行하면 休하고, 巳宮은 임관臨官이 되고, 남방은 근근根이 旺하게 되고, 서북은 만나지 말아야 한다.
- 陰日의 조양격朝陽格이 무근無根하고, 월건月建에 辰이면 西方이 도리어 貴하고, 干에 火가 래침來侵하는 것을 두려워한다.

- 乙木이 酉에 생거生居하면 巳.丑은 만나지 않아야 하고, 부귀는 감리坎離(子午) 궁궁宮宮이 되고, 빈궁貧窮은 곤간坤艮(申寅)에 머무른다.
- 煞이 있으면 오직 煞로 논하고, 煞이 없으면 用을 논하고, 다만 煞星을 제거하기를 요하는데, 제거하면 제강提綱에 겹치는 것을 두려워하지 않는다.
- 甲乙이 만약 申을 만나면 煞,印이 相生하고, 木旺이 金旺을 만나면 반드시 관포冠袍를 몸에 걸친다.

- 丙火를 겹쳐 만나는 것은 두려운데 북방은 도리어 공공功이 있고, 水를 보는 것이 마땅하지만 제강提綱을 충충衝하는 것은 두렵다.

- 8月 官星이 旺한데, 甲이 깊은 추기秋氣를 만나면 財官이 겸해서 도우니 명리名利가 자연 형통하다.
- 곡직曲直인 춘월春月에 생하여 日干에 庚辛을 만나면 남리南離는 부귀하고 감지坎地는 凶하다.
- 甲乙이 辰月에 生하여 庚.辛.戊.未가 있고, 丑宮 壬癸가 있다고 어찌 무근無根이 되겠는가?

- 木이 무성하면 金火가 마땅하고, 身弱하면 귀鬼를 감금하여야 하고, 時는 金과 더불어 水의 분별이 필요하고, 경중은 木火로 분별하여야한다.
- 시상포태時上胞胎 格은 月에 印綬를 만나 통하고, 煞官의 運이 되어 도우면 직위가 삼공 三公에 이른다.
- 二子는 午를 충衝하지 않고, 二寅은 申을 衝하지 않고, 二午는 子를 衝하지 않고, 二申은 寅을 衝하지 않는다.
- 財, 官, 印綬 三格이 완전한 하나의 格이 되었는데 運에서 극파剋破를 만나면 황천黃泉에 들어간다.

- 진기進氣는 死해도 死하지 않고, 퇴기退氣는 生하여도 生한 것이 아니고, 종년終年에 발왕發旺하지 않고 오히려 소년에 刑이 있어 꺼린다.
- 시상편재時上偏財 格은 간두干頭에 比肩을 꺼리고, 身主가 旺한 月에 生하면 貴.福의 氣가 두텁다.
- 시상일위귀時上一位貴는 支中에 이것이 감추어져 있고, 日主가 강강剛□하면 명리名利가 있다.
- 運行은 10년인데 上下 5년으로 나누고, 먼저 유년流年 歲를 관찰하고, 래왕來往하는 순旬(10년)을 잘 알아야한다.

一. 正月정월 建寅건인 候후 詩訣시결

正(寅)月은 木의 처음이고, 木은 임관, 火가 生하여 旺하고, 土는 長生, 戌이 午未 宮을 겸하면 기쁘고, 申酉는 휴수休囚로 수數를 행하지 못한다.

- 寅月이 午,戌을 모두 만나고 庚辛이 主가 되면 양兩을 추배推排하는데 뿌리가 있고 土가 있으면 火가 마땅하고, 신약하고 휴수이면 土가 오는 것이 두렵다.
- 寅宮에 木火을 用하면 남방 午未는 財祿으로 기쁘고, 역행의 戌亥는 身旺하고, 酉申를 보면 파손되어 근심이 된다.
- 庚辛은 寅月을 만나면 主가 약하고, 午戌 殺星이 더해졌는데, 日主가 무근無根하면 도리어 土가 투출하여야 하고, 역행인 金水는 福이 흥륭한다.
- 戊己가 신쇠身衰하다면 寅을 보면 기쁘다. 重重한 官殺은 반드시 身이 영화롭고, 오직 木火를 구하게 되는데 相生하여 길하다. 서방 運 酉申는 두렵다.

一. 二月이월 建卯건묘 候후 詩訣시결

- 丙丁의 卯月 生은 身이 印을 만난 것인데 庚.辛.酉.丑을 만나는 것을 크게 두려워한다. 木火가 旺하여 水運은 발재發財하고, 서방 運은 재앙이 있다.
- 甲日 卯月이 丑을 중봉重逢하고, 格中에 火가 있으면 싫지 않고, 다시 火土로 나아가면 財祿이 흥하고, 歲.運이 金이 마땅하고, 水는 두렵다.
- 木은 卯月 中에 정영正榮하여, 만약 장차 사용하게 되면 生을 만나야 기쁘니 북방 亥子에서 명리를 이루고, 午未로 행하면 복이 깊다.
- 卯宮은 金을 만나는 것을 크게 두려워하고, 火가 旺하면 뿌리가 깊게 내려 제복制伏을 강하게 한다.
- 사주에 金이 있으면 巳丑은 싫고, 運이 酉로 나아가면 반드시 손상된다.
- 己卯 日主가 2,3月에 生하여 殺에 노출되면, 火도 편기偏畸하여 오직 木火를 많이 만나야 하고, 金水로 나아가면 命이 이지러진다.
- 庚辛 日의 卯月이 木을 만나면 日主가 무근無根하여 財가 旺하게 되는 것은 두렵다. 남북(火水) 양두兩頭가 깨어지는 것을 막아야한다. 申酉는 재앙이 되지 않는다.
- 癸日이 무근無根하고 卯月을 만나 局중에 火가 있으면 도리어 성공한다. 身旺한 곳으로 나아가면 財富가 많고, 만약 官이 도달하면 수명이 반드시 끝난다.

一. 三月삼 建辰건진 候후 詩訣시결

- 3月 辰宮은 오직 土로 논한다. 殺이 많으면 金水가 화化하면 좋고, 제강에 만약 財官印을 用한다면 金水가 상림相臨하면 命에 손상이 있다.
- 戊寅 日主에 뿌리가 없고, 水가 중중重重하여 旺하면 복원福源이 깊다. 木火 運으로 나아가면 중길中吉하고, 金水가 상봉相逢하면 재해가 반드시 침범한다.
- 辰月의 간두干頭는 오직 金을 用한다. 火가 土를 生하면 복이 두터운데 본질로 되돌리기 때문이다.
- 身이 壬癸가 되는데, 土를 많이 만나면 火가 旺한 運은 반드시 재해가 있다.

一. 四月사월 建巳건사 候후 詩訣시결

- 甲乙이 4(巳)月에 임하면 水와 木旺한 곳에서 財가 떨쳐 일어나는 근원이 되고, 서방의 화지火地는 흉파凶破가 많고, 酉丑을 상봉相逢하면 재해가 있다.
- 巳月 生의 日干이 水土가 되면 火와 木旺은 祿이 있고, 金水로 행하면 다성다패多成多敗하고, 제강을 沖하는 것은 두렵다.
- 金 日干의 巳月은 土는 印綬, 火는 財가 된다. 신강身强하고 土가 두터우면 金土가 좋고, 日主가 경부輕浮하면 水가 오는 것이 두렵다.
- 壬日 巳月은 火土가 많고, 무근無根 무인無印하면 財가 두렵고, 순행은 申酉로 명리가 있고, 역행은 동남으로 수명이 길지 않다.
- 巳月은 金의 生地이고, 火土가 旺하니 세 반신般神을 用하는 것이 분명하다. 財.官.印綬가 궁내宮內에 있어 運의 고저를 자세히 살펴야 한다.

一. 五月오월 建午건오 候후 詩訣시결

- 午月의 궁중宮中에는 火가 정영正榮하여 고저高低, 귀천이 분명하다. 財.官.印을 用하면 生旺이 좋고, 화살化殺은 기쁘고, 水는 평평하다.
- 午月은 염염炎炎한 火로 논한다. 木火를 만나면 자연히 흥하고, 서방 金水는 방극防尅이 많고, 丑土로 주환週還되어 子를 맞는 것은 두렵다.
- 午宮은 子水가 沖하는 것이 두렵고, 火를 用하는데 沖하게 되면 반드시 흉하다. 日主 庚辛에게는 殺로 運에서 만나면 도리어 성공한다.
- 財.官.印綬가 午에 감추어져 서북 申子辰이 임하면 멈추고, 木火土는 도리어 부귀하고, 水土가 오면 멈추고, 다시 金도 싫다.

一. 六月륙월 建未건미 候후 詩訣시결

- 丙丁日이 未月을 만나면 金水가 흉한 것이지만 반드시 흉한 것은 아니다. 목고木庫와 수향水鄕은 부귀하고, 다시 申酉로 나아가면 재해가 중중하다.
- 未月은 支에 木火가 저장되는 때로 순역에 관계없고 格의 고저에 따르게 되는데 남방 運에서 동방으로 역행하면 旺하고, 서방은 쉬어 근심이 되고 戌亥에는 이지러진다.

一. 七月칠월 建申건신 候후 詩訣시결

- 木의 印綬,財,官이 있는 申月, 북방에서 복이 되돌아오니 기쁘고, 火金이 生旺하면 청귀淸貴하고, 寅이 들어오는 것은 두렵다.
- 庚의 건록建祿, 辛의 제왕帝旺은 申이다. 官.印.財星이 있으면, 역행되어 辰巳가 들어오면 財祿의 영광이 있고, 북지北地에서는 부귀가 이루어진다.
- 壬癸가 申,酉月에 태어나 火土가 많으면 북방에서 뛰어나고, 무상無傷, 무파無破하여도 水로 행하면 멈추고, 제왕帝旺 임관臨官 運도 좋지 않다.

一. 八月팔월 建酉건유 候후 詩訣시결

- 甲乙이 무근無根한데 酉月을 만나면 庚辛 金旺하여도 싫지 않고 흉하지 않다. 북방 水運은 재물이 족하고, 역행하는 남방은 득실得失이 가운데(반반)이다.
- 酉月은 金이 저장되어 있는데, 乙日을 만나면 북방은 亥子水가 중중重重하고, 이명離明 (남방) 午未는 財와 권력이 重하고, 巳丑이 가림하면 수명이 끝난다.
- 甲乙의 酉月에 官殺이 많고 日主가 무근無根하면 일생 낮게 살고, 북방 순행은 丑에 임하면 멈추게 된다.
- 丁이 酉月에 生하고 天干에 癸가 되면 殺을 제거하여야 財를 거두어들일 수 있다. 유기有氣하여 보신保身하려면 印綬가 있어야 하고, 水가 들어오면 무정無情하다. 가을 金 酉에 丑이 중중하면 金旺한데 火로 제련하면 명성이 있고, 동방으로 행하면 財祿이 가득 차고, 서북으로 나아가면 복이 기울게 된다.

一. 九月구월 建戌건술 候후 詩訣시결

- 戌月은 戌中에 火土가 있어 庚辛日은 뿌리가 없어도 꺼리지 않는다. 格中에 만약 財.官.印이 있고, 運이 남방이면 복록을 누린다.
- 甲乙의 가을 金 戌月 生은 木은 쇠약하고, 金은 旺하여 庚辛을 두려워한다. 木火가 들어오면 가계家計가 흥하고, 金水는 조금만 비쳐도 재해가 일어난다.
- 財.官.印綬 戌月에 임하면 卯寅을 보면 발왕發旺 승등升하고, 순행은 북방 子丑으로 행하고, 역행하여 酉에 이르면 깨어지고 申을 만나는 것도 좋지 않다.
- 戌月의 金 日干은 火土가 감추어져 있으니 남북 運 혹 동 運 순역으로 인한 고저를 구분하지 않는다. 대운에서 辰을 만나면 수명이 끝난다.
- 壬日은 무근無根하고 戊己가 많은데 戌月에 生하면 財가 많은 것을 꺼린다. 역행은 남방 午에서 멈추게 되고, 寅은 만나게 되면 나쁘다.
- 丙丁日의 戌 중순中旬은 主가 없고, 財가 天干에 투출하여 用神이 된다. 이 格은 傷官, 殺이 旺한 것이 좋고, 다만 身旺하여 傷官이 다하여 없어질까 두렵다.

一. 十月십월 建亥건해 候후 詩訣시결

- 水木이 亥月에 태어나면 財.官.印綬가 상련相連하는 것이 좋다. 壬을 사용하면 運은 旺한 남방으로 가야하고, 木을 사용하면 寅卯가 좋다.
- 丙日에 壬殺은 동남이 좋고, 東에 이르면 官이 발현한다. 다시 西 태兌로 나아가면 수명이 완전하기 어렵다.
- 財.官.印綬가 건궁乾宮에 서면 水木 相生은 복록이 통하고, 陽水는 金이 좋고 火土는 싫다. 運의 巳와 형충하는 것이 가장 두렵다.
- 日主가 무근無根하고 干에 土金이 되고, 月에 亥子가 있고 土가 들어와 침범하면 다만 印綬, 身을 도와 旺하면 어찌 제강 用神이 손상되는 것을 두려워하겠는가.

一. 十一月십일월 建子건자 候후 詩訣시결

- 丙丁 日主가 月에 子를 만나고 支下에 申時 또는 辰이 있고, 火土가 旺하면 부귀하다. 다시 金水 運으로 나아가면 재해를 억 누리기 어렵다.
- 자식궁에 水가 있으면 金의 곳에서 旺하고, 土는 휴수休囚이고, 支가 깨어지는 것을 꺼린다. 사주에 土火가 있는데 水를 만나면 貴하다. 午가 와서 沖하면 수명이 짧다.
- 庚金이 子를 만나면 吉하고 火土는 서로 싫지만 반드시 흉한 것은 아니다. 運이 원진元辰으로 나아가면 번성하여 貴하고, 다시 午運으로 나아가면 복이 중중重重하다.
- 庚日이 寅午戌을 만나면 日이 제강 火局으로 통하고, 金水의 運이 되면 富를 이룬다. 火土가 겹쳐 들어오면 어찌 재해가 없겠는가?
- 水가 동왕冬旺을 만나면 즐겁고 근심이 없다. 사용하는 財官이 투출하면 富를 구주九州에 떨친다. 순역의 구분이 없이 부귀하고, 제강을 刑剋하면 일을 멈춘다.

一. 十二月십이월 建丑건축 候후 詩訣시결

- 甲子가 丑月 中에 태어나면 무근無根하여도 金水가 싫지 않고 흉하지 않다. 金水가 중행 重行하면 이름을 떨치고, 火土를 상봉하면 본종本宗이 깨어진다.
- 丙丁이 丑月을 만나면 火의 財.殺이 감추어져 있는데, 사주가 무근無根하면 水를 꺼리고, 運이 火에 도달하면 복이 증가된다. 모름지기 명리의 향기가 진동한다.
- 庚辛의 丑月은 印이 감추어져 있다. 火土가 래임來臨하면 복록이 가지런하다. 壬癸가 天干에 투출透出하고 戊己를 만나면 서로 마땅하여 기쁘다.
- 壬癸가 丑月에 태어나면 金土가 있어 格이 뛰어나다. 순행 辰巳는 財祿이 있고, 역행은 申酉 支로 곧 승등升騰한다.
- 戊土가 12월에 태어나면 傷官, 財가 旺한 시절이 된다. 수청금백水淸金白하면 格을 돕고, 火土가 많으면 꺾인다.
- 己土의 제강에 丑支 金局이 되면 殺旺, 身强하면 格局이 높고, 金水가 중래重來하면 명리가 두텁고, 水火의 地는 집안이 평온하지 않다.
- 丙日이 뿌리가 있고 丑局을 만나면 財官이 月中에 감추어져 있는데, 水는 旺하고, 金은 吉하다. 土는 노곤하고, 南으로 行하면 공허하다.
- 戊己가 丑月에 태어나 홀연히 陽刃은 天干에서 만나면 金이 많고 水가 있어야 貴하고, 火土는 比劫으로 싫다.

一. 十干體象 십간체상

◉ 甲木은 天干의 처음이 되고, 원래 지엽枝葉과 근해根荄가 없다. 天地에서 천년을 장구하게 존재하고자 하면 진흙과 모래에 만장萬丈의 깊이에 굳히지 않고 묻혀있고, 동량棟梁으로 취하고자 한다면 金을 얻어 시용한다.
火에게는 타서 재가 되니 재앙이 되고, 굼뜨고, 재치가 없고, 스스로 왕래를 춘추春秋에 일임一任한다.

◉ 乙木은 근해根荄가 있어 씨가 깊이 심어져야 하고, 오직 양지陽地가 좋고 그늘陰은 마땅하지 않다. 많은 水를 만나 표류하는 것이 가장 두렵다.
金을 사용하여 깍고 베면 괴로우니 사용할 필요가 없고, 南으로 가면 화염에 의한 재해 가볍지 않고, 西로 나아가고 土가 重하면 재해가 침범하고, 동량棟梁이 아닌, 뿌리가 내려진 木으로, 공부할 때 분별하는 마음이 필요하다.

◉ 丙火는 밝고 밝은 태양에 속한다.
원래 삼강三綱과 오상五常, 곧 사람이 지켜야 할 도리를 정대正大하게 세워 홍광洪光을 천리千里에 비출 뿐만 아니라, 거대한 빛은 가히 온 세상에 두루 펼쳐진다.
세상에 나올 때 기꺼이 부목浮木(乙木)의 자식이 되고, 生을 전함에는 진흙(辰)을 딸로 삼지 못한다. [丙은 辰을 생하지 못한다.]
강호江湖를 이룬 死水가 어찌 훼하겠는가? 오직 두려운 것은 숲을 이룬 木으로 재앙이 일어난다.

◉ 丁火는 촛불과 등燈의 형상이다.
태양과 만나게 되면 광명光明을 빼앗기게 되고, 때를 얻으면 천근의 철을 녹일 수 있고, 실령失令하면 한 조각의 金도 녹일 수 없다.
비록 적은 마른 섶으로도 불꽃을 일게 하지만, 젖은 木은 많을지라도 생하지 못한다. 그 사이의 쇠왕衰旺을 구분하여야 하고, 旺하면 노로爐이지만 쇠쇠衰하면 등잔불에 불과하다.

◉ 戊土는 성성城의 담장, 제안堤岸과 같다.
강, 하천, 바다를 진압하여야 하니 뿌리가 重하여야 한다.
柱中에서 合을 하면 기세가 좋아지고, 태양(日下)에 허세虛勢를 타면 반드시 붕괴된다.

295

힘에 약한데 金이 누설漏泄하면 견디지 못하고, 공을 이루었다면 어찌 木을 사용하여 소통疏通할 필요가 있겠는가? 평생 동남이 가장 좋은데 군건하게 되고, 身旺한데 다시 동남東南에 의하여 튼튼하게 되면 도리어 중화의 도를 잃게 된다.

◉ 己土는 전원이고 네 개의 밧줄(환절기)이 된다. 땅坤이 깊어야 만물의 토대基가 될 수 있다.
水金이 旺한 곳은 身이 약하고, 火土가 국局을 이루면 공功이 가장 뛰어나다.
실령失令하면 어찌 검과 창의 날카로운 氣를 묻을 수 있겠는가? 득시得時하면 농사를 지을 수 있고, 身旺, 印旺하고 겸해서 合이 많아 자만하면 刑沖을 만나야 한다.

◉ 庚金은 완둔頑鈍하고 강강剛하다. 火가 제어하면 功을 이루고, 水를 두려워한다. 여름에 태어나 동남으로 나아가면 단련鍛煉이 지나치고, 가을에 태어나 서북으로 나아가면 빛살이 뛰어나다.
水가 깊으면 도리어 다른 것(土)을 봐 相剋하여야 하고, 木이 월령이 있어 旺하면 자신이 손상되고, 戊己가 干支에 겹쳐 重한 土를 만나면 충衝되지 않으면 도리어 매장된다.

◉ 辛金은 주옥珠玉이고, 성性은 통령通靈*하다.
온화한 태양과 모래에 걸러진 맑은 물을 좋아하고, 화염으로 단련하지 않아도 성취할 수 있다. 습토가 生하여 자부滋扶하면 좋고, 木이 많고 火가 旺하면 서북이 좋고, 수냉水冷금한金寒하면 丙丁이 좋고, 좌의 祿에 통근通根하면 身旺한 地가 되니 어찌 두터운 土에 형형이 묻히는 것이 근심되겠는가?

　　　　　** 通靈 : 1.신비스러운 힘을 지니고 있다. 영험이 있다. 2.총명하다. 영리하다

◉ 壬水는 광대한 바다이고, 모든 하천으로 天下에 흩어져 국경이 없다.
干支에 많으면 떠돌아다니고, 火土를 중봉重逢하면 본원本源이 마르고, 未午에서 결태結胎되어 양성養性되고, 건곤乾坤은 장생長生 귀록歸祿에 속하고, 신강身强한 원국은 財祿이 없고, 서북 運은 소년 때 액이 있다.

癸水는 응당 우로雨露가 되는 것이 아닌가? 뿌리가 亥子에 통하니 곧 강하江河가 된다.
柱에 곤감坤坎이 없으면 도리어 약하고, 局에 財官이 있으면 오히려 뛰어나지 않고, 申子辰이 온전하게 이루어져 있으면 상격上格이 되는데 寅午戌이 갖추어져 중화가 되어야 좋다.
가령 火土가 넉넉한데 한 여름에 태어나면 서북 運이 어찌 태과하다고 하겠는가?

一. 十二支십이지 體象체상

◉ **[子]** 12개월에서 子水가 첫 번째가 되고, 계곡물과 바닷물은 子水에 의해서 맑음을 다하지 않는다.
천도天道에 의해 태양이 되돌아와 土가 旺하게 되면 인간은 따뜻한 水를 누리고, 水는 서늘한 金에 붙어 生한다. 만약 午를 만나면 파괴하여 응당 머무르지 못한다. 설령 卯와 刑을 하면 도리어 정情이 있고, 주내柱內에 申辰이 와 합국合局하면 곧 강과 바다를 이루어 물결치는 소리를 낸다.

◉ **[丑]** 한겨울의 丑이 월령이 되면 얼음과 서리가 겁난다고 하지만, 누구나 알아야 하는데 二陽이 들어오는 시기가 된다. 따뜻한 土는 만물을 生하는데, 글쎄 차가운 金이라고만 할 수 있겠는가? 다만 깊이 감추어진 것이지 않겠는가?
刑沖하는 未戌는 用할 수 있고 酉, 巳가 모여 있으면 믿을 만한 곳이 되고, 만약 日時에 水木이 많이 있다면 곧바로 손리巽離(南) 運이 들어와야 할 것이다.

◉ **[寅]** 간궁艮宮의 木은 봄에 세워지는 것이다. 三陽의 氣가 모인 곳이고, 寅에는 火가 있다. 巳申은 뜻이 합하니 삼귀객三貴客이 되고, 卯未는 같은 종류로 한 집안 사람이 된다.
평범함을 넘어 성인에 드는 것은 오직 午를 만나야하고, 祿을 깨고 제강을 손상 시키는 申은 근심이 되고, 사주에 火가 많으면 火地는 싫고, 건조한 木은 남방 運으로 가지 않아야 한다.

◉ **[卯]** 卯木은 변화번화變化繁華한 氣가 깊다. 중춘仲春으로 金이 싫지 않겠는데, 庚辛을 겹쳐보면 申酉가 근심이 되지 않을 수 없다. 亥子가 중래重來하면 壬癸가 싫고, 酉와 沖하면 낙엽이 떨어지고, 三合을 만나면 숲을 이룬 것이니 기쁘고, 만약 日時에 金이 중중한데 다시 서쪽 運으로 나아가면 재앙을 막을 수 없다.

◉ **[辰]** 辰은 3월로 따뜻한 수니水泥로 모든 木의 뿌리를 자라게 할 수 있다. 비록 甲은 쇠약하게 되지만 乙은 남은 氣가 있다. 설령 壬의 묘墓, 癸가 환혼還魂했더라도 닫힌 문을 열어 개고開庫하여야 한다.
만약 三沖을 만나면 문이 깨어지고, 水木이 서북 運을 중봉重逢하면 두터운 土도 존재하지 못한다.

◉ [巳] 巳는 초여름으로 火로 빛이 증가된다. 조화의 유행流行에서 정육양정六陽에 속한다. 실령失令한 庚金은 모친에 의지해 生하고, 득시得時한 戊土는 어미를 따르는 복이 있다. 三刑 전송傳送은 해롭지 않고, 충격으로 등명登明하게 되면 손상이 있고, 運이 동남에 도달하면 메마른 땅이 되고, 하늘을 불사르는 불꽃이 휘날리면 어찌 평탄 하겠는가?

◉ [午] 午月은 염염炎炎한 火가 떠오른다. 六陽의 氣가 이어지고 一陰이 生한다. 庚金이 실위失位되어 身에 무용無用하고, 己土는 귀원歸垣하니 祿을 이루게 된다.
申子가 가지런하게 오면 극전戰剋하고, 戌寅을 동견同見하면 광명光明이 넘친다. 동남은 올바른 신강身强한 땅이 되고, 서북은 휴수休囚로 이미 형형이 손상되었다.

◉ [未] 未月은 陰이 깊어져가고, 火는 점차 쇠약하게 된다.
官과 印은 감추어지고 財는 감추어지지 않는다.
가까이에 亥卯가 없으면 형형이 변하기 어렵고, 刑沖이 멀어도 고庫 또한 열린다.
火가 없으면 金水 運으로 나아가는 것은 두렵고, 많이 추우면 丙丁을 편애하고, 用神의 희기喜忌를 분별하는 것이 마땅하니 돌로써 표준을 잡지 않아야 한다.

◉ [申] 申金은 강건剛健한데 月支에 만나면 水土의 장생長生의 궁궁이 되고, 巳午는 노중爐中에서 검극劍戟을 이룬다. 子辰과 局을 이루면 안에 칼날을 빛을 얻는다.
木이 많고 水가 없으면 종래 이길 수 있고, 土가 많아 金이 묻히면 도리어 凶하다. 이 申에 대해 알아 봤는데 따뜻하고 부드러운 주옥珠玉과 같은 것은 아니더라.

◉ [酉] 8月은 종괴從魁의 이름이다. 다른 것들이 탐내는 흰 金과 맑은 물이 흐르는 것이다. 火가 많고 東으로 가면 寅卯가 근심이 되고, 木이 旺하고, 南으로 나아가면 丙丁을 두려워한다.
柱에 수니水泥(辰)를 보면 쓸모가 있고, 運이 서북으로 나아가면 어찌 정이 없겠는가? 가령 三合이 되면 예리하여 완둔함 金에 비교할 바가 아니고, 단련된 金이 아니다.

◉ [戌] 戌月은 하괴河魁로 성성이 가장 강강剛하다. 흩은 진 것이 이 물물에 이르러 거두어 저장된다. 넓은 화로의 거대한 火로 성취成就된 둔철완금鈍鐵頑金이라 주장한다.
해굴海窟의 용龍(=辰)과 沖하면 우로雨露를 生하고, 산두山頭에서 범虎(寅午戌)과 合하면 문장文章에 뛰어나고, 천라天羅는 비록 남을 속이는 것이 되지만 火命이 만나면 손상된다.

◉ **[亥]** 등명登明의 위치로 水의 근원이 깊고, 우설雨雪이 찬 곳에서 生하는 六陰이 된다. 반드시 뛰어난 빛이 갖추어져야 土를 사용할 수 있고, 물결이 많은 金(申)은 만나지 않아야한다.

오호五湖로 되돌아가 근원에 모이면 상象을 이루고, 三합이 되면 올바른 마음이 있고, 건곤乾坤이 온화한 곳이 되기를 원하면 간진손리艮震巽離를 찾아야한다.

一. 正官정관 詩訣시결

- 正官은 月에서 구하여야하고, 깨어지지 않고 손상되지 않으면 貴가 멈추지 않아 옥玉 재갈에 金 안장을 누리는 富貴를 이루고, 두 황제에 걸쳐 벼슬을 행한다.
- 정기正氣 관성官星은 月上으로 추리하는데 무충無沖, 무파無破하면 뛰어나고, 중년 때 세운歲運에서 상조相助하면 장상공후將相公侯가 된다.
- 正官은 인덕仁德의 성정性情으로 순순純하고, 사관詞館은 문장文章으로 입신立身한다.
- 官印이 상생相生하는 세운歲運을 만나면 옥당금마玉堂金馬에 앉는 조정의 신하가 된다.
- 正官은 무릇 신강身强하여야 하고, 氣가 약하면 運에서 旺하게 하여야한다.
- 세운歲運에서 다시 생왕生旺한 地를 만나서 무충無沖, 무파無破하면 영창榮昌하다.
- 己干에 官星 甲이 투출하면 월령에 丙丁이 있어야 하고, 金水가 相生하는 것은 하격下格 이 되는데 火가 모여 있으면 재물과 이름을 이룬다.
- 辛日에 丙이 月에 투출하고 寅을 만나면 格이 변하여 財의 뿌리로 나타난다.
- 官星은 겹쳐보는 것은 허락되지 않고, 運에서 申酉가 들어오면 충형沖刑怕하니 두렵다.
- 8(酉)月의 官星은 올바른 格인데 格中에서 卯와 丁이 화합하는 것은 두렵고, 만약 주柱 내內에 있으면 꺼리니 제거해야 하는데 運에서 제거하면 貴하게 된다.

一. 偏官편관 詩訣 시결

- 偏官은 범虎과 같고 沖을 두려워하는데 運에서 旺하게 되고, 신강身强하면 어찌 그렇겠 는가!
- 身弱한데 범이 강하면 화환禍患이 일어나게 되고, 신강身强한데 제복制伏하고, 중화中 和되면 貴하다.
- 偏官을 제화制化하면 권력이 되고, 힘내어 구름에 올라 소년에 일어나고, 세운歲運에 서 만약 身旺한 地가 되면 공명功名을 떨치고 福이 쌍전雙全하다.
- 偏官을 흉하다고만 할 수는 없다. 제어하면 도리어 의록衣祿이 풍영하다.
- 干上에 食神이 있고 支가 또 合하면 자손兒孫에 복이 많고 무궁하다.
- 陰癸가 己土를 많이 만나면 손상되는데 殺星을 木을 사용하여 항복시키면 된다. 비록

명리名利는 높게 나타겠지만 어찌 수명은 길겠는가?
- 六丙 生 사람에 亥子 殺星이 印을 잡으면 도리어 중화가 되니 동방 運으로 나아가면 명리名利가 흥하고, 서방 運은 고생한다.
- 봄의 木에 金이 없으면 뛰어나지 않고, 金이 많으면 두렵고 위태로움을 만나게 된다. 格中에서 중화의 氣를 취득하면 福과 수명이 강녕하고 모든 일에 마땅하다.
- 偏官, 偏印은 밝히기가 어려운데 上下가 상생相生하면 이름에 이롭고, 四庫가 財에 해당하는 것을 좌하면 마땅하여 貴하게 되고, 예사롭게 평상으로 행하여도 벼슬로 나아간다.
- 戊己가 만약 官殺을 만나서 국중局中에 金水가 다시 더해져 있다면 당생當生에 火가 있어야 마땅하다. 火가 물러나면 金이 걱정이고, 水가 침투하는 것이 두렵다.

一. 印綬인수 詩訣시결

- 月에 印綬를 만나면 官星이 좋다. 運에서 官이 들어오면 福이 반드시 청청하고, 사절死絶이 運에서 들어 身에 임하면 불리하다. 뒤에 財運이 되면 아무것도 이루지 못한다.
- 印綬가 이지러지지 않으면 복전福田을 누리고, 官이 이어지게 되고 전원田園의 음덕을 입는다.
- 문벌의 영향으로 칙서를 받고, 곡식을 채운다. 매일 사용하는 음식비가 만전萬錢이 되고, 印綬가 이지러지지 않으면 조종祖宗이 어긋나지 않고, 재산이 광휘光輝하고 문중이 빛난다.
- 유년流年과 운기運氣에서 旺한 官을 만나면 부귀가 많아 월궁月宮을 거닐게 된다.
- 月이 日主를 生하면 官星이 좋은데, 運에서 官이 들어오면 반드시 祿이 청청하고, 용모가 당당堂堂하고, 산업産業이 많고, 벼슬이 공경公卿이 된다.
- 生氣가 重한데 官이 없고, 청청하면 기예에 뛰어나다.
- 官殺이 오지 않으면 작록爵祿이 없고, 전반적으로 기예는 있으나 고한孤寒하다.
- 印綬가 중중하면 격이 청기淸奇한데 다시 지간支干을 자세히 살펴야한다.
- 支上에 함지鹹池가 干과 합하면 풍류로 방탕하여 집안이 깨진다.
- 印綬가 干支이면 자연히 좋은 것이다. 공명, 부호, 祿이 높다.

- 만약 財運을 만나면 印이 손상되어 퇴직하여 벼슬이 멈추고 나쁜 병에 걸리는 화禍가 있다.
- 印綬가 重重하면 형통하게 이루어진다. 단지 食神이 암暗에서 상형相刑하는 것을 두렵다. 조년早年에 만약 죽지 않으면 고향을 떠나 고독하게 되고 숙질이 있게 된다.
- 丙丁이 卯月이 되고 官殺이 많고 사주에 무근無根하면 水가 두려운데 습목濕木은 불꽃을 일어나게 하지 못하기 때문이고, 이것을 버리고 身이 남방에 존재하게 되면 영화가 있다.
- 壬癸이 申을 만나면 火가 깨어져 싫은데, 격 중에 土가 있으면 貴한 것을 알게 될 것이고, 북방 水運은 모두 길하게 되고, 寅을 만나 충沖되는 것은 마땅치 않다.
- 木이 壬癸水를 만나면 표류하고, 日主가 무근無根하면 가을은 법이 없고, 세운歲運에서 財旺한 運을 만나면 도리어 길하게 되어 왕후王侯를 만나게 될 것이다.
- 탐재괴인貪財壞印을 흉하다고만 하지 말라. 모름지기 상세히 살피면 묘한 이치가 통할 것이다. 運에서 財를 제거하면 도리어 福이 일어나고, 재차 財로 나아가면 수명이 짧게 된다.
- 印綬가 사절死絶하게 되는 곳을 지나게 되면 財가 두렵고 공망空亡이 두렵다. 만나면 主는 흉한 화禍가 많으니 물에 빠져 죽거나 화형을 당하고 목매어 죽는다.
- 印綬는 身이 태왕太旺할 때는 마땅하지 않다. 무사無事하고, 평상平常일 뿐인데 오직 원명元命에 官殺이 많아야 명성聲名이 있고 동량棟樑을 만든다.
- 印綬가 간두干頭에 있고 比을 중하게 보고 또 행운行運에서 돕게 되면 반드시 身이 손상되니 이러한 格을 기묘奇妙하다고 하지 말라. 運에서 財가 들어오면 복록福祿이 참되다.
- 印綬의 官星 運은 氣가 순수하고, 偏官을 많이 만나면 정신精神이 바뀌고, 사절死絶이 財地와 병형해서 행하는데 구원이 없으면 황천에 들어간다.

一. 正財정재 詩訣시결

- 正財가 깨어지지 않으면 곧 官을 생한다. 身旺하고 財가 官을 生하면 녹위祿位가 넓다.
- 身弱한데 財가 많으면 힘이 모자라 달아나고 劫財는 분탈分奪하여 禍가 다단多端하다.
- 正財가 득위하면 정당正當한 권력이 되고, 日主가 고강高强하면 재물이 만천萬千이 된다.
- 印綬가 와서 서로 구제하여 돕게 되면 금주金珠가 만갑萬匣이 되고 祿도 고강하다.
- 正財 뿐만 아니라 月의 官도 마찬가지지만 가장 두려운 것은 支干이 冲하여 깨어지는 것이다.
- 歲運이 만약 財旺한 곳이 되면 도공陶公을 능가한 貴를 얻는다.
- 身弱하고 財가 많으면 힘이 부족하여 임무를 맡지 못하고, 官을 生하여 귀鬼로 변하게 되어 도리어 내침來侵 당하게 되고, 財가 많고 身이 건강하면 貴하게 되고, 만약 身이 쇠약하게 되면 禍가 다시 임한다.

一. 偏財편재 詩訣시결

- 偏財는 身旺하면 영웅호걸이 되는데 양인이 침투하지 않으면 복록福祿이 높다.
- 유정有情하여 교제가 많고 강개慷慨하고, 만약 身弱하다면 태만하고 공연한 헛수고만 한다.
- 月의 偏財는 여러 사람의 財가 되고, 가장 꺼리는 것은 干支에 형제가 있는 것이다.
- 身强하고 財도 旺하면 禍가 되고, 만약 官星을 차면 뛰어나다.
- 무릇 偏財를 보고 劫星을 만나면 전원田園이 깨어지고 고생하고 가난하고, 처첩이 손상되고, 치욕을 많이 당한다.
- 食이 바탕이 되지 않으면 공자가 진나라에서 굶주린 것과 같다.
- 만약 偏財가 正官을 차도 劫星이 노출되어 있으면 福의 방패가 되지 못한다.
- 劫運은 좋지 않은데 이러한 곳은 온 갖 재앙이 발생한다.
- 偏財가 身旺하면 官星을 있어야하니 運에서 官이 들어오면 이름에 이롭다. 형제가 만약 들어온다면 분탈을 방지하여야 하는데, 공명功名이 따르지 않고 재앙이 일어난다.

一. 食神詩訣 식신시결

- 食神에 氣가 있으면 財官보다 뛰어나다. 먼저 요하는 것은 食神이 강하고 본간本干도 旺하여야 한다.
- 만약 탈식奪食되어 손상되면 고생스러워 애타고 화禍가 천반千般이 된다.
- 食神에 손상이 없으면 格이 숭고崇高하고, 甲丙, 庚壬은 貴氣가 굳건하고, 丁己, 乙辛는 복록福祿이 많고 가문에 무인인 영웅호걸이 나타난다.
- 甲人에 丙은 원래 도둑의 기운인데 丙이 財를 生하니 食神이란 이름이다. 마음이 넓고 신체가 크고 의록이 풍부하고, 만약 印綬가 임하면 主는 고빈孤貧하다.
- 戊日의 申時는 食神이 뛰어난데 오직 추동秋冬에 복록福祿이 가지런하다. 甲.丙.卯.寅이 극파剋破하면 만나도 만나지 않은 것과 같아 主는 고독하고 구슬프게 된다.
- 수명은 합기合起하면 가장 뛰어나고, 七殺이 세시歲時에 있어도 어찌 근심이 되겠는가? 간두干頭에 旺하게 있으면 제살制殺하여 흉하지 않다. 이러한 사람은 부귀하다.
- 食神이 먼저 있고 殺은 뒤에 있으면 의록衣祿이 이어지지 않고, 부귀도 두텁다. 食神 가까이에 殺이 있으면 도리어 재앙이 되고, 종일 티끌에 에워싸여 방종하고 분주하다.

一. 傷官상관 詩訣시결

- 傷官은 상진傷盡되면 가장 뛰어나다. 傷이 많은 것은 오히려 두렵고, 도리어 마땅하지 않다.
- 이 격국들은 수많은 변화가 있어 추리할 때 매우 신중한 마음으로 추리하여야 한다.
- 火土 傷官은 상진傷盡이 좋고, 金水 傷官은 官을 보기 요하고, 木火는 官을 보고 官이 旺하여야 하고, 土金은 官을 제거하여야 도리어 벼슬을 할 수 있다. 오직 水木 傷官 격은 財官이 둘 다 있어야 비로소 기쁘다.
- 傷官을 흉凶하다고 규정하지 않아야 한다. 制하면 도리어 의록衣祿이 풍부하다.
- 干上 食神이 있고 支에 合이 있으면 자손이 많고, 수명이 소나무와 같이 길다.
- 傷官을 만난 者는 원래 좋지 않지만 財는 있고 官은 없으면 福의 터전이 되고, 時.日.月의 傷官 격국이 運行에서 財旺을 만나면 貴하게 되는 것을 의심 할 필요가 없다.

- 傷官이 상진傷盡되는 것이 가장 뛰어난데 만약 상진傷盡되지 않으면 禍가 따른다.
- 교만하여 사람을 능멸하고 승부욕이 강하고, 골육에 형상刑傷이 많아 다시 비통하게 된다.
- 傷官을 흉凶하다고 말하는 것은 불가하다. 辛日 壬辰은 貴가 그 中에 있어 추동秋冬에 태어나면 빼어난 氣가 되고, 사계四季에 生하면 재물이 풍부하다.
- 丙火가 뿌리가 많고 土가 연이어 있거나 혹 申月을 되고, 건乾이 되면 오직 金水로 나아가야 명리名利가 있다. 火土가 두텁게 들어오면 수數가 견고하지 않다.

一. 洋刃양인 詩訣시결

- 陽刃이 時에 있다고 흉하지 않다. 身이 약하면 도리어 돕게 되고, 반대가 되면 흉凶하다.
- 세歲, 月에 겹쳐보면 時에서 生하여 궁宮의 기세가 왕성하게 되니 좋지 않다.
- 午가 丙, 戊子가 壬을 만나면 官星, 七殺을 보는 것이 좋다.
- 형해刑害는 무방無妨하고 충패沖敗는 두렵고, 財地를 만나는 것은 두렵고 禍가 가볍지 않다.
- 壬子가 午를 보면 멈추게 되고, 午宮도 子가 와서 沖하는 것은 두렵다.
- 丙日의 坐에 午를 중견重見하면 두렵고, 身宮과 회합會合하면 일사一事가 흉凶하다.
- 日刃도 陽刃과 같다. 官星, 七殺을 교차로 만나는 것은 기쁘고, 세군歲君이 劫에 손상되지 않고 支上에 刑沖되어도 무공武功으로 출세한다.
- 陽刃이 세군歲君과 충합沖合하는 것을 싫어한다.
- 유년流年에서 이것을 만나면 主는 재앙으로 머뭇거리고, 三刑, 七殺과 교우交遇하면 염라대왕이 반드시 잡아간다.
- 時에 陽刃이 있으면 偏官이 좋고, 만약 財星을 보게 되면 온갖 재해가 따른다.
- 歲와 運이 서로 沖하거나 合하면 재화災禍가 일어나고, 문중에도 마찬가지로 일어난다.
- 陽刃을 많이 있는데 合하면 傷하고, 주인은 심성이 고강高强하다.
- 刑沖이 태중太重하면 흉액凶厄이 많고, 制하면 보호되어 길창吉昌하다.
- 陽刃이 官을 보면 두려운데 형충파해刑沖破害는 모든 재앙의 실마리가 되고, 크게 싫은 것은 財가 三合하여 旺하게 되면 사지가 손상되어 완전하지 않다.

一. 刑合형합 詩訣시결

- 사주 支干 모두 刑이 되면 주색으로 인하여 身이 상상喪한다.
- 만약 陽刃과 七殺이 임하면 노상路上에서 황천黃泉에 들어간다.
- 六癸日, 甲寅 時의 刑合은 가짜가 있는데, 만약 月令에 亥子가 있으면 참眞이 아니니 傷官 格으로 추리하여 찾아야한다.
- 癸日 甲寅 時는 사주에 官星이 있는 것이 가장 싫고, 만약 戊戌, 庚申이 없으면 장세壯歲에 황제 곁에서 영화를 누린다.
- 癸日 甲寅 時는 官星을 刑하여 제거하여야 貴하다.
- 庚金이 甲木을 傷하게 하면 좋지 않고, 寅申 충파沖破도 主는 위태로워 근심이 있다.
- 癸日 寅時가 형합刑合 格으로 성립되면 현혁顯赫하게 되고, 官星 七殺은 만나지 않아야 하고, 甲.庚.己는 재앙이 된다.
- 柱中에 酉丑을 만나면 영웅호걸이 되고, 歲運을 상세히 참고하여 영고榮枯를 정하여야 한다.

이것이 자평子平의 참된 법칙이다.

『 註釋 寅巳 刑, 巳申 合, 寅과 申 沖. 六癸日 生의 甲寅 時는 傷官이다. 癸日 甲寅이 巳申와 刑한다. 戊土는 官星, 사주에 子가 있으면 이격에 해당하지 않는다. 寅申 충파衝破하면 불길하고, 貴氣가 없어진다. 庚寅은 刑을 이루지 못한다. 酉丑이 巳와 합하면 金局이 되어 身을 돕는다.』

一. 日貴일귀 詩訣시결

- 日干의 支에 천을귀인이 있는 것이다. 공망과 官을 沖하는 것을 크게 꺼리고, 인자하고, 덕이 많고, 자태가 아름답고, 財官, 공망이 회합會合하면 절로 숭고하다.
- 丁日의 亥,酉. 癸日의 卯,巳가 형충파해刑沖破害가 되면 탄식하고, 財가 임하여 회합會合 하면 貴하게 되고, 시종始終 合이 세워지면 아름답다.
- 癸巳, 癸卯, 丁亥, 丁酉는 굴굴屈하여, 官이 刑沖을 입으면 화禍가 반드시 따르고, 순수하면

인덕仁德이 있고, 존숭尊崇 부귀는 드물다.
- 日貴 癸卯, 癸巳, 丁亥, 丁酉가 格으로 나타나면 뛰어난데 형충刑沖 공망을 만나지 않으면 황제를 보좌하여 공훈을 세운다.

『 註釋 천을귀인은 4日이 바탕이 된다. 癸卯, 癸巳, 丁酉, 丁亥이다. 癸卯, 癸巳는 壬癸의 천을귀인 卯. 巳에 해당하고, 丁酉, 丁亥는 丙丁의 亥,酉에 해당하여 천을귀인이다. 貴人은 이 4개의 日支만 취한다. 오직 刑,衝,破,害는 貴를 상하게 하여 싫다.』

一. 金神금신 詩訣시결

- 甲午가 時上에 金神을 보고 殺刃을 상림相臨하면 참된 貴人이 되고, 火木 運이 되면 財祿이 나타나고, 金水를 만나면 반드시 身이 손상된다.
- 성품은 난폭하고, 재주는 명민明敏하고, 水를 만나 相生하면 곤궁困窮하게 되고, 제복制伏하는 화국火局 運을 만나면 貴가 뛰어나고 祿은 천종千鍾이 된다.
- 金神이 火를 만나면 貴를 의심할 필요가 없고, 金水는 재앙災殃이 나타나고, 火 運은 발달하고, 官은 높고, 집은 부유하다.
- 時에 金神을 만나면 貴氣가 크고, 陽刃을 만나면 도리어 중화中和되고, 水 運을 만나면 가난하지 않으면 질병이 생기고, 火가 제어하면 고위직에 이른다.
- 癸酉, 己巳, 乙丑을 時에서 만나면 이는 福神으로 재주를 믿고 남을 깔보니 제복制伏이 마땅하다. 殺刃 運을 만나면 참된 귀인貴人이 된다.

『 註釋 금신金神은 癸酉, 己巳, 乙丑이다. 재물이 깨어지고 조상이 空하다.
사주에 火가 制하면 貴하다. 羊刃. 七殺은 貴人이 되고, 水運은 꺼린다. 六甲日이 巳酉丑 時를 만난 것이 이것이다. 巳酉丑 三合은 金局을 취한다.』

一. 日德일덕 詩訣시결

- 壬戌, 庚辰, 甲寅, 戊辰, 丙辰은 일덕궁日德宮으로 運에서 身旺을 만나면 마음이 자애롭고 선善하다. 일덕日德이 되면 福이 많고 절로 풍요롭다.
형.충.파.해刑沖破害, 官財가 旺하고, 공망과 괴강魁罡이 회합會合하면 흉凶하고, 극전剋戰하면 고빈孤貧하고 위험이 심하고, 설령 運이 되어 공로가 있게 되어도 곧 끝난다. 甲寅, 壬戌과 庚辰, 丙辰, 戊辰日이 되면 덕德이 참되는데, 공망은 싫고, 파록破祿도 싫고, 파해破害와 형충刑沖도 좋지 않다.
- 丙辰, 壬辰은 절대 꺼리고, 壬戌은 戊戌이 임하는 것을 막아야하고, 日坐의 庚辰과 庚戌은 甲寅 뿐만 아니라 庚辰도 근심이다.
- 일덕日德은 괴강魁罡을 보는 것을 꺼리는데 殺로 변화하게 되면 감당하기 어렵다.
- 국중局中서 중견重見하면 질병이 있고, 運에서 만나면 반드시 사망한다.
- 일덕日德을 겹쳐 만나면 재앙을 면하고, 官星은 財를 보는 것을 절대꺼리고, 다시 충파공형沖破空刑하는 것이 없어야하고, 조정의 뛰어난 인재로 하나의 동량棟樑이 된다.

一. 魁罡괴강 詩訣시결

- 괴강魁罡 4日이 가장 우선이 되는데, 첩첩하게 상봉相逢하면 대권大權을 장악한다.
- 庚戌, 庚辰은 官이 있는 것은 두렵고, 壬戌, 壬辰은 財가 연이어져 있는 것이 두렵다.
- 주인의 성격은 총명하고, 殺을 좋아하고 마음을 결정 할 때 치우치지 않고, 柱에 刑沖이 있는데 겸해서 파해破害가 되면 가난이 뼛속까지 뚫고 채찍으로 보답을 받는다.
- 戊戌, 庚辰 殺이 가장 강하고, 壬辰, 庚戌도 괴강魁罡이다.
- 日에 가중加重된 者는 복이 되고, 身旺하면 貴가 뛰어나다.
- 사람이 괴강魁罡을 차면 성性이 반드시 강하고, 귀신鬼神이 身 옆에 있으면 근심이 되고, 일위一位가 형충刑沖을 겹쳐 만나면 가난이 뼈를 뚫어도 당해낼 수가 없다.
- 괴강魁罡이 사주와 日에 많으면 貴氣가 이 중에서 오고, 日主가 오직 沖剋을 중하게 만나면 財官이 현로顯露하게 되어 복이 무궁無窮하다.

一. 時墓시묘 詩訣시결

- 財官이 사계절 辰에 장축藏蓄되어 있어 형충刑冲하면 소년에 발전하고, 刑冲을 만나지 못하고 압복壓伏되면 소년에 발전하지 못한다.
- 북방 壬癸가 하괴河魁를 만나고, 남역(南域=丙丁)에 대길大吉이 임한 때는 창고에 금과 옥이 가득 차 넘친다. 처세處世가 편안 한가롭고 복이 항상 따른다.
- 財官 묘고墓庫 계절은 辰.戌.丑.未와 동일한 것이다. 財官을 고庫에서 열어야 하고, 財官이 압복되면 뛰어나지 않으니 어떤 상황이 개고開庫되는 지를 알아야 한다. 형충파해 刑冲破害되면 열리게 되고, 財官이 노출되어도 사용할 수 있다. 身이 쇠약하면 귀묘鬼墓는 심히 위태롭다.

子	丑	寅	卯	辰	巳	午	未	申	酉	戌	亥
身後	大吉	功曹	太冲	天罡	太乙	勝明	小吉	傳送	從魁	河魁	登明
신후	대길	공조	태충	천강	태을	승명	소길	전송	종괴	하괴	등명

『 **註釋** 辰.戌.丑.未 사묘四墓 地가 이에 해당한다. 또 천심淺深이 있다.
술인術人은 묘고墓庫를 분별하지 못하는데. 무릇 오행은 생사生死가 있다.
死 者는 묻히는 것이니 묘墓가 되고, 복생複生인 者는 고庫가 된다. 오행이 죽어 안치되지 않는 것이 庫로 곧 물기物氣가 있다.
묘墓는 물기物氣가 끊긴 것이다.
庫는 충개衝開를 사용할 수 있고, 묘墓는 설령 충개衝開하더라도 사용하지 못한다. 이것 때문에 경중輕重을 분별하여야 한다는 것이다.
가령 日干이 甲이라면 貴는 丑宮인데 장간藏干한 辛金은 正官. 癸水는 正印, 己土는 正財이다. 어떤 것이 복이 되는가 알아야 한다. 단지 柱中에 투출한 글자를 보아야 하는데 위에 말한 것을 따라야 한다는 말이다.
무릇 庫中의 物은 자물쇠가 열려야 한다. 어떤 것인가 하면 刑.衝.破.害가 되어야 비로소 열리게 된다.
그러나 官墓는 영화가 나타나지 못하고, 財墓도 사용되지 못하고, 印墓도 믿음을 얻지 못한다. 이렇게 세 者가 입묘入墓하여 있으니 庫에 해당하는 것은 긴요하니 충개衝開하면 기쁘고, 남은 것은 그렇지 않다.』

[蟾彩 : 丑은 金이 子에서 死하고 寅에서 絶하니 丑을 金의 墓가 된다. 亥子는 水가 旺하다 그래서 丑에 저장되어야 하니 곧 水에게 丑은 창고庫가 된다.]

一. 雜氣잡기 財官재관 詩訣시결

- 잡기재관雜氣財官이 월궁月宮에 있다면 天干에 투로透露되어야 비로소 풍요롭다. 재다 財多 관왕官旺은 충파沖破가 마땅하고, 干支에 압복壓伏이 중한 것은 꺼린다.
- 辰.戌.丑.未는 사계四季로 印綬.財.官이 들어있으면 이것이 잡기雜氣가 된다.
- 干에 투출하면 格이 참되고, 단지 財가 많으면 존귀尊貴하게 되는가 묻는데, 財官이 고 중庫中에 저장되어 있고 빛이 노출되어 있지 않으면 복이 번성하지 않고, 만약 고庫의 문이 열려 통하게 되면 부귀가 심상치 않다. 잡기雜氣가 앞에 말한 것과 같게 되면 복이 적지 않다.
- 天干에 투출透出하여야 비로소 참된 격이 되고, 강한 財가 官을 生하여 旺하게 되면 祿이 있고, 運에서 형충刑沖하면 진보寶珍가 모인다.
- 사계四季 月이 財官에 해당하여 내장內藏되어 있으면 형.충.극.제刑沖剋制되어야 하고, 태과太過, 불급不及은 모두 화禍가 되고, 運에서 財가 들어오면 길상吉祥하고, 財官이 투출하면 官祿이 모여 官에 부귀가 더해지고 삼공三公의 위치에 이른다.
- 刑沖이 되어 일변一變하는 곳은 뛰어나게 되고, 運에서 얻어 응하면 뱀이 용이 된다.
- 오행 사계四季가 月支에서 만나고 印綬가 간두干頭에 있으면 지위가 높아 영화롭고, 사주가 相生하면 官殺이 기쁘고 재산이 넉넉하게 되고 또한 쟁영崢嶸하다.

一. 時上偏財시상편재 詩訣시결

- 시상편재時上偏財는 財가 많으면 사용하지 못하니 支干을 망라하여 財가 얼마나 있는가 살펴야 하고, 財가 旺하고 겸해서 身旺하면 좋고, 충파沖破는 재물이 손상되고 고통이 따른다.
- 시상편재時上偏財는 일위一位만 있으면 아름답고, 충파沖破를 만나면 영화를 누릴 수 없고, 劫刃을 파재破財하니 만나지 않아야 하고, 부귀가 쌍전雙全하여 석가(石家=石崇)와 같이 된다.
- 시상편재時上偏財가 겁성劫星을 만나면 전원田園破이 전부 깨어져 가난하게 되고, 처첩이 상하고 치욕을 당한다. 食이 상자相資하지 않으면 공자가 진陳에서 곤란을 당한 것과 같이 된다.
- 만약 偏財가 정관正官을 차도 劫星이 노출되어 있으면 福을 방어하게 어렵고, 劫運이 重하게 들어와 아울러지는 것은 마땅하지 않고, 이러한 것은 온갖 재앙이 나타나는 것을 알아야 한다.

一. 歸祿格귀록격 詩訣시결

- 귀록歸祿이 財를 만나면 명리名利가 온전하고, 간두干頭에 재원財源이 투출하여도 꺼리지 않는다. 신강身强하고 무파無破하면 평생 좋고, 크게 꺼리는 것은 運에서 比肩을 만나는 것이다.
- 일록귀시日祿歸時는 왕궁旺宮이 되어야 하고, 食神을 만나는 것이 좋고, 刑沖은 두렵다. 傷官과 財運을 싫은 데, 벼슬이 높지 않고 재물도 풍요롭지 않다.
- 일록귀시日祿歸時 格은 官과 殺은 싫고, 신강身强은 좋다. 比肩을 보면 劫과 祿으로 구분하여야 하고 형충파해刑沖破害는 감당하기 어렵다.
- 녹귀시祿歸時는 청운득로靑雲得路하고, 무릇 命에서 만나면 貴 또한 뛰어나다.
- 사주에 충沖이 官이 없어야 하고, 소년에 관직에 진출하고 벼슬길에 어려움이 없다.

一. 時上一位貴시상일위귀 詩訣시결

- 시상時上에 일위一位의 偏官을 만나면 신강身强하고 殺이 얇으면 刑沖이 두렵고, 月上에서 다시 겹쳐 만나면 매우 고생하고 모든 일이 공허하다.
- 시상편관時上偏官은 인충刃沖이 좋고, 신강身强하고 제복制伏하면 祿이 풍륭하다. 正官을 또 다시 만나고 신약身弱하고 財가 正官을 生하면 主는 곤궁困窮하다.
- 시상편관時上偏官의 一位가 강강하고, 일진(日辰=日主)이 자왕自旺하면 貴가 예사롭지 않고, 財, 印이 있으면 재록財祿이 많고, 타고난 재능이 동량棟梁의 재목이다. 時에 七殺을 만나면 偏官이 되는데, 제어하고, 신강身强하면 좋은 命으로 간주한다. 制가 과過하면 殺이 旺한 運을 만나면 좋고, 삼三方에서 득지得地하면 어찌 발하지 않겠는가? 근원에 제복制伏이 없으면 運에서 제복하여야 하고, 殺이 많이 모여 있어도 刑沖하면 두렵지 않고, 만약 身이 쇠약한데 殺이 旺하면 이러한 命은 빈한貧寒하다.

『註釋 시상편재時上偏財와 시상편관時上偏官은 서로 비슷하다.
時上에 일위一位만 있어야 하고, 많으면 이에 해당하지 않는다.
沖은 두렵고, 月上偏官도 마찬가지다. 偏財는 財가 旺한 運, 時上에 오직 하나만 있어야 貴하다.
만약 年月에 또 있으면 천천賤하여 삶이 힘들고 형편없는 사람이다.
또 身旺하여야 하고, 運도 旺하여야 발發한다. 제복制伏이 없어야 하고, 運에서 制伏하는 것은 吉하다.
殺이 旺하면 運에서 制하지 않으면 재앙이 발생한다.
서書에 이르기를 살붕殺重 신경身輕하면 종신終身 손상만 있다 하였다. 하나의 制伏을 만나면 貴하다. 七殺은 원래 制하는 것으로 貴가 뛰어나다. 원래 귀鬼가 약하면 制하면 좋지 않다.』

一. 飛天祿馬비천마록 詩訣시결

- 壬庚 日主에 子가 겹쳐있으면 녹마祿馬를 도충倒沖하는데, 비천飛天이라 한다. 어떠한가 하면 金水가 많으면 청귀淸貴하고, 運이 남방이 되면 추방 되는 근심이 있다. [庚子, 壬子, 辛亥, 癸亥 4일]
- 庚壬 子의 무리에 午가 와서 沖하고, 辛癸는 巳가 사용되어 亥가 沖하고, 丙日은 午가 子祿을 沖하고, 丁巳를 亥가 沖하는 것인데, 가장 꺼리는 것은 반신絆神과 겸해서 合이 되는 것이다.
- 官星이 전실塡實되면 화禍가 된다. 運은 重하게 歲는 輕하게 그 소식消息을 취하고, 用神이 손상되지 않으면 천자의 거리에 속한다.
- 辛日이 건乾(亥) 또 건乾을 중봉重逢하면 이 격격은 비천飛天이라 한다. 격격이 酉.戌.比, 身에서 이루어지면 貴하다. 巳 運에 刑沖하면 앞날의 수명을 생각하지 말라.
- 록마비천祿馬飛天을 아는 사람은 드물다. 庚壬 2日은 보군지報君知*에 해당하는데, 年.時.月.日에 子를 중봉重逢하고, 무파無破, 무충無沖하면 부귀가 크다.
- 비천록마飛天祿馬는 貴가 예사롭지 않은데, 辛.癸 2글자가 강하고, 年.月.時.日에 亥를 중견重見하고, 官.沖.合하지 않으면 현량賢良하다.
- 亥가 辛癸를 만나고, 子가 庚壬를 만나면 녹마비천祿馬飛天으로 자세히 살펴야 한다. 歲.運에서 만약 官의 절처絶處를 만나면 초심으로 힘내어 애써야 공명功名을 이룰 수 있다.
- 庚壬 日에 子가 많아, 비천녹마飛天祿馬 格이 순수하고, 官이 없고 合이 되지 않으면 참되어 貴하게 되고, 전실塡實되면 고통스럽고 괴롭다.
- 七殺, 官星은 휴休되기를 요하고, 丑을 만나면 合하면 어떠하게 되겠는가? 天地 인원人元이 土를 중견重見하면 극剋되어 子丑의 물결이 일어나지 않는다.
- 丁日이 巳를 다봉多逢하여 重하고 국중局中에 水가 없으면 貴가 화동和同*하고, 傷官은 이 格에서는 상진傷盡되어야 하고, 亥를 만나면 沖하여 공허하게 된다.
- 丙丁日은 午가 임하여야 하고, 沖하면 官星이 나타나 貴氣가 깊다.
- 사주에 만약 官은 없고 殺이 重한데 거듭 官運으로 나가면 禍를 막기 어렵다.
- 丙丁은 고위高位로 강호江湖가 격렬하게 되고, 歲, 運에서 官이 들어오지 않으면 벼슬길에 든다. 전록專祿은 이름에 영광이 있고, 뜻이 이루어지고, 한마디로 황제가 있는 조정에 들어간다.

- 丙日은 子午 沖이 좋고, 午는 子를 충衝할 수 있어 만나면 길하다. 회會는 논하지 않고 오직 未는 싫어한다. 子癸를 상봉相逢하여 다시 보면 흉하다.
- 丁日 坐에 巳를 亥가 沖, 壬癸가 사주 中에 들어오면 사직하고, 만일 地支에 申이 갑자기 출현하면 상반상반相絆하게 되면 貴가 모이기 어렵다.
- 丁巳에 다시 巳가 더해지고, 壬子가 刑沖하면 격이 아름답다. 만약 亥午가 있으면 乙卯는 싫고, 官이 합하면 금상첨화다. 癸日의 亥는 원수의 집안인데 寅이 가까이에서 반합絆合하면 싸움을 하지 않는다. 춘추는 반길半吉하고 겨울은 쓸모가 없고, 여름에 生하면 영화를 누린다.

** 報君知보군지 : 1.옛날, 행상이나 점치는 사람이 치고 다닌 딱다기·철편·징 따위 2.옛날. 3.철판

** 和同화동 : 두 사람 사이가 벌어졌다가 다시 뜻이 서로 맞게 됨

一. 六乙鼠貴육을서귀 詩訣시결

[六乙日 生이 子時을 얻으면 서귀鼠貴가 된다.]

- 陰(乙)木이 陽인 亥子가 많으면 貴福이 매우 크다. 柱中에 단지 남리南離 위치는 두렵고, 괴롭고, 상잔傷殘하니 어찌하겠는가?
- 乙日生이 子時가 되면 격을 이루고, 貴가 모여 가장 뛰어나다.
- 午가 와서 沖하여 깨는 것이 매우 싫고, 辛酉, 庚申도 마땅하지 않다.
- 乙日이 丙子 時를 만나고 午가 깨지 않으면 貴가 매우 뛰어나다. 四柱에 申酉丑을 만나는 것은 꺼리고, 만약 官殺이 없으면 붉은 마룻바닥에 엎드려 절한다.
- 륙을서귀六乙鼠貴가 生時에 있는데 殺官이 충파沖破하면 서로 마땅하지 않다. 三木을 月에서 얻으면 祿이 뛰어나다.
- 六乙生 사람이 時에 子를 만나서 官星인 庚.辛.申.酉와 午.丑 이러한 것 一位를 만나면 거지이다.

一. 合祿합록 詩訣시결

- 食神이 生旺하고 刑剋이 없고, 命中에 財官이 뛰어나고, 官印이 다시 서로 돕게 되면 소년에 등제登第하여 금란金鑾에 절한다.
- 戊日이 庚申 時를 만나고 官印이 없으면 추동秋冬 월은 貴하다. 甲.丙.卯.寅 네 개가 歲, 運과 동궁同宮 되는 것은 두렵다.
- 申時 戊日은 食神이 뛰어나고 오직 추동秋冬은 좋아 복록福祿이 마땅하다. 甲.丙.卯.寅이와 극파剋破하면 만났지만 만나지 않은 것이 되어 主는 고독하다. [申 中의 庚이 나타나 있지 않은 乙 官과 合]
- 癸水 日干에 庚申 時는 추동秋冬에 태어나면 부귀하다. 寅은 빼어난 氣를 상상傷하게 하니 크게 꺼리고 만약 춘하春夏를 만나면 재해가 있다.
- 時에 庚申을 만난 癸日生 , 이 격은 官印에서 官星을 合한(申巳, 戊癸) 것으로 官殺, 陽火를 만나지 않아야 명예가 있고 자줏빛 대궐에 절한다.

『 **註釋** 六戊日이 主인데, 庚申 時를 보면 卯中 乙木 官과 合하게 되어 이격이 된다.
四柱에 甲.乙.丙.巳는 申을 형괴刑壞고 丙은 庚을 상하게 하여 수가 감분된다. 歲君, 大運도 그렇다. 추동秋冬에 生한 者는 뛰어나다.

　가령
　庚　戊　丙　甲
　申　戌　辰　寅

乙木은 官으로 殺을 대신한다. 庚과 卯가 合되어 문벌의 반열에 들었다.』

一. 子遙巳자요사 詩訣시결

- 甲子가 甲子時를 만나면 官이 旺한 것이 마땅하지 않다고 말하지 말라 月이 日主를 생하면 근원根元이 장성하여 運에서 金이 도달하면 도리어 뛰어나다.
- 甲이 子에 임하고 日時에 온전하면 신선이 섬궁(蟾宮=달)에서 계수나무를 꺾는 것과 같고, 丑은 합하고 午는 沖하고, 官殺이 나타나면 도리어 엄체淹滯하여 禍가 연이어진다.
- 甲子가 甲子 時를 만나면 요사遙巳란 이름이 가장 마땅한데 丑午가 임하면 깨어진다. 歲.運에서 官을 만나면 뛰어나지 않다.
- 甲子日이 甲子時를 만나면 子가 巳 中의 支(戊癸)와 요합遙合하여 戊가 丙을 움직여 丙이 酉와 합하니 甲이 辛官을 얻게 되어 貴하다. 庚.辛.申.酉가 나타는 것은 좋지 않고, 丑이 와서 합하면 이 또한 마땅하지 않다. 다시 午와 沖害하지 않고, 運에서 官이 旺하게 들어오면 뛰어나다.

一. 丑遙巳축요사 詩訣시결

- 辛丑, 癸丑 두 日主 , 丑은 巳와 합하는데 巳에 官이 감추어져 있다.
- 丑日을 많이 보면 뛰어난데 柱中의 사이에 있는 子는 마땅치 않다. 만약 申酉를 다시 만나면 아름답다. 辛은 丁巳, 丙午를 싫어하고, 癸는 戊午, 己巳를 싫어한다.
- 이 命은 반드시 자세히 살펴야한다. 辛日, 癸日이 丑을 많이 만나면 요사遙巳란 이름인데, 官星과 합하면 官星이 旺한 것은 좋지 않다고 하지 말라. 官이 오면 도리어 이루어지는데 누가 믿겠는가?
- 辛癸 2日이 丑을 만나면 곧 이는 官星이 궁궁에 암입暗入되어 있다. 申酉 1자字가 들어오는 것은 좋고, 巳.午.子는 꺼리고 벼슬에 흉하다.

一. 壬騎龍背 임기용배 詩訣 시결

[壬辰이 日이나 時에 있는 것]

- 임기룡배壬騎龍背는 예사롭지 않다. 寅이 적고 辰이 많으면 발양發揚한다. 官星이 들어오면 파격破格되어 크게 꺼리고, 刑沖되면 수명이 상傷한다.
- 임기룡배壬騎龍背는 官이 있는 것을 두려워한다. 중첩重疊한 辰을 만나면 貴에 여유가 있고, 寅이 많고 辰은 적으면 도주陶朱에 비교 할 만큼 부호富豪하다.
- 壬寅은 壬辰日에 미치지 못하는데 사주에 壬辰 字가 많아야 한다. 辰 字가 많으면 관직官職(殺)이 중중重重하고, 寅이 많으면 석숭石崇을 넘어선다.
- 壬辰日이 또 辰時를 보고 年月에 辰이 많으면 가장 뛰어나다.
- 사주에 寅을 만나면 발재發財, 발복發福 둘 다 마땅하다.
- 日에 壬辰을 만나는 格은 드문데 이 格은 중첩되어 있으면 기용騎龍이 된다. 만약 寅 字가 중중重重하게 나타나면 富貴가 석숭石崇에 비교된다. 午戌이 寅과 합을 하면 재물을 이루는데 戌中 祿馬가 辰의 沖에 의해 쓰이게 되고, 壬寅日도 사주에 辰이 있으면 이 格이 된다.

『 註釋 : 이것은 辰戌 沖으로, 戌中 丁戊는 壬의 財官이 된다.
　　가령
　　壬 甲 甲 壬
　　辰 寅 辰 辰
　　貴命이다.

　　壬 壬 壬 壬
　　寅 辰 寅 寅
　　부명富命이다.

올바른 설명은 辰이 많으면 貴하고, 寅이 많으면 부유하다. 戊와 甲은 부유하게 되는 것이 아니다. 도리어 年,月,時에 貴가 모여야 한다. 만약 官星이 있으면 이 格이 아니다.』

一. 井欄叉詩訣 정란차시결

- 庚日이 申子辰을 전부 만나면 정란차격井欄叉格으로 官星은 금禁한다. 국중局中에 火가 없으면 貴하게 되고, 제강提綱이 파동破動되면 禍가 된다.
- 庚日이 윤하潤下를 온전히 만나면 귀貴한 신神으로 이름이 정란차井欄叉이다. 丙.丁.巳.午을 만나는 것은 금하고, 申子辰 宮이 완전하면 아름답다. 만약 申時가 되면 귀록격歸祿格이 되고, 時에 丙子를 만나면 殺이 더해진 것이다. 수국水局이 寅午戌을 沖하기를 요하고, 만약 전실塡實되면 祿을 얻기 어렵다.
- 정란井欄은 동방 財運은 좋아 부귀하고, 丙午, 丁巳를 歲運에서 만나면 祿을 잃고 財가 깨어지고 또 죽는다.
- 庚日이 완전한 윤하潤下를 만나면 癸巳, 壬午는 서로 상傷하게 하여 두렵고, 時에 子申를 만나면 복이 반감半減되고, 공명의 이루기도 하고 패하기도 하는데 오래 유지 되지 못한다.

『 註釋 庚日에 申子辰 三合 水局이 되어 있으면 정란井欄이다. 水 上에 庚 字를 쓰고, 庚도 水를 生한다. 運에서 癸를 취하면 貴하게 되고, 申을 沖하는 寅午戌 火局은 庚의 官星이 되고, 단지 寅午戌과 암충暗沖한다. 만약 一寅, 一午, 一戌이 있으면 이 格이 아니니 貴하지않다.』

一. 歸祿格詩訣 귀록격시결

[일간의 祿이 시지時支에 있는 것]

- 귀록歸祿이 財를 만나면 명리가 완전하다. 간두干頭에 재원財源이 투출하는 것은 꺼린다. 신강身强하고 깨어지지 않으면 평생 좋다. 運에서 比肩을 만나는 것은 크게 두렵다.
- 일록귀시日祿歸時는 宮이 旺하여야 한다. 食神을 만나는 것은 기쁘고, 刑沖은 두렵다. 傷官이 들어오는 것을 싫은데 財를 傷하게 하는 運으로 官도 높지 않고, 財도 풍부하지 않다.
- 일록귀시日祿歸時 格은 좋은 경치인데 官은 두렵고, 殺은 싫고, 신강身强은 좋다. 만약 比肩을 祿을 겁탈하고, 형충파해刑沖破害는 좋지 않다.
- 록귀시祿歸時는 청운득로靑雲得路한다. 무릇 命에 만나면 貴가 뛰어나고, 사주에 沖이 없고 官이 없으면 소년에 단번에 높은 벼슬로 진출한다.

『 註釋 이 格은 甲日이 寅時를 얻은 것이다. 甲의 祿은 寅, 四柱에 한 점의 官星도 없으면 이 格이 된다. 만약 官星이 있으면 이 格에 해당하지 않는다.

　　가령

　　丙 甲 癸 丙

　　寅 子 巳 午

이것이 올바른 格으로 富貴하였다. 行運에서 官을 보면 흉하다.』

一. 六陰육음 朝陽조양 詩訣시결

[辛 일간日干이 戊子 時를 본 것]

- 辛日이 하나의 戊子를 만나면 六陰이 조양朝陽을 좋아하는 귀격貴格이다.
- 丙午, 丁巳가 전실塡實되는 것은 금하고, 歲, 運을 살펴보면 남지南地는 평평하고, 北을 싫고, 서방은 제일 좋고, 동방은 다음이다. 또 子를 만나지 않아야 하고, 귀처貴處는 조정이 되고, 이름에 향기를 풍긴다.
- 戊子 時가 日主에 辛을 만나면 음양陰陽에 조위朝位로 貴가 보통을 넘는데 官星, 七殺은 보지 않아야하고, 巳午 남리南離 국국은 진노하고, 歲,月에 財가 있으면 다른 격에 해당하고, 丑이 合하면 격이 참되지 못하고, 이격은 당연히 재상이 된다. 運行이 서쪽이 되면 조정의 신하가 된다.
- 辛이 戊子를 만나면 가장 좋다. 명리가 높고, 사계四季 추생秋生에 亥가 없으면 부귀하고 영화가 높고, 업이 매우 뛰어나다.
- 六陰의 행운行運은 서방이 좋고, 동방도 길이 창성하고, 북방은 흉하여 두렵고, 남리南離는 충파衝破하여 主에 재앙이 있다.

『 註釋 이것은 내가 辛의 官인 丙火에 감응하는 것으로, 암합暗合을 貴로 취한 것이다. 官星이 없어야 이 예를 사용 할 수 있다. 辛은 陰이 되고, 子는 陽이 된다. 남방 火旺은 꺼리고, 火는 官星인데 이 格에선 사용하지 못한다. 서방 金은 진출하게 되고, 火는 貴하고, 亥는 북방 水地로 金을 生하니 氣를 빼앗아 가고, 추추는 창성하여 金이 좋게 된다. 六陰은 辛日을 말한 것이다. 동방 木에 속하고, 財運도 그러하다.』

一. 拱祿拱貴공록공귀 詩訣시결

- 공록공귀拱祿拱貴 格은 드문데, 또 月令이 끄는가 봐야 한다. 제강提綱을 쓰고, 제강提綱이 중요하다. 月令에 官이 없으면 이 격은 뛰어나다.
- 공록拱祿, 공귀拱貴 格은 드물지만 뛰어나다. 만난 者는 허리에 金과 자의紫衣를 걸친다. 다만 두려운 것은 형충刑冲과 극파剋破되는 것이고, 七殺이 月,年에 있는 것은 싫다.
- 공공의 위치가 전실塡實되는 것은 두렵고, 또 傷官이 月支에 있는 것도 두렵고, 羊刃이 중중重重하게 들어와 격을 깨破하는 것도 두렵다. 이러한 깨는 것이 없으면 貴함을 의심하지 않아도 된다.
- 癸日 癸時가 亥丑를 만나면 이름이 공록拱祿으로 福이 중중重重하다. 만약 官殺이 없고, 충충되어 붕괴되지 않으면 안탑雁塔에 이름을 올리고 진로가 형통하다.
- 두 개가 合하고 건록은 비워 있으니 나我가 아니고, 없는 것이 공공하는 일위一位로 비어있어야 좋으니 전실塡實되는 것은 좋지 않고, 官星이 있는 것도 좋지 않다. 다시 官星이 극파剋破되는 것도 꺼린다.
- 甲寅, 甲子은 辛 官貴(子丑寅)가 공공하고, 壬辰, 壬寅 貴(寅卯辰)가 공공하고. 甲申日 庚午時(未가 공협), 戊申日 戊午時(未가 공협) 모두 계수나무의 향기를 풍긴다.
- 辛丑이 辛卯를 만나고, 乙未가 乙酉를 만난 格은 고강高强한데 형.충.전.파.해刑冲塡破害는 절대 꺼리고, 허리에 금대, 자줏빛 옷, 황제 급의 음식을 즐긴다.

『 註釋 이격은 다만 五日이 있는데 丁巳 日이 丁未를 보고, 己未 日이 己巳를 보고, 戊辰이 戊午를 보고 , 癸丑은 癸亥를 보고, 癸亥가 癸丑을 본 것이다.

가령 癸卯, 癸亥, 戊辰, 戊午, 戊의 祿은 巳인데 辰午가 공공하면 巳를 보는 것은 마땅하지 않아 곧 전실塡實은 凶하다.

공귀拱貴 격은 곧 甲戌 庚午가 未의 예인데 허공虛拱이 마땅하고, 전실塡實되지 않아야 한다. 상반相絆, 형.충.파.해刑冲破害는 모두 공공을 이루지 못하고, 범한 者는 이격이 아니다.』

一. 六甲육갑 趨乾추건 詩訣시결

甲日 生人이 亥時를 만나면 갑추건격甲趨乾格으로 가장 마땅하다. 歲運에서 만약 財旺한 곳을 만나면 官의 재앙과 화환禍患이 발생한다.

『 註釋 亥는 하늘乾의 문門이고, 북극의 원垣 , 甲木의 장생長生이 되어 추건趨乾이라 한다. 甲의 祿은 寅인데 亥와 寅이 합하여 합록合祿되고, 刑沖은 마땅하지 않다.』

一. 六壬육임 趨艮추간 詩訣시결

壬日 寅時는 貴格인데 추간趨艮이라 하고 福이 예사롭지 않다. 형.충.극.파刑沖剋破는 크게 두렵고, 歲運에서 만나면 재앙이 예사롭지 않다.

壬이 寅.庚.辰을 만나면 좋고, 운용雲龍 풍호風虎의 정신을 뛰어넘고, 첫 支(年支)에 있고 충전沖戰이 없으면 조정의 祿을 입는 사람이다.

『 註釋 壬水 日主가 寅을 많이 보면 寅中의 甲木을 사용하게 된다. 己土를 암暗으로 맞이하게 되는데 壬日의 官星이 되고, 己는 甲의 처妻가 된다. 』

一. 勾陳구진 得位득위 詩訣시결

- 戊己 日干의 坐에 財官이 있는 것으로 구진득위勾陳得位를 본 것이라 한다. 만약 대재大財가 있으면 서기瑞氣*로 나눈다. 命中에 이 값이 있으면 조정에 들어간다.
- 구진득위勾陳得位는 財官이 모인 것이다. 파충破沖이 없어야 命이 안정된다. 申子 북방, 卯未 東은 금방울과 구슬을 차는 것이 보증된다.
- 戊己 구진勾陳의 청청한 국국이 되는 것은 財官이 서로 분명하게 만나야 한다. 가령 歲運에 충파沖破가 없으면 부귀가 쌍전하고 태평을 누린다.

** 瑞氣 서기 : 상서(祥瑞)로운 기운(氣運)

『 註釋 戊寅, 戊子, 戊申, 己未, 己亥, 己卯 日이 이 것이다. 戊 日에 亥卯未는 木局인 官과 申子辰 水局인 財地가 이것이다. 형충刑衝 殺旺은 꺼린다. 』

一. 玄武當權현무당권 詩訣시결

- 현무당권玄武當權은 빼어나고 훌륭하여 神의 경지에 든다. 日干 壬癸의 坐에 財星, 官星이 있고 또 문호門戶에 거주한 것으로 깨어지지 않으면 크게 사용된다.
- 壬癸는 현무玄武란 이름이다. 財官 둘 다 있을 때 진짜다. 국국에 충파沖破가 없으면 貴가 청청하다. 늙도록 황제를 보필한다.

『 註釋 壬癸에 寅午戌 火局은 財가 되고, 辰戌丑未는 官이 된다. 壬寅, 壬午, 壬戌, 癸巳, 癸未, 癸丑 6者이다. 』

一. 潤下윤하 詩訣시결

- 天干 壬癸가 겨울에 태어나면 기쁘다. 다시 申辰 회국會局을 이루고, 혹 亥子丑이 되면 어렵지 않게 높은 벼슬에 오른다.
- 壬癸에 生하여 水局이 되면 광대하게 한 곳에 모여 동으로 흐르는데 제방隄防 土가 없어야 고위직 벼슬아치가 된다.

『 註釋 가령 모든 종친이다. 庚子, 庚辰, 壬申, 辛亥, 申子辰을 얻고, 亥子 水局이면 이 格에 해당한다. 다만 官運은 꺼린다.』

一. 從革종혁 詩訣시결

- 가을에 生하여 金局 한 종류가 이루어지는 것으로 종혁從革이라 부르고 권력이 된다. 불꽃이 해롭게 하지 않으면 조정의 재상이 된다.

금국金局 종혁從革은 존경 받는 귀한 사람으로 조화가 청고淸高하면 복록이 참되고, 四柱에 火가 들어와 혼잡하게 되면 불가나 예술에 경륜이 있다.

一. 稼穡가색 詩訣시결

- 戊己가 사계四季(辰戌丑未) 月에 生하여 辰.戌.丑.未를 완전하게 만나면 財地는 좋고, 官殺은 싫고, 동방 運은 흉하다.
- 戊己가 잡기雜氣인 辰.戌.丑.未를 중봉重逢하면 土가 많아 土가 완전하게 거주하는 것으로 논하는데 財星을 얻으면 복이 되고, 官殺이 임하면 재해가 있다.

『 註釋 가색稼穡은 벼를 받드는 神이고, 土氣를 거느린다. 그래서 재배 土와 가색稼穡이 상련想連하여 일가一家를 이룬다.
人命에서 이것을 만나면 貴하다.

    癸 戊 己 戊
    丑 辰 未 戌

장진인張眞人의 命이다. 』

一. 曲直곡직 詩訣시결

- 甲乙 生의 사람이 寅卯辰, 또 수인仁壽이라 한다. 亥卯未가 완전하면 백제(白帝=金)가 싫고, 감지坎地(水)를 만나면 반드시 身이 영화롭다.
- 종목從木이 올바르게 되면 뛰어나다. 추령秋令을 만나면 일이 마땅하게 되지 않고, 이것을 얻으면 청고淸高하고, 인자하고, 또 수명이 길다. 수원水源을 만나면 복의 근원이 가지런하다.

『 註釋 이 命은 木이 旺한 것을 설명한 것으로 오직 종목從木으로 논한다. 金은 꺼리고 木은 기쁘다.

    리총병李總兵
    丙 乙 丁 甲
    子 未 卯 寅

官殺이 없다. 그래서 貴하다. 』

一. 炎上염상 詩訣시결

- 여름의 火가 불꽃이 높고, 국중局中에 水가 없으면 영웅호걸이고, 運行이 木地가 되면 그릇을 만들고, 재능이 뛰어나 일거에 금포錦袍를 입는다.
- 火가 많으면 염상炎上의 氣가 하늘을 찌르는데 현무玄武가 침범하지 않으면 부귀가 완전하다. 行運은 동방만 좋다. 높은 관직을 얻는다.

『 註釋 丙丁火에 巳午未 한 종류로 완전하게 된 것이다.

　　장태보張太保

　　甲 丙 辛 乙
　　午 午 巳 未

극귀極貴한 命이다. 金水는 꺼리고 동남은 좋고, 身旺하여야 하고 沖은 두렵다. 』

一. 福德格복덕격 詩訣시결

- 陰土(己)가 巳金과 丑을 만나 이름이 복덕福德이 되고, 비휴貔貅*가 된다. 火가 들어와 剋하면 아름답지 않다. 명리가 없고 하루아침에 휴직한다.
- 丁火가 巳酉丑에 상림相臨하고 丑月에 生하면 수명이 짧다. 다시 겸해서 명리가 다성다패多成多敗한다. 파모破耗* 황음荒淫祿하고 창성하지 못한다.
- 癸巳, 癸酉日이 月에 풍風이 임하면 명리가 지연되고, 일이 헛된다. 富貴가 희망대로 생성生成되기 어렵고, 성패成敗로 고난이 총총하게 드러난다.
- 辛金이 합국合局하면 앞길이 있고, 조화가 청기淸奇 이명리名利하고, 사주에 火가 들어와 극파剋破하면 명리名利를 이루지 못한다.
- 서방 金氣의 좌가 음유陰柔하면 휴수休囚가 두렵지 않다. 生時에 귀살鬼殺이면 발복하고, 공명功名이 영주瀛洲 上를 걷는다.
- 乙木에 丑酉巳이 가림加臨하고 6(未)月에 생거生居하면 암담하여 탄식하고, 관록官祿을 얻으나 오래가지 않는다. 설령 문장이 있다고 하더라도 자랑할 만한 것은 못된다.
- 복덕福德은 봄에는 丁壬이 좋고, 여름에는 甲己와 癸가 좋고, 가을에는 乙庚, 겨울에는

辛이 뛰어나다. 이것은 만나면 길상吉祥하고 정말로 아름답다.

** 貔狐 비휴 : ① [고서(古書)에 나오는 맹수의 일종] ② [명사][비유] 용맹한 군대.
** 破耗파모 : 1.소모하다 2.써버리다
** 瀛洲 영주 : 옛날, 신선이 살았다는 동해 속의 신산

『 註釋 己土는 己巳, 己丑, 己酉 3日로 丙,丁,寅,戌,午는 꺼린다. 丁火는 丁巳, 丁酉, 丁丑 3日로 財官이 旺한 것이 좋고, 합을 좋지 않다. 癸水는 癸巳, 癸丑, 癸酉 3日로 비천록마飛天祿馬와 동일하다.
辛巳, 辛丑, 辛酉 3日은 온전하면 복덕福德으로 만약 巳酉丑 金을 얻으면 뛰어나다. 丙火 官이 旺하면 좋고, 크게 貴하게 된다.
乙木은 乙巳, 乙丑, 乙酉 3日로 6月 生은 좋지 않다. 만약 남은 月은 모두 6격으로 단정한다. 乙木이 未土에 生하여 金旺을 차면 木을 剋한다.』

一. 棄命기명 從財格종재격 詩訣시결

• 日主에 뿌리가 없고, 財가 중하게 범벅하면 時의 印旺에 완전히 기대면 신궁身宮이 生을 만나 반드시 主의 가업家業이 흥한다. 印이 깨어지면 어지럽게 되어 다 헛되게 된다.

『 註釋
　　己　丙　己　庚
　　丑　申　酉　申
金이 財로 기명종棄命從한다. 主는 부유하다. 丙이 命을 버리고 財를 쫓는다.』

一. 棄命기명 從殺格종살격 詩訣시결

- 土가 卯에 임하여 亥卯未 三合이 온전하게 되고, 당생當生에 金水가 얽지 않아야 하고, 火木이 旺한 곳에 명리가 나타난다. 다시 곤감坤坎(申子)을 만나면 재앙이 연이어진다.
- 五陽이 日에 있고 완전한 殺을 만나 기명棄命되어도 수명은 견고하지 않다. 五陰이 이 地를 보면 殺은 生하고 뿌리는 패배되어 吉하다고 말하기 어렵다.
- 壬水가 과(戈=殺) 戊土를 만나면 뿌리가 어떤 곳에도 없어 고생하지만 格中에 貴가 있으면 도리어 벼슬을 하게 되고, 官星이 파국破局되는 것은 크게 꺼린다.
- 庚日이 완전한 寅午戌을 만나 天干에 투출하면 비로소 神이 되고, 火旺하면 명성名聲이 있고, 命은 휴수休囚되어야 하고 水를 꺼린다.
- 六乙 生人에 巳酉丑이 있으면 국중局中에 財星이 있는 것을 절대 꺼리고, 만약 行運이 남방에 도달하면 수명은 길지 않다.
- 陽火가 신약身弱한 곳에 거주하면 기쁜데, 구진(勾陳=土)과 주작(朱雀=火)은 흉하고, 하나로 된 강호(江湖=水), 태백(太白=金)의 상상將相이 아니면 우두머리가 된다.

『 註釋 기명종살격棄命從殺格은 오직 丙.丁.己 3日을 쓰는 火命이다. 거듭 행운行運이 북방이 되어야한다. 또 官運은 꺼린다. 남으로 나아가면 뿌리를 보게 되어 반드시 凶하게 된다.
丙 日主는 申子丑 月은 命을 버리지棄命 않는다.
丁 日의 月에 유류면, 이 중에 암관暗官이 있다.
己卯 日이 亥月에 生하면 命을 버리지 않는다.
六己 日은 身弱하면 모두 그러하고, 卯月은 기명취살격棄命就殺格이 아니다.
甲 日生의 酉丑月, 여섯 戊의 亥月 生, 壬日 戌月 生, 庚日 未月 生, 乙日 酉月 生은 모두 命을 버리지 않는다.』

一. 殺重살중 有救유구 詩訣시결

- 丙이 申位에 임하고 陽水를 만났는데 月에 戊土를 만나면 도리어 수명이 길고, 만약 길신吉神이 와 구조하면 안락하고 수명이 길다.
- 己에 쌍어雙魚(亥)가 도달하면 요절하는 것을 알만한데, 다시 乙木을 만나면 죽는 것을 의심하지 않아도 된다.

그런데 만약 간두干頭에서 庚金이 돕게 되면 마치 오래된 가지에 봄꽃이 피는 것과 같다.

- 丙이 申位에 임하면 火 불꽃을 일으키지 못하는데 다시 壬水를 만나면 수명이 견고하지 못한데, 만약 土를 얻어 水를 극하여 구조하면 틀림없이 福을 얻고 수명이 길다.

『 註釋 甲申 日에 月에 丙火가 있고, 殺이 重하면 丙의 제어에 기댄다. 壬運은 꺼리는데 壬運이 되면 반드시 사망한다.
만약 戊土가 壬水를 훼하면 水가 火를 훼할 수 없으니 土가 구원한 것이다. 』

一. 天元천원 一氣일기 詩訣시결

- 네 개의 陽水, 네 개의 寅은(壬寅) 리감리감坎(水火)의 旺한 기운이 교쟁交爭하는 것으로 運이 火에 이르면 부귀하게 되고, 運에서 刑하는 것은 꺼린다.
- 人命에 네 개의 卯가 있고 간두干頭에 辛가 연이어 지면 身은 약하고, 복이 변변치 못하고, 오직 한가한 일을 맡게 되고, 장래 수명이 굳건하지 못하여 두렵다.
- 금용(金龍=庚辰)은 봄 3월에 변화를 맞는데 사주에 완전히 만나면 대권을 장악한다. 조정에 들지 않으면 재상이 되거나 또 변방에 명리名利를 떨친다.
- 己巳가 겹쳐 命 안에 배열되면 일신一身에 천록天祿이 깊숙이 들어오고, 이름을 날리고 존귀尊貴하게 되고, 강산을 빼앗은 빼어난 재주가 있다.
- 戊土가 午을 만나 사주에 완전히 겹쳐있으면 천원天元 일기一氣가 중화를 얻어 영웅호걸이 되고 공명功名을 이룬다. 子가 들어와 沖하면 끝나게 되니 어찌하겠는가?
- 사주에 丁未가 4개로 배열되면 午는 암합暗合되고 祿 壬의 태胎, 乙木의 장생長生이 된다. 동서東西는 차별은 있지만 부귀하고, 水 運은 무정無情하다.

- 丙申이 사주에 네 개 다 차지하여 있으면 身殺이 상봉相逢한 것으로 녹원祿元이 나타나고, 평범하지 않아 명예가 있는 사람이고, 절대적인 세력으로 우두머리 권력을 이룬다.
- 乙酉가 申月에 태어나 乙酉가 상련相連하여 네 柱를 차지하면 좋다. 좌우左右 고정되지 않으면 다 영현榮顯하다. 다시 만년晩年에 이루어진다.
- 사주에 甲戌만 있으면 財官이 분탈分奪되어 이익이 없다. 행운行運이 남방에 이르면 傷官 午가 나타나면 합하여 명리가 혁혁하다.
- 사주에 癸亥만 있으면 水木이 상봉하여 도충倒沖을 일으킨다. 명리名利가 차고 넘쳐 유망有望하고, 남방의 行運은 수명이 끝난다.

『 註釋 이것은 천원일기天元一氣라 한다. 네 개 陽이 서로 향 向한다. 人命에 이것을 만나면 삼공三公의 지위에 오른다.

　가령
　辛 辛 辛 辛　　己 己 己 己
　卯 卯 卯 卯　　巳 巳 巳 巳

　戊 戊 戊 戊
　午 午 午 午 　관공關公팔자八字,

　丁 丁 丁 丁
　未 未 未 未 　水를 꺼린다.

　丙 丙 丙 丙
　申 申 申 申 　북방 남방 運이 좋다.

　甲 甲 甲 甲　　癸 癸 癸 癸
　戌 戌 戌 戌　　亥 亥 亥 亥
　天干 地支 모두 일기一氣다.』

一. 化氣화기 詩訣시결

- 甲己 화토化土, 乙庚 화금化金되면 국국이 기묘奇妙하여 찾기가 가장 어렵다. 육격六格들은 고하高下를 구분하고, 심천淺深을 논하여 귀천을 알 수 있는데, 화기격化氣格은 그렇지 않다.
- 乙亥日이 木을 많이 만나도 庚金이 時干에 투출하여 상합相合하고, 干을 生하고 火가 없다면 化한다. 또 金이 많으면 도리어 化하기 어렵다.
- 丁壬 化木에 寅時, 亥卯月에 生하면 복의 터전이 되고, 이 두 궁宮이 아니면 다르게 논하고, 金이 많으면 두렵고 손상된다.
- 戊癸가 남방南方 화염火燄이 높으면 빛이 높게 올라 위에서 비치니 영웅호걸이 된다. 국중局中 年月에 水가 없어 손상시키지 않으면 궁궐에 들어가 고위직 벼슬에 임한다.
- 丙辛 化水는 동월冬月 태어난 것이다. 陰日이 陽時를 보면 청숙하다. 土局이 있으면 水를 깨어 꺼리고, 金을 얻으면 상조相助하니 앞날에 발전이 있다.
- 丁壬 化木은 寅을 만나면 좋다. 문장文章이 절정에 달하고, 곡직曲直이 年, 月地에 있으면 소년에 청운靑雲을 걷는다.
- 丁壬 化木에 金이 들면 구구승영苟狗蠅營*하니 바쁘지만 결국 헛되게 된다. 폐병, 천식이 있고, 넉넉하지 못하고, 눈앞의 골육도 만날 수 없다.
- 丙辛이 사주의 月에서 生을 만나면 힘들고 고생스러움이 변하여 福과 수명이 더해지고, 土가 중중重重하면 가난하고 천賤하고 부평같이 세상을 떠돌아다닌다.
- 丙辛이 合化하면 申을 만나면 좋다. 한림원에 서 뛰어나고 기상氣象이 신선하다. 윤하潤下가 年月 上에 있으면 한가하게 노는 사람은 되지 못한다.
- 乙庚이 酉月의 金局이 되어 旺하고, 時에 종괴(從魁=酉)가 있으면 이격은 뛰어나다. 辰.戌.丑.未가 相生하면 명문名門 장상將相의 아이다.
- 乙庚은 丙火를 가장 두려워한다. 지기志氣가 닳아서 없어져 主는 불량하고, 寅午을 중봉重逢하면 하격下格이 되고, 인연을 따라 의복과 양식 구하기에 분주하다.
- 天元에 戊癸가 있고 支에 水 숨어 있으면 문중의 일들이 깨어지고 行運에서 다시 生旺한 地를 만나면 상처傷妻 극자剋子되고 풍파가 일어난다.
- 甲己가 중앙에 化하면 土神이 되는데, 時에 辰巳를 만나면 속된 세상에서 벗어나고, 歲, 月에 火地가 있으면 공명이 나타나고 부귀한 사람이다.
- 甲己 간두干頭가 봄에 태어나면 평생 고달프고, 온 갖 기교도 번번이 옹졸하게 이루어

331

지고, 의지할 데 없이 외롭고 쓸쓸하다.

　　　** 苟狗蠅營구구승영 : ① 파리처럼 더러운 곳에 진득거리고 개처럼 구차하게 살아가다.
　　　　　　　　　　　②수단과 방법을 가리지 않고 권세에 빌붙어 명리를 탐하다.

『 註釋 이 설명은 甲己 日과 乙庚 日이 土와 金으로 化化하고, 乙亥 日主의 간두干頭에 庚金이 있으면 乙과 庚이 合하여 金으로 변한다.
丁이 壬을 보면 合하여 木으로 변하여 木局이 되어 곧 木으로 종從하는 것으로 논한다.
戊와 癸가 合하여 火로 변하고, 남南으로 행行하는 것은 기쁘고, 북방은 꺼린다.
水는 북방과 서방을 잇고 , 辰.戌.丑.未는 꺼린다. 丁壬이 화목化木하면 동방 運은 좋고, 庚辛 金은 木을 손상시켜 싫다.
化化하지 않으면 主는 악질惡疾에 걸리지 않으면 골육이 상잔傷殘된다.
乙庚 화금化金은 사계(四季=辰戌丑未)가 좋고, 主가 金을 生하면 吉하다. 남방은 불리하다.
乙庚金이 火의 剋을 만나면 불길하다.
戊癸 화화化火하면 支에 火가 있어도 해害가 없다. 火로 변했는데 水로 행하면 멈추게 된다.
土는 火의 生이 좋고, 木을 해롭게 하여 싫다.
甲己가 화토化土하여 봄을 만나면 木이 旺한 시절로 박삭剝削되어 主는 고한孤寒하다.』

一. 天元천원 一字일자 詩訣시결

- 天元이 한 글자로 水이면 근원이 되는 추동秋冬에 생하면 貴하다고 말하지 말라. 大運에서 길신 일위를 만나면 소년에 벼슬길로 나가 높게 승직한다.
- 天元 한 글자가 土가 터基가 되는 辰.戌.丑.未에 生하면 뛰어나다.
- 申酉 二支가 格局이 이루어지면 총명 준수하여 보통 사람을 뛰어넘는 아이다.
- 天元 한 글자가 木이면 뿌리가 되는 申, 亥가 있으면 福이 되고, 사주에서 官星이 득지得地하면 공명과 祿에 이롭고 일찍 승은承恩을 받는다.
- 天元 한 글자가 火이면 화기애애하고, 丑, 寅 時日이 면 財官이 沖으로 일어나면 발하여 사용되니 부귀는 평범하고 복은 흥융하다.
- 天元이 한 글자가 金으로 이루어지고, 時日에 괴강魁罡(庚辰.庚戌)이 있으면 福氣가 깊다. 고인(庫刃=丑) 運은 아울러 천을귀인이니 일생 貴人의 공경을 얻는다.

『 註釋

　　壬 壬 壬 壬
　　寅 子 子 子

이 格은 동월冬月에 生하여 貴하다.

　　戊 戊 戊 戊
　　子 戌 午 辰

이 예는 土金이 좋다.

　　甲 甲 甲 甲　　乙 乙 乙 乙　　庚 庚 庚 庚　　丙 丙 丙 丙
　　子 寅 戌 子　　酉 亥 酉 丑　　戌 戌 辰 申　　申 午 申 寅

이 예는 부모가 剋되고 후에 재물이 많고 건왕健旺한 것으로 본다.』

一. 刑冲형충 詩訣시결

- 比肩, 陽刃을 日時에 만나면 부도父道에 흉凶하고, 부모가 干支에 상회相會하여 合하고, 財星이 건왕健旺하면 수명이 소나무같이 길다.
- 아비가 剋되고, 어미가 상傷하면 어찌 견디겠는가? 도원道院이나 승방僧房에 거주하면 견딜 수 있고 폐문閉門 시 보방保防에 연류 될 수 있고, 재물이 깨어지고 처에 재앙이 있는 것이 몇 번 있게 된다.

『 註釋 日下를 剋하면 처첩이 손상되고, 時 下가 上을 剋하고, 月支가 剋하여도 처첩이 상한다. 대개 처가 剋되는 것은 羊刃에 의해서 剋되고, 財의 上에 있는 것은 좋지 않고, 또 財.官.食神이 사절死絶되면, 財는 처인데 곧 財가 死하면 처도 死한다. 』

一. 剋妻극처 詩訣시결

- 天干에 형제가 많이 투로透露하고, 財가 절절絶하고, 官이 쇠약하고, 身이 지나치게 旺하고, 月令에 또 身旺한 地를 만나면 청춘靑春, 소년年少에 예쁜 처로 인하여 곡곡哭하게 된다.
- 사주에 財星이 있고, 陽刃을 時에 만나면 처가 극형剋刑되고, 歲.運에서 만나면 처와 권속이 끊어지고, 처궁과 나란하게 나타나는 나이에 손상이 있다.

一. 剋子극자 詩訣시결

- 오행 사주에 傷官이 있으면 자식이 초년에 반드시 불안하다. 官鬼가 運에서 生旺한 地가 임하면 1,2명은 늙어도 볼 수 있다.
- 자식성이 生旺한데 刑冲을 보고, 月令이 휴수休囚이면 자식이 없고, 官鬼가 剋을 중하게 당하여 패망敗亡하면 서자庶出도 없어 양자를 들여야 한다.
- 印綬가 중첩重疊되면 누가 반려자가 되든 剋되어 자식을 기르기 어렵고, 게다가 자식이

신변身邊에 있다고 하여도 파破를 차면 집요執拗하여 부리기가 어렵다.
- 여인이 印綬를 月時에 만나고 官과 食이 손상되면 자식이 없고 마땅히 主는 고아나 다른 곳에서 양자를 들여야 하는데 중범重犯하면 둘 다 공功이 없다.
- 국중局中에 官殺 둘이 있으면 육친에 해로운데 양인洋刃이 중중重重하면 福을 돕고, 팔자가 순양純陽이고 偏印이 중중하면 아이를 여러 번 매장한다.

『 註釋 年,月,日,時에 傷官이 있으면 반드시 자식이 있다.
時 干支에 官殺이 있으면 또한 生旺하면 반드시 아들이 있다.
印綬가 重하면 母母가 많고, 母母가 많으면 아들이 멸한다.
七殺은 主가 아들이 없는데 만약 食神이 제복制伏하면 아들이 좋게 된다.
여인에 官은 남편이 된다. 食은 아들이 되고, 傷官은 남편을 상傷하게 한다.
傷이 있으면 반드시 主에 해롭고, 官殺을 증봉重逢하면 큰 싸움을 하고, 四柱 日이 쇠약하면 아들에 해롭고, 유년流年이 年歲를 生하면 年의 화복禍福을 보고, 吉하면 吉하고, 凶하면 凶하다.』

一. 運晦운회 詩訣시결

運이 어두우면 일 처리에 성사가 어렵고 돈만 헛되이 소비하니 밀접한 유년流年의 흉사를 막아야하고, 초심은 용맹하고 잘 했는데, 中에 몇 번 이루고 배불러 잠만 잔다.
歲,運에서 比肩이 들어오면 반드시 논쟁이 있고, 다른 사람 혹은 형제, 부녀婦女와 재물로 인하여 소송으로 싸우고, 폐문閉門하여도 가난에 심히 시달리지는 않는다.
좋은 일은 일어나지 않고 도리어 재해만 나타나고, 외정外情에 얽매이고 이끌리지 않으면 궤 속의 진보珍寶가 울타리까지 쳐져 취하기 어렵고, 일들을 이루기 어렵고 재물이 깨어진다.
이것에 이르면 숙박과 재물이 막혀 머물기 어렵고, 게을리 하지 않고, 쉬지 않고 꾸준히 일하여야 쪼들리지 않게 된다. 만약 재물을 모았다 해도 主의 처가 훼되고, 또 관재官災 구설에 휘말린다.
劫財, 陽刃이 양두兩頭에 있으면 외면外面은 빛이 나고, 내본內本은 공허하다. 官殺이 양두兩頭에 나타나 있지 않으면 소년에 요절하니 탄식만 나올 뿐이다.

一. 運通운통 詩訣시결

運이 통하면 財官이 三合하는 運를 얻을 때는 향기 나는 비단옷을 입고, 아름다운 혼인을 하게 되고, 큰 희망을 달성하고, 財祿과 혼인에 마땅한 좋은 기운이 된다.

運이 따르는 때는 일들이 마땅하게 풀리고, 평민이 하늘로 올라가는 사다리를 탄 신분이 되고, 貴人이 가벼이 끌어주어 지정된 날짜에 청운靑雲의 貴를 기약할 수 있다.

運이 통하는 것이 태어날 때부터면 가난을 받지 않고, 官의 거처가 초옥草屋이라도 사계절이 봄과 같이 따뜻하고, 여름은 서늘하고, 겨울은 온난하고, 맑고 높은 곳이 되고, 반찬과 술상이 다른 사람보다 뛰어나다.

이렇게 통하는 運은 상스러운 빛으로 일이 새롭게 바뀌고, 한 덩어리의 화기和氣가 봄의 햇볕 같이 온화하고, 품은 꿈에 신임을 받아 황제로부터 조서를 받아 황제를 가까이에서 모시고, 군중을 뛰어넘는 우월한 사람이 된다.

甲子, 丁卯는 刃이 되는 것이 아니고, 辛酉, 庚申도 이치가 같은데, 合하고, 人元의 財馬가 旺하게 되면 중년에 현달하게 되어 부호富豪한 사람이 된다.

{蟾彩 : "財馬가 旺하게 되면" 곧 財星이 旺하게 되면 身弱하니 양인도 일간을 돕게 되는 것을 설명한 것임}

一. 帶疾대질 詩訣시결

- 戊己가 生時의 氣가 완전하지 않고, 傷官이 時月에 연이어 있으면 반드시 두면頭面이 어그러져 손상되어 있고, 소년 때 농혈膿血의 재앙이 있다.
- 戊己 日의 地支에 火局으로 氣가 찌는 듯이 무덥고, 형충극파沖刑剋破가 되면 잔질殘疾이 있고, 대머리에 겸해서 눈이 밝지 않다.
- 丙丁日의 主의 運行이 쇠약한 곳이고, 七殺이 가림加臨하여 三合이 되고, 日과 合하면 의식衣食이 모자라고, 귀머거리에 얼굴에 잡티가 있다.
- 壬癸가 중중重重하여 첩첩이 배열되어 있고, 時에 財(火)가 있으면 얼굴에 얼룩진 무늬가 있거나 눈에 재해가 있게 된다.
- 丙丁 火가 旺하면 질병을 막기 어렵고, 사주에 辰巳가 없어야 한다. 이 地에서 木火가 相生하면 벙어리, 풍질로 암중暗中에 사망한다.

『 註釋 火氣 염상炎上이 만약 왕성하다면 눈이 상상傷한다.』

一. 壽元수원 詩訣시결

- 수명은 현묘하여 잘 아는 사람은 드문데, 죽는 때를 안다는 것은 천기天機가 누설 된 것이다. 육친 내에 증오하고 싫은 자를 歲運에서 만나면 전반적으로 마땅하지 않다.
- 수성(壽星=食神)이 명랑하면 수명이 길고, 偏印을 만나는 것은 좋지 않다. 財星이 와서 구해주지 않으면 命이 초목이 가을 이슬을 맞은 것과 같다.
- 丙申이 壬水 壬을 만난 것으로만 수명이 어떻게 된다는 것을 알 수가 없는데, 간두干頭에 壬癸 水가 투출해 있으면 그 사람은 반드시 죽는 다는 것을 의심 할 필요가 없다.

『 註釋 수원壽元은 오행납음五行納音을 취한다. 甲子 生 사람은 甲子.乙丑 해중금海中金을 취해 金이 수원壽元이다. 남은 것은 이를 표방한다. 丙申火 日은 水를 꺼리고 行運에서 壬水를 만나는 것도 꺼린다. 土가 구원하지 않으면 반드시 사망한다. 』

一. 飄蕩표탕 詩訣시결

- 偏財는 치우친 위치로 타향에서 발發한다. 강개慷慨*하고, 풍류도風流性도 강하다. 타향에서 2,3곳의 가정을 만들고, 명성과 이익으로 인하여 집안이 망한다.
- 偏財는 타향에서 세운다. 애첩이 처를 극상剋傷하고, 애욕愛慾의 정이 있어 처첩이 모이고, 다시 춘유야화春遊野花의 향기가 진동한다.

    ** 慷慨 강개 : 의롭지 못한 것을 보고 정의심(正義心)이 복받치어 슬퍼하고 한탄(恨歎)함.

『 註釋 偏財格의 天에 官이 나타나지 않은 者는 타향으로 재물을 얻으러 간다.
支中에 감추어져 있는 者는 재물을 구하려 하지만 제대로 구해지지 않는다. 반드시 타향에서 재물을 구하는 것은 아니다.
財官 甲辰은 좋은데 辰가 정정靜하고, 女人에는 이롭다.』

一. 女命여명 詩訣시결

- 財, 官, 印綬 세 개가 여명에 있으면 남편은 반드시 뛰어나다. 殺이 많지 않고, 혼잡되지 않고, 신강 제복制伏되어야 부합하다.
- 여명에 傷官은 福이 참되지 않다. 財와 印이 없으면 고독하고 가난하다. 국중局中 만약 빼어나 傷官이 투출하면 반드시 작당作堂 전에 사람을 불러 부린다.
- 正官과 合하면 도리어 올바르다. 合은 있고 正官은 없으면 편偏이 된다. 官殺이 중중하면 하격下格이 되고, 傷官과 중합重合하면 말할 것도 없다.
- 官이 도화를 차면 복이 있고 수명이 길다. 도화가 殺을 차면 경사스럽고 복스러운 조짐이 적다. 合이 많은 것은 절대 꺼리는데 도화를 범하기 때문이다. 比劫이 도화桃花이면 크게 불량하다.
- 여명의 傷官이 格은 좋지 않고, 財, 印을 차면 복이 견고하고, 傷官이 旺하면 主가 남편을 상상傷하게 한다. 傷官이 손상되면 수명이 짧다.
- 비천록마飛天祿馬, 정란차井欄叉를 여명이 만나면 복이 아름답지 않다. 단지 첩이나 기생이 되면 좋은데, 財가 있으면 영화를 누릴 수 있다.

『 註釋 여명에 官은 남편이다.
傷官이 있으면 남편을 상상傷하게 한다. 남편이 상상傷하게 되면 처도 살아가기 힘 든다.
官은 없고 合은 있는 者는 반드시 편첩偏妾이 되고, 도화桃花는 主가 음란하고, 官星이 있으면 정正이 되고, 官星이 없으면 主는 편벽偏僻하다.
官은 상견上見되어야 아름답다. 정란차격井欄叉格 무릇 日干 干辰이 合者가 金水로 官이 되면 수성水性이 많은 것이다.
그래서 편벽偏僻의 유流라고 한다. 』

　　　　　　　　　　** 정란차격井欄叉格 : 이 格은 庚申, 庚子, 庚辰 3처處이다.

[蟾彩 : 장생시결부터 태양시결까지 삼명법으로 설명된 곳이 곳곳에 나타나 있다. 즉 납음오행을 12운성에 적용하여 가부를 설명하고 있다.]

一. 長生 장생 詩訣시결

- 長生은 수명의 길고 영화가 있다. 時日에 중림重臨하면 主는 성정이 영묘하고, 다시 길시吉時을 얻어 서로 만나면 소년에 급제하여 조정이 든다.
- 長生을 만약 또 얻어 상봉相逢하면 태어날 때 조업祖業이 풍성하고, 부모와 처와 자식에 극함剋陷이 없고, 편안하게 복을 누리고 끝도 처음과 같다.

『 註釋 오행 長生은 木은 亥. 火는 寅, 金은 巳, 水는 申이 장생으로 만나면 복이 된다. 』

一. 沐浴목욕 詩訣시결

- 목욕沐浴은 흉신凶神으로 절대 꺼린다. 이루기도 하고 망하기도 하는데 아는 사람이 적다.
- 남男에 이것이 있으면 고독하고, 여명에 이것을 만나면 이별이 있다.
- 목욕이 길한 위치가 되면 어찌 견디게 되는가? 그 중에 인종引從을 겸하면 독서讀書하여 반드시 갑과에 등과登科하니 이 神을 모조건 흉하다고 하지 않아야 한다.
- 도화 목욕은 소문을 견디기 힘겨운데 숙,백伯,고姑,이姨 누구와도 혼인하기 때문이다. 日.月.時.胎를 범하면 의義가 없고 윤리가 어지러운 사람이다.
- 함지에 祿이 없으면 도화라 부르는데 주색으로 인하여 패가망신하고, 다시 흉신이 와서 극파剋破하면 허약해져 병사病死하니 탄식하지 말라.
- 女命에 목욕을 만나면 집안이 2,3번의 파패破敗하고, 부모와 이별하고, 수명도 길지 않고, 장남과 장녀는 모름지기 곡성哭聲을 막아야 한다.

『 註釋 목욕沐浴은 강한 오행이나, 또한 약한 地가 될 수 있다. 가령 사람이 막 태어나 목욕할 때 물이 겁나 손으로 무엇을 꽉 잡는 것과 흡사하다.
命 앞에 있으면 당기고, 命 뒤에 있으면 行한다. 목욕沐浴은 도화살桃花殺과 같이 본다.
子.午.卯.酉가 온전한 局은 主가 음란淫亂하다. 함지성咸池星은 곧 도화살桃花殺이다. 主는 주색으로 집안이 망하고, 여인이 이것이 태어나는 것은 꺼린다.』

一. 冠帶관대 詩訣시결

- 命에 관대를 만나면 이에 대해 아는 사람이 적은데, 초는 主에 빈한하고 중년에는 마땅하다. 다시 貴人을 얻어 본위本位에 더해지면 공을 이루고 명성이 따르는 것을 어찌 의심하겠는가?
- 人命에서 만약 관대를 만나면 형제, 처, 자식이 결함과 해害가 없고, 조상을 잇고, 가업을 잇자면 胎中에 관대가 있어야 한다.

『 註釋 관대冠帶는 가령 사람이 나이 15세면 갓을 쓰게 되고, 다시 허리띠를 착용한다. 오행이 처음 生할 시 나타난다. 그래서 길한 경사가 있다. 人命에 이것이 당면하면 흥가興家 입업立業한다.』

一. 臨官詩訣 임관시결

임관臨官, 제왕帝旺은 가장 뛰어나다. 祿貴가 같은 궁宮인지 상세히 살펴야 한다. 만약 장원으로 급제하지 않으면 곧바로 황갑黃甲에 올라 마의麻衣를 벗는다.

一. 帝旺詩訣 제왕시결

임관臨官, 제왕帝旺을 상봉相逢하면 조상의 가업을 계승하여 조상을 빛나게 하고, 직위를 잃었다 하더라도 이름은 널리 빛난다.

一. 衰病死쇠병사 詩訣시결

- 납음納音이 쇠병사衰病死를 중봉重逢하면 성패成敗의 중에 길흉이 나타나는데, 만약 길吉神을 얻으면 구조되어 재앙이 변하여 복이 되어 형통하다.
- 쇠衰와 병病과 겸해서 사死는 세상 사람이 늙도록 처자가 없고, 의식衣食이 풍족하지 않고, 재난과 병이 연이어지고 결국 자기 몸도 손상된다.

『 註釋 五行(납음오행)을 사람에 비교하면 육,칠십에 이른 것인데, 늙어 쇠약衰弱하고 또 사망하는데 命中에서 이것을 만난 것이다. 主人이 외롭고 고달픈 것으로 단정한다. 』

一. 墓庫묘고 詩訣시결

- 묘고墓庫는 원래 장신葬神이다. 다만 正印은 상세히 추리하여야 한다. 상생相生하고, 상순相順하고, 상극相剋하지 않으면 부귀가 차제次第는 된다.
- 人命에서 묘고墓庫를 만나면 곡식과 재물이 헤아릴 수 없을 만큼 쌓이는데 한 푼도 쓰지 않는 인색함이 있어, 노老에 사람들이 수전노守錢虜라 부른다.

一. 絶胎절태 詩訣시결

절絶 中에도 旺하게 되는 것을 사람들은 알지 못한다. 당생當生을 각각 각去하고 명으로 추리하여야 하고, 본본을 뒤집어 원元으로 되돌려 상세히 추리하여야 한다.
홀연 머뭇거림이 있다는 것을 의심하지 말라는 것은 아니다.
태신胎神 일위一位도 절絶처럼 어렵다. 처와 자식이 극함剋陷되고 가도家道가 졸렬하게 되고, 아침에서 저녁까지 바쁘게 돌아다니지는 않아도 무서운 양과 욕심 많은 이리와 별 다르지 않다.

『 註釋 포태胞胎는 모친의 복중腹中에 수기受氣한 것으로 胎를 이루고 그리고 태생한다.』

一. 胎養태양 詩訣시결

태.양胎.養은 심도 있게 자세히 살펴야 한다. 반흉半凶, 반길半吉로 상당相當하다. 貴神이 상회相會하여 응應하면 복福이 되고, 악살惡殺을 중봉重逢하면 재앙이 있다.

一. 五行오행 生剋생극 賦부

干支는 위대하도다! 물물이 처음 태어나는 곳이고, 天地의 근본이 되고, 만상萬象의 종宗이 되는 것이로다! 음양 변화의 징조가 있고, 시후時候의 천심淺深에도 쓰인다. 그러므로 金.木.水.火.土는 정형(正形:바른 형상(形狀))이나 형태(形態))이 없는 것으로, 생극제화生剋制化의 이치는 단일하지 않다.

가령 사목死木은 활수活水에 젖는 것이 아주 적절하고, 또 완금頑金은 홍로紅爐에 단련煅煉하는 것이 좋고, 태양太陽 火는 임목林木이 원수가 되고, 동량棟樑의 목재는 도끼로 취하여야 하니 친구가 되고, 火가 水에 막히면 金을 녹일 수 없고, 金은 水에 묻히면 어찌 木을 剋할 수 있겠는가? 활목活木은 묻힌 뿌리가 철鐵을 꺼리고, 사금死金은 진흙에 묻히는 것을 꺼린다.

甲乙이 한 덩어리를 이루자하면 구멍 뚫는 공功이 있어야하고, 壬癸가 오호五湖에 도달하고자 하면 무릇 아울러 흐르는 성질이 있어야 하고, 쓸모없는 나무는 도끼가 이로워 금禁할 필요가 없고, 진주가 가장 두려운 것은 화로가 되고, 약류弱柳와 교송喬松은 계절(月地)의 쇠왕衰旺을 구분하고, 한 치의 金과 한 자의 철은 강유剛柔의 氣를 사용하고, 롱산의 土는 적은 木으로 소통하기 어렵고, 화로안의 金은 진흙에 도리어 폐蔽한다. 썩은 木이 우로雨露에 어찌 불어나지 않겠는가?

성벽은 좋은 金을 낳지 못하고, 검극劍戟은 공功을 이룬 것으로 火를 만나면 도리어 손상된다. 적취積就한 성벽에 木地에 이르면 손상되는 근심이 있다.

癸丙이 봄에 生하면 비도 오지 않고, 맑지도 않은 象이 되고, 乙丁이 겨울에 태어나면 춥지도 않고, 따뜻하지도 않고, 아주 날카로운 칼날은 水에 둘러싸인 金이고, 가장 무딘 철

鐵은 화롯불의 철이고, 甲乙이 강금金强을 만나면 혼魂이 서태西兌에 위탁되고, 庚辛이 火旺을 만나면 氣가 남리南離에 흩어진다.
土는 화염火炎에 마르게 되고 또한 金이 의지하지 못한다. 木은 水가 범람하면 뜨고, 火도 生하지 못한다. 여름三夏은 金이 무뎌지고, 무뎌진 金은 건강堅剛한 木을 制하지 못한다. 겨울三冬은 土가 습濕해지고, 습한 土는 넘치는 물결을 막지 못한다. 한줌의 土는 종내 활모活木의 터전이 되지 못한다. 못 쓰게 된 철과 쇠약한 金은 어찌 흐르는 물을 불어나게 하겠는가?

木이 왕성하면 金이 스스로 이지러지고, 土가 허약하면 水가 도리어 업신여기고, 火에 木이 없으면 빛이 소멸되고, 木에 火가 없으면 시들게 되고, 乙木이 가을에 生하면 쇠약하게 되어 시들게 되고, 庚金은 겨울冬에 死하고, 바다에 떨어져 가라앉은 모래와 같으니 어찌 어렵지 않겠는가?
서리 맞은 풀에 어찌 金을 쓸 수 있겠는가? 土에 태어난 金은 木을 이길 수 없고, 火가 일어나기 전에 먼저 연기가 나고, 비(水)가 오고 난후에 오히려 습濕하다.

대체로 水가 차가우면(얼면) 흐르지 못하고, 木은 차가운 곳에서 生하지 못하고, 차가운 土에서도 生하지 못한다. 火는 차가운 곳에서 불꽃이 세차지 못하고, 金은 차가운 곳에서 불용不鎔한다. 모두 天地의 올바른 기운에 해당되지 않은 것이다.
그러하므로 만물의 초생初生은 아직 이루어지지 않은 것이고, 이루어졌으면 오래지 않아 곧 멸滅한다.
범속凡俗을 뛰어넘어 성인聖에 드는 실마리가 되고, 죽음에서 벗어나 회생回生하는 묘妙가 있고, 상象이 없지만 이루어지고, 형형이 없지만 변화가 있고, 쓰임用을 단단하게 하는 것보다 근본本이 단단한 것이 좋고, 꽃이 번성한 것이 어찌 뿌리가 깊은 것과 같을 수 있겠는가?
또 예를 들면 北金이 水를 좋아하면 형형이 침沉하고, 南木은 재灰가 되어 몸체가 없어지고, 東水가 木이 旺하면 근원이 마르고, 西土는 실實한 金에 의해서 몸이 허약해지고, 火는 土로 인하여 어둡게 되는데 이 모두 한 쪽이 태과太過하기 때문이다.
오행이 貴하게 되는 것은 중화中和가 되었기 때문이다. 이치를 구함에는 성급하게 굴지 말고 삼가 하여야 하는 것으로, 차가운 연못물도 한 움큼씩 쥐기를 다하면 바닥이 보일 것이다.

一. 珞琭子락록자 消息賦소식부.

◉ 근원의 一氣가 선천先天으로, 청탁(淸濁=음양)으로 내려진 것이 자연인데, 삼재三才로 象을 이루어 나타나 사기(四氣=사계절)로 흩어져 1년이 되었다.

育吾 : 이것은 조화造化의 근원이 비롯되는 것을 말한 것이다. 三命이 만들어진 연유를 설명한 것이며, 三命(三才)은 干이 祿이 되고 天元이라고 하고, 支는 命이 되고 人元이라 하고, 납음納音은 身이 되고 地元이라 한다.

이것은 옛사람들이 조화造化를 몰래 엿본 것이며, 소이 天地 法으로, 陰陽이 體가 되어 사주에 배정되고 팔자를 이루게 되었다. 이것이 낙록자 첫 말의 뜻이다.

◉ 干祿의 향배로 빈부貧富를 정하고, 支는 命으로써 역순의 순환을 자세히 살펴야 한다.

育吾 : 干은 마치 나무의 줄기와 같고, 支는 마치 나무의 가지와 같은 것으로 통언統言하고, 干은 陽, 支는 陰으로 분언分言할 수 있다.

干支는 음양인데, 十干의 祿은 12支中에 위임되어 양도陽道는 순행順行, 음도陰道는 역전逆轉한다. 모두 장생長生으로부터 셈하여 본음本音의 임관臨官을 만나면 머물고, 이것이 陽이 生하면 陰이 死하고, 陰이 生하면 陽이 死하는 것으로 자연의 이치이다.

"이간이록以干為祿"은 祿의 향배向背를 추측한다는 것이다. 가령 甲의 祿은 寅인데 丑을 만나면 향向이라 하고, 卯는 배背라 한다. 그리고 祿 앞의 一辰은 羊刃이라하고, 祿의 후의 一辰은 녹고祿庫이다. 經에 이르기를 향록向祿은 生이 되고, 배록背祿은 死라 하였다.

"향배向背로 빈부를 정하고"와 支를 命으로 하고 역순逆順을 상세히 살펴라" 한 것은 가령 양남음녀陽男陰女는 生月에서 순행順行하고, 음남양녀陰男陽女는 生月에서 역행逆行하는데 인품人禀에 있는 음양은 역순逆順의 氣가 있다. 역순逆順의 氣는 干支 中에 존재하는데 주기를 가지고 복시復始하여 왕래 순환한다. 가령 한서寒暑가 되고, 사계절로 운행하여 무궁無窮하게 복시復始한다. 그래서 말하기를 "支를 命으로 하여 역순逆順의 순환을 상세히 살펴라" 한 것이다.

담형왈曇瑩曰, "干祿은 향배向背가 있어 이것으로 길흉을 추리하는데 심천淺深을 궁구하여야한다 하였다.

배배背는 역자逆者로 빈貧이 되고, 향향向은 순자順者로 부富를 알 수 있다. 그러나 꼭 그렇지 않다. 배록背祿이라고 가난하지 않다. 그러니 支에서 人元을 살펴 運을 헤아려 득실得失을 헤아려야한다.
남남은 맞이하고 여여는 보내는데 행복과 불행이 교체하고, 吉을 만나도 凶을 만나는 작용들이 있다.
[蟾彩 : 年干의 祿의 향향과 배배背를 보아 向은 부유하고 背은 가난하게 되지만 運에서 그 진위가 다시 나타난 다는 내용이다. 또 運은 음남양녀 양남음녀에 따라 역행 순행이 있다는 말이다.]

◉ 운운運行에서 일진一辰은 10년이 되고, 절제하면 3日이 1年이 되고, 휴왕休旺은 정교하고 오묘하여 궁궁窮하면 변하여 통통하게 되니 현묘하다.
育吾 : 먼저 干支를 설명하여 팔자에서 정하고 다음 行運으로 추리하게 되며, 行運은 三命에서 가장 긴요한 者다. 그래서 먼저 그 法을 들어 나타내 보인 것이다.

運行은 一辰을 10이 맡게 되고, 절제折除하면 3日은 1年, 1달인 30일은 10년이 된다. 이것이 고인이 세운 運의 法이다.
절제折除는 정확한 실제의 數가 되어야 하고, 命은 절기節氣가 있고 심천淺深은 같지 아니하다.

運은 生月로 취하고, 절기로 취하는데 번갈아 다르게 나타나 휴휴가 있고, 왕왕이 있어 팔자와 더불어 부절부절符節이 되고, 生旺은 좋고 휴패休敗는 나쁘거나 또는 휴패休敗는 좋고, 生旺은 싫으니 천변만화千變萬化하여 그 소식消息의 다함과 조화의 뛰어남에 대해 누구나 그 현묘함을 통달하지 않으면 안 된다.
그래서 말하기를 변화化하여 지어지는 것을 변變이라 하고, 변천하여 나아가는 것을 통통이라 한다 하였다. 그러니 통변通變의 이치를 얻으면 이에 길흉의 의미가 존재하지 않겠는가? 그래서 현묘玄妙에 능하면 완전무결하게 될 것이다.

◉ 그것은 氣가 되는데 장차 오는 者는 앞으로 나아가고進, 공공을 이룬 자는 뒤로 퇴퇴난 것으로, 뱀뱀蛇가 재灰에 있게 되고, 선선鱔이 먼지 속에 있는 것과 같다.
育吾 : 氣는 오행의 氣를 말하는 것으로 사계절에 흩어져 있는데 봄에는 곧 木은 旺하고,

火는 상相이 되고, 土는 사死하고, 金은 수囚하고, 水는 휴休한다.
임관臨官, 제왕帝旺을 맞이하러 가는 것은 장래 者로 진進이 되고, 휴폐사절休廢死絶은 등진 者로, 곧 공을 이룬 者로 퇴退가 된다.
오행의 氣는 진퇴進退하여 순환循環한다. 사람의 行運은 매 一辰에 존재하는데, 상相인 자는 이미 진출하여 있고, 旺한 자는 곧 물러退나고, 권력을 맡게 된 者는 사용할 수 있어 복이 되고, 권력을 맡지 못한 자는 사용하지 못하여 이익이 없다.

만약 오행의 氣가 지나가서 물러났다면, 사선蛇鱔은 모두 火에 속하는 종류로 火는 土에서 수사囚死하고, 휴휴하면 못쓰게 되어 재가 된 것과 같으니 이를 두고 한말이다.
巳에는 3마리의 짐승이 있는데 사(蛇:뱀), 선(鱔:드렁허리), 인(蚓:지렁이)이다. 그러므로 사선蛇鱔은 火가 되는데 수사囚死, 휴폐휴폐에 이르면 재와 먼지에 있는 것과 같으니 또한 이를 두고 한 말이다. 土는 나아가는 氣로 진進이 되고 火는 물러가는 氣로 퇴退가 된다.

형화상에 이르기를 선인鱔蚓은 水土에 속하는 것으로 먼지에 거처하면 반드시 근심이 있고, 등사螣蛇는 회화灰火의 神으로 회처灰處는 약藥이 된다 하였다.
물物을 가지고 예를 든 것인데 物의 무리들이 좋아하여 순응하고 원하는 곳은 길하고 탈이 나서 달아나는 곳은 凶하니 즉 물물의 조화를 이에서 관찰 할 수 있다.

사람의 行運은 비록 동일한 궁宮이라고 할지라도 氣의 진퇴進退가 있으니 처한 곳이 어긋나지 않아야 하고, 命에는 생사가 있으니 휴왕休旺을 세밀하게 보아야, 궁하고, 통하고, 변하는 것인 즉 이러한 것을 이해하여야 할 것이다.

⦿ **그것은 유有인데 무無을 쫓아 有가 세워지고, 그것은 무無인데 하늘에 드리우진 상象으로 문문이 나타나 있게 된다.**
育吾 : 오행의 氣는 정명正明*하다. 이것은 無를 쫓아 유有가 세워지는 것이니 천상天象 오성五星을 빌려 갖추게 된다. 대개 물질이 생기는 초초에는 무엇인가 있게 되고, 태극太極이 생긴 후는 무엇도 없는데, 없는 것에서 또 있게 된다.
없는 것에서 있는 것이 나타나 天에서 상象을 이루어 존재하고, 地에서 형형을 이루어 존재하니 변화變化가 생기게 되었다.

　　　　　　　　** 正明정명 : 단어장 추가 정대(正大)하고 공명(公明)함.

◉ 그것은 상常이 되는데, 인仁이 서고, 의義가 세워지고, 그것이 사事가 되는데 간혹 보이고 간혹 들린다.

育吾 : 오행은 하늘에 있어서 오성五星, 地에 있어서 오악五嶽이 되고, 사람에 있어서 오장五臟이 되는 것으로 추측하여 관찰한다.

오상五常이면, 상常은 오랜 도道가 있다. 역易에 말하기를 天이 세워진 道는 陰과 陽이라 하고, 지가 세워진 道는 유柔와 강剛이라 하고, 인간에 세워진 道는 인仁과 의義라고 하여 인간의 道는 인仁과 의義가 아니고서는 세워질 수 없다고 하였다.

서書에 이르기를 二五(음양오행)의 사事는 곧 一은 모貌, 二는 언言, 三은 시視, 四는 청聽, 五는 사思이다. 오상五常은 오사五事로 모두 오행의 변화變化인데 사람의 성정을 이에서 취하고, 견문見聞 동정動靜, 모두 이 수數를 피할 수 없다 하였다.

"보고或見, 듣고或聞"는 가령 金.木.水.火.土는 견見.궁宮.상商.각角.징徵.우羽로 문聞이고, 모貌.언言.시視.청聽.사思는 곧 見이다. 또 숙肅.우乂.철哲.모謀.성聖은 문聞이 된다.

모두 오행을 사용한 것으로, 지나치거나 궁벽하게 되는 것은 불가하다.

자세히 살피고 말없이 속으로 깊이 이해하여 담는 것이 밝은 지혜를 가진 완벽한 선비가 하여야 하는 일이 아니겠는가!

** 거취去就 : ① 사람이 어디로 가거나 다니거나 하는 움직임의 상태 ② 버림과 가짐을 아울러 이르는 말

◉ 숭崇은 보寶가 되고, 기奇는 貴되고, 장성將星은 덕德을 돕고, 天乙이 임臨하여 더해지면 귀한 命이 되는데 本과 주가 휴수休囚가 되면 감추어져 없어져버린다.

育吾 : 숭(崇:높음)은 비(卑:낮음)의 반대가 되고 기(奇:홀수)는 우(耦:짝수)와 대칭이 된다.

물物은 쌓이면 높아지고 높은 것은 숭崇이 되고, 오행에 있어서는 上이 下를 生하는 것이 이에 해당한다.

物은 짝과 더불어 하지 않으면 홀이 되고, 오행은 각 상호가 다르면서 무리를 이룬다.

장성將星은 월장月將이고, 덕德은 천을덕天月德이고, 천을天乙은 귀신貴神이다. 生年은 本이 되고, 生日은 주가 되고, 휴수休囚의 대칭은 生旺이 된다.

人命엔 年.月.日.時가 있고, 사주에는 오행이 있고, 上은 下를 生하고, 삼기三奇 乙丙丁이 있고, 다시 장성將星, 덕德, 귀貴를 차고, 主.本이 득지得地하여 生旺하고, 이른바 길장吉將이 교림하면 복이 미치어 경사롭다. 이것은 貴한 命이 되는데, 貴한 命은 설명한 것이다.

부賦에서 먼저 말하기를 숭기崇奇는 보귀寶貴가 된다 하였고, 뒤에 말하기를 主.本은 휴수休囚를 꺼린다 하였다.
숭기崇奇를 만나는 것이 어려운 것이지만 主.本에 절실하게 필요한 것이 되고, 모든 신살神煞은 다음이 된다.
命은 오행이 먼저 주관하는데, 먼저 生旺하여야 하고, 다음은 신살로 장성將星, 덕德, 귀신貴神이 있으면 吉하다.

서자평이 논하기를 숭崇은 主.本이 되고, 무릇 命中의 수명, 재물, 재앙, 복을 장악하는 辰이 곧 숭崇이라한다.
기奇는 祿(官), 馬(財)가 되고, 무릇 命中에 財.官.印.食이 곧 기奇라 한다.
덕德은 日支를 덕德이라 하고, 辰은 즉 六合이라 하였다.

    가령
    時 日 月 年
    乙 癸 庚 壬
    卯 卯 戌 寅

이 명조에서 9월의 장將은 卯에 있어 生日을 돕고, 오행으로 9월은 金土가 되고 六合은 卯戌合이 되고, 乙庚合, 戊癸合, 이와 같이 오행이 각 휴패休敗의 地에 거주하지 않으면 貴하게 된다는 것이 부의 뜻이 아니겠는가?

[蟾彩 : 主.本은 日과 年을 말하는 것으로 수명, 재물, 재앙, 복을 장악하는 辰으로 힘이 있고 건강하여야 한다.
즉 존귀한 존재가 되어야 하지 힘도 없고 빽도 없는 미천한 존재가 되어서는 아니 된다. 그래서 숭崇이 되어야 보배가 가득 차게 된다.
命中의 財,官,印,食도 역시 건강하고 힘이 있게 뛰어나야 함으로 기奇가 되어야 귀하게 되고, 벼슬을 하게 된다.
서자평의 이야기는 보편적으로 알고 있는 장성將星을 다르게 보고 있다.
장성은 삼합의 중간 글자가 장성이 되는데, 九月將在卯(구월장재묘), 扶其生日(부기생일)라 하여 9월의 장將은 卯에 있어 생일을 돕는다 했는데, 9월의 장將이라고 하면 寅午戌로 장將은 午가 되어야 하는데 이것을 가지고 한 말이 아니고 육임에서 말하는 월장月將을 두고 말한 것이다.
덕덕은 日支를 덕덕이라하여 즉 부부에서 말한 將星扶德(장성부덕 : 장성은 덕덕을 돕는다)을 日支를 두고 한 말이라 하여 日支를 기준으로 보면 卯는 亥卯未의 장성이 되니 이 장성이 9월의 戌과 卯戌 六合이 되니 좋다는 것으로 이해하면 되겠다.
 "여기서도 如此五行各不居休敗之地則貴(여차오행각불거휴패지지칙귀 : 이와 같이 五行이 각 휴패휴패의 地에 거주하지 않으면 貴하게 된다)라 하였다."
즉 요즘에 유행하는 일간을 기준으로 억부를 논하는 추리방법이나 격국으로 격을 돕고, 돕지 안고로 논하는 요즘의 팔자를 추리하는 방법과는 완전한 차이점을 보이고 있다.]

◉ **구진勾陳이 위치를 얻으면 박애를 이루어 적은 믿음도 이지러지지 않고, 진무眞武가 당권當權하면 지혜에 탁월한 재능이 있고 길조로 분별한다.**
育吾 : 이것은 水土를 들은 것으로 나머지는 이 례에 준한다.
구진勾陳은 土의 장將이고 상常은 신신이다.
진무眞武는 水의 神이고, 常은 지智이다.
信은 충분히 성성에 도달할 수 있고, 지智는 도道를 만들 수 있다.
오행의 用은 하는 것은 오직 자리가 좋아야 한다.
득위得位는 戊己가 7月(申)에 생한 것으로 모母가 자식의 자리에 있는 것이 되고, 당권當權 자는 壬癸가 7月(申)에 생한 것으로 자식이 모가母家에 거주하는 것이 된다. 이 이물二物은 근원이 같고, 둘 다 申月에 생한 연유다.

서자평은 戊己의 좌좌에 寅卯와 亥卯未가 있거나, 壬癸의 좌좌에 午巳와 辰戌丑未가 임하여 있으면 下에 官.印.祿.馬가 있는 것으로, 왕왕.상상.묘고묘고墓庫로 득위得位하고 당권當權한 것이 된 것이라 하였다.
부부와 같은데 그 의의義는 다르다. 土가 사계절에 生하고, 水는 겨울三冬을 만났는 것이 득위得位, 당권當權이 된다.
서자평이 말 한 것은 이것만 못하다.

[蟾彩 : 木은 甲.乙.寅.卯.辰으로 위치는 동방 청룡青龍의 상상象.
火는 丙.丁.巳.午.未로 위치는 남방 주작朱雀의 상상象.
土는 戊.己.辰.戌.丑.未로 위치는 중앙 구진등사勾陳騰蛇의 상상象

金은 庚.辛.申.酉.戌로 위치는 남방 백호白虎의 상象.
水는 壬.癸.亥.子.丑으로 위치는 북방 현무玄武의 상象.
得位하고 당권當權 했을 때 각 오행의 올바른 쓰임이 있게 된다.
戊己土는 地支에 辰.戌.丑.未.巳가 있어야 하고, 壬癸水은 地支에 申.亥.子이 있어야하고, 丙丁은 地支에 寅.巳.午가 있어야 하고, 甲乙은 地支에 亥.寅.卯가 있어야하고, 庚申은 地支에 巳.申.酉이 있어야 한다.
특히 月支에 있으면 당권當權이라 할 수 있어 그 힘이 더 강하고 타 위치는 득위得位했다고 할 수 있다.
득위得位는 당권當權보다는 힘이 약하고 가깝게 있을수록 힘이 강하다.]

◉ 어질지 않고, 의롭지 않은 것은 庚辛과 甲乙이 교차交差하는 것이고, 시시비비는 壬癸와 丙丁이 으르는 것이다.
育吾 : 위의 설명은 당권當權 득위得位하면 교차交差하지 않고, 상외相畏하지 않아야 한다는 것이고, 이것은 甲이 庚을 보고, 乙이 辛을 보고, 丙이 壬을 보고, 丁이 癸를 보면, 마치 두 여자가 동거하고 두 남자가 같이 있는 것과 같이 음양이 불합不合하여 경사를 이루지 못하는 것을 설명한 것이다.

庚辛의 주체는 의義가 되고, 甲乙의 주체는 인仁으로 서로 교차交差하면 불인不仁하고 불의不義하다.
丙丁의 주체는 예禮가 되고, 壬癸의 주체는 지智가 되고, 서로 두려워하여 혹 시是 혹 비非가 된다.

庚이 乙과 합하고, 辛이 甲과 합하는 것은 강하고 부드러움이 서로 승乘하여 인의仁義가 같이 이루어져 교차交差하지 않는다. 丙에 癸는 官, 丁과 壬이 합하면 祿이 되어, 음양이 서로 짝이 되어 水火가 기제既濟되어 서로 두려워相畏하지 않는다.

甲申 乙酉는 불인不仁하고, 庚寅 辛卯는 불의不義하고, 寅申 庚甲은 교차交差하고, 卯酉 乙辛은 암전暗戰하고, 丙이 壬을 만나면 丙은 비非가 되고 壬은 시是가 된다.
丁이 癸를 만나면 癸는 시是가 되고 丁은 비非가 된다.
子午도 마찬가지로 그렇고 巳亥도 마찬가지다.

[蟾彩 : 陰과 陰이 만나고 陽과 陽이 만났을 때 음양이 기제가 되지 못하여 발생하는 것을 설명한 것이다. 세력이 비슷할 때 일어난다고 할 수 있고, 木과 숲이 교차 할 때는 의리와 인정이 없는 성격이 나타나고, 水와 火가 교차할 때는 시비가 잘 일어나는 것으로 이해하면 된다. 書에 水火가 있으면 시비가 일어나는 날이라고 했다.]

⊙ 그래서 선현先賢들은 겸허하게 처해진 속세에서 선仙을 구하는데, 높은 깨달음은 이 궁離(火)宮이 정해진 수양처가 되고, 도道에 귀의 하는 것은 수부水府에서 구원求元하게 된다.

育吾 : 인의仁義는 늘 득실得失로 어그러지고, 시비是非는 늘 영고榮枯로 묶여, 이에서 매일 쉬지 않고 증진하여도 알 수 없어, 그래서 선현先賢은 속세에서 겸허하게 선仙을 구하였다.

사랑을 나누어 주고, 사사로움이 적고, 욕심이 많지 않고, 혹 마음(火)을 다하여 깨닫고, 혹 익신益腎의 정精으로 도道에 귀의하고, 內로 정신을 지키고, 外로 환망幻妄을 버리면 내가 物에 대한 것을 통달하지 않겠는가! 명색明色이 공空하면 필경 이것이 아니 될 수 없을 것이다.

[蟾彩 : 이離는 火인데 속세에서 음양오행을 공부하고 불도를 공부하고, 선仙을 추구하는 사람들을 보면 된다. 火가 팔자에 있지만 절絶되어 부족하면 도리어 火를 추구하여 이러한 쪽으로 실제 공부를 하고 간혹 火가 太旺한 팔자도 불도 및 선仙을 추구하기도 하고, 직업으로 삼는 사람이 비교적 많이 본다.

명통부에 이르기를 일간이 太旺한데 의지할 곳이 없으면 스님이 되지 않으면 道로 향하게 된다 하였다. 실제 身 태왕太旺한 사주도 음양오행을 공부하는 사람이 많고 스님도 많다. 또 화개(華蓋)도 스님이 된다고 하였으니 한 가지를 가지고 단적으로 판단하지는 말아야 하겠다.

또 火은 문명의 象이라고 하였으니 팔자에서 火의 동향으로도 학습의 양과 깊이를 추정할 수도 있다.

부賦의 말을 생각하여보면 火는 사회생활을 하면서 음양오행 공부를 하거나 종교에 심취한다고 볼 수 있고, 감坎은 水인데 水가 태왕太旺하거나 절絶되어 미약한 팔자의 사람은 사회를 등지고 완전히 입산하여 도道를 닦는다고 할 수 있다.]

◉ 오행이 통하는 도道를 깨우침에 그 사용하는 방법은 여러 문門을 취하는데, 현인賢人의 이치를 따르지 않으면 난잡하게 되고, 신묘한 용법을 이루어야 하는데 이루지 못하면 재해가 따른다.

育吾 : 도道는 존재하지 않는 곳이 없고, 물물은 도道가 아니 없을 수 없다. 오행이 변화하여 대도大道에 통하게 되니 어떤 곳에도 해당하지 않는 곳이 없어 그것을 취하여 사용하는 것은 한 가지가 아니어 다문多門이라고 한다.

가령 식자識者는 닦아 정하고, 선자仙者는 현묘한 것을 구하는데 선비가 스스로 문득 깨달음이 없으면 어찌 이것이 가능 하겠는가?
이러한 고로 현자賢者가 된 者는 마음을 다하여 궁리 연구 하여 오행의 뛰어난 용법에 통달하고, 우자愚者는 결국 자매自昧하여 얻은 곳이 없다. 능력이 있는 者는 수양하여 복을 얻고 능력이 없는 者는 패하여 禍를 얻는다.
易에 이르기를 진실하지 않은 사람은 道를 헛되게 行하지 않아야 한다 하였다.

◉ 보이는데 보이지 않은 형形은 아직 때가 아니기 때문에 있지 않는 것이고, 싹트고 싹이 트지 않은 단서는 오랜 세월歲月 동안 이어져 내려온 것이다.

育吾 : "보이는데 보이지 않은 형形"은 가령 10干이 12支에 있는 祿에 의거하게 되는데 보이건 보이지 않건 形은 존재한다.
甲은 寅이 祿으로 寅이 나타나 있으면 祿이 나타난 것이고, 寅을 보지 못하고 戌을 본 것은 五子*가 원둔元遁*하여 戌에 이른 것이다.
甲戌을 보면 戌은 甲 祿의 집이 된다. 이것이 소위 나타나지 않은 祿이다.
甲에게 辛은 官이 되고, 辛의 祿은 酉다. 甲에 酉는 명확한 官이다. 酉를 보지 못하고 未를 보면 天官이 둔갑遁甲하여 未에 들어간다. 未上에 辛이 있지만 소위 官을 보지 못한 것이다.

"싹이 트고 싹이 트지 않는 것" 은 가령 陽氣가 子에서 生하여 卯에서 旺하고 午에서 끝나고, 陰氣는 午에서 生하여 酉에서 旺하고 子에서 끝나는 즉 陽이 生하면 陰은 死하고, 陰이 변하여 陽으로 化하고, 子午는 陰陽이 화생化生하는 시종始終으로 무극無極*이다.
陰이 극극되면 陽이 生하고, 陽이 극극되면 陰이 生하니 氣가 子午에서 껍질이 벗겨져 삐걱거리면 싹이 나와 출입이 끊임없고, 왕래가 궁窮하지 않고, 실이 처음에서 계속 연이어진 것과 같이 만고萬古에 끈임 없이 이어지는 뜻을 말한다.

태현太玄에 이르기를 "形이 보이고 보이지 않고, 싹이 트고 싹이 트지 않는 것"은 태양이 넘어가면 달로 나오고, 더위가 가고 추위가 오고, 쇠퇴하여 교체되고 일어나 교체되고, 다시 쉬게 되고, 다시 旺하게 되고, 한번은 밝게 되고 한번은 어두워지고, 한번은 줄어들고 한번은 나오고, 이어지고 이어져 늘 존재하게 되는데 때가 되지 않으면 있지 않다. 하였다.

대개 음양오행은 나타나있을 때가 있고, 나타나 있지 않을 때가 있고 싹이 있을 때가 있고 싹이 없을 때가 있는 그 이치가 현묘玄妙하다.
조짐이 발설發泄하면 物이 있지 않을 수 없는데 때가 아니면 그렇지 못하다. 天.地.人에 여차한 합당한 것이 오기 마련이니 하여간에 참뜻을 문득 깨달아야 한다.

** 五子 : 甲子, 丙子, 戊子, 庚子, 壬子.
** 元遁원둔 : 時柱를 말 하는 것으로 五子 원두은 元遁. 甲子라면 甲子, 乙丑..... 乙亥까지가 되고. 丙子라면 丙子, 丁丑...... 丁亥까지를 말 하는 것이다.
** 無極 : 끝이 없음. 동양 철학에서 太極의 처음 상태를 일컫는 말.

● 하공하공河公은 七煞을 두려워했고 선부宣父*는 원진元辰을 두려워했다. 아미峨眉는 삼생三生*을 밝혔는데, 일반 백성은 완전히 알지 못 하였고, 귀곡鬼谷은 구명九命을 전파하였는데, 별을 관찰하여 갖춘 것으로, 요즘 모든 학파에서 모은 그 요지는 편견된 것이라 할 수 있어 아직 곡해된 것을 풀지 못하고 있으니 모름지기 신묘한 깨우침이 필요하다.
育吾 : 원진元辰 七煞은 煞중에 가장 흉凶하다. 命은 오행으로 내려 받은 것이니 이 근심은 누구도 피하지 못한다.
상고上古시대의 성현聖賢으로 하상공河上公은 신선의 분파이고, 문선왕文宣王은 성聖의 유파流波인데도 오직 이 두 者를 두려워하였다. 하물며 그 이하의 사람들은 일반 백성이 아닌가? 그래서 저서著書하여 세상의 폐해를 없애고 사람을 고난에서 건지기 위하여 길흉화복을 알렸는데 존재가 아직 움트지 않고 있다.
아미峨眉 신선이 三生을 밝힌 것이 정확하지 않을 수 없었고, 귀곡자鬼谷子는 구명九命을 전파하였는데, 통하지 않는 것은 아닌데, 논리가 심오하고 깊이가 오묘하여 측정하기가 어렵다. 그래서 별을 관찰하여 만들었는데, 일반 백성은 갖추지 못하였다.
三生은 녹명신祿命身이 되고, 九命은 身,命의 양궁兩宮과 祿,馬 이위二位와 生.年.胎.月.日.時로 길흉화복을 추리하였다.

낙록자珞琭子는 모든 학파들의 요지를 참고하여 모아 간략하였다. 홀로 마음깊이 깨달아 나타낸 견해로 편견偏見이 있을 수 있는 것이 이 글이다.
깊은 뜻을 두루 해석하여 뛰어난 근기가 도리어 맞지 않아 학자는 총명하게 깨우쳐 융통성을 발휘하여야 이것이 아름답게 될 것이다.

** 宣父 : 공자를 높여 이르는 말. 당의 개원 27년에 문선왕이라고 추시한 데서 온 말.
** 三生 : 과거, 현재, 미래의 세상이라는 뜻에서, 전생과 현생과 후생의 총칭.

◉ 신臣은 난야蘭野에서 태어난 후 어릴 때부터 참된 절개를 숭상하였는데, 들어가고자 했지만 현호懸壺의 묘妙가 없었고, 거리를 거닐려고 했지만 화장化杖의 神이 없었다. 식息은 一氣가 응신凝神한 것이고, 소消는 오행이 통通하는 도道이다.

育吾 : 신臣은 군(君:락록자)을 가리킨 것이다. 난야蘭野는 지명地名이고, 스스로 떨쳐 나와 어릴 때 절개를 우러러 받들어 본받는 유모진풍幼慕眞風은 곧 큰 뜻을 품는 것이다.

현호懸壺 화장化杖은 호공壺公과 비장방費長房의 고사故事로 예전 사람의 뛰어남을 칭한다. 무능無能함을 스스로 뉘우친 것인데, 밖으로 나타나는 욕망을
절제하지 않고, 안으로 뜻한 바가 없으면 안 된다.

"식息은 一氣가 응신凝神한 것이고, 소消는 五行이 통通하는 도道" 이것을 부賦에서 나타나고자 함은 소식消息*을 말한 것이 아니겠는가! 무릇 조화에는 생존息이 있고 사라지消는 것이 있는 연유에서 논한 것이다.

** 消息소식 : 天地 시운時運이 돌고 돌아 자꾸 변화함. 日月의 내왕. 때의 변천. 영고와 성쇠. 풍신風信.

[호공(壺公)]
중국 후한 시대에 비장방費長房이라는 사람이 있었다. 그는 여남현汝南縣의 시장에서 관리인으로 일하고 있었다. 어느 날 비장방은 이상한 광경을 보게 되었다. 시장 한 모퉁이에서 영약靈藥을 파는 약장수 할아버지가 한 분 있었는데, 이 할아버지는 언제나 가게 앞에 항아리를 하나 놓아두고는, 시장이 파하면 얼른 항아리 속으로 들어가 사라지는 것이었다. 시장 사람들은 아무도 그것을 눈여겨보지 않았으나 비장방은 너무도 이상한 일이라고 생각되어 그 할아버지를 찾아갔다.
그러자 할아버지는 그를 항아리 속으로 안내했다. 항아리 속에는 훌륭한 옥으로 만든 화려한

저택이 장엄하게 솟아 있고, 그 저택 안에는 산해진미가 차려져 있었다. 그는 할아버지와 함께 술과 음식을 마음껏 먹고 나서, 다시 항아리 밖으로 나왔다. 이 약장수 할아버지는 하늘에서 지상으로 유배된 선인仙人인 호공이었다. 뒤에 호공이 용서를 받아 천계天界로 돌아갈 때, 비장방도 그를 따라갔는데 선술仙術을 익히는 데 실패하여 지상으로 돌아왔다고 한다.
이 고사에서 비롯하여 '호중지천'은 별천지·별세계·선경을 의미하게 되었다. 항아리의 입구가 좁은 데에 연유하여 장소가 극히 협소함을 이르는 말로도 사용된다.]

◉ 건곤乾坤의 위치는 암컷과 수컷이 되고, 金木은 강하고 부드러움을 정하고, 주야는 군신이 되고, 청적靑赤 時는 부자父子가 된다.

育吾 : 이것은 소식消息*되는 조화의 큰 규모規模*를 설명한 것이다.
乾은 陽에 속하고 천도天道, 군도君道, 부도夫道가 된다.
坤은 陰에 속하고 지도地道, 신도臣道, 부도婦道가 된다.
건乾은 움직動이는 체體가 되어 열림을 주관하고, 곤坤은 조용히 멈추어靜 있는 體가 되어 닫힘을 주관한다.
건곤乾坤은 음양으로 암컷과 수컷 양자兩者가 교류하여 통하는데, 이것은 오행의 변화 중에 존재한다. 易에서 주장한 건곤乾坤의 올바른 뜻이다.

인仁은 유柔하고 의義는 강剛한데 金木의 성질이 되고, 一陰과 一陽도 강유剛柔로 추정한다.
오직 강剛하고 유柔가 없으면 生으로 변變하지 못하고, 오직 유柔하고 강剛은 없으면 生으로 화化하지 못한다.
낮은 강하고 生으로 변하여 나가고, 밤은 부드러워 生이 변하여 물러감으로 강유가 쌓여 변화를 이루어 주야가 진퇴를 이룬다.
낮은 陽으로 군君의 상象이고 밤은 陰으로 신臣의 象으로써 주야의 道가 되고, 그 징조는 소식消息으로 차고 비게 되는 것으로 나타난다.
그 구별은 유명幽明*이 있고, 그 수數는 생사가 있고, 하나는 크고, 하나는 아니고, 하나는 덜어지고 하나는 더 해지고, 끝과 처음이 서로 원인이나 계기가 되고, 신고新故의 상대相代, 영욕의 지소所至, 복록福祿이 자래自來하는 근본이 모두 이와 같은 것이 아닐 수 없다.

오행의 神은 제帝라 말하여 동방은 청제青帝로 부자가 되고, 남방은 적제赤帝로 자식이 되어, 곧 청적青赤의 이치는 아비가 자식에 전하는 도道가 된다.
설명하면 음양오행 중에는 군신이 있고, 부자父子가 있고, 부부의 道가 존재하지 않겠는가! 이것이 조화의 큰 가르침으로 인륜에도 또한 통한다.

    ** 規模규모 : 1.본보기가 될 만한 일. 모범. 규범 2. 운동 · 활동 · 사물의 구조 및 모양의 크기와 범위.
    ** 幽明유명 : 1.어둠과 밝음 2.내세와 현세 3. 저승과 이승.

◉ 하나의 길과 궤도를 취하는 것은 불가하고, 단일한 이치로 추리하는 것도 불가불가하다. 겨울에 염열炎熱을 만나는 때가 있고, 여름의 화초가 서리를 만나는 때도 있고, 陰에 속하는 쥐가 얼음에 거주하고, 신구神龜는 火에서 잠을 잔다.

育吾 : 이것은 음양오행의 道를 설명한 것으로 미묘하여 정통精通하기 어렵고 은오隱奧하여 측정하기 어렵다.
"불가일도이취궤不可一途而取軌, 불가일리이추지不可一理而推之(하나의 길과 궤도를 취하는 것은 불가하고, 단일한 이치로 추리하는 것도 불가불가하다.)" 는 가령 겨울은 춥고 여름은 더운 이러한 이치가 통상으로 올바른 때인데, 만약 겨울에 염열炎熱을 만나고 여름에 화초가 서리를 만나는 것은 그때의 때가 아니다. 때가 아닌데 令을 行하는 것은 통상적인 이치를 잡아맨 것이다.

"서화鼠火와 구빙龜冰"인 이 같은 이치는 있는데 그 종류에 마땅한 것이다.
음서陰鼠에 차가운 것이 깃들고, 신구神龜가 따뜻한 곳에 쉬는 것은 종류에 맞지 않는 것이지만, 그 종류가 맞지 않는 곳에 거주하는데, 이를 일도一途로 논한 것이다.
보편적인 상리常理는 궁리하기 쉽고, 상리常理가 아닌 것은 궁구하기 어려우니 조화造化가 어찌 쉽다고 할 수 있겠는가?

추자鄒子의 취률吹律에 있는 한곡회춘寒谷回春, 효부함원孝婦舍冤등과 6月에 서리가 내리는, 이러한 재앙이 되는 괴이한 일들이 고금에 통하여 매우 많이 발생하는데 음양오행의 변화가 아니고서는 말 할 수가 없다.
화서火鼠의 털을 길쌈하면 베가 되고, 수천水蠶의 기름이 제기祭器에 오르는 것은 세상사람이 알고 있는 바와 같다.

신이경神異經에 이르기를 북방에는 얼음 층이 만리가 되고, 두텁기가 백장이 되고, 쥐의 무게는 만근이 되고, 털의 길이는 자보다 긴 것이 가운데 저장되어 있지 않겠는가 하였다. 이것이 음서陰鼠의 서빙棲冰이다.

이아爾雅에 이르기를 一은 신구神龜로 말하고 十은 화구火龜라고 하였다.

곽박찬郭璞讚이 이르기를 天은 신물神物을 生하는데, 십붕十朋의 구龜는 火에서 논다 하였다. 이것이 신구神龜의 숙화宿火가 된다.

서자평徐子平은 동지冬至에서 一陽이 生하고 하지夏至에서는 一陰이 生한다 하였다.

동冬에 염화炎熱를 만나고, 여름의 풀들이 서리를 만나고, 癸의 祿은 子에 있고, 人元이 되고, 丙이 官印이 되고, 戊의 祿은 巳가 되고, 人元이 되고, 癸는 戊가 官印이 되고 음서서빙陰鼠棲冰, 신구숙화神龜宿火가 두렵지 않다는 것이 부賦의 의미이다.

[蟾彩 : 동지冬至에서 一陽이 生하고 하지夏至에서는 一陰이 生한다 하였으니 추운 겨울에 온기가 일어나고, 더운 여름에 냉기가 생기게 되는 것이 인간사에 흔히 있는 것이니 金은 水를 生하고 수를 목을 생하는 이러한 단순한 논리에 집착하지 말라는 것이 부賦의 설명이다.]

⊙ 陰陽을 헤아리는 것과 물물의 심중은 궁구하기 어렵다. 대개 겨울은 따뜻함이 적고, 여름에는 볕이 많을 뿐이다. 화복禍福 상서로움도 대략 이와 같은 것이니 술사術士는 8,9만 맞추는 것을 바라야 한다.

育吾 : 上文의 설명은 겨울에 따뜻하고 여름에 서리가 있는 것, 빙서氷鼠 화구火龜의 설명은 음양의 상리常理는 아니지만 물류物類가 서로 감응 하는 것을 말한 상문上文과 "한측罕測, 난궁難窮" 이글은 도리어 상반되는 말이다.

겨울에 염열炎熱을 만나 때도 있다 했는데, 대개 겨울에는 덥지 않고, 또 여름의 풀이 서리를 만날 수 있다 했는데, 여름에는 볕이 필히 많다 하였다.

춥고 더운 것은 이미 통상의 이치이고, 음양의 오묘한 곳을 엿보면 그 당면한 이치가 있어 그것으로 화복을 추리하는데 좋은 조짐은 그 류類가 응함으로써 나타난다.

술사는 三命과 오행을 전문專門*으로 논하여 行年. 運에서 旺相하고 득위得位한 것을 運에서 만나면 크고. 휴수休囚나 실위失位하면 그렇지 않은 것으로 보는데 다만 그 통상적인 道는 8,9만 적중시키기를 희망한다.

人命의 行年. 運에서 화복이 응하는데, 가령 좋은 조짐이 변이變異하는 사물의 심정을 궁구하기 어려워 술術에 의지하는 선비는 충분한 가운데에서도 이치 또한 8,9를 바라기도 어렵다.
무릇 天地에 완전한 공적이 없는데, 이것이 사람에 해당하는 것이니 그렇지 않겠는가?

◉ 만약 젊어서 휴패휴패의 地를 만나면 젊은 시절 외롭고, 궁핍하고, 늙어 건왕建旺한 곳을 만나면 임한 나이에 고달프다. 만약 먼저 흉하고 나중에 길한 것은 근원이 탁濁하다 흐름(運)이 맑게 되었기 때문이고, 처음에는 길하다 끝은 흉한 것은 무리의 뿌리는 달콤하고, 후예에서 고통이 따르게 되었기 때문이다.

育吾 : 身은 비록 運을 따르지만 반드시 가운假運도 身의 자본이 된다. 세勢가 時에서 미치지만, 가시假時도 세勢를 탈 수 있다.

건장한 나이에는 運이 旺한 곳이 좋고, 늙어 점차 쇠약한 나이가 되면 運은 곤지困地가 마땅하다. 소식消息을 따라야 하나 휴왕休旺은 자유자재롭다.
초생초생에 갈멸歇滅하고, 만세晚歲에 흥륭 者는 청탁源濁이 유청流清하고, 유년幼年에 건왕建旺하고 노년에 외로운 者는 끝(후손)은 괴롭고 뿌리는 달콤하기 때문이다.

만약 運氣를 교량較量하자면 근원根源을 궁구窮究하고, 먼저 근기根基의 후박을 살피고, 겸해서 운한運限의 시종始終을 살피면 비록 백발백중은 아니더라도 8,9는 바랄 수 있다.
대저 人命은 年은 존尊이 되고, 胎.月.日.時는 바탕으로 다음이다.
그래서 말하기를 사주에서 군부君父를 일으키고, 길흉의 주재主宰는 年에서 취하고, 운기運氣의 근본을 밝혀 터의 허실의 추리는 月을 취하고, 안위安危의 징조兆를 보고, 고락苦樂의 근원原을 살피는 것은 日에서 취하고, 귀천貴賤의 본本을 정하고 生死의 기일을 정하는 것은 時를 취하고, 어릴 때 음덕이 비롯되는 것의 구분과 출사하기 전을 궁구하는 것은 胎로 취한다 한다.
月은 主의 초를 관리하고, 日은 主의 중을 관리하고, 時는 主의 말을 관리하고 年은 전체를 거느린다.
모름지기 처음과 끝이 함께 성취되고, 전후 상응相應하면 부귀가 양전兩全하고, 재록財祿이 쌍현雙顯하고, 초에 吉이 없고, 끝에 凶하고. 초에 凶하고, 끝에 吉한 것이 있어 각 다르게 되니 그래서 얻기가 정말 어렵다. 혹 중말中末에 흥륭하여 또한 작록을 이루는 命이 되기도 한다.]

◉ **싹이 나타나는 조짐은 그 근원을 살펴야 알 수 있는 것이고, 근根은 싹을 이끌게 되고, 열매는 꽃이 핀 후에 맺힌다.**

育吾 : 담명談命을 설명하면 胎는 根이 되고, 月은 묘苗가 되고, 日은 화花가 되고, 時는 실實이 된다. 뿌리를 연구하면 싹을 알 수 있고, 꽃을 본 연후에 열매를 알 수 있다.

이러한 까닭으로 성인聖人은 먼저 조짐을 관찰 하고, 미맹未萌을 보고, 근원根源을 살펴 후 대 자손을 알게 되었다.

서자평이 이르기를 運 內의 길흉을 알고자 한다면 먼저 근원의 승부勝負를 살펴, 근원根元에 貴가 있고, 運에 貴가 임하면 貴하고, 근원根元에 財가 있고, 運에 財가 임하면 발재發財하고, 근원根元에 재災가 있고, 運에 災가 임하면 재앙이 있다 하였다. 이 설명 또한 통한다.

◉ **원명元命(年柱) 태생胎生(태월)을 취하여 삼수三獸 종문宗門을 정하고, 율여律呂의 궁상宮商으로 오행의 성패成敗를 논한다.**

育吾 : 짐승은 36位로 나누는데 支에 12辰이 열거 되고 이어서 분포된다.
一辰은 3마리 짐승이 있다. 子人은 쥐, 박쥐, 난새. 丑人은 소, 게, 악어. 寅人는 범, 삵, 표범. 卯人은 토끼, 여우, 담비. 巳人은 뱀, 드렁허리, 지렁이. 午人은 말, 사슴, 큰사슴. 未人은 양, 매,기 러기. 申人은 원숭이(猴,猿,猱), 酉人은 닭, 까마귀, 꿩. 戌人은 개, 이리, 승량이. 亥人은 멧돼지, 돼지, 검은 양(猪,豕,貐)이다.

응신자凝神子가 이르기를 상신象神 자는 하늘에 기재되어 있어 主는 크게 富貴하고, 불상신不象神 자는 하늘에 기록되어 있지 않아 하늘에서 알 수 없으므로 비슷한 모양의 神을 기준으로 하여 성질과 기운을 단정하게 된다 하였다.

원명元命 태생胎生은 甲子 生人이 生月이 癸酉가 되면 胎는 甲子가 되어 元命과 같은 사람이다.
가령 乙丑 金人이 己卯 月이 되면 胎은 庚午 土가 되어 土生金이 되는데, 두 설명을 아울러 상세히 살펴야 하는데 그 의미가 다르지 않기 때문이다.

年으로써 月을 취하고, 月로써 胎를 취하여 3곳에 부류를 살핀다. 일컬어 삼수三獸라 하고, 먹고 먹혀 모양이 손상되는 유무有無로 곧 종문宗門의 출처를 정할 수 있다.
陽六은 율律이 되고, 陰六은 여呂가 되어 오음五音의 총 율려律呂가 된다. 율려律呂 상합相합으로 支를 나누고 干을 정하여 오행이 오음五音으로 된다. 이러한 고로 甲己는 궁토宮土로 감추어진 丙寅이 일어나고, 乙庚은 상금商金으로 감추어진 戊寅이 일어나고, 丙辛은 치수우水로 庚寅이 일어나고, 丁壬은 각목角木으로 壬寅이 일어나고 戊癸는 징회徵火로 甲寅이 일어나고, 五音은 모두 寅에서 일어나 寅은 12개월의 처음이 되고 2,6時의 처음이 된다. 사람의 성패 길흉는 이러한 연유에서 비롯된다.

● **무합無合 유합有合을 후학은 알기 어려워 3개 중에 하나만 얻을 수 있는데 전현前賢이 실지 않았다.**

育吾 : 도道는 2에서 세워져 3에서 이루어지고 五에서 변하여 天地의 數가 十에서 갖추어진다.
짝할 따름인데 유합무합 무합유합은 가령 甲己 합에서 柱에 己를 보지 못하고 午를 얻으면 午 中의 己祿이 있어 인연이 되고, 寅과 亥의 합에서 柱에서 亥를 보지 못했는데 壬을 얻으면 亥上에 壬祿이 있어 인연이 되고, 또 가령 寅午戌 합에서 柱에 寅을 보지 못했는데 甲을 보면 寅 中에 甲祿이 있어 인연이 되어 1/3을 얻는다.
가령 甲이 己를 얻으면 一합하고, 午를 얻으면 二합이 되고, 亥를 얻으면 三합이다. 이것은 곧 一祿을 얻어 三祿으로 나누어 진 것으로 앞에서 말한 보이고 보이지 않은 형形과 싹이고 싹이 아닌 서緖라고 한 이치가 이와 같은 것을 두고 말한 것이다.

이허중은 支干 합은 格이 갖추어진 것으로 논하였다.
年.月.日.時.胎 五位가 干支 합이 갖추어 질 수 있다고 하여 子에 곧 丑이 존재하는 견해, 寅에 곧 亥가 존재하는 견해, 甲에 곧 己가 존재하는 견해, 乙에 곧 庚이 존재한 견해를 밝혔다.
祿干의 五位는 가령 甲.乙.丙.丁.戊를 차면 자연히 己.庚.辛.壬.癸와 합이 되고, 12支가 가령 寅.卯.辰.巳.午를 차면 자연히 未.申.酉.戌.亥와 합이 되고, 또는 子丑 位에 대해 祿馬가 있어 가加해지면 10干 12支 모두 합이 갖추어진다 하였다.

서자평이 말하기를 무합無合, 유합有合, 혹은 형합刑合 , 자축요사子丑遙巳 등의 이러한 格은 이미 寅刑巳, 丑破巳가 있는 것인데, 丙.戊가 형파刑破를 입게 되어 나타난 것으로 곧 三으로 분별되어 行하는데 이것이 三合 巳酉丑이다 하였다.

고가에 이르기를 범寅이 질주하면 뱀巳, 돼지亥, 원숭이申이 달아나고, 양未이 공격하면 돼지亥, 뱀巳에 자연히 영화가 있게 된다 하였는데 이 설명도 통한다.

◉ 年이 비록 관대冠帶를 만났다 하더라도 아직 여분의 재해가 있고, 운초運初가 쇠약한 곳이 되면 오히려 드물게 福이 있다.

育吾 : 年은 태세(太歲=流年)가 되고 運은 大運이다.
年에 비록 관대冠帶를 만났다 하더라도 오히려 폭패暴敗의 여재餘災가 있고, 運이 비록 쇠향衰鄉이 되어도 오히려 旺官을 차면 드물게 복이 있다.
이 行運은 소이 전후前後 5년으로 나누는 설설說이 있다.
두 글귀는 호문견의互文見義*다.

　　　　　　　　　** 互文見義호문견의 : 그 특징은 상하의 글의 의미가 서로 호응하거나 보충한 것.

◉ 대체로 天元이 여려 약하면 궁宮이 吉하여도 영화롭지 않고, 中下가 흥륭하면 괘卦가 흉하여도 허물이 일어나지 않는다.

育吾 : 天元은 十干이다 干이 生旺하게 되면 영화롭게 되고, 만약 쇠衰,병病,사死,묘墓,절絶이 되면 天干은 약弱하다. 비록 임한 宮이 길한 곳이라 하여도, 가령 재財,관官,장성將星, 천월天乙의 종류를 얻어도 영화를 얻지 못한다.
中은 地支이고 下는 납음이다. 中,下에 임한 오행이 흥왕한 지가 되면 비록 정해진 팔괘八卦가 흉으로 분류되어도 재해에 이르지 않는다.

서자평은 무릇 命의 天元에 財官의 地가 임하여도 月(生)이 때를 얻지 못하고, 본기本氣가 여리고 약하고, 上下 오행이 휴왕休旺하고, 또 돕지 않으면 비록 궁宮에 祿馬 吉神을 만나도 영화가 미치지 않는다 하였다.
가령 庚辛이 춘월春月에 生했고, 다른 위치에서 火가 金을 剋하면, 金에게 寅.卯.甲.乙은 財가 되고, 木 中의 旺火로 인하여 金에게는 해害가 되고, 또 金이 령슈을 얻지 못하면 비록 궁宮이 길吉한 재財이지만 재앙이 있다.
中者는 인원人元이 되고, 下者는 지원支元이 된다. 가령 丁은 壬이 官인데 中下의 祿馬가 건왕하면 경사를 이룬다.
비록 火가 절지絶地에 임한다고 하더라도 中下의 貴를 탄다 하였다.
성감成鑑에 말하기를 祿이 비록 絶이 되었다고 하더라도 貴를 세운다 하였다.

도주陶朱에 이르기를 祿이 絶하고 財가 亡하여도 나쁜 조짐이 되지 않는다 하였다.
간혹 一吉, 三生이 구궁九宮이 속하고, 오귀五鬼가 命에서 절절絶되고, 팔괘에 속하는 것도 또한 통한다.

◉ 존尊은 흉하고, 비卑는 길한 것을 만나면 구원하여도 공功이 없고, 尊은 길하고 卑는 흉한 것을 만나면 재앙이 자연히 치유되고, 祿(복록)에는 삼회三會가 있고 재災는 오기五期가 있다.

育吾 : 입년立年은 존尊이 되고, 胎.月.日.時는 다음 차례로 자본이 된다. 大運은 존尊이 되고, 태세太歲, 소운小運은 다음 차례로 자본이 된다.

만약 본명本命과 大運이 만나서 건왕建旺한 곳에서 덕합德合하면 歲.運.日.時의 凶이 허물이 되지 않고, 大運과 本命이 사수死囚의 地가 되고, 전쟁을 하면 歲.運.日.時의 吉이 구원하지 못한다.

그래서 설명하면 "祿에 삼회三會가 있고"는 곧 장생長生.제왕帝旺.고庫가 삼회三會로 이것은 길한 地가 된다.

"재災는 오기五期"라는 것은 쇠衰.병病.사死.패敗.절絶로 이것은 흉한 地가 된다.

무릇 祿과 災의 설명은 祿은 干祿의 祿이 아니고, 이는 녹록祿을 활용하여 본 것이다. (복록으로 본다.)

요즘 학자들은 오직 三合을 들어 金이 巳酉丑을 만나고, 木이 亥卯未에 거주하고, 火가 寅午戌을 얻고, 水가 申子辰을 만난 것 이것을 "祿에 삼회三會"라고 말하는데 옳지 않다.

서자평의 설명은 팔자 中에서 내외內外 三元이 가장 힘을 얻은 者가 존尊이 되어 즉 用神이 되고, 用神은 손상損傷되지 않아야 한다. 만약 손상되면 비록 다른 위치에 길한 것이 있다고 하더라도 구원되지 않는다 하였고, 年.月.日.時 내외에 三元이 비록 극전剋戰이 있다고 하더라도 다만 존尊이 손상되지 않는 者는 재해를 만나더라도 자연히 치유가 된다 하였다.

또 중요한 것은 소식消息에 의해 손상된 神은 主에 어떠한 길흉을 있게 하는데, 命에 해로우면 身에 재해가 있고, 처에 해로우면 처에 재해가 있고, 官에 해로우면 관직을 잃게 된다. 이 설명 또한 이치가 있다. 다만 존비尊卑는 이치에 잘 맞지 않는다.

◉ 흉이 많고 길이 적은 것은 대과괘大過卦의 초효初爻 무리가 되고, 福이 천淺하고 화禍가 깊은 것은 동인괘同人卦의 구오九五*에서 깨우쳐야한다.

育吾 : 凶이 많고 吉이 적은 命은 휴수休囚로 무기無氣하다. 그리고 진용進用(벼슬)에 마땅하지 않다.

대과괘大過卦의 초육효初六爻 효사爻辭의 말이다. 백모白茅를 깔개로 사용하면 허물이 없고, 六陰은 부드러워 남보다 뛰어난 재주가 없고, 初六은 제일 下의 爻로 때가 되지 않아 세상을 피하고 위치를 피하고, 계인戒人이 근심하는 道라고 하는 이러한 내용이다.
공자가 말하기를 무엇을 하겠다는 꾀를 삼가여 가면 그 잃는 바가 없다 하였다. 이 또한 올바른 의미다.

福이 적고 禍가 많은 命은 오행이 相剋하고 무기無氣하고, 또 관직으로 나아가겠다는 희망을 품지 않는 것이 마땅한데 이와 같은 내용이라고 할 수 있다.

동인괘同人卦 中中 9.5효사爻辭에 이르기를 사람과 함께하지만 먼저 울고 뒤에 웃으니 대사大師를 이겨야 만날 수 있다하였다.
상象이 이르기를 뜻을 같이 하는 사람보다 먼저인 것은 중용으로 곧기 때문이라 하였다. 곧은 道를 볼 수는 있어나 행하기는 어려우니 계인戒人이 스스로 이겨야한다는 의미다.

  ** 大過卦대과괘 : 육십사괘의 하나. 태괘兌卦와 손괘巽卦가 거듭된 것으로, 못물이 나무를 멸함을 상징.
    ** 同人卦동인괘 : 육십사괘의 하나. 건괘乾卦와 이괘離卦가 거듭된 것으로, 하늘과 불을 상징함.
        ** 初爻초효 : 육효 中中에 맨 밑에 있는 효.
  ** 九五 : 역괘에서 아래로부터 다섯 번째 양효의 이름. 건괘의 구오가 임금의 지위를 뜻하는 상이라는 데서 임금의 지위를 일컫는 말.
        ** 進用진용 : 진출하여 사용되는 것 즉 벼슬을 하게 된다 등.

◉ 기쁜 것과 기쁘지 않은 것은 六甲이 이지러지거나 가득 찬盈 것이고, 근심이 있고, 근심이 없는 것은 오행의 구조救助에 의거한다.

育吾 : 문희聞喜는 가득 찬盈 것인데 가득 찬盈 것은 이익益이다. 불희不喜는 휴虧란 말인데 이지러지虧는 것은 손상이다.
손익損益의 도道를 六甲으로써 추정하여 보면 간혹 공망이 되어 天地가 허탈한 辰(=星)이

363

되기도 하고, 六陽 命은 양궁陽宮을 두려워하게 되고, 六陰 命은 음위陰位를 두려워하게 되는 것, 또 歲, 運, 행년行年에서 祿馬, 貴人을 만나도 공망이 되는, 이러한 것은 오행의 휴영虧盈과 상제相制에 의해서 나타나는 현상으로 기쁘고 기쁘지 않기도 하다.

근심이 되고 근심이 되지 않는 것은 오행이 휴폐休廢한 곳이지만 生을 만난 것이다.
가령 木이 甲申 水, 癸巳 水를 얻은 례가 되고, 戊申 土人이 丁酉 火를 얻으면 폭패暴敗 파쇄破碎 자형自刑이 되고, 丁酉火는 火가 死하고, 丁巳土는 化하여 土가 되어 자식이 어미에 전전傳하는 길이 된다.
[蟾彩 : "丁酉火는 火가 死하고"는 납음오행 火가 地支 酉에서 死한다는 것]

甲寅水 人이 申 運에 이르면 충형반음衝刑反吟이 되고, 祿馬가 絶되어 旺金이 制되니 둔遁된 壬申金을 보면 干이 구원된다.
신술神術에 이르기를 절絶한 곳에서 부모를 만나면 재앙이 변하여 복이 된다고 한 것이 이것이다.

나의 견해(育吾)는 六甲 오행의 설명은 원활한데 간혹 원명元命 팔자에 이지러짐이 있고, 찬 것이 있고, 구원이 있고, 도움이 있고, 혹은 行運과 유년流年에서 이지러지게 하고, 차게 하고, 구원이 있고 도움이 있게 되니 너무 집착할 필요는 없다.
휴영(虧盈)은 길흉을 말하는 것이고, 구조(救助)는 制하면 흉하고 도우면 길한 것을 말한다.

⦿ 팔고八孤는 오묘五墓에 비추어 밝히고, 戌未는 동행東行하고, 육허六虛는 공망 下가 되니 亥(乾)가 공망이면 巳(南)가 허허가 된다.
育吾 : 甲子 순중旬中은 戌亥가 공망이고, 충衝하는 辰巳가 육허六虛다.

戌亥는 건금乾金의 위치이고, 서의 끝과 북의 처음이다. 甲戌 순旬, 甲申 旬도 申酉, 午未가 잇닿아 공망이고, 辰巳, 寅卯, 子丑은 육허六虛다.
그래서 寅.申.巳.亥는 사고四孤의 地가 되고, 辰.戌.丑.未는 오묘五墓가 되고, 戌未는 동행東行하고, 공망空亡은 거꾸로 돈다.

팔고八孤는 辰.戌.丑.未 오행의 묘墓를 제외하고 남은 것이 팔음八音으로 고허孤虛의 辰이고, 고孤는 묘墓에 비추어 나타난다.
申酉人의 고진孤辰은 亥, 과숙寡宿은 未이고, 오행의 묘墓는 사기四氣 中에 붙어있고, 그 氣는 모두 月에서 세워져 쫓아 들어온다.

동행東行의 戌과 未는 곧 火木의 묘墓로 木은 亥로부터 生하고, 火는 寅에서 일어난다. 火木의 氣는 모두 寅을 머리로 하여 동행東行하여 戌未의 묘墓에서 저장된다.
가령 乙丑 生 사람은 亥가 육음六陰의 올바른 공망空亡이 되고, 亥를 巳가 층충沖하니 육허六虛다.
亥는 건천乾天, 巳는 손지巽地, 巳는 남방의 첫 神이다.

간혹 말하기를 육허六虛는 공망 아래 있고, 고孤는 동해東行하고, 허虛는 서회西迴하고, 이 두 자는 상대相對되는 맛이 있다 한다.

총론總論하면 12支의 신살神煞 이름으로 순역順逆 순환循環, 고허孤虛 공망空亡, 오묘五墓를 설명 한 것인데 人命에서 가장 중요한 者다.

● **天元 一氣는 후백후백侯伯의 영광에 오르고, 支에서 인원人元이 일어고, 運에서 상인商人들의 득실得失이 발생한다.**
育吾 : 干은 祿으로써 천원天元이 청수淸秀하고, 길장吉將이 들어와 더해진 것을 사람이 얻게 되면 貴하다.
支는 命으로써 支元이 순수純粹하고, 사주가 화합하면 부유하다.
이렇게 天地를 나누어 干支를 구별하게 되는데 天元의 一氣라고 하는 것은 한 형태를 말한 것이 아니다.
가령 요즘 담명자談命者가 칭하는 바는 상천象天이라 한다.
그래서 一氣는 天祿이 맡은 곳으로 모름지기 祿이 天德.官.印.貴.食을 차고, 오행 사주 中에 生旺한 氣를 겸하게 된 자는 貴하다.

상인商人의 무리는 인원人元을 상세히 살피면 재물財物의 득실得失을 정할 수 있는데, 모름지기 유기有氣 무기無氣를 관찰하고 진신進神과 퇴신退神을 관찰하여야 한다.

그래서 하문下文에 이르기를 財와 命이 유기有氣하고, 財가 絶하고 命도 衰한 것은 運에 대응하여 정하게 되는 것으로 말했다.
정정은 곧 결정결정으로 運은 곧 쉼 없이 유전流轉하는 것이니 의의는 각 있는 곳에서 취해진다.

◉ 오직 財, 命을 보아 유기有氣하면 배록背祿을 만나도 가난하지 않고, 만약 財가 絶하고 命이 衰하면 설령 건록建祿이 있다고 하더라도 부유하지 않다.

育吾 : 人生은 命과 財가 主가 되고, 오행에 剋 받은 자를 財라한다.
유기有氣는 財와 命이 모두 生旺한 오행에 득려得寓한 것을 말한 것이다.

財와 命이 유기有氣하면 비록 사주에 배록背祿되고 무관無官하여도 빈천하지 않다.
만약 命과 財에 무기無氣하지만 비록 월건月建에 祿을 좌하고 적은 官이 있으면 부귀하게 되지 않는 것은 아니다.

가령 庚寅木은 丙戌土가 財가 되는데, 戌이 있어 土가 旺하고, 身命의 두 木이 동남東南에 이르렀다. 戌은 비록 申(馬) 곧 庚의 祿을 등졌지만 財와 命이 유기有氣하여 가난하지 않다.

또 가령 甲辰火 生人이 丙寅火를 얻으면 金이 財가 되는데, 金은 寅에서 絶하고, 辰土가 寅에 이르면 命의 鬼가 되고, 겸해서 空亡이 되니 財가 絶하고, 命이 衰한 것이다. 비록 月建에 좌록坐祿한다 하여도 財와 命이 무기無氣하여 부유하지 않다.

앞에서 설명한 干의 祿은 빈부의 향배를 정하는 것은, 무릇 財,命 양궁兩宮이 각 旺地가 마땅하다는 것을 가리킨 것이다.
팔자뿐만 아니라 行運도 모두 그러하다.

서자평이 말하기를 財와 命이 유기有氣한 것은 가령 甲乙이 巳午 등의 月이고, 건록建祿인데 부유하지 않는 것은 가령 甲乙이 寅卯 등 月에 生한 것이라 하였다. 마땅히 상세히 살펴야 한다.

[蟾彩 : 삼명三命이라고 하는 것은 年柱의 天干은 祿, 地支는 命, 납음은 身이 된다.

```
月    年
丙    庚
戌    寅
(土)  (木)
```

戌土는 납음 木의 財星으로 납음도 土이니 財星이 旺한 것이 되고, 寅은 木이고 납음도 木으로 이것은 즉 命이 旺한 것이 되어서 즉 財와 命이 旺하여 비록 月支 戌이 年干 庚의 祿이 되지 않아도 부귀하다.

```
月    年
丙    甲
寅    辰
(火)  (火)
```

甲의 건록建祿인 寅이 月支에 있지만 甲辰 柱의 공망이 되니 즉 年干 甲의 祿이 공망이다. 또 辰은 寅이 煞이 되어 本을 헨한다.
납음 火의 財星은 金인데, 金은 寅에서 絶이 되니 財星이 氣가 없다. 그래서 비록 建祿이 月支에 있다고 하더라도 命과 財에 氣가 없는 것으로 부유하지 않게 되지만 만약 좀 약한 官에 있다고 하면 또 부귀하다.

◉ 만약 身이 旺하고 귀鬼는 絶하면 비록 파명破命되었다 하더라도 수명은 길고, 귀鬼가 旺한데 身은 쇠약하면 건명建命을 만나도 수명은 짧다.

育吾 : 깨진 命이 수명이 길다는 것은 本命(年柱)이 旺한 宮인데 鬼는 絶된 자를 말한다.
가령 납음 火가 巳宮에 존재하는데 水의 값이 되고, 木이 寅地에 거주하는데 金을 만나고, 土가 申의 장소를 향하는데 木을 만나고, 金이 亥中에 귀歸했는데 火를 만난 것이다.

건명建命인데 요절한다는 것은 本命이 쇠약한데 旺한 鬼를 만난 것이다. 土가 寅地와 木을 보고, 火가 亥地와 水를 만나고, 金이 巳와 火를 보고, 火가 申과 金을 만나는 이 모두 납음으로써 취한 것이다. 오행의 이치가 制을 받아 요절한다. 제제하는 물물이 곧 수명이 된다.

예전에 이르기를 건명建命은 主가 장수하고, 파년破年은 主가 일찍 죽는다 하였다. 그러나 죽륜경竹輪經에 이르기를 건建命이 반드시 수명이 긴 것은 아니고 파명破命이 반드시 수명이 짧은 것은 아니다 하였는데, 이것이 낙록자의 소이 소식消息이다.
天元을 貴로 논하고, 人元은 富로 논하고, 財와 命으로 빈부貧富를 논하고, 身과 鬼를 수명으로 논하여 각 그 중요한 자를 칭하여 설명한 것이다.

⊙ 배록背祿, 축마逐馬는 곤궁 적막하여 힘들고, 祿馬가 동향同鄉되면 삼공에 오르지 않으면 팔좌八座*에 오른다.

育吾 : 祿은 작록爵祿을 일컫는 것이고, 馬는 차마車馬를 말한다.
人命에서 祿馬는 매우 중요하다고 선인先人이 말하였다.
祿馬는 모두 부귀에 이르는 것으로 만약 祿이 배배하여 가고, 馬가 달아나 흩어져 버려, 이 둘을 함께 잃게 되면 가난하다.
배배는 음양이 서로 등배진 것을 말한 것으로 향향에 대한 배배를 말한 것이 아니다. 축축은 도망가 흩어진 축축으로 쫓아가는 추追를 말한 것이 아니다.

가령
　○　○　甲　癸
　○　○　寅　亥

癸의 祿은 子(건록)로 寅에 배배하고, 馬(驛馬)는 巳가 되는데 寅과 刑한다. 앞에 刑이 있어 馬가 도망가 흩어지고, 배배로 인하여 祿이 미치지 못한다.
馬는 전면面前에 있고, 祿은 배후背後에 있어 앞을 향하여 馬를 뒤쫓게 되는데, 祿 또한 따라오지 못하고, 祿을 기다리지 않고 馬는 점차 멀어져간다. 이것이 한록란마捍祿攔馬로 동향同鄉과 상반된다.
日干 둔록遁祿, 時干 둔마遁馬를 사용하여 五子에서 원래 구하는 것을 알아야한다.

가령
　丁　壬　○　庚
　未　辰　○　午

丁壬의 시주時柱 庚子에서 (丁壬 합목의 둔시 庚子,辛丑,壬寅,癸卯,甲辰,乙巳,丙午,丁未,戊申) 戊申에 이르러, 戊申의 申은 庚의 祿이 되고 午(寅午戌)의 馬가 되어 이 申은 祿에 속하고 馬에도 속한다. 本과 命이 서로 같은 곳에서 祿馬를 얻게 되어 더욱 아름답다.

또

丙 己 丁 甲
寅 亥 丑 申
火 木 水 水

命의 生時인 제좌帝座 上에 祿馬가 같이 모여 있고, 겸해서 甲申水, 己亥木, 丙寅火, 모두 납음오행이 청왕淸旺 생기生氣하여 만년에 기묘한 인연을 만나 소이 삼공三公에 올랐고 수명이 70을 넘겼다. [時支의 寅이 역마와 월간 甲의 건록에 속한다.]

서자평은 祿의 官, 馬는 財로 傷官을 보면 배록背祿이 되고, 비겁은 축마逐馬라 하였다.
가령 甲人이 봄(三春:寅卯辰), 여름(九夏:巳午未)에 태어난 것인데, 천원天元에 丙.丁.甲.乙이 투출하고 亥卯未가 례라고 하고, 동향同鄕은 壬午, 癸巳 등 日이 되고, 柱에 丁,巳,丙,戊가 午巳에 귀록歸祿하는 등의 례를 들었는데, 아울러 상세히 살피는 것이 마땅하다.

** 八座 : ① 중국 후한. 진나라에서 육조의 상서 및 일령. 일복야의 총칭 ② 위. 송. 제에서 오조. 일령. 이복야의 총칭 ③ 수. 당에서 좌우 복야와 영과 육상서의 총칭.

◉ 벼슬이 높은 위치에 도달하는 것은 협록夾祿의 장소가 주관하고, 적게 채워지고 크게 이지러지는 것은 劫財가 地에 있는 것으로 이것이 두렵다.
育吾 : 협록夾祿은 곧 공록拱祿으로 가령 癸丑木이 癸亥水을 얻은 례예가 된다. [子가 공협]
劫은 劫煞로 가령 丁丑水가 丙寅火 세歲를 얻은 것이 되고, 水가 火를 剋한다. 이 火는 水의 財인데, 丙寅火는 자생自生의 火가 되어 소영小盈하다고 할 만하다.
丑(巳酉丑 金)人은 사절死絶이 寅이고, 丑土가 寅木에 制를 받게 되어 財가 鬼로 化하여 이것이 소위 대휴大虧다.
三命에서는 財가 旺하면 吉이 되는데 사람도 재물이 있으면 복이 된다.
만약 劫地의 장소가 되면 설령 命에 한 둘의 吉한 곳이 있다고 하여도 크게 이지러지는 것을 면하기는 어렵다.

서자평이 論하기를 협록夾祿은 가령 癸丑木 日, 癸亥水 時가 된다면 본록本祿 上이 세수歲首와 합화合化하면 상해相害되어 불가不可하고, 또 天干을 剋하여 붕괴 시키는 것도 불가하고, 地支를 충동衝動하는 것도 협귀夾貴가 머무르지 못하게 되어 貴氣가 달아나게 된다 하였다.

소이 福이 모인 地가 손상되는 것은 불가하고, 禍가 모인 地는 敗가 없는 것이 불가하다. 五陽干이 五陰을 보면 劫財가 되고, 五陰干이 五陽을 보면 敗財가 되고, 劫은 敗보다 더 흉하다. 이 설명이 더욱 분명하다.

◉ 生月에 祿을 차면 높은 벼슬을 하고, 기의奇儀가 중범重犯하면 교양敎養이 있고 도량度量이 커고 군중에서도 뛰어나 그릇이 된다.

育吾 : 왕정광王廷光의 해석은 "생월대록生月帶祿은" 生月은 運의 근원으로, 天祿이 生旺한 氣를 차고 행운行運이 순수한 자는 평생 온후하고 복이 가장 많고, 또 生月을 건거로 生日 生時를 이해하여 알아야하는데. 사주와 납음오행이 상호 祿을 차고 겸하여 生旺의 氣에 오르면 貴하다 하였다.

영화상瑩和尚의 해석은 본명本命의 녹원祿元은 生月과 生日에서 구求한다 하였다. 가령 庚子人 , 甲申月이 되고, 乙庚日은 甲申 時가 되는 것이 이것이라 하였다.

서자평의 해석은 甲乙人이 가을에 生하고, 丙丁人이 겨울에 生하였으면 官星의 정正氣를 生月에 찬 것이라 하였고, 丑은 곧 부자父子는 氣가 같은 것으로 祿을 서로 요구하게 된다 하였고, 다시 生日의 支 내에 있고, 천원天元(日干)이 자왕自旺하고, 生時에 휴패休敗가 거주하지 않고, 행년行年에 거듭 녹祿이 있고, 또 生月에 祿을 찬 것이 이것이라 하였다.

나의 견해(育吾)는 戊日이 乙巳月을 만나고, 壬日이 己亥月을 만나고, 癸日이 戊子月을 만나면, 月干은 官星, 地支는 祿이 되어 官祿을 얻는다. 혹 壬寅日이 甲辰月, 辛酉日이 辛巳月로 月地가 官星이 되어 관직이 높게 되는 것이 위의 설명이다.

"중범기의重犯奇儀" 의 왕정광王廷光 해석은 乙丙丁은 삼기三奇이고, 戊.己.庚.辛.壬.癸는 육의六儀*가 되는데, 十干에서 九를 사용하고, 둔거遁去는 甲 者의 의儀를 일컫는 것이다 하였다. 가령 乙巳 生이 辛巳 月日을 얻으면 辛은 의儀가 되고, 乙은 기奇인데 乙은 辛巳에서 官을 생성生成하고, 또 좌에 관록官祿, 장생長生, 학당學堂이 되고 二巳는 기의奇儀가 중범重犯한 것으로 기의奇儀는 天地 음양이 짝이 되어 합한 영수英秀한 氣라 하였다.
형화상瑩和尚에는 甲.戊.庚.乙.丙.丁을 근거로 한 天地 이의(二儀=양의兩義)의 법으로 말하고, 이동李소은 곧 子에 寅을 더해 순수順數로 年月이 本命을 보아 이른 것이라 하였다.

나의 견해(育吾)는 둔갑遁甲으로 삼기三奇 육의六儀를 논한 왕정광의 해석이 옳게 보인다.

    ** 六儀 : 중국에서, 제사, 빈객, 조정, 상사喪祀, 군려軍旅, 거마車馬의 여섯 일에 관關한 의식.

◉ 음남陰男 양녀陽女는 출입하는 年의 때(時)를 관찰하고 음녀陰女 양남陽男은 다시 歲의 원진元辰을 살펴야 한다.

育吾 : 남녀의 구별은 남은 높고 여는 낮다. 陽의 근본 위치는 男이 되고, 陰의 근본위치는 女가 된다.

요즘 음남양녀에 관해서 말하는데, 그 실마리를 잘못 알고 있고, 그 단서는 벌써 실종되었다.

運에는 역逆과 순順이 있고, 大運이 교입出入하는 年에 나타나는 것을 잘못 헤아리면 허물이 있다.

양남음녀가 각 그 마땅한 것을 얻는데 大運이 바뀌어 변하는 年의 원진元辰 등 煞을 살펴야 한다. 이러한 고로 길흉吉凶 회린悔吝은 동動 자에 나타난다.

행운行運은 三命에서 가장 중요하고, 서자평의 해석이 가장 상세하다.

元辰은 당생當生의 근원에 있는데 官,印에 害가 된다. 앞에 설명한 출입의 年, 이것이 元辰의 歲를 논한 것으로 그 이치는 다시없고, 더 나아가서 절기節氣의 심천, 財官의 향배向背를 논하는데 모두 전인前人이 밝히지 아니 하였다.

[蟾彩 : 여기서 말하는 원진元辰은 신살神煞의 일종으로 봐서 流年에서 들어오는 神煞들을 살피라는 것으로 보는 것이 타당하게 보인다.]

◉ 生地는 상봉相逢하여 참여하여야 하고, 퇴신退身은 마땅히 피하는 위치가 되어야 한다. 흉凶이 모이고凶會, 길吉이 모이고吉會, 반음伏吟, 복음反吟, 음착양차陰錯陽差, 천충天衝, 지충地擊 등이다.

育吾 : 이것은 運의 길흉, 화복을 만난 바를 설명한 것이다.

"生地가 상봉相逢" 한 것을 형화상瑩和尚에서는 본명本命이 長生 中에 귀왕鬼旺을 만난 것이라 하였다. 가령 납음 金이 乙巳火를 만나고, 납음 土가 庚申木을 만나고, 납음 火가 甲寅水를 만나고, 납음 木이 辛亥金을 만난 것이라 하였다.

[蟾彩 : "土가 庚申木을 만나고" 는 土의 長生이 申이라는 說에서 연유.]

왕정광王廷光은 곧 오행의 근거로 부자父子가 상계相繼하는 도道로 부父가 건장할 때 자

371

식은 어리고, 자식이 강건 할 때는 부자가 쇠약하게 되는 부자父子의 동처同處로 자식이 이미 왔으면 부자는 이미 성공成功한 것으로 자연히 스스로 담당하여 물러나기를 고告하여 나를 생한 것을 타에 알려 자식이 아버지의 위치를 대신하게 되는 것이라 하였다.

易에는 진(震:東)에서 장남長男(金)을 용사用事 하고, 건乾은 서북으로 부자는 물러간다고 한 것이 이 이치가 된다 하였다.

서자평은 庚辛生 人이 申酉 運에 도달하면 火가 官祿이 되지만 火는 申酉가 병사病死가 되고, 木은 재백財帛인데 木이 申酉에서는 死絶이 되어 官, 財를 갖추지 못하는 것이 되는 것이니 즉 건록建祿이라고 하여도 부유하지 않을 때가 있다는 설명으로 부부賦의 말이 틀린 것이 아니라 하였다.

行年.歲.運.祿.馬 다섯 곳 모두 生旺의 地에 존재하면 공히 와서 나의 원명元命을 돕는 것으로 일컬어 길회吉會라 하고 그렇지 않은 것을 흉회凶會라 한다.
복음伏吟은 大運과 원명元命이 상대相對하는 것이다.
陰이 陰이 만나는 것은 착착錯이고, 陽이 陽을 만나는 것은 차차差라고 하는데, 人命에 음양이 착잡錯雜하고, 입운人運에서 음양이 교차하는 것이 음착양차陰錯陽差다.
원명元命과 運이 동남(卯午)에 있고 태세太歲는 서북(酉子)이 되면 천충天衝이라 하고, 元命과 運이 서북(酉子)이 되고 太歲가 동남(卯午)이 되면 지충地擊이라한다.
길회吉會 흉회凶會는 運에서 복음伏吟 반음反吟, 음착陰錯 양차陽差, 천충天衝 지충地擊을 만나 그 사이에 길吉이 모인 것이 있고, 흉凶이 모인 것이 있는 것을 말하는 것이다. 반드시 모두 흉凶하게 되는 것은 아니다.
가령 甲子金 命의 복음伏吟인 庚子土는 吉하고, 戊子火는 凶하다. 반음反吟인 戊午火는 凶하고, 庚午土는 吉하다.
[납음이 土生金하면 길하고, 火剋金하면 흉하다.]

서북(酉子)이 동남(卯午)을 충衝하면 주는 출입이 동요하여 변경되고, 이는 내內가 외外를 충衝하는 것이다.
동남(卯午)이 서북(酉子)을 衝하면 비록 衝하지만 동요가 없는 것으로 이는 외외外가 내內를 衝하는 것이다.

이것을 만난 者는 모두 主가 편안하지 않은데, 그 사이에는 길흉이 양존兩存한다.
음양陰陽 착차錯差는 곧 순음純陰 순양純陽으로 불생不生 불성不成하고, 기이한 것이 많이 일어나고 나란히 하지 못한다.

간혹 말하기를 천충天衝, 지격地擊은 天干 地支가 大運과 元命이 서로 충격衝擊이 되는 것으로, 단지 오행 음양이 절멸絶滅되는 地支를 지칭하는 것은 아니고, 歲,運에서 이것을 얻고 다시 반.복음反.伏吟 上에 존재하면 흉회凶會가 되는 것을 알아야 하고, 사주에 그것이 거주하면 설령 貴하다고 하더라도 수명을 길지 못하다 하였다.

◉ **혹 사살四煞, 오귀五鬼, 육해六害, 칠상七傷, 지망地網, 천라天羅, 삼원三元 구궁九宮을 만나면 福이 경사慶事를 이루고, 화禍도 아울러 있어 위태롭고 불안한데 도우면 빠르고 억누르면 느리다.**

育吾 : 이것은 모두 행운行運에서 신살神煞을 만난 것을 설명한 것이다.
命들의 앞에 있는 四辰은 四煞이라 하고, 또 寅.申.巳.亥, 사충四衝은 劫煞, 命 앞의 五辰은 오귀五鬼라고 하고 곧 子人이 辰을 亥人은 卯를 본 것이다. 혹은 辰.戌.丑.未가 四煞이 된다. 오행이 剋을 만나면 오귀五鬼가 되고, 육해六害는 寅巳의 례가 되고, 칠상七傷, 망신亡煞 등의 神, 혹 일길一吉, 이흉二凶, 삼생三生, 사살四煞, 오귀五鬼, 육해六害, 칠상七傷, 팔난八難, 구액九厄은 모두 삼원三元 구궁九宮 내에 있는 모든 신살神煞의 이름으로 歲,運에서 만나면 凶하다.
만약 원명元命, 삼원三元, 구궁九宮이 오행의 生旺에 미치게 되면 복이 되어 오히려 길경吉慶을 이룰 수 있고, 오행이 신살神煞보다 먼저다.
만약 三元, 九宮, 오행이 사주에서 쇠패衰敗가 되고 歲,運도 모두 흉살의 값이 되면 소위 禍에 아울러 위의危疑*하다. 煞을 돕게 되면 재앙을 속속히 이루고, 복이 억눌리게 되며 경사慶事가 더디다.

내가(育吾) 이귀二句에 아울러 禍福을 겸하여 설명하면 禍를 도우면 빠르고, 福을 도우면 느리고 福을 누르면 빠르고, 禍를 누르면 더디게 된다고 할 수 있다.

서자평이 설명하기를 元命에 辰.戌.丑.未가 犯하고 大運도 그 上이 되면 일컬어 사살四煞이 되고, 大運 干이 귀鬼가 되어 制하고, 財.煞.官.印과 태세太歲를 일컬어 오귀五鬼라 하고, 丑.未 生 人에 柱中 원元에 丑.未가 있고 다시 大運에 辰.戌.丑.未가 있는데 도리어 太歲에서 子.午.卯.酉를 만나면 일컬어 육해六害라고 하고, 運中에 七煞을 만나면 일컬어 七傷이 되는데, 가령 甲乙人에 庚辛이 官이다. 運이 南方으로 흐르고 혹 寅午戌을 만났는데, 巳와 未가 太歲에 있는 것이 이것이다 하였다.

사살四煞은 경輕하고 오귀五鬼는 重하고 육해六害는 경輕하고 七傷은 重하고, 運에서 만나면 輕하고 歲에서 만나면 重하다.
천라지망天羅地網은 戌人이 亥를 얻지 않고 亥人이 戌을 얻지 않으면 일컬어 정천라正天羅가 되고, 辰人이 巳을 얻지 않고, 巳人이 辰을 얻지 않으면 진지망眞地網이라고 하고, 중간에 또 亥가 戌을 보고, 辰이 巳를 본 것으로 나누는데 더욱 重하다. 만난 者는 재앙과 질병이 연이어 나타난다.
대개 運을 추리하면 마땅히 생년生年 태세太歲와 運과의 生剋을 살펴 生剋을 먼저 결정한 후에 모든 神煞을 참고하면 길흉이 잘 맞는다.

** 危疑 : 의심(疑心)이 나서 마음이 불안(不安)함.

◉ **貴地도 때가 있어야 하는데, 比肩을 만나면 경쟁競爭이 되고, 만약 사람이 피곤하고 馬가 힘이 모자라면 財가 旺한 곳에 의탁되어야 한다.**
育吾 : 맹자가 이르기를 비록 자기(鎡基=터전)가 있다고 하지만 時를 기다리는 것만 못하다 하였다. 만약 運에서 貴神의 地가 들어와 기다린 시수時數*와 부합하면 복경福慶이 있는데 가장 꺼리는 것은 比肩이다.
가령 比肩이 運에서 들어오면 반드시 싸워 경쟁하게 된다. 약한 자는 강한 자에 굴복하고, 길흉은 실살神煞이 오르내리는 것으로 설명한다.
만약 祿馬의 氣가 쇠약하면 오직 녹재祿財, 명재命財가 旺相함을 얻고 또한 부지扶持하여야 한다.
간혹 말하기를 比肩 쟁경爭競은 가령 두 개의 庚이 한 개의 丁을 빼앗고 두 개의 丙이 한 개의 戊을 빼앗아 그 福을 나누어 가져가는 것으로, 가령 이 같은 者는 교상交相 시비是非로 사람이 피곤하고 마馬가 힘이 없는 것이라 하였다.

본명本命의 支를 설명하면 인원人元과 역마驛馬의 오행이 쇠패衰敗 무기無氣한 地가 되어도 소이 재앙에 이르는 것은 아니다. 財가 旺하면 가령 命은 역마가 申이 되는데 申 中의 金이 旺하여 火가 衰하게 되는 것이 이것이다.

서자평이 해석하기를 "역귀지이대시歷貴地而待時"는 가령 壬辰水, 癸巳水 生人은 土가 官祿이 되고 火는 재백財帛이 되는데 生月이 여름九夏이고, 四季(辰戌丑未)가 아니면 비록 귀지貴地가 분명하다 하더라도 마땅히 四時의 기본基本을 기다려한다 하였다.

원元에 있거나 없거나 역시 比肩을 만나면 쟁경爭競한다. 가령 壬辰水와 癸巳水가 다시 여름과 사계四季에 존재하면 官祿의 時를 얻은 것이 되고, 大運 또한 火土 분야가 되는데 太歲는 壬癸年 또는 亥子丑을 만나고, 혹 형충衝刑이 되고, 혹 파해破害가 되면 주가 뜻을 거행하는 중에 요절한다.

인피人疲는 人元이 피핍疲乏한 것이고, 마렬馬劣은 합하는 辰의 馬가 약한 것이다.
가령 甲午金에 生한 사람이 서방으로 運이 行할 때 午의 인원人元은 火에 속하고 火는 西方에서는 死絕하기 때문에 인원人元이 피곤, 노곤하게 된다.
甲은 己가 財인데 午 內에 己土가 있고, 己가 서방에 이르면 또한 쇠패衰敗하게 되어 馬가 힘이 모자라게 된다.
또 午가 피핍疲乏*하면 오히려 서방은 金 財가 旺하게 되어 힘을 얻고, 추금秋金은 壬癸를 품어있지만 己가 귀鬼 水를 破하고 財 金을 生한다. 이와 같이 설명 할 수 있다.

 ** 時數시수 : ① 스스로 돌아가는 그 자신의 길흉 화복의 운수를 일컬음 ② 그때의 세상의 형편.
 ** 疲乏피핍 : 피곤함. 노곤함

[蟾彩 : * 녹재祿財..年柱 天干을 기준으로 한 財星. * 명재命財.. 年柱 地支를 기준으로 한 財星.]

⦿ **財는 旺하고 祿은 衰하면 건마建馬가 어찌 엄충掩衝을 피할 수가 있겠는가? 歲에서 임臨하면 오히려 재앙이 되지 않고, 풍년이 들어 복을 얻는다.**

育吾 : 剋 者를 財라고 하고, 기탁寓된 者를 일컬어 祿이라 하고, 타는乘 者는 일컬어 馬라고 하고, 馬는 몸을 돕는 근본本이다.
祿은 양명養命의 근원이 되고, 祿이 貴를 타면 벼슬이 바뀌고, 馬가 財를 만나면 福을 획득하고, 祿財, 역마를 겸해서 얻으면 부귀가 양전兩全하고, 한 개만 얻으면 차제次第가 되고, 혹 天祿이 비록 衰하다고 하더라도 身財가 오히려 旺하고 겸해서 역마를 만나 타고 오면 설령 歲運에서 엄복掩伏 충격衝擊하게 되더라도 오히려 재해가 없다.

게다가 후에 歲運에서 다시 오행이 生旺하게 되고 회합會合 풍등豊登의 곳이 되면 福을 많이 얻는다.

엄掩 者는 복음伏吟이고 충衝 者는 반음反吟이다.
가령 癸亥水 生이 乙巳 歲를 얻고 祿을 만나면 水가 비록 巳에서 絶하지만, 水人은 火를 훤하니 財가 되는데 火는 巳에서 旺하고 겸해서 巳는 역마가 되어 비록 巳亥가 상충相衝으로 반음反吟(衝) 上에 임하지만 身旺한 財가 되어 재해의 허물은 없다.
만약 歲.運이 서로 충衝하지 않고 三合, 六合하고 오행이 生旺한 地가 되고, 또 財를 만나고 馬를 만나면 그 시기에 풍등豊登하다고 할 수 있어 福을 얻는다.

서자평이 말하기를 이 절節과 앞의 뜻은 같은데 이치는 다르다. 가령 丙午 人이 運이 서방에 이르면 비록 財는 旺하고 祿은 쇠약하더라도 하원下元의 건마建馬가 돕게 되고, 酉中에 辛이 丙과 合하게 되어 엄충(掩衝=복음과 반음)을 두려워하지 않고, 이와 더불어 中下가 흥륭興隆하면 끊이지 않게 되어 財가 運에서 엄충掩衝 하여도 굳건하여 꺼리지 않게 된다. 이렇게 논하여 歲가 운위運位에 임하여도 흉한 허물이 없다 하였다.

太歲는 조화造化의 主가 되는 것으로 온 갓 煞의 존존存尊으로 내임來臨하여 運을 압박하면 凶은 많고 吉은 적다.
만약 三元 오행 내외에서 官印을 유용有用하면 또한 이로와 대인大人이 되고, 길회吉會를 이루게 되고, 재백財帛을 유용有用하고, 또 貴人으로 인하여 재백財帛이 일어난다.
또 가령 生日이 壬午가 되고, 大運 庚午, 歲는 戊午가 되면 歲.運이 같이 임한 것으로 또한 吉會가 되고, 다음 年은 辛未가 되어 그 氣가 끊어지지 않아 官.財.백帛을 유용하게 되어 福을 획득한다.

⦿ 大吉 生이 小吉을 만나면 도리어 수명은 길게 되고, 천강天罡의 運이 천괴天魁에 이르면 기생寄生이 있어 수명이 이어진다.

子	丑	寅	卯	辰	巳	午	未	申	酉	戌	亥
身後 신후	大吉 대길	功曹 공조	太沖 태충	天罡 천강	太乙 태을	勝明 승명	小吉 소길	傳送 전송	從魁 종괴	河魁 하괴	登明 등명

育吾 : 丑은 大吉이고, 未는 小吉이다. 가령 癸未日에 生한 사람이 丑運으로 나아가거나 혹 丁丑日 生人이 未運으로 나아가면 반음反吟이라고 하여서는 안 된다. 모두 生氣라고 한다. 癸는 巳에서 氣를 받아 未에서 형형을 이루고, 丁은 亥에서 氣를 받아 丑에서 형형을 이루어 生을 만난 것이다. 가령 육임六壬에서 과과로 나타내 발용發用하는 것은, 丁 과과는 未에 있고, 癸는 丑에 있는 이것이 이 의미다.

丑未는 음양의 中會로 천을귀신이 임한 곳이다. 主의 本에 만나게 되면 수명이 길다.

辰은 천강天罡이고, 戌은 천괴天魁이다. 가령 庚戌 生人이 辰運으로 나아가거나 혹은 甲辰 生人이 戌運으로 行하면 반음反吟이라 하지 않는다.

庚은 寅에서 氣를 받아 형형은 辰에서 이루어지고, 甲은 申에서 氣를 받아 戌에서 이루어지는데 모두 生氣이다.

귀곡자가 이르기를 강궐 中에는 乙이 있고, 괴魁 속에 辛이 감추어져있다 하였다. 앞에 말한 생봉生逢 후에 말한 기생寄生은 뜻이 다르지 않다.

간혹 말하기를 이 후後의 팔귀八句와 반음反吟의 길흉吉凶을 다시 조명하면 반드시 뜻이 확고한 것은 아니다 하였다.

가령 乙丑金 陰命인 男의 6月生은 곧 둔遁한 癸未木 月生을 보면, 비록 本命과 生月이 서로 극합剋合되어 요상夭傷 된다고 했다. 하지만 乙丑은 납음이 金으로, 癸未의 납음인 木을 剋하기 때문에 수명이 도리어 길게 된다.

가歌에 이르기를 生月(運)이 身을 돕게 되고, 납음이 수명을 되돌리는데, 身이 쇠극衰剋하면 수명이 짧고, 命이 身을 剋하여 가면 수명이 길게 된다 하였다.

가령 戊辰 陽命 男이 辰月 生이 되고 運이 5세에 일어나 순행하여 56세에 運이 壬戌 납음 水에 이르면 戊辰木을 生하고 辰月의 천월덕天月德은 壬가 되고, 戌上에 붙어 있는 壬水가 木을 生하니 곧 기생寄生으로 수명이 이어진다 하였다.

형화상瑩和尙에 이르기를 下 사절四節로써 아울러 진인眞印을 사용하면 비로소 그 상세한 것을 알 수가 있다 하였다.

乙丑 金印, 癸未 木印, 壬申 水印, 甲戌 火印, 戊辰 土印은 계속 수명이 이어져 長生한다. 기寄와 반反은 이 五干을 버리고는 그러한 것을 알 수 없다하였다.

까닭은 丑上에는 乙木이 있고, 未上에는 癸水가 있고, 癸水는 乙木을 生하여 祿元이 증장增長*하여 도리어 수명이 길게 되지 않을 수 없고, 戌 上에는 甲이 있고, 辰 上에는 壬이 있고, 壬水는 甲木을 生하여 丙火에 이어지게 된다. 그래서 천강天罡이라고 하고 運이 천괴天魁에 이르면 生이 붙여져 수명이 이어지고, 대략 十干의 祿이 되어 사람의 수명이 정해진다 하였다.

** 增長 : 힘을 도와 전보다 더 잘 하게 함.

◉ 종괴從魁(酉)에 창룡蒼龍(辰)이 다다르면 財가 天으로부터 자연히 오고, 태충太衝(卯)이 묘위昴胃(酉)에 임하면 人元에 해害가 있다.

育吾 : 酉는 묘위昴胃의 장소이고 종괴從魁가 이것이다. 卯를 말하면 창용蒼龍*에 머무르는 태충太衝이 이것이다.

支元의 財를 취하여 요즘 말에 천래天來 者로 酉上에 辛이 있고 卯中에는 乙이 있어 辛金은 乙木을 制함으로 인하여 財는 天으로부터 오는 것이다. 그래서 酉金이 卯木을 剋하니 乙木은 辛金을 두려워하고, 祿은 이미 피상被傷되어 人元이 剋을 받아 그렇다.

만일 그렇다면 酉人이 卯를 보면 吉하고, 卯人이 酉를 보면 흉하고, 위치의 순서를 높고 낮음 강하고 부드러움에서 결정되게 된다.

서자평이 이르기를 창룡蒼龍은 辰에 속한다. 酉生 人이 辰을 만나면 酉中의 辛金이 辰中의 乙木 剋하니 財가 되고, 支內의 天元을 財로 사용하게 된다.

卯人의 運이 酉에 이르면 金剋木이 되고, 相刑으로 되돌아간다. 支가 人元이 되니 그래서 해롭다. 해롭게 하는 자는 七煞이다. 衝.刑.剋制 되지 않아도 또한 편음偏陰이 偏이 된다 하였다.

◉ 金祿은 정수(正首=寅)에서 궁窮한데 庚은 궁窮함이 중중하고 辛은 경輕하다. 木人은 금향金鄕에서 곤困한데 寅은 궁窮함이 깊고, 卯는 천淺하다.

育吾 : 陰이 다극되면 陽을 生하고, 陽이 다극되면 陰을 生하는 것은 음양의 자연自然 이치다.

陽金(庚)은 巳에서 生하고, 子에서 死하고 寅에서 絶하고, 陰金(辛)은 子에서 生하고 巳에서 死하고 卯에서 絶하는데 정사正死 정생正生은 重하고, 편생偏生 편사偏死는 경輕하다.

다음으로 陽木(甲)은 亥에서 生하고 申에서 絶하고, 陰木(乙)은 午에서 生하고 酉에서 絶한다. 陽木(甲)은 申이 깊고 酉는 얕고 陰木(乙)은 申은 얕고 酉는 깊다.

寅卯는 木의 무리고, 庚辛은 金의 종류로 申은 水가 生하는 지가 되는데 木은 위태롭게 되고, 寅은 火를 生하는 궁宮으로 金은 궁窮하게 된다.
또 하나 丙辛 合이 있으면 辛은 경輕하고, 乙庚 합이 있으면 卯는 천淺하다.

◉ 묘妙는 변통通變을 깨우치는데 있다. 설명이 서툴렀지만 응험은 마치 神과 같다. 무당과 판수는 현絃을 조절하는 것에는 어두워 율려律呂를 바라는 것은 어렵다.

育吾 : 무릇 命,運의 길흉 화복은 가령 위의 부賦에서 대략적으로 특별히 설명하였다. 그러나 뛰어남은 그 통변을 깨우치는데 있다. 부賦의 설명이 비록 좀 부족하다고 하여도 그 이치가 뛰어나 그 응함이 神과 같다.

만약 통변通變을 잘 할 수 없는 것은, 비유컨대 무고巫瞽*에게 현絃을 조절하여 악곡에 맞추어 율려律呂가 조화롭게 되기를 바랄 수 없는 것과 같다.

** 巫瞽 : 무당과 판수. 무당판수. 즉 무당들.

◉ 庚辛이 甲乙에 임하면 군자君子는 벼슬을 할 수 있고, 북인北人이 남방南方 運에 있게 되면 무역으로 그 이득을 얻게 된다.

育吾 : 金木은 서로 얻는 이치가 있고 水火는 기제旣濟의 도道가 있다. 그래서 특별히 거론하여 설명하였다.
庚辛이 甲乙에 임한 설명에서 남은 八干도 알 수 있고, 북인北人의 運이 남방南方이 있는 것에서 남은 동서東西도 알 수 있다.
군자君子를 들어 말 한 것은 소인小人은 그렇지 않다는 것이고, 북인北人을 들어 설명한 것은 모름지기 亥子 방방만 그렇게 된 다는 것이다.
甲은 辛이 官이 되고, 乙은 庚이 官이 된다. 가령 庚辛 運에 歲는 甲乙이 임한 사람을 말한 것이다.
그래서 군자君子는 벼슬을 하게 되고 소인小人은 도리어 鬼가 된 다 한 것이다.

亥子 북방의 水에 巳午 남방의 火가 行하면 水의 行運이 火에 이른 것으로 내가 헨하는 것은 財가 되어 소이 무역貿易으로 이득을 얻는다.
혹 말하기를 壬癸의 위치는 감괘坎卦에 속하고 丙丁의 위치는 이괘離卦에 속한다. 水가 火地에 귀歸하고, 運이 재財가 되어서 그렇다고 하는데, 壬癸는 祿(祿命身의 祿)이 되고, 巳午는 命이 된다는 것을 알지 못한 것이다.

干支가 상입相入하지 않은 것 즉 壬癸가 丙丁을 얻으면 祿,財일 뿐으로 무역貿易으로 설명하는 것은 타당하지 않다.
담명자談命者는 모름지기 祿.命.身을 구분 할 줄 알아야 한다.
[蟾彩 : 무역貿易으로 이득을 얻는 다는 것은 亥子 북방에 巳午 남방 運이 들어와서 무역으로 인한 이득이 있다는 것이고, 壬癸가 丙丁 運을 얻어서 무역으로 이득을 취한 것이 아니라는 것이다.]

⊙ 아침에 기뻤는데 저녁에 근심하는 것은 火가 왕성하여 염양(炎陽*)을 이룬 것이고(蟾彩 : 火木의 성정, 불은 나무가 있으면 활활 타는데 나무가 다 연소되면 꺼지니 울게 된다.), 아득히 멀게 보이는 것은 곧 水土가 그 원인이 되는 경우가 많다.(蟾彩 : 水土의 성정)
育吾 : 이 설명은 오행의 성性을 말 한 것이다. 화복 禍福이 느리고 빠른 것을 밝혔다. 火의 性이 폭暴하면 손상이 심하고, 木이 침투하여 들어가면 연기가 날리고, 돌이 부딪치면 빛이 나타나니 아침에 기뻐하고 되돌아 와서는 근심하게 되고, 지금은 옳고 어제는 아니었고, 火는 땔감에 말미암아 두루 퍼지게 되고, 그 끝極을 알지 못한다.
水土는 물물이 되고, 그 성질은 유화柔和하고, 화복禍福의 실마리가 된다. 그는 더디게 하거나 늦춤의 의미가 있다. 무릇 지智와 신신 이다.
火木의 성性은 빠른 것으로 쉽게 나타났다 쉽게 식혀진다. 水土의 性性은 더디고 쉽게 이루어지지 않고 쉽게 패배하지 않는다.

** 炎陽 : 몹시 뜨겁게 내리쬐는 햇볕

⊙ 金에 木이 아니면 그릇을 이룰 수 없고, 애락哀樂을 받아들이면 이름을 떨치기 어렵고, 木이 무성하고 꽃이 번성한 것 같고, 구름이 빽빽이 많은 형상인데 비는 오지 않는다.
育吾 : 金에 木이 더해지면, 金을 득용得用하여야 木은 이룰 수 있다. 이것은 강강剛으로써 유유柔를 구제한다.
木에 金이 더해지면, 곧 木이 金으로써 그릇을 이루니, 인자仁者에 반드시 용기가 있다.
만약 金은 있고, 木이 없으면 용기勇氣가 무례無禮하여 어지럽게 되고, 木이 있는데 金이 적으면 庚辛이 이지러져 의義가 적다.
金은 서방西方의 그릇으로 主는 애哀, 木은 동방東方의 물물로 主는 낙樂이다.
낙樂이 음란한 者가 되지 않으려면 木이 金을 만나야 하고, 애哀가 손상되지 않으려면 金이 木을 얻어야 한다.

무릇 이러한 것은 모두 대인大人의 命이다.

만약 水火가 귀중歸中에 나타나 金木의 간격이 쓰이면 애락哀樂으로 말미암게 되어 그 마음이 움직이지 않아 방외方外*에서 이름을 떨치기 어렵다.
곧 偏陰 偏陽인데, "木이 성盛하여 꽃이 번성" 한 것 같다 한 것은 偏陽의 복伏을 일컫는 것이고, 구름은 많은데 비는 오지 않는 것은 偏陰이 있는 것을 일컫는다.
人命에 음양이 양정兩停하여야 格에 응한 命이 된다. 그래서 下文에 설명한다.
또 설명하면 金은 그릇을 이루자면 火가 자리가 되어 용융陶鎔되어야 하고, 木이 공功을 이루자면 金이 착삭削刻 하여야 한다.
그리고 악樂은 반드시 애哀가 主가 되어야 하고, 익益은 반드시 손損으로 말미암고 먼저가 된다.

"목성화번木盛花繁"은 빼어나지만 열매가 없는 것을 말한 것이고, "밀운불우密雲不雨"는 어두운데 밝아지기 어려운 것이다. 두 사이는 쉽게 추측할 수 없어 시시비비가 있다.
이러한 고로 旺은 制하지 않으면 안 되고 衰는 生이 없으면 안 된다.
얻은 곳은 화和에 비교하고, 다시 순수純粹하게 복귀復歸되어야 한다.

    ** 方外 : ①세속(世俗) 사람의 테 밖 ②유가(儒家)에서 '도가(道家)'나 '불가(佛家)'를 일컫는 말.

◉ 높은 벼슬을 하는 것은 金火가 어찌 뛰어난 것이 아니겠는가? 위치가 열등하고 반열이 낮은 것은 음양이 일정하지 않기 때문이다.

育吾 : 앞에 水火를 논했다. 서로 구제하면 경사를 이루고, 다음은 金木의 관향官鄉을 논하였다.
水는 貴에 오르는 것을 알아야 하고, 火는 貴가 내려지는 것을 알아야한다.
木은 부드러움이 구제되어 강강剛하게 되어야하고, 金은 강강剛이 덜어져 유柔가 더해져, 서로 사용되어야 경사롭다.
그 사이에는 오직 금강화강(金剛火强)이 있다는 것을 알지 않으면 안 된다.
金은 굳어 단단하게 이른 물物이 되었는데, 火가 성盛하지 못하면 혁화革化를 하지 못하고, 火가 폭暴한 物이 되었다면 金이 없으면 모두 사용하지 못하니 金火가 양정兩停한 곳이 되어야 주인鑄印의 象을 이룬다.
그래서 부賦에 이르기를 초헌초軺軒에 오르고 벼슬아치의 옷을 입는다 하여 이것은 군자

君子의 그릇으로, 모름지기 金火가 양정兩停한 者에 해당한다.
만약 火가 많고 金은 적고, 金은 많고 火가 경輕하면 모두 흉폭凶暴한 命이 된다.
金은 서방西方에서 旺하고 火는 남방南方에서 旺하게 되어 각 그 세력을 믿게 되어 각 스스로 刑하여 刑이 된다.
가령 이 같은 命은 비록 日時가 유용有用하다고 하더라도, 종내 열등하고 낮은 반열에 들어가게 될 뿐이다. 이는 음양이 배분되지 않아서 그러하다.
金은 陰이고 火는 陽으로 이미 음양이 양편(兩偏:두개의 조각)되어 곧 귀천貴賤이 높고 낮음이 정해져 나타나는 것은 아니다.
金이 있는데 火는 없고, 火는 있는데 金은 없으면 흉한 무리가 되는 것을 또한 알아야 한다.
[蟾彩 : 陰陽은 같이 존재하기도 하지만 혼자도 존재도 하는 것이니 귀하고 천한 것과는 상관이 없고, 흉하고 선한 관계만 있다.]

간혹 말하기를 人命 사주에서 五行 중에 金火가 많은 者는 貴가 부족하고, 金이 강剛하면 물物이 순수하지 못하고, 火가 폭暴하면 生이 풍부해지지 못하게 되어 氣가 항구하지 못하다 하였다. 그래서 君子의 道는 깨끗하여야 한다.

庚人이 丙을 얻고, 辛人이 丁을 얻으면 순음純陰 순양純陽이 되어 鬾 혹은 鬼가 된다. 이것은 음양이 일정하지 못한 것으로 비록 출신이 좋다고 하더라도 지위가 열등하고 반열이 낮게 되어 크게 되지 못한다. 이것도 또한 통한다.

⊙ **소이 용龍(辰)이 읊고 범虎(寅)이 휘파람 불면 풍우風雨가 도와 아름다운 징조가 되고, 火의 세력이 장차 일어나자면 먼저 연기가 난 후에 불꽃이 있게 된다.**
育吾 : 상문上文은 五行 相剋으로 그릇을 이루지 못하고, 貴하고 貴하지 못한 것을 설명한 것인데, 이 설명은 또 相剋 相生의 성性들을 용龍.호虎.연煙.염焰으로써 이유를 설명한 것이다.
만약 오행이 각 그 곳을 얻으면 용龍이 行하여 비를 내리고, 범이 휘파람을 불어 바람을 일으키는 것과 같다.
또 火가 旺하게 되기 전에 연기가 먼저 있고 난 후에 불꽃이 있고, 또 용龍이 울고 범이 휘파람 부는 두 글귀는 사람에 길한 년, 歲.運도 길한 것을 비유한 것이다.
만약 초初에 凶하고 후後에 길한 者는 반드시 그렇지는 않다. 비유컨대 火가 처음 불탈 때 먼저 연기가 난 후에 불꽃이 있게 되는데 무릇 연기가 火로 인해 나타나고 나서 火가 무성하게 되는 것인데 연기는 연기의 氣가 통한 것이 아닌 의미이다.
어찌 火는 밝은 빛이 있게 되지만 안을 어둡다고 할 수 있지 않겠는가? 연기가 나타나고 뒤에 불꽃이 있게 되는 것은 마치 사람이 처음에는 凶하고 뒤에 吉하게 되는 것과 같은 것이 아니겠는가!

 서자평의 해석은 용이 읊고 범이 휘파람을 분다고 한 것은 戊辰, 甲寅으로써 매우 상세하게 설명하였는데, 그렇지 않다. 다만 寅과 辰이 만나 상득相得한 것이라는 것은 옳다. 먼저 연기가 난후에 불꽃이 일어나는 것은 분명히 음양의 氣는 순차적인 차례가 있는 것이 명확하고, 더불어 氣가 되고 氣가 끊어지지 않게 되는 것을 설명한 것이 賦의 뜻이 아니겠는가?.

◉ **늘 凶한 中에 吉이 있고, 吉하기 전에 먼저 凶이 있고, 吉한 中에 凶이 있고, 凶은 吉의 조짐이 된다.**
育吾 : 원래 이 상문上文의 설명은 길흉의 의복倚伏*을 말한 것이다.
가령 앞에 "종괴從魁(酉)에 창룡蒼龍(辰)"이 다다르면 財가 天으로부터 자연히 와 길하다고 논했다.
이것은 酉中의 辛이 辰 中의 乙木을 剋하니 財가 되고, 또 辰은 수향水鄕이 되니 辛金의 官 火을 빼앗아 財는 잃지 않고 官은 잃게 되어 凶하다고 논한 것이다.

"태충太衝(卯)이 묘위昴胃(酉)"에 임하면 인원人元에 해害가 있어 凶하다. 木이 官 酉金을 사용하면 곧 官祿을 배반하지 않아 흉중凶中에 도리어 吉하다.
부賦의 의미는 運을 먼저 설명하였고, 다음에 오행을 주장하였다. 뒤에 다시 상세히 설명한다.

또 가령 火人이 水運으로 나아가면 七煞이 되어 凶하지만 水는 官이 되는 것이니 吉하다. 水가 巳午運으로 나아가면 남방南方은 이득을 취한 재물이 되어 길한데 도리어 下에 戊己 七煞이 있으면 凶하다고 한 것이다.
이와 같은 것은 극히 많으니 학습하는 사람은 변하고 통하는 것의 깊은 조예를 근본으로 취하는 것이 가장 중요하다.

담형曇瑩의 말은 길흉이 서로 인因하는 것과 화복禍福이 서로 인因한 것은 음양의 보편적인 이치가 된다 하였다.

일생은 본디 吉人이 吉한 곳에서 凶하고, 凶人이 凶者에서 吉한데 군자君子도 이러한 것에는 어쩔 도리가 없다. 또한 이 도리는 보편적인 일일 뿐이라 하였다.

凶한 가운데 吉이 있으면 吉이 凶中에 포용되어 있었던 것이고, 吉한 가운데 凶이 있게 된 것은 凶한 內에 吉이 감추어져 있기 때문이다.

또한 박잡駁雜한데 순수純粹한 것이 있고, 화목하지만 전쟁이 있는 것과 같다.

그래서 말하기를 吉中에 凶이 있고, 凶도 吉한 징조가 있다 한 것이다.

　　　　　　　** 倚伏 : 禍와 福은 서로 인연이 되어 일어나고 가라앉음.

◉ 흉운凶運 끝자락에 福을 맞게 되고, 대운이 쇠약한 곳에 들면 運 초기에 마땅히 재앙으로 논 하지만 좋은 운이 되기도 한다. 男은 맞아들이고 女는 보내고, 불행과 행복이 교대로 있고, 음양 二氣를 역순逆順에 의거하여 절제折除한다.

育吾 : 이것은 화복길흉災福吉凶을 설명한 것으로, 行運을 말미암아 설명하였다.

"화순향말禍旬向末"은 가령 흉운凶運이 되는데 10년 끝까지 가기 전에 吉運으로 교체가 되는 것을 말한 것이다.

당생當生한 年,月의 氣가 깊고, 혹 행년行年, 태세太歲가 부조扶助하고, 향록向祿하고 財가 임하면 교운交運을 기다리지 않아도 바뀌게 된다. 이 運의 말말에 이것이 있게 되면 凶이 변하여 상서로움을 맞는다.

"재입쇠향纔入衰鄕"은 人命에서 복지福地가 지나 교체되는 곳이 祿이 등져있고, 財가 絶한 運이 된다고 凶하다고 할 수 없다. 바뀌어 좋은 運이 되기도 한다는 말이다.

"남영녀송男迎女送"은 양남음녀는 運이 순행順行하여 一運이 10년이 되고 다시 전후 각 5년을 나누어 무릇 吉運이 절기節氣의 기운을 두텁게 얻었다면 남영男迎 者는 전 五年이 발복發福하고 여송女送 者는 후 5年이 발복發福한다는 말이다.

혹 말하기를 男은 대운에 처음 들어오는 年을 상세히 살펴 어떤 재복災福을 맞아들이게 되는데 그래서 영迎이라고 했고, 女는 대운이 장차 나가는 마지막 年을 상세히 살펴야 하는 것으로 어떤 재복을 보내는 것으로 그래서 송送이라 한다 하였다.

남영녀송男迎女送, 부태교거否泰交居는 같은 뜻이다. 吉을 맞고 凶은 보내고, 凶은 맞고 吉은 보내는 것이 부태교거否泰交居다.
음남양녀, 양남음녀는 역순逆順에 의거하여 절제折除한 것이 행운行運이다. 곧 앞의 절제折除는 3일이 1년이 된다. 신新 구舊을 보아 運上에서 어떤 길흉이 있는 가를 運의 근거로 헤아린다는 설명이다.

[蟾彩 : 절제(折除)란 것은, 運을 이어지는 근원은 月인데 日로는 30일이 된다. 1運은 10년 이니 3日이 1년이 되는 것이다. 즉 10년이 30일에 속하니 절제 한다고 한다.]

담형曇瑩의 말은 이것은 行運을 논한 것으로 각 장생長生을 가리키고, 다음은 쇠지衰地를 설명한 것이라 하고, 가령 金은 巳에서 生하고 戌에서 衰하는 것이니, 곧 戌에서 男이 순행 順行으로 나아가면 사수휴폐사수休廢로 진행하게 되고, 女는 역행逆行하니 제왕帝旺 임관 臨官이 된다.
巳에서부터 男이 순행하면 申酉의 장소가 되고, 女는 역행하니 寅卯의 地가 되어 힘들게 된다. 그래서 이를 一旬(10년)에 禍가 이르게 된다고 한 것이라 하였고.
음양 二氣는 소운小運은 1년의 氣가 되고, 大運은 月의 氣가 되고, 日干은 運이 되고 月支는 氣가 되고, 小運은 生日을 쫓아서 후교後交하고, 大運은 곧 氣를 논한 것으로 지나가면 두 번째 氣가 운행하여 내 命에 말미암게 되는 者로 그래서 음양 二氣를 운운한 것이다 하였다.

◉ 차지하는 것이 金木의 내內면 그 방위 분야가 貴하고, 나타나는 것이 남북(水火) 사이 이면 왕래하는 것은 이롭지 않아 두렵다.
일순一旬에서 年中의 干을 탐문하고, 일세一歲의 月中에서 구하여 日을 탐문하여 三은 향하고 五는 피하여야 한다. 가리키는 방면에서 궁통窮通을 찾고, 吉을 살피고 凶을 헤아리면 歲中에서 길흉이 나타난다.

育吾 : 이 설명은 운행運行의 동서남북 즉 金.木.水.火에 의한 이롭고 불리한 것과 겸해서 歲中의 길흉을 설명한 것이다.

왕씨가 말하기를 木.火.金.水는 사방에 각각 위치한 전일專一한 氣로 각 분야가 그 해당 방향을 점유하여 가령 봄은 辛卯, 여름의 戊午, 가을의 癸酉, 겨울의 丙子로 사방 각 본연의

旺한 氣를 내포하여 서로 침범하지 못한다.
그래서 오행의 旺氣인 그 중간의 一辰을 취하여 백호살白虎煞이라한다 하였다.
가령 동방의 木이 서방의 金을 만나고, 남방 火가 북지北地 水를 만나면 이른바 煞이 된다.

사중四仲을 꺼리는데 도道를 잃어 것이니 물물이 금禁하게 되고, 군君이 되고 부父가 된다면 망亡하는 것은 불가하다.
가령 相剋으로 인하여 일정한 방향으로 향하게 되면 반드시 불리不利하고, 만약 오행이 쇠절衰絶하여 무기無氣하다면 상충相衝을 만나 왕래하면 도리어 서로 福이 되기도 한다.
가령 乙亥火가 癸巳水를 얻으면 火가 巳에 이르면 旺하게 되고, 水가 亥에 이르면 旺하게 되고, 호환되어 旺하게 되니 왕래가 어찌 손상되겠는가?

壬寅金은 신身이 강하지 않고, 庚申木은 일에 대해 군君이 난폭하지 않다. 오직 한 방면을 독점하면 어찌 조화가 이루어지겠는가? 무릇 祿,貴가 旺하면 자연히 형통하니 환난患難을 서로 구조를 얻고자 하는 연유가 있다.

"일순지내一旬之內, 어년중이문간於年中而問干"은 年의 干으로써 곧 甲이 의지하는 바의 까닭을 알아야 한다는 것인데 곧 이것은 동순同旬이 나타나 있다는 것이다.

"일세지의중一歲之中, 구월중이문일求月中而問日"은 一歲의 中에는 어긋나는 것이 있다는 것으로, 음남양녀의 命을 말하는 것이다.
"구어월이문일求於月而問日"은 절기節氣의 일수日數를 알아야 하다는 것으로, 몇 세에 정해진 대운이 교운交運되어 진행하는, 대운大運 법법을 말한 것이다.
運의 진행은 三元 生氣로 향하는 것이 마땅하고, 오귀五鬼, 절絶은 피하여야 한다는 것이다.

"지진방면指陳方面, 음양궁통陰陽窮通"은 祿馬의 향배向背, 大運의 성쇠盛衰를 관찰하여 이것의 연유에서 길흉을 살펴야하고, 살핀 것에서 고려한 것이 나타나지 않으면 歲中을 살펴 길흉을 서술하여야한다는 것이다.
혹 생기生氣, 복덕福德, 천의天醫가 향삼向三이 되고, 절체絶體, 유혼遊魂, 오귀五鬼, 절명絶命은 본궁本宮이 피해야 하는 5가지다.

서자평의 설명은 점占은 지식讀이 목소리를 이겨야 하고, 당생當生의 歲月이 차지하는 바를 관찰하여야 한다 하였다.
가령 木에게 金은 官이 되는데 陽命 男의 運에서 未가 나가고, 申이 들어오고, 陰命 男의 運은 亥가 나가고 戌이 들어오면 이것은 향녹向祿이 되고, 재財가 임臨한 것이고, 또 金木이 만나는 분야는 가령 金에게 木은 財가 되는데 陽命 男에게 運에서 丑이 나가고 寅이 들어오고, 陰命 男에게 運에서 巳가 나가고 辰이 들어오게 되면 이것도 향록向祿 임재臨財가 되고, 木火 방위 中에 다시 태세太歲 월령月令의 기후가 더해지게 되는 것과 같은 설명이라 하였다.

"표標"에 대한 근본을 설명하면 표준標準의 의義가 있는데 곧 이것이 命의 기본이 되는 것으로 南은 명明으로 향하여 가야하고, 北은 北을 향해 들어와야 하는 것으로 이 말은 運氣가 출입하는 동정動靜을 말한 것이다.
혹 吉, 혹 凶이 박잡駁雜하게 되는 것은 불가하고, 혹 교운交運되는 년을 가볍게 여기는 것도 불가하다 하였다.

"일순지내一旬之內, 어년중문간於年中問干"은 月中에서 日을 구하는 것이고, "일세지중一歲之中, 구월중문일求月中問日"은 年中에서 月을 구하는 것이라 하였다.

"향삼피오向三避五"는 歲中에서 吉하여 이로운 곳을 구하여야 한다는 것이다. 무릇 좌작진퇴坐作進退*가 吉을 향하고 凶을 피하는 이러한 것이 아주 중요하다고 하였다.

일순一旬은 10日이다. 年中에서 日이 나타나 있다. 무릇 한 달 가운데 있는 一旬 내의 生日 천원天元을 배합配合하는 것을 설명한 것일 뿐이다. 곧 日中의 휴상休祥을 알아 生日을 主로 하여 정립하고, 다시 一歲도 月令을 취하여 生剋을 배합하여야 한다는 설명이다.
곧 月中의 휴구休咎를 알아야 한다. 가령 人生이 득지得地하여야 하고, 태세太歲는 존尊이 되고, 一歲도 生月을 살펴 祿,官,印을 찬 것이 근원에 있고 없고, 이러한 것을 月을 가지고 日에 묻는 것으로 곧 간명看命의 총법總法을 설명한 것이다.

** 坐作進退 : 앉거나 서거나 앞으로 나오거나 물러서거나.

◉ 壬癸는 가을에 生하여 겨울에 旺하고, 亥子도 같다. 甲乙은 여름에 死하고 봄에 영화가 있고 寅卯도 같은 경우이다.

育吾 : 이 내용은 人命에 생왕生旺 사절死絶이 있다는 말이다.

行運이 마땅하고 마땅하지 않는 것이 있어, 즉 오행이 통하는 것을 지칭한 설명이다.

庚의 주체는 金의 무리가 되어 申에 거주하고, 水를 生하고, 水는 亥子도 속하고 겨울에 旺하고 壬은 모인 水의 근원이 되어 亥에 거주하여 木을 生한다.

木은 寅卯이 속하고 봄에 旺하고 甲은 목군木群의 머리가 되는데 寅에 거주하여 火를 生한다.

火는 巳午에 속하고 여름에 旺하고 戊는 중토衆土의 존尊으로 巳에 거주하고 生金하는데 金은 申酉에 속하고 가을에 旺한다.

壬,癸,亥,子는 한 무리의 水가 된다. 水는 申에서 生하고 子에서 旺하다.

甲,乙,寅,卯는 한 무리의 木으로 卯에서 旺하고 午에서 死한다. 그래서 壬癸가 가을에 生하고 겨울에 旺하고, 甲乙은 여름에 死하고 봄에 영화가 있다고 했다.

◉ 丙寅火 丁卯火는 가을에도 보존이 되고, 己巳木, 戊辰木은 건궁乾宮의 법도이고, 액厄을 벗어버린다.

育吾 : 이것은 납음을 설명한 것이다.

丙寅, 丁卯는 노중화爐中火로 火가 旺하여 가을에도 보존이 된다. 火가 가을에 이르면 일반적으로 死하게 되지만 정황이 다른 火에 속한다.

己巳, 戊辰은 대림大林 木이, 木이 왕성한 것은 건궁乾宮의 법도에 의해 액厄을 벗게 되기 때문이다. 木은 亥에 이르면 生하지만 이와는 정황이 구별되는 木이다.

또 "丙寅, 丁卯의 납음 火를 들擧어 가을에 간직된다는 것은," 火는 金을 剋하는데 어찌 보존 될 수 있는가 하면, 요컨대 水는 가을에서 生하여 火를 制하기 때문에 가을에 간직된다는 것이다.

己巳, 戊辰의 납음 木를 들擧어 액을 벗는다 한 것은, 사실 木은 亥에서 生하는데, 어떻게 건궁乾宮에서 액厄을 벗는가 하면, 亥는 건금乾金의 방위에 속하기 때문에 그러한 것이다.

[蟾彩 : 24방위도에 보면 亥는 건乾의 방위에 속한다.]

五行 휴왕休旺의 도道는 명확하게 조화된 자연自然의 이치로 원명元命, 행운行運, 유년流年 모두 신중히 관찰하는 것이 마땅하다.

◉ 병병의 값은 病이 근심이 되고, 生을 만나 生을 얻고, 왕상왕상하면 한껏 높아지고, 휴수休囚가 되면 끊겨 없어진다. 권속眷屬을 논하면 사절死絶은 근심이 된다.

育吾 : "치병우병값病憂病"은 휴수休囚 멸절滅絕을 설명한 것이고, "봉생득생逢生得生"은 왕상旺相하여 쟁영崢嶸하는 의미로 설명했다.

"치병우병값病憂病"은 오행이 병병 中인데 귀鬼를 만난 것이고, 木이 辛巳金을 만나고, 火가 甲申水를 만나고, 土가 庚寅木을 만나고, 金이 乙亥火 만나는 이 같은 종류가 휴수멸휴囚滅絕이다.

"봉생득생逢生得生"은 오행이 생처生處에서 生을 만난 것으로 木이 癸亥水에 임하고, 火가 庚寅木을 얻고, 水가 壬申金의 값이 되고, 金이 丁巳土를 만나는 이와 같은 종류는 왕상旺相하여 한껏 높아진다.

혹 당생當生의 값이 되어야 하고, 혹 歲.運에서 만나야 하고, 다시 시종始終을 살펴 마땅한 소식消息을 따라야한다.

오행이 나를 生하는 者는 부모가 되고, 내가 生하는 者는 자손이 되고 나를 剋하는 者는 관귀官鬼가 되고, 내가 剋하는 者는 처재妻財가 되고, 견주는 者는 형제가 되는데, 공망 사절死絕의 地는 꺼리고, 휴수休囚 쇠패衰敗의 곳에 거주하면 근심이 있다. 권속眷屬이 得한 바를 따르게 된다는 설명이다.

이에서 전체적으로 납음오행을 논하면 삶生은 天支의 사이에 있게 되어 12支 內에서 맡게 된다. 장생長生, 목욕沐浴, 관대冠帶, 임관臨官, 제왕帝旺, 쇠衰, 병병, 사死, 묘墓, 절절絶, 태胎, 양養의 內에 사길四吉이 있고, 사흉四凶이 있고 사평四平이 있다.

[蟾彩 : 납음오행으로 설명하였다.]

◉ 墓가 귀중鬼中에 존재하면 마음이 불안하고 의심스러움이 심하고, 족하足下에 상문喪門은 면전面前에서 초상을 본다.

育吾 : "묘재귀중墓在鬼中"은 오행의 묘중墓中에서 귀鬼를 만난 것이다. 가령 金이 己丑火를 두려워하고, 木은 乙未金을 방비하여야 하고, 水는 丙辰土가 근심이 되고, 土는 戊辰木을 꺼리고, 火는 壬戌水를 꺼리고, 이와 같은 格이 歲.運을 行하게 되면 主는 위태로움이 심하다.

"족하림상足下臨喪"은 곧 命 앞의 二辰은 상문喪門이 되는데, 가령 辛亥金人이 己丑火을 만나면, 원래 입묘入墓가 되고, 또 상문喪門이 되어 족하足下도 마찬가지로 禍가 있다.
"면전가견面前可見"은 凶이 빨리 있게 된다는 것이다. 만약 태세太歲의 모든 煞이 大.小運에 임하면 우환을 측정하기가 어려워 외복外服의 상象을 방비하여야 한다.

◉ 陰에 의거하여 陽의 禍를 살피는데, 세성歲星(太歲)에서 고진孤辰이 범하지 말아야 하고, 陽이 세력을 믿고 자부하면 陰에게는 재해가 있는 것을 살펴야 하고, 天年(소운小運)에 과숙寡宿을 만나는 것을 꺼린다.

育吾 : 寅卯辰 人은 巳가 고진살孤辰이고 丑은 과숙살寡宿이다.

寅辰은 陽의 위치가 되고, 丑巳은 陰의 위치다. 그래서 말하기를 陰을 전거로 陽의 禍를 살펴야 한다는 것이다. 곧 歲星은 고진孤辰을 범하지 말아야 한다.

巳午未 人은 申이 고진孤辰이 되고, 辰은 과숙寡宿인데 未巳는 陰의 위치고, 申辰는 陽의 위치다.

그래서 陽에 의거하여 陰의 재해를 살펴, 곧 이것이 天年에 과숙寡宿이 되니 만나는 것은 꺼린다.

天年은 마치 小運과 같고 세성歲星은 마치 太歲와 같다. 陽(남자)은 고진孤辰이 重하고 陰(여자)은 과숙寡宿이 중하다는 말이다.

서자평의 설명은 陰은 陽이 상대고, 陽은 陰이 짝이 되어야 하는데 陽에 陰이 결코 없을 수 없고, 陰에 陽이 결코 없을 수 없어 陰에 기대어 陽을 살펴야 하는 것이고, 陽을 믿어 陰을 살피라 한 것이라고 하였다.

세성歲星은 太歲가 되고, 고진孤辰 上에 존재하는 것은 불가하다. 가령 寅卯辰 人이 太歲에서 巳를 만나면 寅人은 구교勾絞, 卯人은 상조喪弔, 辰人은 공신살控神煞이라고 하고 또 요신살邀神煞이라고 한다. 主는 일의 진행이 막히고 풀리지 않고 억눌린다.

天年 또 太歲에 과숙寡宿이 있는 것은 불가한데 가령 寅卯辰 人이 太歲에서 丑을 만났다면 辰人은 구교勾絞, 卯人은 상조喪弔, 寅人은 일컬어 규신살窺神煞 또 박신살迫神煞이라고 하여 主人은 도둑질 했다고 핍박 모함당하고, 혹 삼원三元이 형전刑戰하고 歲.運이 불화不和하고 五行 祿馬를 해롭게 하는 年이면 더욱 심하다.

● 먼저 二氣를 논하고, 다음은 연생延生을 논하고, 부父의 병병은 자식의 祿으로 추정하고, 처의 재앙은 부년夫年으로 매긴다.

育吾 : 오행에서 相生하는 것이 부자父子로 전수傳受하는 氣가 된다. 청적靑赤(木火)등의 종류가 이것이다.

음양이 상제相制하는 것이 부처夫妻가 되는데 교합交合의 辰이 되는 支干의 종류가 이것이다. [즉 乙庚合, 丙辛合 등.]

가령 金에 병병 亥가 있으면 火를 두려워하지 않는 것은 급할 때 水가 구원하는데, 金이 水를 생하니 자식으로써 火를 剋하기 때문이다.

또 金에 재앙을 주는 자는 火로 또한 火의 휴왕休旺의 여하를 살펴야 한다. 이것이 구해救解 두 法으로 매우 자세하게 살펴야한다.

서자평의 설명은 二氣는 음양이 되고, 연생延生은 命,運이 되고, 먼저 음양을 구별하고 다음 命,運을 구분한다 하였다.

부병父病 두 글자는 명확한 陰陽 진퇴進退의 象으로, 가령 庚辰人이 10(亥)月에 生했다면 亥는 庚金의 병지病地인데 이것이 부父의 병병이고, 庚은 壬을 생하니 자식이 되고, 壬의 祿은 亥가 되니 자식의 祿이 된다.

庚은 乙이 처가 되는데 大運이 巳가 되면 乙木은 巳가 병지病地가 되어 처에 재앙이 있다. 이것이 庚金이 다시 연년延年을 얻어 오행은 모두 여차如此한 무리를 갖추어지게 된다.

가령 壬癸日 生人이 庚辛이 부父가 되는데, 亥子 運으로 나아가면 金의 병병, 사지死地는 亥子로 主의 부모는 재앙이 있게 되거나 혹 부모가 상사喪事를 당하게 된다.

丙丁日 生人은 庚辛이 처가 되는데 寅卯 運으로 나아가면 金은 寅卯에서 絶하니 主의 처에 재앙이 있게 되어 상처喪妻한다.

또 丙寅火 人의 大運이 戊申土에 이르면 火는 비록 병지病地가 되지만 丙寅火는 戊申土의 父가 된다. 土의 장생長生은 申이 되고, 子祿은 이미 生하여 父가 子祿의 음득蔭을 입어 비록 病이 되었지만 사망하지 않는다.

가령 丁卯火 人의 運이 甲午金에 이르면 火가 金을 剋하니 처가 된다. 金은 午가 패지敗地가 되어 처에 재앙이 있다고 할 수 있는데, 丁卯火는 午에서 旺하고 또 천록天祿(丁의 祿)을 만나 金火가 서로 얻는 바가 있고, 음양이 상합相合되어 비록 납음오행에서 처에 재앙이 있다고 하지만 무릇 年이 旺하게 되면 凶하지 않다.

대개 부자父子는 天合이고 부처夫妻는 人合이다. 이것이 인간의 친 골육이다. 그래서 부자夫子의 命을 보아 흉신凶神, 악살惡煞을 만나면 부모처자가 손상되며, 父의 병이 반드시 심화되고 처에 재앙이 있다.

◉ 삼궁三宮이 원래 吉하면 禍가 지연되고, 시말始末 모두 凶하면 재앙이 갑작스럽고 신속하게 온다.

育吾 : 삼궁三宮은 祿, 命, 身이다. 삼원三元이 長生의 宮에 임하고, 사주도 이 宮에 함께 기거하고, 祿,馬,貴人을 만나고, 납음오행이 生旺하면 일컬어 원길元吉이라하고, 비록 行年, 歲運에서 흉신凶神, 악살惡煞을 만나 禍가 있으려고 하지만 지연되고, 요절하지 않는다. 三元과 오행이 무기無氣한데 歲, 運에서 흉신凶神, 악살惡煞이 임하여 와 더해지면 시말始末 모두 凶하여 禍가 신속하게 발생되어 구원되지 못하게 된다.

서자평의 말은 앞은 음양의 시종始終을 논하였고, 이것은 人命의 길흉을 설명한 것이라 하였다.
가령 命의 天元, 人元, 支元과 관계없이 歲月 내외와 時中에 貴祿이 있고, 主, 本의 근기根基가 휴패休敗에 거주 하지 않으면 三元의 원길元吉이 되고, 行年, 太歲, 運, 命이 어그러져 위태로운 값이 되지만 또한 禍가 지연되는 것으로 추리한다 하였다.

만약 三元의 내외에 비록 祿馬, 貴氣가 있다고 하더라도, 팔자 中에 충衝, 형刑, 파해破害가 있으면 비록 貴가 있어도 貴하지 않아 종내 凶人의 命이 된다.
가령 길운을 만나면, 福으로 인하여 禍가 나타나는 것을 방비하게 되고, 흉운을 만나면 재앙이 갑자기 신속하게 오게 된다.
이 두 가지 해석은 모두 한 의미다.

◉ 택살宅煞, 묘살宅煞이 응하면 신음呻吟하여 대들보의 먼지가 떨어지고, 상조喪弔가 사람에 임하면 아름다운 음악이 변하여 장송가가 된다.

育吾 : 命 전前의 五辰은 택宅이 되고, 命 후後의 五辰은 묘墓가 된다. 煞은 겁살劫煞, 재살災煞, 세살歲煞을 말한다.

命 앞의 二辰은 상문喪門이고, 命 뒤의 二辰은 조객弔客이다. 人은 人元이다.
예전에 아름다운 음악은 소리가 대들보를 휘감고, 아름다운 노래는 궁상궁상의 곡곡이 모여야 한다 하였다.
요즘은 신음 한탄으로 바뀌고 장송가로 변한 것은 곧 상조喪弔가 문문에 임하고, 택묘살宅墓煞이 응하여 그러하다.
또 太歲에 흉살이 아울러 임하고 大小 運에서 형충刑衝을 하게 되면 반드시 재앙이 있게 되니 마땅히 방비하여야 한다.
혹 택묘宅墓 이위二位를 축년逐年 태세太歲에서 만나고, 상문喪門, 조객弔客, 황번黃旛, 표미豹尾, 태음太陰, 대모大耗, 장군將軍 등 모든 악살惡煞이 입택入宅하게 되어, 하나가 있으면 주가 신음呻吟을 하게 되고, 둘이 있으면 主에 고통이 있고, 셋이 있으면 主가 분리分離하고, 넷은 主가 곡읍哭泣하게 되는데, 이것이 사성四聲이 입택入宅한 것이다.
혹 이르기를 집을 옮기고 집을 떠난다고 하는데 이 말은 유세流歲에서 凶煞을 만난 것이다. 人命의 원원에 있으면 더욱 重하다.

◉ 干이 두 개로 겹치면 원수지간元首之間의 재앙을 막아야 하고, 支에 경輕한 3개가 꺾어지면 몸내의 재앙을 근심하여야 하고, 하원下元 一氣는 주거의 왕래시기를 살펴야 한다.
育吾 : 干이 두 개 겹친 것을 추리한다는 것은, 干은 天元으로 원수元首의 象이 되어 덕德과 貴를 만나면 吉하고, 煞과 鬼를 만나면 凶하다.
天元의 두 개가 剋을 받으면, 가령 甲子生이 庚午月을 얻고 庚午日이 되면 겹친 者라 하고, 庚 두 개가 甲을 剋하니 甲이 배겨나지 못하여 두두頭, 목목目, 흉흉胸, 배배背에 생기는 재앙을 막아야 한다.

"지절삼경支折三輕"은, 支는 마치 사람의 사지四支와 같은 것으로 主의 命에서 三合, 六合을 찬 者는 吉하고 사충四衝, 삼형三刑을 만난 者는 凶한 것을 말한다.
支辰이 三刑에 손상을 만난 것.
　　가령
　　戊 丁 庚 辛
　　申 巳 寅 酉
이러한 명조를 경輕한 者라 하고, 刑이 本命(=年支)에 이르지 않았기 때문이다.

"복장고굉腹臟股肱내의 재앙" 은 三合이 손상을 만난 것으로 또한 통한다.

"하원下元 一氣" 는 납음이다. 오행이 주재하여 干支를 쫒아 변천하여 길흉이 이루어진다. 그 재화災禍가 원수元首의 사지라고 하여도 발생하게 된다. 그래서 주거가 왕래하는 시기를 살펴야 한다.
무릇 간추양중干推兩重은 三, 지절삼경支折三輕은 둘이 되는 이러한 것은 干支의 경중輕重을 구별 한 것 일 뿐이다.

혹 말하기를 이것은 十干을 논한 것으로 大運을 만났는데 本年 上의 干이 도리어 太歲를 剋하는 간극干剋의 이름이 귀임두鬼臨頭로 두면頭面에 질병이 있게 되는 것이라고도 한다.
12支辰이 만약 身.命의 生.死.旺.五鬼가 되면 모름지기 사지四肢, 요각腰腳에 질병이 있다. 이것은 干에 비교하면 가벼운데 거듭 氣運을 설명한 것이다.

도은거가陶隱居歌에 이르기를 甲己는 5年, 乙庚은 4, 丙辛은 3歲, 丁壬은2, 戊癸는 1歲에 따른다 하였다.
또 납음도 行運의 氣가 있는데 상생相生, 복덕福德, 상극相剋, 凶이 있다.
납음오행이 모두 공순恭順하면 일이 뜻대로 되고, 金人이 金에 침범을 당하면 흉화凶禍가 있고, 木人이 木을 보면 경영하여 원하는 바가 이루어지고, 널리 모이고, 水人이 水의 장소가 되면 主는 동요動搖된다.

運氣는 순,역順逆하여 회전하는 것인 것을 명심하여야 한다.
가령 癸酉金 남명男命이 3月에 生했는데, 3月이 丙辰월이 되니 丙辰土는 3歲(丙辛은 3歲)에 일어나고, 丁巳土는 2歲(丁壬은 二)인데 3과 2를 더하면 5가 되고 납음은 土이니 납음 土가 癸酉 납음 金을 生하니 五年에 刑剋이 없는 것으로 분별한다.
戊午火는 1年에 있고 己未火는 5年(甲己는 五年)에 있게 되는데 1과 5를 더하면 6이 되고 납음은 火이니 癸酉의 납음 金을 剋하여 6년에 凶하게 된다.
庚申木 4年은 天干 乙庚은 4이니 4年이 되고, 辛酉木은 天干 丙辛이 3이니 3+4=7이 되고, 납음은 木으로 12에서 18까지 7년간 경영하여 이루게 되는 것으로 칭한다. 남은 것은 이것을 모방하면 된다. [10에 木數 2를 더하여 12가 된다.]
순환 數가 一宮은 5년이 되고, 1년이 되기도 하니 거주去住에 기약된 시기가 있다는 것이다.

大運이 旺한 곳이 되면 설사 氣가 相制하다고 하여도 해롭지 않다.

**　**主宰주재 : 어떤 일을 중심이 되어 맡아 처리함.

◉ 어질고 어질지 않는 것은 戊己의 상벌傷伐을 고려하여야 하고. 시위侍衛가 있어야 침식寢食하게 된다. 곧 物에는 귀물鬼物이 있고, 人에는 귀인鬼人이 있는바 재앙을 만나면 시위侍衛가 제거하여야 복(寢食)이 된다.

育吾 : 甲乙 木의 오상五常은 仁이 된다. 요즘은 도리어 불인不仁이라고 말하는데, 그 까닭은 戊己를 剋하여 凶하게 되기 때문이라 한다.

가령 甲이 戊를 보고, 乙이 己를 보면 편음偏陰, 편양偏陽으로 剋되고, 벌벌되고, 고孤되고, 배背되어 불인不仁하다.

만약 甲이 己을 보고, 乙이 戊를 보면 강유剛柔가 상승相乘되어 둘 다 얻는 바가 있어 인자仁하다고 할 수 있다.

부賦에서 甲乙 戊己의 예만 들었는데 다른 것도 이 예와 같이 추리하면 된다.

오행의 변화는 인간의 일들과 서로 통하는 것으로, "지어침식시위至於寢食侍衛"도 모두 仁의 범위를 벗어나지 않는다.

오행에서 내我가 剋하는 것은 財가 되고, 나我를 剋하는 것은 귀鬼라고 한다. 비유하면 辛卯木 人이 丁酉火를 만나면 辛의 祿은 酉가 되고 丁은 辛의 鬼가 되는데 이것을 일컬어 녹두祿頭에 鬼라 한다.

"물유귀물物有鬼物"은 命支(年支)가 木에 속하고 酉支는 金에 속하니 金이 木을 剋하게 되어 人元이 剋을 받는 것을 말한 것이다.

"인유귀인人有鬼人"은 격국 중에서 이 같은 者를 運에서 만나면 재앙이 있고, 運에서 이를 제거하면 福이 된다.

혹 말하는데 군자는 새벽에 일어나고, 저녁에 휴식하여 항상 규칙을 잘 지켜 몸을 보호하여야 하고 잠과 식사가 고르지 않은데 많은 일을 하면 재해가 일어나게 된다 한다.

이것이 슴中에 鬼를 만난 것과 길내吉內에 흉장藏凶된 것과 또 비록 어떤 인정人情이 있는 곳이 되어도 음양이 주재하게 되어 그러하다.
침식寢食은 조화롭고 좋아야 한다는 것은 절대 필요하다.
시위侍衛는 좌우左右 가까이 있는 것으로 二者는 가볍게 여기는 것은 절대 불가不可하다.

"物中에는 귀물鬼物이 있고, 사람에는 鬼人이 있는" 것은 길흉의 변화가 가까운 것으로부터 멀리 까지 심히 빠르게 된다는 것이다.

또 戊가 甲을 보면 인자하지 않은데 歲.月.時 中에서 庚辛을 보면 인자仁하다. 戊의 食은 庚으로 庚이 와서 甲을 제어하기 때문이다. 혹 己를 보면 인자하게 되는데 己가 甲과 합하여 甲을 시위侍衛하기 때문이다.
戊가 甲木을 만나면 불인不仁하고, 재앙이 있게 되는데 庚己가 침식시위寢食侍衛하여, 즉 제거하여야 福이 된다.

　　　　　　　　　　　　** 侍衛 : 임금을 모시어 호위(護衛)함.

◉ 취就한 것 중에 특히 나형裸形 협살俠煞은 혼백이 지옥에 떨어지고, 범犯한 곳은 손상되어 혼이 대령岱嶺에 의탁된다.
育吾 : 취중就中은 원래 상문上文의 귀물鬼物 귀인鬼人의 설명이다.
취就해 진 것이 극히 중중한 者를 만난 것인데, 오행의 목욕沐浴 지지는 일컬어 나형裸形이라고 한다.
가령 본음本音의 목욕沐浴을 大運에서 만난 者는 재앙이 있다.
水土 人은 酉運이 되고, 木人은 子運이 되고, 火人은 卯運이 되고, 金人은 午運이 이에 속한다.

귀곡자鬼谷子가 말하기를 협살俠煞은 원진元辰, 칠살七煞이라 하였다.
가령 사람의 運이 목욕沐浴이 되고 더불어 太歲와 아울케 된 者는 재앙이 있게 된다 하였다.
혹은 당생當生.歲.時의 원原에 犯하는 神이 있으면 혼이 대령岱嶺에 되돌아가고, 백魄이 지옥으로 가게 되는데 이렇게 凶하게 이르게 되는 것을 말한다.

혹 이르기를 협살俠煞이 七煞과 손잡는 것으로, 나형裸形이 煞을 보면 더욱 불길하게 된다. 午는 辛의 煞, 酉는 乙의 煞, 子는 丁의 煞, 卯는 己의 煞이 되는 것을 말한다.

가령

時	日		年
乙	辛	○	甲
未	巳	○	子
金	金	金	流年 : 戊午火

이것이 나형 협살裸形俠煞이 된다. (巳午未)
다른 것도 이에 준한다. 혹 甲子金 人이 戊午火 歲(유년)를 만나면 金의 나형裸形은 午가 되고, 戊午火가 더해지면 旺火가 되고, 겸해서 自刑이 되고, 반음反吟 재살災煞이 되어 甲子의 命이 깨어진다. 이와 같은 것이 소범유상所犯有傷이다.

● 오고가는 출입에 凶한 곳이 저촉하여 범犯하고, 가취嫁娶를 수영修營하여 로등路登하는 것에 황黃과 흑黑이 있다. (장가들고 시집가는 것을 닦아 경영하여 오르는 길도 황黃과 흑黑이 있다.)

育吾 : "행래출입 行來出入"은 동작動作이 일어나 시행되는 것이고, 가취수영嫁娶修營은 동작動作이 일어나 시행되는 중의 대자大者가 된다.
길흉은 뉘우침이 인색한 움직임이 일어난다. 그러니 군자는 근신하여야 하지 않겠는가?

낙록자가 이미 三命과 오행을 말하였고, 또 출입하는 장소를 기술하였다.
마땅히 사마四魔, 오귀五鬼, 육해六害, 칠상七傷, 팔난八難, 구액九厄은 흉한 방향으로 피하여야 하고, 일덕一德, 이생二生은 吉한 곳인데 축년逐年 태세太歲의 신살을 취하여 봐야 한다.

황도黃道로 나아가면 吉이 되고, 흑도黑道는 凶이 된다.
혹 이르기를 이것은 인간의 운기運氣로 논한 것으로, 운원運元으로부터 와서 출입하는 길흉의 地로 오행이 相剋, 相生을 만난 것이다.

"가취嫁娶 수영修營"의 이치는 오행에서 내가 剋하는 것은 처가 되고, 처인 오행이 生旺의 地가 되면 아내를 맞게 되고, 아내를 맞게 되면 도움이 된다.
나를 剋하는 것은 부夫가 되는데, 부夫인 오행의 生旺의 地가 되면 남편을 얻게 되고, 남편을 얻게 되면 福이 되는 부부에서 나온 말로 가취嫁娶가 이루어지는 뜻이 있다.

수영修營은 오행에 비록 올바른 성性에 있다고 하지만 둘 사이에는 항상 변화가 있으니 군자가 덕을 닦아 삶을 운영하는데 때를 기다려야 함을 말한 것일 뿐이다.

"노등황흑路登黃黑"은 運元인 월건月建 上을 지칭한 것으로 흑도黑道는 10년을 行하고, 순행順行하여 만滿 上에 이르면 버리고 황도黃道로 行한다. 가령 運이 황도黃道에 도달하면 모두 이롭고 運이 흑도黑道에 이르면 범사凡事가 막힌다.
보통 사람들은 행위를 수양하는데 진퇴의 향배向背는 음양이 근본이 되지 않을 수가 없어 체體와 운기運氣 길흉이 모두 이 음양을 피할 수가 없다.

◉ 재앙과 복은 세년歲年의 위치 내에 존재하고, 발각發覺은 日時의 격양擊揚으로 말미암고, 五神의 相剋, 三生이 命을 정하게 되고, 매 貴人, 食祿을 보고, 祿馬의 장소가 아닌 것이 없고, 근원이 복음伏吟으로 탁하게 되고, 좋지 않은 궁宮의 地는 한탄하고, 원망한다.
育吾 : 무릇 歲中의 휴상휴상休祥에 대한 설명은 오로지 日時와 太歲의 生.剋.刑.衝보아 설명하여야 한다.
生日은 처가 되고 生時는 자식이 되고, 日時와 太歲가 화합하면 재물財物이 유용有用하게 되고, 모두 깨어지지 않는 者이다.
사물事物에 의거하여 설명하여야 하는데, 가령 太歲와 日時가 相刑, 혹 六合, 三合 中에 원진元辰, 七煞이 있는 者는 凶하고 또 종류들을 살펴 아래 글에 설명한다.
간혹 말하는 세년歲年은 태세太歲 행년行年을 가리킨 것이다.
무릇 人命이 유년流年 세군歲君을 만나 흉하면 재앙 되고, 길하면 복이 된다 하였다. 모두 오행 中에서 말미암은 것으로 日時의 격양激揚이 세위歲位에 향응響應*한 것이다.

五神은 오행을 말하는 것이다. 三生은 삼원三元을 말하는 것이다.
무릇 人命은 근기根基를 궁구하고 三元이 머무르는 궁宮을 등용하고, 오행이 배치된 상황을 사용한다.
이 같은 법으로써 日時의 녹禄, 마馬, 오행에서 먼저 구한다.
혹 본명本命이 왕한 곳이 되어 상생相生하거나, 혹 당생當生이 멸절滅絶의 地가 되어 교극駁剋한 이러한 형상이 運에서 그 어떤 범위가 들어오면 길흉의 징조가 있다.

무릇 오행의 조화造化가 멸절滅絶, 공망空亡을 만났는데, 다시 運의 범위에서 刑沖을 만나고, 악성惡星과 아울러 교류하게 되면, 主는 근심은 많고 즐거움은 적고, 반드시 요절되고 한탄하여 원망하고 신음하니 그래서 헐궁歇宮의 地라고 한다.

혹 추창惆悵을 煞의 이름이라고 하고, 子人이 亥를 보고, 卯人이 寅을 보고, 午人이 巳를 보고, 酉人이 申을 본 것이라고 하고, 五神은 절체絶體, 유혼遊魂, 오귀五鬼, 절명絶命, 본궁本宮을 가리키는 것이고, 三生은 생기生氣, 천의天醫, 복덕福德이 된다.
이것은 위의 출입, 가취嫁娶 수영修營의 法을 일컫는 것으로 三命의 설명은 아니다.
용도는 太歲 오행의 위치로 재복災福을 보고, 또 길일吉日, 길시吉時를 택할 때 사용한다. 이 설說 또한 통통한다.

** 響應향응 : ①소리에 따라서 마주쳐 그 소리와 같이 울림
②남의 주창(主唱)에 따라 다른 사람이 그와 같은 행동을 마주 취함.

⦿ **광횡狂橫은 구교勾絞에서 일어나고, 화패禍敗는 원망元亡에서 일어나고, 택묘宅墓가 같은 위치가 되면 즐거움 적고 근심은 많고, 만리회환萬里回還은 삼귀三歸의 地가 된다.**
育吾 : 실살神煞은 天地 오행의 정기精氣*로 각 길흉의 主가 있는 바, 담명談命 者는 먼저 五行의 휴왕休旺과 격국格局을 추리하고, 그러한 연후에 神煞을 참고하여 그 일들의 종류를 관찰하여야 한다.

양명陽命은 앞의 三辰이 구구가 되고, 뒤의 三辰은 교교가 되고, 陰命은 앞의 三辰은 교교가 되고 뒤의 三辰은 구구가 된다. 運에서 들어오게 되면 광횡狂橫의 재앙이 초래된다.
원신元辰과 망신亡神 二煞의 이름이 다시 당생當生의 흉살凶煞 값이 되고, 歲運에서 星을 刑하게 되면 관사官事에 많이 얽혀지고, 까닭 없이 행하는 일들이 얽매이고, 택묘宅墓가 구교勾絞, 원망元亡과 동처同處가 되면 더욱 흉하다.

비유하면 癸亥水 生이 앞의 다섯 번째 辰인 戊辰을 보면 水의 묘묘가 되고, 유년流年, 세歲, 운運이 이 煞을 차고 들어오면 즉 동처同處가 되는 것이 되니 택묘동처宅墓同處라 한다.

삼귀三歸는 辰.戌.丑.未로 이것을 삼구三丘라 하고, 또 오묘五墓라고도 하여 만물이 귀근歸根하여 복명復命하여 반본환원反本還元한다.
무릇 이 네 개 辰은 회환回環의 象으로 응한다. 혹 삼원三元 오행 귀숙歸宿의 地로 삼귀三歸가 된다.

가령 甲子金 人이 亥年을 얻으면 목록木祿이 일귀一歸하고, 申月을 얻으면 水(子)命이 이귀二歸하고, 巳運은 身 金이 삼귀三歸가 되는 것을 지칭한 것으로 삼원三元, 본本, 음音의 장생長生의 위치를 말한 것이다.
비록 몸이 만리장도萬里長途에 오른 객客이 된다 하여도 장차 되돌아오게 되는 이치를 설명한 것이다.

서자평의 설명은 구교勾絞는 원명元命, 日, 時, 二運 上에 존재하는 것은 좋지 않은데, 다시 원진元辰, 七煞과 아울러 있게 되면 더욱 흉하다 하였다.
택묘宅墓는 가령 戊子生이 辛未 太歲을 만난 것이고 또 모름지기 未子가 日上, 日時에 있고, 혹 大運과 동궁同宮이 된 者는 重하게 되고, 主의 음인陰人 소구小口 가택家宅에 불리하다 하였다.
이것은 大運을 설명한 것으로 12辰의 사이에 있는 순역順逆 회환回環이 삼원三元, 본록本祿, 본재本財가 종숙終宿의 地에 존재하는 이것을 만난 者는 편안하고 넉넉한 복을 누린다.

** 精氣 : ①만물의 생성하는 원기 ②생명의 원천이 되는 원기. 정력 ③정신과 기력 ④사물의 순수한 기운.

◉ **四煞에 부父가 사용되고, 오귀五鬼는 남男(양자)에 많이 나오고, 육해六害의 무리가 命에 있으면 七傷의 일事이 있게 된다.**
育吾 : 이것은 오직 골육骨肉을 논한 것이다.
四煞은 겁살劫煞, 재살災煞, 천살天煞, 지살地煞을 설명한 것이다. 혹 辰.戌.丑.未 四陰 煞이 된다.

오귀五鬼는 子人이 辰을 본 것, 丑이 卯를 본 것, 寅이 寅을 본 것, 卯가 丑을 본 것, 辰이 子를 본 것, 巳가 亥를 본 것, 午가 戌을 본 것, 未가 酉를 본 것, 申이 申을 본 것, 酉가 未를 본 것, 戌이 午를 본 것, 亥가 巳를 본 것이다.
삼원三元이 年에 손상을 받으면 양자養子는 이에 오귀五鬼의 男으로, 도리어 制가 剋을 받아 화순和順하지 않다.

육해六害는 子가 未를 천穿하는 례로, 12支가 불순不順하다.
命에 六害가 한 개 혹은 두 개로 겹쳐있고, 혹 凶煞이 아울러 또다시 衝하는 이와 같은 사람은 命에 七傷이 있는 일이 발생한다.

칠상七傷은 육친六親 및 본신本身에 해害가 있고, 四煞은 오직 사겁四劫을 지칭하고, 오행은 사맹四孟에서 생하는데 生 者는 만물의 부父가 된다.

오행에서 나를 훼하는 者는 鬼가 되고, 사람이 만나는 生.敗.旺.死.絕 이것은 오변五變이 된다.

비유컨대 甲申은 납음이 水이고, 申은 水의 生支가 되고, 申은 木人의 劫煞이고, 부父가 된다. 庚申木 生은 자식이 되고, 甲은 庚의 父가 된다. 甲 父가 申에 이르면 絕이 되고, 庚은 鬼가 된다. 丁亥가 더 해지만 甲申과는 申亥 육해六害가 되어 命에 七傷의 일이 있게 된다. 七傷은 또 神煞의 이름이다. 부賦의 앞글에 설명하였고, 사살四煞, 오귀五鬼, 육해六害, 칠상七傷인 것을 알 수가 있다.

◉ **권속眷屬의 정정이 水火와 같다. 목욕沐浴의 장소에서 서로 만나니 골육이 중도에서 분리되고, 과숙孤宿은 격각隔角에서 더욱 싫다.**

育吾 : 上文의 이러한 설명은 합당하다. 목욕살沐浴煞은 長生에서 제 二位에 있는 子.午.卯.酉다.

고진孤辰, 과숙寡宿은 이미 앞에서 논하였고, 격각隔角은 寅.申.巳.亥다.

人命에 있어서 목욕沐浴을 만나 相剋되고, 또 고진孤辰, 과숙寡宿이 격각隔角의 위치에 임한 것으로, 가령 卯日 丑時, 丑日 卯時가 그 예가 되고, 丑者는 북방의 氣가 되고 卯者는 東方의 神이 되어 뜻이 같지 않다.

권속정동수화眷屬情同水火는 서로 화합이 되지 않는 말로 분리가 심하게 된다는 것이다.

◉ **모름지기 신살은 명확하여야 하는데, 경중輕重을 견주어 헤아려야 하고, 身을 煞이 훼하면 오히려 경輕하고, 煞이 身을 훼하면 더욱 중重하다.**

育吾 : 오행이 맡은 者는 命이다. 命을 논함은 필히 먼저 오행으로써 사주의 격국을 논하고 다음으로 신살로 길흉을 논하여 화복禍福의 경중을 견주어 헤아릴 따름이다.

먼저 오행을 논하여 근기根基의 후박厚薄을 보고, 격국의 고하高下를 분별하여야 하는데 이 二者를 서로 참고하면 거의 착오가 없다.

신살은 上文의 구교勾絞, 원망元亡, 고진孤辰, 과숙寡宿, 격각隔角, 목욕沐浴, 택묘宅墓, 상조喪弔, 복음伏吟, 반음反吟, 삼귀三歸, 사살四煞, 오귀五鬼, 육해六害, 칠상七傷 등이다.

401

祿馬, 財官, 印綬, 食神은 오행 生剋의 바른 이치로 신살의 이름이라고 할 수 없다.
身은 세간歲干이라 말하고, 혹은 歲 干支에서 나온 납음이라고도 한다.
길흉 신살은 日時 사이에서 얻고, 혹 歲, 運 內에서 만나는데 다만 煞이 身을 剋하면 重하고, 身이 煞을 剋하면 경輕한데 다시 오행, 사주, 격국의 상황 소식消息을 자세히 살펴야 한다.

◉ 순환循環하여 팔괘八卦에 이르는 것은, 하도와 낙서의 유문遺文에 기인하고, 간략하게 정해진 것은 하나의 실마리가 되고, 궁구하여 만서萬緖를 이루어 펼쳐야 한다.

育吾 : 낙록자珞琭子의 三命 오행의 설명은 구궁九宮 팔괘八卦를 벗어나지 않는다. 순환循環의 이치를 미루어 생각하여 끝까지 규명해 내는 것에는 허다한 도리가 있지 않겠는가? 이는 억설臆說이 아니고, 하도와 낙서의 유문遺文에서 기인한다.
처음 나타난 하나의 실마리는 역易이 있는 태극이다.
끝에 만서萬緖가 이루어진 것은 64괘 384효로 변통되어 길흉이 회린悔吝*하는 만서萬緖일 따름이 아닐 뿐으로 일단一端 만서萬緖를 학자學者가 잘 다스려 궁구하여야한다.

간혹 말하기를 "약지정위일단略之定爲一端" 은 즉 근원의 一氣로 선천先天이라 하였고, "구지번성만서究之翻成萬緖" 는 부賦에서 오행 삼원三元을 설명한 바는 운기運氣, 행년行年, 녹마祿馬, 귀貴, 덕德 모든 길흉 신살이 이것이라 하였다.

** 悔吝 : 흉한 데로부터 길한 데로 가는 것은 곧 회(悔)니, 회(悔)란 마음속에 깨달음이 있어 반드시 고치려하고, 길한 데에서 흉한 데로 향하는 것은 곧 인(吝)이니, 인(吝)란 마음속에 부끄러워하는 바가 있어 하려고 하지 않는 것이다.

◉ 만약 반안攀鞍이 祿을 만나서 印을 차면 헌軒에 오르고, 馬가 열등하고 財가 미미한 것을 만나면 유流하여도 되돌리지 못한다.

育吾 : 數는 1에서 시작하여 9에서 끝나는 것으로 9者는 다한 것이다.
구궁究窮은 數의 끝으로 곧 9에서 극극되고, 9者는 9陽 태과太過로 궁극窮極*하여 생화生化의 數가 된다.
사람의 귀천貴賤 성패成敗의 이치는 이 數에 말미암을 뿐이다.

예를 들면

　　庚 丁 壬 癸
　　子 亥 戌 酉
　　土 土 水 金

좌坐에 천록天祿, 月.日.時 中에 납음은 水土가 되고, 三陽이 生旺한 성수成數를 얻었고, 陰生으로 命의 3개 辰, 祿(子), 馬(亥), 반안攀鞍(戌)으로 되어 있어 이 命은 반드시 貴하다. 그래서 말하기를 약치若値라고 운운云云한 것이다.

가령

　　丁 己 丁 乙
　　亥 卯 亥 酉
　　土 土 土 水

亥月로 비록 水 馬를 탔지만, 丁亥 土가 身 水를 헨하니 鬼가 되었고, 卯日이 비록 天祿이 되었지만 水土가 卯에서 같이 死하고, 身이 鬼(土)를 만났고, 本命과 충파衝破(卯酉)를 만나 이른바 祿.馬(卯.亥)가 도리어 鬼가 되어 재앙이 된다.

祿馬는 이미 잃어버렸고, 반드시 身의 바탕은 財로 자資가 되는데, 水는 火가 財로 火는 亥에서 절絶되니 年.月.時 셋 다 財가 사절死絶한 地가 된다. 이것이 (납음)오행의 궁수窮數가 된 것이다. 비록 祿.馬가 있고 身財가 있다고 하더라도 귀물鬼物이 빼앗아 가는 바 힘이 없는 것으로 여긴다. 설사 運을 얻는다고 하더라도 數로 인하여 종내 빈한하게 되고 떠돌아다니고 돌아오지 못하게 되니 馬가 열등한 것으로 운운한 것이다.

간혹 말하기를 마馬 전전의 一辰은 반안攀鞍이 되고, 마馬 후후의 一辰은 편책鞭策이 되는데, 반안攀鞍이 위치에 있고, 더불어 天元과 합한 者를 사람이 얻게 되면 貴하게 된다 하였다.
모름지기 길장吉將이 가림加臨하기를 요하고, 歲.運에서 身의 자資가 들어오고, 旺相의 宮에 다시 임하면 복으로 설명할 수 있다.
역마驛馬가 작아 열등하고 命의 財가 휴수休囚가 되면 고된 일로 도탄에 빠지게 되고, 종내 아무것도 이루지 못하는데 이것이 사주에 임하면 主는 표령飄零*하게 된다.

** 窮極 : ①극도에 달하여 어찌 할 수 없음. 구경(究竟) ②어떤 일이나 생각 따위를 추진하여 최후에 도달하는 막다른 고비. 맨 끝.
** 飄零 : ①나뭇잎 같은 것이 흩날려 떨어짐 ②처지가 딱하게 되어 안착하지 못하고 이리저리 떠돌아다님.

◉ 점占을 다스리면 조정에 절하는 시기를 찾을 수 있는데, 甲午 生은 48세가 이에 적합하고, 문서文書로 인하여 구설口舌이 있게 된다. 己亥 生은 32에서 근신하여야 한다.
선악善惡은 서로 얽매여 요동하여 옮겨 다니고, 살煞이 끼여夾 언덕이 유지되면 친인親姻에 울음을 보내게 된다.

育吾 : 이것인 行年, 大.小運의 수數를 말미암아 논한 것이다.
수數에는 홀과 짝(음양)의 변통이 있는데 길흉은 이로부터 生한다.
甲午金 生 人의 32세 소운小運이 丁酉火이면 金家가 旺한 곳인데, 乙丑金 太歲는 본음本音의 정고正庫가 되고,{ 丑은 납음 金의 고庫. 乙丑년은 32세},
또 역마(申)가 입택入宅 {申에서 앞으로 5번째 辰인 丑} 하고, 天乙(丑)이 가림加臨하여 점제망배占除望拜의 기쁨이 된다.

[蟾彩 : 甲午金년 생의 48세는 辛巳金 년, 소운은 癸丑木 소운으로 32세와 동일한 형상이다. 즉 납음 金이 辛巳金 년에서 도우니 旺하고, 소운 癸丑의 丑은 金의 올바른 고庫가 되고, 또 甲의 천을귀인이 되고, 역마(申)가 입택入宅 {申에서 앞으로 5번째 辰인 丑} 한다.]

己亥木 生人이 32세 소운小運이 丁酉火이면 조객弔客이 되고, 太歲가 庚午土면 死가 {납음 木이 午에서 死} 되는데, 이는 또 육액六厄(午)의 宮이 되어 三元이 수극受剋을 받아서 구설口舌, 문서에 근심이 있다.

또 歲.運의 궁宮이 교체되면 모름지기 의미를 만나게 되는데, 길흉상반吉凶相伴, 화복교공禍福交攻, 천변遷變이 일어난다. 그래서 선악상반善惡相伴, 요동천이搖動遷移하여 곧 길흉 회민悔吝이 생하여 움직이게 된다.

辰.戌.丑.未를 四煞이라 하고, 또 삼구三坵의 地는 각 오행의 오묘五墓가 된다.
가령 己巳木 本命이 乙未 日生이 되면 본가本家 삼구三坵가 된다. 또 양인羊刃으로 더 해지면 협살지구夾煞持丘라하여 위의危疑 者는 심하고, 가고 오는 출입이 있다.

"지협살지구止夾煞持丘" 는 한절一節의 문장이고, 또한 음양, 지리地理, 삼원三元, 구궁九宮의 이 모든 것은 법식이 되고, 유년流年 太歲를 사용하면, 재복災福이 결정되고, 三命의 이치를 모두 겸하여야 한다.
이곳에 다 기술하기는 부족하다.

◉ 겸해서 조집操執을 상세히 살피고, 병지秉持를 관찰하고, 골상骨狀의 후박厚薄을 논하고, 심원心源에서 자藉로 그릇이 이루어지고 , 木氣가 성盛하면 인仁이 창성하고, 庚辛이 이지러지면 의義가 적다.

育吾 : 이 설명은 비록 오행이 사용되어 命이 정해지지만 귀貴.천賤.재災.복福이 나타나는 것이 보통 사람과 다른 특별한 뛰어난 것이 있다는 것도 고려하여야 하는데, 마치 빙서冰鼠 화구 火龜와 같다. 아주 드물게 있는 命이 되어 바탕을 헤아리기 어렵다.

곧 삼원三元 오행으로 다함은 부족하다. 겸해서 모름지기 조집操執, 병지秉持, 골상骨狀, 심원心源을 상세히 살피면 그 까닭이 보이고, 이 말미암은 바를 관찰하고, 편안한 바를 살피고, 심술心術의 행위를 억제하여, 두 개를 얻고, 상모덕행相貌德行을 서로 참고하면 그 사람됨이 어찌 숨겨지리오. 어찌...

이것은 낙록자의 사람의 관상을 보는 法으로 오유吾儒의 논리에 합당하다.

공자의 마의상법麻衣相法에 마음속에 相이 없으면 형상은 마음 따라 변하고, 형상은 있으나 마음 두질 않으면 모습도 마음도 고요하다 하였는데 또한 이 같은 의미다.

甲乙木은 主는 인仁, 丙丁火의 主는 예禮, 戊己土의 主는 신信, 庚辛金의 主는 의義, 壬癸水의 主는 지智가 되니 木이 왕성하면 자애仁가 많고, 金이 이지러지면 의리義가 적게 된다. 남은 것은 모두 상사象事로 기(器)를 알고, 점사占事로 오는 것을 알고, 오행으로 오상五常에 배열하여 인간의 기량器量을 정한다.

[蟾彩 : 관상, 골상, 풍모, 외모 등도 같이 보아야 한다는 말이다.]

◉ 악惡에 빛이 더해지면 기쁨이 있어 큰 그릇에 비교되고, 복성福星이 임하게 되면 도리어 禍가 일어나니 흉인凶人의 표본이 된다.

育吾 : 몸을 수양하면 그 덕德이 진실하다.

그래서 충효忠孝 인의仁義를 말하여 덕德의 도리를 따르게 되면 비록 모든 煞이 임하여도 권력이 되고, 富貴를 총애하면 그것으로부터 허물이 있다.

그래서 오만 무례하면 덕德을 거슬리게 되고, 善이 선善의 보상을 잃게 되어 악惡을 스스로 초래하여 재앙을 만들게 된다. 이것을 낙녹자는 깊이 경계하였다.

의擬, 표表 두 글자가 가장 의의가 있고, 악요惡曜는 마땅히 화禍가 더해지지만 도리어 기쁨이 있고, 큰 그릇이 아니면 군자라 할 수 없을 것이다.

무릇 도량과 식견이 원대한 사람은 충효忠孝 인의仁義하고, 몸을 삼가고 예의를 지키는데 어찌 禍를 범하게 되겠는가! 그래서 의기擬其라고 하였고,

복성福星이 임하면 마땅히 좋은데, 도리어 禍가 되는 것은 곧 소인은 命을 믿고 망령된 일과 행동들을 하여 불충不忠 불효不孝, 불인不仁, 불의不義, 패역悖逆, 무례無禮하니, 어찌 禍를 피할 수 있겠는가! 그래서 이표以表라고 하였다.

논어에 말하기를 凶할 사람은 吉을 凶하게 생각하고, 吉할 사람의 凶을 吉하게 생각한다 하였는데, 이것을 두고 한 말이다.

이상이 上文에 대한 그 뜻을 해석한 것으로 조집操執, 병지秉持, 골상骨狀, 심원心源의 이 말은 군자君子, 소인小人에 대한 견해다.

◉ 정해진 곳에서 움직임을 구하고, 剋이 미진未盡하면 옮겨지기 어렵고, 편안하지만 위태로움을 찾아야하고, 흉한 가운데 복길卜吉*이 있다.

育吾 : 이것은 락록자珞琭子의 교훈과 같은 것인데 吉은 추구하고 凶한 일은 피하는 도道다.

天命은 덕德에 존재하고 또 마땅히 나를 剋하고 저것을 剋하는 것으로 논한다. 내가 저것을 剋하면 권력이 되고, 저것이 나를 剋하면 귀鬼가 된다.

剋하면 재물이 있고 剋하지 않으면 재물이 없어, 이른바 정해진 곳에서 움직임이 필요하고, 剋이 미진未盡하면 옮기기 어렵다.

行年, 歲, 運의 오행이 本命을 剋하여 오면 官인데 움직여 옮겨지기 어려워 가만히 지켜 기다려야 한다.

또 선비의 공명功名을 물으면 衝하지 않고 剋하지 않으면 발월發越이 어렵고, 평안할 때도 위태로움이 있는 지 관찰하여야하고, 흉한 中에도 吉이 있다고 한다.

군자이면 상象과 문장을 관찰하고, 그 말씀을 음미하고, 그 행동에서 나타나는 행위를 관찰하여 그 귀중하고 진귀한 것을 차지하게 되면 자연히 하늘이 보우하게 되어 공명이 있게 되니 吉도 불리하게 되지 않는다.

또 길흉, 화복이 일어나는 것은 성인聖人이 아니면 누가 변고變故나 어떤 일이 아직 일어나기 전을 살필 수 있겠는가?

이에 吉은 추구하고, 凶은 피하여야 한다.

평안한데 두려운 생각이 있게 되더라도 바라건대 허물은 없어야 할 것이다.

　　　** 未萌미맹 : ①아직 초목(草木)의 싹이 트지 않음 ②변고나 어떤 일이 아직 일어나기 전(前)

◉ 貴할 때 천賤을 망각하고 , 재앙은 분에 넘치는 것에서 나타나고, 미혹되면 돌이킬 수 없고 , 禍가 따르고 번뇌가 일어난다.

肯吾 : 군자는 天命에서 나타나니 감히 하늘에게 복을 구하려 하지 않고, 소인은 천명天命에 오만하여 자기의 올바른 복을 알지 못한다.

貴하면 천賤한 것이 어떻다는 것을 알지 못하여 미혹에 빠져 돌이키지 못하고, 평안하게 거주하면 위태로움이 있다는 것을 알지 못하고, 제멋대로 정하여 구하게 되니 자연히 사치스럽게 되고 현혹되어 재앙이 있게 된다.

망신亡身, 패가敗家되어 후회가 있게 되는 것을 알지 못하고, 또 애석한 것도 깊이 생각하지 않고, 사치의 궁극窮極은 어지러울 정도로 화려하다는 것도 알지 못하여 탐황주색耽荒酒色의 미혹되어 빠지게 된다.

이 두 글귀가 진격眞格을 설명한 것이다.

◉ 평상이 끊기어 구舊로 바뀌고, 변한 곳은 싹이 되고, 선善은 福이 되고, 음淫은 禍가 되고, 길흉은 조짐이 다르다.

肯吾 : 동정動靜은 이로움과 해로움이 되는 매우 중요한 부분이고, 지혜는 곧 禍福의 문호門戶가 되고, 술術은 신중하게 여기지 않으면 안 되고, 기(機:징조)를 자세하게 살피지 않으면 안 된다.

소인은 天命을 깨닫지 못하여 상도常道*를 지키지 않고, 변덕이 심하다. 화禍와 음淫으로 말미암아 이것이 시작된다.

군자는 때를 얻게 되면 움직이고 때를 잃으면 수성守成하고, 체體는 天이 行하는 道로 경거망동은 두려워하고, 이것으로 말미암아 나타난다.

易에 이르기를 길흉吉凶, 회린悔吝은 움직인 者에서 일어난다고 하였고, 또 이르기를 길흉은 득실得失의 상象이라 하였다.

적선積善하는 집안은 반드시 경사가 남겨지고, 선善을 쌓지 않는 집안에서는 반드시 재앙을 남긴다. 또 이르기를 진퇴존망進退存亡의 도道를 아는 者가 오직 성인聖人이라 하였다. 이것이 낙록자珞琭子 서책 끝에 있는 큰 계율이다.

** 常道상도 : ① 변하지 않는 떳떳한 도리 ② 항상 지켜야 할 도리

⊙ 공명公明, 계주季主에 이르러 오히려 변화된 기록의 글이 없고, 경순景純 중서仲舒도 형형의 묘妙를 싣지 않았다.

育吾 : 관공명管公明, 사마계주司馬季主, 곽경순郭景純, 동중서董仲舒는 네 현자賢者다. 天人의 오묘한 근원의 성명性命의 이치를 탐구하여 음양의 상수象數에 달하게 되어 미래의 길흉을 아는데, 그 변식辨識의 글이 없고, 형형의 묘妙를 실지 않았고, 조화의 심은深隱만 실어 도량度量이 쉽지 않다.

낙록자珞琭子는 성씨를 말하지 않아 어떤 시대의 사람인가 알 수가 없다. 부주賦中에 말한 것을 보면 난야蘭野로부터 스스로 나타났다 하였고, 또 곽경순郭景純에 이르게 되었다 칭하였다. 육조六朝시대 사람으로 보인다. 양소명梁昭明의 근처인데 소명昭明이 거주한 곳이 난릉蘭陵의 들野이다. 혹 주령왕周靈王의 태자 자진子晉이라고도 하는데 날조된 것이다.

⊙ 예전의 성인聖人을 상세히 살폈고, 전현前賢을 거울로 삼았다. 혹 지사指事*는 지혜를 동원하여 서술하였고, 혹은 약문約文*으로, 또는 아주 중요한 이치로, 많이 전했고 혹은 적게 남겼다. 이 지사指事*와 약문約文* 두 의미를 세밀하게 논하기는 매우 어려웠지만, 금세의 사람들이 그 득실得失을 자세히 참고 할 수 있도록 부족한 것을 보충하여 함께 엮어 자취를 남겼으니, 그 규범이 마음의 거울이 되어 청대淸臺에 영원히 걸어 놓고 탐구하여 천에 하나라고 얻기를 바란다.

育吾 : 무릇 오행을 논하는 것은 道를 떠나지 못하고, 세상일과 떼놓지 못하는 者고, 인간과 사물과도 떼놓을 수 없는 者다.
또 약문約文, 절리切理, 지사指事, 진모陳謀, 중에서 神煞을 교참交參하고, 길흉은 체體에 번갈아 드는데, 이것을 오행에 통하는 道를 알아야 할 것이다.
물物의 의미를 궁구하기 어려운데, 그 사이에 유포하여 있는 것들을 어찌 적게 보완하였겠는가?
락록珞琭은 그의 글 끝에서 이것을 담론하였는데, 이 설명이 부賦를 작성한 이유이다.
예전의 성인聖人의 유문遺文을 상세히 살펴 전인前賢의 득실得失을 거울삼아 풍부한 글과 간략한 말, 뛰어난 道와 깊은 뜻으로 오만을 감추고 자애를 보여, 이를 오행 三命으로 이끌어 가르치고 있다.
후학자後學者는 이를 쫓아 발명發明하여 귀먹은 者를 밝게 하고, 보는 것을 잃은 者는 보

이게 하고, 오랜 세월 무궁無窮하게 하나의 성性으로 통일하여 항상 존재하게 그 시말始
末을 관찰하면 신神과 통하여 합변合變하게 된다.
자유자재로 논하여 모두 타술他術에 빠져 들어가지 않게 계율을 깨우쳐야 한다 말하여,
도道에 이르는 합당한 것들을 많이 말씀하고 있다.
그러하니 락록자가 어찌 완벽한 능력을 갖춘 사람이 아닐 수 있겠고, 또 고결한 유파의
존숭한 분이 아닐 수 있겠는가!

** 約文 : 긴 글을 줄여서 간략하게 한 글
** 指事 : 육서의 하나. 사물의 추상적인 개념을 본떠 만든 글자. 上·下·一·二·三·凹·凸 따위

一. 論논 八字팔자 撮要法촬요법

官을 用하면 傷은 불가하고, 財를 用하면 겁劫은 불가하고, 印을 用하면 파破되는 것은 불
가하고, 食神을 用하면 파破되는 것은 불가하고, 祿을 用하면 충沖 되는 것은 불가하다.
만약 七殺이 있으면 제制되어야 하는데 제복制伏이 태과太過하면 도리어 흉하다. 만약 傷官
을 만나면 정정靜하여야 한다.
이것이 자평의 기본이 되는 모든 법법法이다.
傷官은 官運을 가장 두려워하고, 正官은 財星을 보는 것을 더욱 꺼린다.
印綬는 殺를 좋아하고 財는 싫어하고, 羊刃은 충沖은 두렵고, 합은 마땅하다.
比肩은 七殺을 만나 제制되어야 하고, 七殺은 食神을 보는 것이 좋고, 祿이 두려우면 官星을
보아야하고, 食神은 偏財가 임하는 것을 가장 좋아한다.
이것은 자평의 요점을 골라 취한 것이니 강호 술사는 자세하고, 명료하게 하여야 한다.

一. 格局격국 生死생사 引用인용

- 무릇 格局은 정해진 논리가 있는데, 간략하게 서술한다.
- 印綬가 財를 보았는데 財運으로 나아가고 사절死絶을 겸하면 반드시 황천에 들어간다. 柱에 比肩이 있으면 거의 해결된다.
- 正官이 殺과 傷官을 보았고, 歲.運과 형.충.파.해刑.沖.破.害가 서로 아우르면 반드시 사망한다.
- 正財, 偏財가 比肩을 보면 분탈分奪된다.
- 劫財, 羊刃이 歲.運에서 충합沖合하면 반드시 사망한다.
- 傷官 格이 재왕財旺하고 身弱하고, 官殺을 중견重見하고, 刃이 沖하여 혼잡混雜한데, 歲.運에서 또 보면 반드시 사망하고, 살아도 잔인한 상처가 있다.
- 공록공귀拱祿拱貴가 전실塡實하고, 또 官, 공망, 충인沖刃을 보고, 歲.運에서 겹쳐보면 사망한다.
- 일록귀시日祿歸時은 형충파해刑沖破害하는데 七殺, 官星, 공망, 沖刃을 보면 반드시 사망한다.
- 殺,官은 크게 꺼리는데 歲.運에서 서로 아우르면 반드시 사망한다.
- 남은 모든 格은 殺과 전실塡實을 겸하는 것을 꺼리고, 歲.運에 아울러 임하면 반드시 사망한다.
- 모든 흉신, 악살인 구교勾絞, 공망, 조객吊客, 묘墓, 병병病, 사死 등의 煞은 10은 사망하고 9는 산다.
- 太歲에 官星이 있고, 財가 많고, 身이 약한데 근원에서 七殺이 범했고, 身이 약한데 구원이 있으면 길하고 구원하지 못하면 흉하다.
- 金이 많으면 요절하고, 水가 왕성하면 표류飄流하고, 木이 旺하면 요절한다.
- 土가 많으면 치매癡呆가 있고, 火가 많으면 완우頑愚한데 태과太過, 불급不及으로 이것을 논한다.

한 가지만 잡아 논하는 것은 불가하고, 2개 이상이 겹쳤을 경우 과감히 결단하여야 한다. 깨달아 알고 난후 추정하는 것이 바람직하니 생사를 결정하여야 한다.

一. 會要회요 命書명서 說설

무릇 명서命書를 만든 선현先賢은 天地 소식消息의 정교하고 정묘함을 다 깨달아 절정에 이른 사람들이다.

당대唐代 이허중과 일행선사, 송대宋代 동재 서승, 명대明代 왕전과 취성자 등 모든 공공들이 연해淵海 연원淵源을 깨달아 기재하였는데 그 이치가 동일하고 완벽하였다.

木.火.土.金.水가 아닌 것이 없었고, 미묘微妙*할 뿐이고, 대동소이 하다.

이제 연해淵海, 연원淵源 두 책을 합본하여 내용을 한눈에 알아볼 수 있게 하였으니 두 책의 뜻을 별도로 찾을 필요가 없게 되었고, 번잡한 것은 정리하여 간단하게 하였으니 영원히 모범으로 삼기를 바라는 마음이다.

** 微妙미묘 : 어떤 현상이나 내용이 뚜렷하게 드러나지 않으면서 야릇하고 묘(妙)함

大尾

2018. 1. 1 蟾彩 金正安

「부록」

可健神卦 가건신괘

一. 하건충 선생의 저서 팔자심리추명학 중에서

질문 : 팔자를 가지고 심리 분석하는 것 외에 운명을 풀이 하는 또 다른 어떤 방법이 있습니까?

답 : 심리 분석외 팔자를 가지고 추리하는 방법은 두 가지의 매우 중요한 기능이 있다. 그것은 괘를 세워서 의문의 사건을 추리하여 궁금한 의문점을 파악하고 대응하여 결과를 아는 것이다.

이러한 종류의 괘卦의 이론과 판단법칙은 필자가 발명하게 되었는데, 그 이름을 가건신괘可健神卦라 명명하였다.

이러한 명칭을 붙이게 된 이유는 이 괘로써 능히 도움을 받을 수가 있기 때문이다.

가건신괘는 다른 점괘와 비해 특별한 점이 많은데, 그 하나는 50만여 가지 종류로 분화分化되고 다른 점괘와 비해 다시 몇 천종의 유형으로 나눌 수 있기 때문에 더욱 복잡한 만큼 더욱 세밀하게 추론을 할 수가 있다는 점이다.

또 하나는 그 구조가 팔자를 취하는 것과 동등함으로 자평 명리학을 연구하는 학자라면 사람의 문제에 가장 적합하게 대응할 수 있고 판단하고 분석을 할 수가 있다. 또 다른 이론은 택일을 할 수도 있다.

우리는 어떤 일에 대해서 처음 시작을 할 시기를 통해서 미래의 계획에 대해서 길흉이 어떤가를 살펴 성공이 될 것인지를 판단할 수가 있다. 실제 대입해보면 매우 큰 관계가 있다.

이로 인해서 어떤 사람이 결혼을 하고자 한다면 하나의 좋은 날을 택하게 되고, 처음으로 사업을 시작할 경우에도 크게 성공을 할 시간을 잡아서 개업의 날짜를 잡아주게 되는데, 이로 인해서 미래의 결혼이나 사업이 모두 도움을 받고 크게 성공을 하게 될 것이다. 그러한데 부탁할 것은 옛 부터 전해지는 택일법은 그 이론이 정확하지 않으니 주의를 하여야 한다.

질문 : 가건신괘로 어떤 범위의 사물에 대해서 적용이 가능합니까?

답 : 가건신괘로 세상의 모든 일에 대해서 분명하게 알 수가 있지만 다만 이 괘로 점단하는 답을 얻기 전에 알아야 할 것이 있다.

당신은 반드시 어렵고 곤혹스러운 과정을 겪게 될 것이고, 이 과정을 겪지 않고 쉽게 그 답을 얻으려고 하면 자기만족의 망상에 빠져서 점괘를 논하게 될 것이니 그렇게 되면 점 괘를 판단하는데 매우 경솔한 결과만 나올 뿐이다.

당연히 이 점괘를 보는 사람의 지식과 학문의 이치가 함께 작용하여 배합하여야 비로소 그 답을 얻게 된다.

그렇지 않으면 다만 근거 없는 헛소리만 하는 결과만 나올 것이다.

질문 : 만약 어떤 사람이 그녀와 남자친구가 결혼을 할 것인지 혹은 헤어질 것인지를 결정할 경우에 가건신괘로 그 답을 내어서 도움을 줄 수가 있습니까?

답 : 당연히 가능하다.

가건신괘로 명확하게 말을 해 줄 수 있다. 그 상담하려고 온 시간은 상담자의 어떤 심리 상태에 있고, 어떤 사상(思想) 상에 어떠한 자세를 취하게 되고, 그리고 그의 남자친구에 대한 구체적인 어떤 행위의 작용 여하가 존재하여 있다.

그래서 이 답으로 그녀의 판단에 도움을 줄 수가 있어 어떤 대책을 만들게 되고 또한 마땅히 그녀가 이것에 준하여 전후의 길을 살펴 초조하고 괴롭고 힘든 것에서 충분히 벗어나게 될 것이다.

一. 임상실례

질문 : 호프집을 내 놓으려고 하는데 내 놓으면 나가겠습니까?

분 시 일 월 년
壬 庚 癸 乙 庚
午 申 亥 酉 寅

1) 亥酉 또 金水는 술과 관계있는 것으로 주점을 운영한다.
   書에 이르기를 金水는 총명하고 음란하다 하였다.
2) 乙庚合하고, 印綬가 많고 또 효신탈식(梟神奪食)을 하고 있으니 식상생재食傷生財의 기세를 타지 못하여 장사가 잘되지 않는다.
   장사가 잘 되고 혹은 어떤 일을 행하여 결과를 아는 것은 食神만 있어도 별로 이루어지지 않고 그렇다고 財星만 있어도 역시 결과가 잘 이루어지지 않는다. 항상 食神이 건강하고 財星도 건강하여 식신생재食神生財의 기세를 타야한다. 건강하다는 것은 天干에 있는 동

류의 五行은 옆 五行을 건강하게 하는 것이 아니고 도리어 경쟁자만 될 뿐이고 항상 地支
에 祿을 두어 통근하여야 하고 沖剋 등이 없어야 건강하다.
3) 팔리고 안 팔리는 것은 財와 印의 동향이 중요한데 물론 다른 十星이 중요할 때도 있다.
이 신괘의 경우에는 金 印星이 太旺하여 굳건하게 자기 자리를 지키고 있으니 이 印星이
깨어져 돈으로 교환되어야 하니 財의 힘이 강해져야 한다. 財 午가 약하여 印을 깨기 역부
족하여 쉽게 매매가 이루어지지 않는다. 그런데 財가 分支에 있고, 財의 세력이 역부족하
니 싸게 내놓아 손해를 보면 나가게 된다.

질문 : 어머님 산소 봉분을 했는데 뭐 문제점이 없는지? 반송 3m 짜리 소나무 2그루를 심어
도 되겠습니까?

　　분 시 일 월 년
　　己 癸 乙 戊 戊
　　未 未 未 午 子

1) 戊子는 낮은 봉분이다. 戊午는 높게 올린 것이다. (子는 水로 낮은 고, 午 火로 높은 곳) 子午
沖하니 봉분이 들썩여 높여졌다.
2) 未는 흙으로 된 공간으로 3개의 未중 한 개 未만 나무가 있고 2개 未는 나무가 없으니 심
어야 한다. 己未는 높은 흙 공간이고 癸未는 낮은 흙 공간이다.
3) 未未 복음되니 한 번 더 손을 보게 된다. (실제 부친이 군 출신으로 부친이 사망하면 같이 현충
원으로 이장 할 계획이라 하였다.)
4) 財 未에 丁이 들어 있는데 이는 자식이니 未未未 복음으로 자식이 암암리에 재산 싸움을 한다.

질문 : 남자 친구와 어떻게 되겠습니까?

　　분 시 일 월 년
　　丁 丁 壬 乙 庚
　　未 未 午 酉 寅

1) 어! 이상합니다. 두 남자와 갈등을 하고 있군요? 하고 되물으니 여자가 갑자기 의자에서
일어서 박수를 치고 난리가 났다. 네! 바로 그겁니다. 선생님! 사실 저는 남자가 둘 있는
데 갈등하고 있습니다. 그래서 선생님 말씀대로 누가 더 좋을지 그것을 결정해야 합니다.
2) 午酉 목욕지(沐浴地)가 두 개 있고 時柱와 分柱가 丁未로 청동지동天同支同 복음이 되니 두

남자를 두고 갈등을 하고 있는 것이다.

未는 正官이 되고 丁은 正財가 되어 日干과 合하니 두 남자 다 뜻이 있고 갈등을 하는 것이다. 財官이 旺相하니 남자를 자기가 장악하고 싶은 욕망이 매우 크다. 고서에 이르기를 財가 官을 生하면 남편의 권력을 장악한다고 하였다.

3) 두 남자 중에서 어느 남자가 궁합이 잘 맞는 가는 남자들의 四柱의 年柱와 가건신쾌의 日柱와 대비하여 생극제화 합충회합으로 판단하면 되는데 生,合은 좋고 剋,沖,刑,害,空亡은 좋지 않다.

질문 : 남편이 화원을 하고 저도 보조하여 주는데 잘되지 않습니다.

분 시 일 월 년
甲 丁 丙 乙 庚 乾
辰 酉 戌 酉 寅

1) 이 경우에는 알고자 하는 주체가 남편이 되기 때문에 질문은 부인이 상담소에 찾아와서 질문 한 것이지만 日干을 남편으로 놓고 간명하게 된다.

2) 화원의 토질이 매우 좋지 않습니다. 그리고 햇볕도 잘 들지 않고 있습니다. 어떻게 이러한 토질과 장소에서 화초를 재배합니까? 하고 되물었더니 사실 객토를 잘못하여 화초가 죽어 많은 손실을 입었습니다. 하였다.

물상으로 판단 한 것인데 月干의 乙이 화초가 되고 자좌自坐에 酉金이 되고 時支에도 酉가 되고 自坐에 戌土이니 딱딱한 돌덩이 같은 토질이 되고 戌土는 자갈땅의 象으로 식물이 도저히 자랄 수 없는 땅이 된 것이다.

다행히 分柱에 甲辰으로 기름진 土가 유입되어 식물이 잘 자랄 수 있는 여지는 있다.

2) 日干 남편 옆에 乙 正印이 있는데 酉월이라 絶되었고 乙庚 합하여 正印 모친은 도와주고 싶은데 부친에 잡혀 꼼짝 못하니 시아버지의 마음을 사서 도움을 받으십시오!

3) 辛卯 年이 되면 乙木 화초가 힘을 받으면 辰土 기름진 땅에도 뿌리를 내리게 되고 여름이 되면 金을 剋하니 시어머니가 시아버지를 설득하여 도움을 줄 수도 있고 또 나무도 잘 자라게 되니 희망을 가지세요! 그리고 壬辰年이 되면 비로소 물도 잘 들고 辰은 만물이 쾌속적으로 성장을 이루는 계절의 성분이 되니 食神生財가 잘 되어 돈도 벌게 되겠습니다.

〈참고서적〉

연해자평 진원문화사업유한공사 2015년 5월 발행

연해자평 무릉출판유한공사 2004년 12월 발행

연해자평 주석 최기우 옮김 현무사 2014년 06월 발행

삼명통회 만민영 지음 무릉출판유한공사 2014년 12월 발행